Peter Feldbauer / Erich Pilz
Dieter Rünzler / Irene Stacher (Hg.)

MEGASTÄDTE

BEITRÄGE ZUR HISTORISCHEN SOZIALKUNDE

Beiheft 2/1993

Herausgeber:
VEREIN FÜR GESCHICHTE UND SOZIALKUNDE
Institut für Wirtschafts- und Sozialgeschichte
Universität Wien

Redaktion:

Andrea Schnöller
Hannes Stekl
Maria Burkert

Peter Feldbauer / Erich Pilz
Dieter Rünzler / Irene Stacher (Hg.)

MEGASTÄDTE

Zur Rolle von Metropolen in der Weltgesellschaft

BÖHLAU VERLAG WIEN · KÖLN · WEIMAR

Gedruckt mit Unterstützung durch
das Bundeskanzleramt,
das Bundesministerium für Wissenschaft und Forschung und
das Bundesministerium für Unterricht und Kunst

Umschlagbild:
Aus: Die großen Städte: Kairo
Time Life Books, Amsterdam

Die Deutsche Bibliothek – CIP-Einheitsaufnahme

Megastädte : zur Rolle von Metropolen in der Weltgesellschaft / Peter Feldbauer ... (Hg.). -
Wien ; Köln ; Weimar : Böhlau, 1993
(Beiträge zur Historischen Sozialkunde : Beiheft ; 2)
ISBN 3-205-98016-6
NE: Feldbauer, Peter [Hrsg.]; Beiträge zur Historischen Sozialkunde / Beiheft

Druck: Remaprint, A-1160 Wien

Inhalt

Editorial 7

Peter FELDBAUER - Erich PILZ - Dieter RÜNZLER - Irene STACHER
Einleitung 9

Rüdiger KORFF
Die Megastadt: Zivilisation oder Barbarei? 19

Dieter RÜNZLER,
Globalisierung der Großstadtkultur?
New York und Mexiko-Stadt im Vergleich 41

Dirk BRONGER
Megastädte: "Erste" Welt - "Dritte" Welt 63

Dirk BRONGER
Die Rolle der Megastadt im Entwicklungsprozeß -
Das Beispiel Bombay 107

Erich PILZ
Shanghai: Metropole über dem Meer 129

Gerhard HATZ - Karl HUSA - Helmut WOHLSCHLÄGL
Bangkok Metropolis - eine Megastadt in
Südostasien zwischen Boom und Krise 149

Irene STACHER
Nairobi: Eine afrikanische Metropole.. 191

Wolfgang CLIMA
Kairo - "Mutter der Welt" 217

Peter FELDBAUER - Patricia MAR VELASCO
Megalopolis Mexiko... 239

Autoren 265

Editorial

Der „Verein für Geschichte und Sozialkunde" veröffentlicht seit 1971 die Zeitschrift „Beiträge zur historischen Sozialkunde". Diese Publikation hat es sich zum Ziel gesetzt, Lehrer/innen aus allgemeinbildenden und berufsbildenden höheren Schulen mit neuen Tendenzen einer sozialwissenschaftlich orientierten Geschichte vertraut zu machen. Die knappe und anschauliche Form der Vermittlung soll eine möglichst rasche Information über zentrale oder jeweils modische Inhalte und Methodenprobleme des Unterrichtsfaches „Geschichte und Sozialkunde" ermöglichen. In Längs- bzw. Querschnittdarstellungen wurden unter anderen die Themenbereiche Familie, Frauengeschichte, Arbeitswelt, Alltagsgeschichte, Umwelt, Politische Öffentlichkeit und Dritte Welt behandelt. Daneben blieben auch Sachgebiete mit stärker kulturellen Bezügen (und deren sozialwissenschaftliche Interpretation) keineswegs ausgespart, wie z.B. Ansätze zu einer Sozialgeschichte der Kunst, Jubiläen und Geschichtsbewußtsein oder Volksfrömmigkeit.

Die Herausgabe dieser neuen Buchreihe verfolgt einen doppelten Zweck. Einerseits dürfte es sich als sinnvoll erweisen, unverändert aktuelle Inhalte von Themenheften der „Beiträge zur historischen Sozialkunde" in überarbeiteter sowie inhaltlich erweiterter Form als handliche Zusammenfassung zu präsentieren. Diesem Modell entspricht der nächste geplante Band mit dem Arbeitstitel „Sozialgeschichte der Frauenarbeit".

Andererseits schien es zweckmäßig, bei neuen Arbeitsschwepunkten über den begrenzten Rahmen einer Zeitschriftennummer hinauszugehen. Namentlich bei der überregional vergleichenden Betrachtung von Fragen der außereuropäischen Geschichte sind breitere Ausführungen unumgänglich, um differenzierte Informationen über den größten Teil der Menschheit und seine Geschichte zu vermitteln. Zwei interdisziplinäre Ringvorlesungen an der Universität Wien gaben den Anstoß für die Konzeption des ersten Bandes der Reihe („Bauern im Widerstand", 1992), für die vorliegende Veröffentlichung sowie eine kommende Publikation zum Thema „Nationalismus und Staatenbildung".

Die Bände wenden sich daher in erster Linie an interessierte Lehrer/innen des Faches "Geschichte und Sozialkunde", die praxisrelevante Informationen für einen verbesserten Unterricht beziehen wollen; sie wollen aber auch Studierenden in übersichtlicher Weise komprimierte Überblicksdarstellungen bieten. Sollten darüber hinaus historisch interessierte Leser/innen zur Beschäftigung mit einer sozialwissenschaftlich ausgerichteten Geschichte angeregt werden, wäre ein weiterer Zweck des Anliegens erfüllt.

Wien, im Frühjahr 1993

Die Herausgeber

Peter FELDBAUER - Erich PILZ - Dieter RÜNZLER - Irene STACHER

Einleitung

Das 21. Jahrhundert wird ein Jahrhundert der Städte, mehr noch, der riesigen Stadtagglomerationen sein. Um das Jahr 2025 werden voraussichtlich an die 75 % der Einwohner des hochentwickelten, industriellen Nordens in Städten wohnen, im Süden, d.h. in den Ländern der sogenannten Dritten Welt, dürften es zumindest 50 % sein, womit zum ersten Mal in der Geschichte der Menschheit mehr Menschen in urbanen Gebieten als auf dem Land leben werden.

Noch im Jahr 1970 existierten weltweit lediglich vier Städte mit einer Einwohnerzahl von über 10 Millionen Menschen. Schon im Jahr 2000 könnten mehr als ein Dutzend diese Marke überschritten haben, sich die einwohnermäßig größten dieser Megastädte der 20- oder gar 25-Millionen-Grenze annähern und aufgrund ihrer Dimensionen eine neue Qualität von Urbanität oder städtischer Bedrohung darstellen.

Während in Europa und den USA zwar der Urbanisierungsgrad noch erheblich zunehmen dürfte, Anzahl und Bevölkerungsumfang der großen Weltstädte aber nur mehr gering bzw. regional selektiv wachsen werden, steht den Peripherieländern des Südens ein weiteres rapides Wachstum und eine beträchtliche quantitative Zunahme von Megastädten, d.h. von Städten mit über 5 Millionen Einwohnern, bevor.

Die mit der bislang unbekannten Quantität verbundene Dynamik und neue Qualität städtischer Entwicklung wird sich nicht bloß in Weltstädten wie New York, Tokio und London, sondern - wenngleich in abgewandelter Form - gerade auch in den Agglomerationen der Dritten Welt bemerkbar machen. Die damit verbundenen ökonomischen, soziopolitischen und kulturellen Konsequenzen, d.h. die Prägung von Weltgesellschaft und Weltwirtschaft durch Megastädte, sowie der seit den siebziger Jahren zu beobachtende und sich in naher Zukunft wahrscheinlich verstärkende globale Strukturwandel der Stadtentwicklung (Infrastruktur, Ökologie, soziale Konflikte, ökonomische und kulturelle Potentiale, etc.), können wohl kaum, weder für die Gegenwart noch auf längere Sicht, überschätzt werden. Sie finden daher innerhalb verschiedenster Wissenschaftsdisziplinen immer größere Beachtung.

Aus der Fülle der von Geographen, Historikern und anderen Sozialwissenschaftern aufgeworfenen, in ihrer Mehrzahl überaus brisanten Fragestellungen werden in dem vorliegenden Sammelband einige besonders interessant und relevant erscheinende angesprochen.

Dirk Bronger, Rüdiger Korff und Dieter Rünzler haben einen breit vergleichenden Zugang gewählt, während die Fallstudien von Wolfgang Clima über Kairo, Peter Feldbauer und Patricia Mar Velasco über Mexiko-Stadt, Gerhard Hatz, Karl Husa und Helmut Wohlschlägl über Bangkok, Erich Pilz über Shanghai und Irene Stacher über Nairobi die weltweit zu beobachtenden Parallelen, aber auch die Diversität und lokalen Besonderheiten von Megastädten der Dritten Welt illustrieren.

In ihren Beiträgen werden die historisch recht unterschiedlichen Gründe und Verlaufsformen des dramatischen Bevölkerungs-, Flächen- und oft auch Wirtschaftswachstums deutlich, d.h. die jeweiligen Zusammenhänge zwischen Stadtwachstum und Industrialisierung, dem Stellenwert staatlicher Wirtschafts- bzw. Entwicklungspolitik, der Rolle von Agrarkommerzialisierung und 'Landflucht', oder auch den - manchmal bis in die Kolonialära zurückreichenden - Prozessen politischer Zentralisation.

Viele der Riesenstädte der Dritten Welt waren ja, teilweise jahrhundertelang, die wichtigsten Administrations-, Handels- und Religionszentren der Kolonialimperien. Als Produktionsstandorte hatten sie, im Unterschied zu den Metropolen des sich industrialisierenden Europa, lange Zeit nur eine marginale Bedeutung, da die Kolonien die Ökonomie der Mutterländer zwar mit Rohstoffen, nicht aber mit billigen, konkurrenzfähigen Fertigprodukten beliefern sollten. Die durchaus unterschiedliche, spezifische koloniale Prägung außereuropäischer Megastädte schlägt sich auch heute noch in den soziopolitischen und wirtschaftlichen Strukturen nieder, ob es sich nun um die Trennung in ´gute´ und ´schlechte´ Wohnviertel oder um die Eingliederung in Weltmarktzusammenhänge handelt.

Die Berücksichtigung möglichst vieler dieser Faktoren ermöglicht es, sowohl Form und Ausmaß der Integration in die Weltwirtschaft als auch die spezifischen Funktionen im Rahmen der internationalen Arbeitsteilung angemessen zu bestimmen.

Davon ausgehend kann man, unter Einbeziehung der keinesfalls immer nur ökonomisch determinierten politischen Zentralität, eine Positionsbestimmung in der komplexen, kontinuierlichem Wandel unterworfenen Hierarchie des globalen Netzes von Weltstädten versuchen. Die Spitzenpositionen dieser Hierarchie nehmen selbstverständlich die alten (London, New York) und neuen (Tokio) Metropolen des industriellen Nordens ein. Die riesigen Stadtagglomerationen vieler Dritte Welt-Staaten sind dagegen durchwegs niedrigeren Rängen zuzurechnen. Sofern es momentan überhaupt Weltstädte der höchsten Kategorie in Peripherieländern gibt, sind dies noch am ehesten Seoul, Sao Paulo und - trotz der vergleichsweise geringen Einwohnerzahl - Singapur. Einige der bevölkerungsreichsten Megastädte des Südens gelten entweder als periphere Weltstadt zweiter Kategorie - wie etwa Manila oder Mexiko, dessen bemerkenswerte Diskrepanz zwischen nationaler Dominanz und einer internationalen Randstellung im Beitrag von Feldbauer/Mar Velasco deutlich wird - oder müssen sogar noch tiefer - wie etwa Bombay oder Kairo - eingestuft werden. Dies erklärt sich aus dem trivialen Tatbestand, daß eine Rangordnung der Städte nach Einwohner- und Beschäftigtenzahl keine Entsprechung in wie auch immer konstruierten städtischen Hierarchien im Weltmaßstab findet. Nicht einmal im nationalen Rahmen resultiert ökonomische oder auch politische Dominanz unmittelbar aus der größten Bevölkerung und /oder Flächenausdehnung, wenngleich bei vielen prominenten Beispielen ein entsprechender Zusammenhang nicht von der Hand zu weisen ist.

Die gegenwärtig und in absehbarer Zukunft bestimmenden Faktoren von Stadtwachstum und Stadtdynamik weisen, wie im Rahmen des von Abhängigkeit und Asymmetrie geprägten kapitalistischen Weltsystems nicht anders zu erwarten ist, gravierende Unterschiede zwischen weltbeherrschendem Norden und peripherem Süden auf. Nur in den Industriegesellschaften des 'entwickelten' Nordens konnten sich bislang Megastädte als primäre räumliche Knotenpunkte einer transnational organisierten Weltökonomie oder aber auch als die entscheidenden Schaltstellen von Weltpolitik, Globalkultur und internationaler Kommunikation entwickeln. Nur hier finden sich die Städte mit weltweiten Kommando-Funktionen über Produktions-, Zirkulations- und Verwertungsprozesse, während die meisten Megastädte der Dritten Welt über staatliche und gegebenenfalls regionale Kommandofunktionen kaum hinauskommen. Meist wird die Bedeutung einer Megastadt im globalen Rahmen daran gemessen, in welchem Ausmaß sie Hauptquartier transnationaler Konzerne, internationales bzw. überregionales Finanz- und Dienstleistungszentrum, globales Transport-, Kommunikations-, Forschungs- und Technologiezentrum, Hauptstadt einer Welt- oder Regionalmacht, Sitz internationaler Behörden höchsten Ranges, etc., ist. Dadurch bekommen die enormen ökonomischen und soziopolitischen Strukturunterschiede zwischen den Metropolen des Nordens - die hierzulande bislang meist als höchste wenn auch bedrohte Stufe von Urbanität gelten - und den in vielen Fällen einwohnermäßig größeren Megastädten des Südens - in denen viele lediglich Zentren von Elend und Chaos sehen - scharfe Konturen.

Bei der Positionsbestimmung von Megastädten der Dritten Welt und der Bewertung der daraus resultierenden Konsequenzen ist natürlich zu beachten, daß ein relativ niedriger Rang in der Städtehierarchie des ökonomischen und politischen Weltsystems zumindest manchmal - wie in den Beiträgen über Kairo, Mexiko und Nairobi deutlich wird - durch eine außergewöhnliche wirtschaftliche, sozialpolitische und kulturelle Dominanz im nationalen Maßstab wettgemacht wird. Ob und inwieweit dies zu einer strukturellen Konvergenz zwischen Megastädten des hochentwickelten Nordens und des weniger entwickelten Südens beiträgt, wird in der Literatur unterschiedlich beantwortet und verdient Aufmerksamkeit. Besonderes Augenmerk muß auch auf die Frage gerichtet werden, ob es neben den zahlreichen Indikatoren für eine weitere Beschleunigung der räumlich-hierarchischen Zentralisierung im Weltmaßstab auch Hinweise für eine gegenläufige Entwicklung gibt. Damit wäre freilich nicht entschieden, ob eine gesteuerte Trendumkehr überhaupt politisch machbar und wünschenswert sein könnte. Die Antwort darauf fällt in der Literatur der Gegenwart immer seltener eindeutig aus. Es handelt sich dabei im Vergleich zu den Ansichten früherer Jahrzehnte wohl weniger um einen Paradigmenwechsel, als vielmehr um die wachsende Einsicht in die enorme Komplexität dieser riesigen Agglomerate. Auf diese Theoriediskussion wird von Dirk Bronger in seinem Beitrag zu Bombay eingegangen. Daß diese ambivalente Einstellung zu riesigen Stadtagglomerationen durchaus nicht überall zu finden ist, wird im Beitrag von Erich Pilz deutlich, der am Beispiel von Shanghai zeigt, daß in China heute die Beurteilung von Megastädten und ihren Potentialen weitgehend positiv ausfällt.

Mehr Unterschiede als Konvergenzen weisen die Megastädte des Nordens und Südens auch hinsichtlich Bevölkerungswachstum und Zuwanderung auf. Die Global Cities des industriellen Zentrums ziehen in vielen Fällen sowohl regionale, interregionale und internationale Migration in erheblichem Umfang auf sich; die Zuwanderung in die Megastädte der Peripherieländer erfolgt dagegen größtenteils aus dem jeweiligen Nationalstaat, weist aber größere Dimensionen und einen noch immer steigenden Trend auf. Bezeichnenderweise hatte es in Dritte Welt-Ländern im Jahr 1950 nur vier Städte mit mehr als 4 Millionen Einwohnern gegeben - außerhalb von China fiel nur Calcutta in diese Kategorie -, in den Industriestaaten dagegen immerhin neun, darunter London, Paris und Moskau. Im Jahr 1985 war die Zahl entsprechender 'Giant-Cities' in der Dritten Welt auf 28 gestiegen, im Jahr 2000 dürfte es zwischen 40 und 50 geben und im Jahr 2025 sollen nach derzeitigen Hochrechnungen nicht weniger als ca. vier Fünftel aller Stadtagglomerationen entsprechender Größe in der Peripherie liegen, möglicherweise sogar noch mehr. Selbst in Afrika südlich der Sahara, der bislang am wenigsten verstädterten Region, sind bis zum Jahr 2010 einige 10-Millionenstädte zu erwarten, so zum Beispiel Lagos (Nigeria), Kinshasa (Zaire) und Abidjan (Elfenbeinküste). Andere Metropolen wie Dakar (Senegal),

Addis Abeba (Äthiopien) und Nairobi (Kenia) - dessen Entwicklung zur Metropole Irene Stacher in ihrem Beitrag behandelt hat - werden sich dieser Marke nähern.

Der Prozeß der Metropolisierung, d.h. des übermäßigen Wachstums und der funktionalen Dominanz einer oder einiger weniger Megastädte, wird weiter fortschreiten, wie Dirk Bronger in seinem Beitrag zur Metropolisierung deutlich macht. Selbst wenn die Zuwanderung vom Land radikal zurückgehen sollte, was momentan nahezu unvorstellbar erscheint, wäre das rasante Wachstum vorerst nicht aufzuhalten. Dieses beruht nämlich inzwischen, abgesehen von Afrika südlich der Sahara, bereits zum größten Teil auf der natürlichen Zunahme der Bevölkerung städtischer Ballungsräume. Da das Überleben auf dem Lande in den letzten Jahrzehnten in vielen Weltregionen immer noch schwieriger geworden ist, die Anreize der großen Städte und insbesondere der Metropolen - Verdienstmöglichkeiten im informellen Sektor, Bildungs- und Freizeitangebote, etc.- ihre Wirksamkeit aber trotz der enormen Probleme und des unübersehbaren sozialen Elends nicht so schnell einbüßen dürften, werden sich die massiven Wanderungsbewegungen in die Megastädte in den nächsten Jahrzehnten sicherlich fortsetzen.

Die daraus resultierenden Konsequenzen ergeben sich aus der Kombination der Migration mit der jeweiligen Wirtschaftsentwicklung und ihren spezifischen ökonomischen aber auch sozialen und entwicklungspolitischen Verdrängungsmechanismen am Boden-, Wohnungs- und auch Kapitalmarkt. Die unterschiedlichen Migrationsströme erzeugen ein spezifisches Muster von räumlicher sowie klassen- bzw. schichtspezifischer Segregation, von kontinuierlicher Umstrukturierung am Arbeitsmarkt - etwa Verschiebungen von Produktionsbranchen zu Dienstleistungsbranchen, wachsender Stellenwert des informellen Sektors, etc. - und von staatlich-kommunalem Umgang mit Massenarmut und Marginalität. Die Masse der Zuwanderer bewirkt auch ethnische und nationale Vielfalt, die, positiv gewendet, Grund für kulturelle Diversifizierung und Dynamik, gleichzeitig aber auch Vorwand für Diskriminierung und Herrschaft sein kann (Rassismus, interethnische Konflikte, etc.).

Bereits die Größenordnung der Zuwanderung bringt eine Verschiedenartigkeit der Begabungen, Fähigkeiten, Gewohnheiten und Lebensformen mit sich, welche die Megastädte - wie Henry James bereits im 19. Jahrhundert über London gesagt hat - zum vollständigsten Kompendium der Welt machen. Der Beitrag von Dieter Rünzler über die kulturelle Bedeutung von New York - das wohl mit Recht als die bedeutendste „Global City" bezeichnet werden kann - und von Mexiko-Stadt - die eine der größten städtischen Agglomerationen der Welt ist - zeigt aber auch, wie wenig sich globale Integration und Bedeutung allein aus der Größe ableiten läßt.

Inwieweit den mit spezifischen Migrationsströmen und Segregationsmustern zusammenhängenden Problemlagen durch staatlich-kommunale Sozial-, Infrastruktur-, Sicherheitspolitik, usw. überhaupt angemessen begegnet werden kann, ist eine der großen Fragen der Zukunft. Möglicherweise orientieren sich die stadtbezogenen Politiken im Fall der meisten Megastädte schon längst, und immer stärker, zum einen vorrangig an den Bedürfnissen der konsum- und kulturorientierten Oberschichten, zum anderen an den Interessen der ökonomischen Wachstumsbranchen, die es gegen nationale und internationale Konkurrenz in die Stadt zu ziehen gilt. Den sozialen Bedürfnissen der städtischen Massen wird dabei nicht oder nur wenig Rechnung getragen. Die relativ liberale Haltung, die die Kommunalbehörden vieler Megastädte der Dritten und auch der Ersten Welt gegenüber dem rasanten Anwachsen des sogenannten informellen Sektors - der bis vor kurzem noch als stagnierender und unproduktiver oder sogar entwicklungshemmender Faktor galt - an den Tag legen, könnte in diese Richtung weisen.

Die zunehmende Informalisierung der wirtschaftlichen Aktivitäten ist ein weit verbreitetes Phänomen der Megastädte. Während in den industrialisierten Metropolen Europas und der Vereinigten Staaten vor allem relativ kleine ärmere Immigrantengemeinschaften im informellen Sektor ihr Einkommen und ihre Unterkunft suchen und finden, haben sich in den Großstädten der Dritten Welt weite und effiziente Netzwerke sozioökonomischen Handelns im informellen Bereich entwickelt. In vielen Megastädten Asiens, Lateinamerikas und Afrikas ist die informelle Ökonomie bereits ein bedeutender Wirtschaftsfaktor, der nicht nur 40-50% aller urbanen Arbeitsplätze stellt und wesentlich zur städtischen Wertschöpfung beiträgt, sondern auch begleitet ist von nicht institutionalisierten sozio-kulturellen Organisationsformen, die ein relativ gutes Funktionieren der Städte und ein Überleben für die ständig wachsende Bevölkerung erst möglich machen.

Der Begriff des informellen Sektors läßt sich bis in die frühen siebziger Jahre zurückverfolgen, wo er erstmals zur Beschreibung eines allgemein bekannten gesellschaftlichen und ökonomischen Elementes verwendet wurde. Bis dahin war er für die wissenschaftliche Forschung mangels geeigneter Konzepte und empirischer Daten kaum zugänglich, heute hingegen wird er mit veränderten Paradigmen als mögliches Entwicklungspotential ernstgenommen.

Ursprünglich bezog sich der Begriff auf die Darstellung des wirtschaftlichen Treibens der eigentlich Arbeitslosen in den Slumvierteln. In diesem eher eng gefaßten Sinn beschäftigt er sich mit der beobachtbaren Dichotomie der urbanen Ökonomie, die vor allem durch einen staatlich regulierten oder formellen Sektor und einen von staatlichen Regulationen weitgehend nicht erfaßten - also informellen - Sektor geprägt wird. Der Begriff des informellen Sektors bezieht sich somit auf die empirische Erfassung des unterkapitalisierten, arbeitsintensiven und unregulierten städtischen Wirtschaftssegments. Trotz der kontinuierlich gestiegenen Attraktivität dieses Begriffs ist es bis heute nicht gelungen, eine annähernd allgemein akzeptierte Definition zu erarbeiten. Es werden weiterhin ständig neue und oft widersprüchliche Inhalte subsumiert. Die Tatsache, daß die Grenzen zwischen dem formellen und informellen Bereich fließend sind, macht eine Definition des informellen Sektors tatsächlich schwierig, sodaß manche Autoren - wie auch Rüdiger Korff in seinem Beitrag - dafür plädieren, den Begriff „informeller Sektor“ oder „Schattenwirtschaft“ durch eine Unterscheidung von Kapitalismus und Marktwirtschaft zu ersetzen.

Obwohl Armut und verwehrter Zugang zu gut bezahlten Beschäftigungen im formellen Bereich wichtige Gründe für das Suchen oder Erfinden von einkommenschaffenden Tätigkeiten sind, ist die informelle Ökonomie weder ein Euphemismus für Armut, noch ist sie als Überlebensstrategie oder Subsistenzökonomie zu verstehen, sondern als eine spezifische Form der Einkommenssicherung, die meist außerhalb der staatlich regulierten Strukturen zu finden ist und unterschiedliche Tätigkeiten (Handwerk, Handel, Dienstleistung) umfassen kann.

Durch das rasante demographische Wachstum sind die Megastädte nicht mehr in der Lage, das Arbeitskraftangebot in den formellen Wirtschaftsbereich aufzunehmen. Konkret bedeutet das für die einzelnen Migranten Arbeits-, Mittel- und Obdachlosigkeit sowie kein Anrecht auf Sozialleistungen. Trotz dieser eher aussichtslosen Ausgangsbedingungen gelingt es einer Vielzahl dieser Migranten durch die Einbindung in den informellen Bereich der städtischen Ökonomie, ein Einkommen zu sichern. Generell kann festgehalten werden, daß der Zugang zum informellen Bereich ein anderes Profil erfordert als der institutionalisierte Arbeitsmarkt. Im Gegensatz zu ersterem ist der informelle Sektor ohne formale Bildung und ohne bürokratische Formalitäten zugänglich, während Flexibilität, Kreativität und Innovationsgabe unabdingbare Voraussetzungen sind. Zudem werden keine großen Kapitalsummen gebraucht, um sich als Kleinhändler, Kleingewerbetreibender etc. zu etablieren.

Die Dimension dieses Sektors ist seit den Wirtschafts- und Schuldenkrisen der siebziger und achtziger Jahre kontinuierlich angestiegen. Von seiten der internationalen Organisationen (etwa der International Labour Organisation) und Finanzinstitute wird die Bedeutung des Sektors für die sozioökonomische Entwicklung der Städte zunehmend betont. Zusätzlich wird in Einzelstudien bei den Kleinbetrieben eine beträchtliche Produktivitätssteigerung nachgewiesen. Dies ist umso beachtlicher, als diese Betriebe ohne oder mit minimaler staatlicher Hilfe billige Güter produzieren und Dienstleistungen anbieten. Insgesamt gesehen profitieren davon nicht nur die einkommensschwachen Bevölkerungsschichten. Da der informelle Bereich in vielerlei Hinsicht auch den formellen Sektor ergänzt, kommen einige Experten sogar zum Schluß, daß diese Ansätze zu einer Dynamisierung des Wirtschaftsprozesses führen können. Unter welchen Bedingungen, ist eine Frage, die derzeit aufgrund der mangelhaften Datenlage noch nicht beantwortet werden kann.

Der Bedeutungszuwachs des informellen Sektors sowohl in den Megastädten des Südens als auch in vielen Weltstädten des Nordens - besonders augenfällig etwa in New York, aber auch in London, Paris und Chicago - kann natürlich nicht ohne weiteres als Hinweis auf strukturelle Konvergenzen der Wirtschaftsentwicklung gedeutet werden. Was im ersten Moment als analoge Entwicklung erscheinen mag, läßt sich unter Umständen als Resultat höchst unterschiedlicher Voraussetzungen und Prozesse erklären. Ähnlich könnte es sich mit der Annäherung des Erscheinungsbildes von Megastädten in Peripherie- und Zentrumsländern - beispielsweise von Kairo, Mexiko, New York und Paris - verhalten. Möglicherweise sind es 'nur' Oberflächenphänomene, die vorschnelle Vergleiche provozieren. Vielleicht sind es aber auch Hinweise auf eine Globalisierung der Lebens- und Kulturformen, die sich in den Megastädten besonders rasch und auffällig vollzieht.

Trotz der eindrucksvollen Vielfalt der Lebensformen in den behandelten Städten finden sich ja eindeutige Hinweise darauf, daß sich über die Welt ein immer umfassenderes Netz von Beziehungen legt. Den Megastädten kommt in diesem Prozeß der Vernetzung und Globalisierung die entscheidende Rolle zu. Mehr noch als in der Gegenwart scheinen sie bereits in der nahen Zukunft zu den eigentlichen Kristallisationspunkten zu werden, in denen nicht nur globaler Austausch betrieben wird, sondern an die sich auch die globale 'Kulturproduktion' in erster Linie richtet, während parallel dazu die Nationalstaaten durch die postindustrielle Entwicklung als politisch-wirtschaftliche Einheiten und als Träger kultureller Eigenheiten zunehmend an Bedeutung verlieren. In der Megastadt werden die durch den Urbanisierungsprozeß hervorgerufenen Identitätsdefizite durch neue Inhalte ersetzt, die eine Denationalisierungstendenz zugunsten eines Megastadt-Bewußtseins herbeiführen.

In der Erscheinung und der Anlage der Stadt haben sich immer schon die grundlegenden Ordnungs- und Denkmuster einer Gesellschaft oder Kultur ausgedrückt, aber es ist zu vermuten, daß sich in der Megastadt des ausgehenden 20. Jahrhunderts mehr die Ordnungsmuster einer globalen städtischen als jene einer nationalen Kultur abzeichnen. Als Teil eines globalen Austauschprozesses zeigen sich die Elemente einer solchen Weltkultur als eine eklektizistische Mischung vorwiegend westlicher Prägung, deren standardisierte und kommerzialisierte Massenprodukte sich zwar auf traditionelle, folkloristische und nationale Motive oder Stile in der Mode, in der Einrichtung, der Musik oder der

Kunst berufen, diese aber abgehoben von ihrem originären Kontext und international standardisiert, darbieten. Die Frage, ob wir uns nicht bereits mitten im Prozeß der Herausbildung einer Megastadtkultur befinden und ob das wirklich Bemerkenswerte am Urbanismus nicht die Unterschiede, sondern vielmehr die in allen Metropolen der Welt zu beobachtenden Ähnlichkeiten sind, kann in den folgenden Artikeln nicht geklärt werden, aber es werden einige Ansätze zu deren Verständnis entwickelt.

Entgegen den immer noch weit verbreiteten Klischees von der ´Großstadt mit den 1.000 Möglichkeiten´ oder dem ´Moloch Stadt´ kommt in dem vorliegenden Sammelband kein Autor zu einer eindeutig positiven oder negativen Beurteilung der Stadt. Die Frage „Wie lebenswert sind Megastädte?“ muß offen bleiben. Was aber in allen Beiträgen klar sichtbar wird, ist, daß in den riesigen Städten ein ungeheures Potential an Bedrohung aber auch an Hoffnung enthalten ist. Über die Bedeutung, die diesem Entwicklungspotential in der Zukunft zukommen wird, kann nur spekuliert werden.

Rüdiger KORFF

Die Megastadt: Zivilisation oder Barbarei?

In der Diskussion der Städte findet sich eine verblüffende Ambivalenz. Es herrscht allgemein Einigkeit darüber, daß die „städtische Revolution“ den Durchbruch zur Geschichte (mindestens der Geschichte von Zivilisationen) markiert. Auch die Bewertung von historischen Phasen orientiert sich implizit oder explizit an der Entwicklung der Städte. Das „dunkle“ Mittelalter ist eine Phase der Auflösung der Städte, und die Renaissance wäre ohne die norditalienischen Städte wohl ausgeblieben. Auch die Überlegungen zu Gesellschaften ohne Geschichte gründen sich nicht zuletzt auf das Fehlen von Städten in diesen Gesellschaften. Wem es nicht gelang Städte zu bauen, dem fehlte offenbar ein Grad an Zivilisation, ebenso wie unsere Bewunderung alter Kulturen nicht zuletzt eine Bewunderung der Städte ist. Kurz, Städte gelten als Wiegen und Orte der Zivilisation. Benevolo zeigt folgenden Zusammenhang auf: Die Überschußproduktion von Nahrungsmitteln erlaubte die Entstehung von Berufsgruppen, die unabhängig waren von der individuellen Produktion zur Reproduktion. „Diese Berufsgruppen lebten in einer ausgedehnten Siedlung - der Stadt - und kontrollierten von dort aus das Land. Diese Form der sozialen Organisation machte die Entwicklung eines Systems zur Fixierung der gesprochenen Sprache notwendig, was zur Erfindung der Schrift führte. Diese Erfindung markiert den Beginn des Zeitalters der Zivilisation und der geschriebenen Geschichte und damit das Ende der Vorgeschichte.“ (Benevolo 1991:6)

Doch gerade im deutsch-sprachigen Raum fand am Ende des 19. Jahrhunderts eine Umorientierung statt. Wurde die mittelalterliche Stadt als eine frühe Form der bürgerlichen Gesellschaft bewundert, so galt die Großstadt am Ende des 19. und Anfang des 20. Jahrhunderts als negatives Gebilde, in der sich nicht mehr die Errungenschaften der Zivilisation finden, sondern eher die Probleme und Konflikte der modernen Gesellschaft ihren Brennpunkt haben. „Eine alte Legende erzählt von der pathogenen Stadt. Sie wird mit Vorliebe von Ordnungspolitikern jeglicher Couleur beschworen und hat fraglos etwas mit der Unsanktionierbarkeit zu tun: Wenn keine übersichtliche Gemeinschaft das Verhalten kontrolliert, breche die ungezügelte Natur durch. Ihr matter Nachhall, die Mär von der entfremdeten, weil entwurzelten Urbanität, wird vor allem von Städtern selbst verkündet, die als Entsprechung auch gleich die Fiktion vom unverdorbenen Land dazu erfanden: dort gedeihe unverfälschte Menschlichkeit in allen Lebenslagen.“ (Gebhardt 1988:279)

Diese eher skeptische Betrachtung der modernen Großstädte hat mit der Analyse der Megastädte, der Gigantopolis oder der „Zeitbombe Stadt“ ihren negativen Zenit erreicht. Die Diskussion der Urbanisierung in der Dritten Welt und die Beschreibung von Stadtgiganten wie Mexiko, Kalkutta, Sao Paulo, Jakarta, Manila oder Bangkok erinnert nicht selten an Angstszenarien. So wie FCKW die Atmosphäre und die Umweltverschmutzung die Biosphäre zerstören, so ruiniert die Verstädterung die „Soziosphäre“.

Trotzdem findet sich auch hier eine Ambivalenz. Irgendwie fasziniert die Großstadt, irgendwie ängstigt sie. Ich glaube, daß diese Ambivalenz genau ein Charakteristikum der großen Städte ist. Lefebvre zeigt diese Gegensätzlichkeit deutlich auf. „Alles, was andernorts entsteht, reißt die Stadt an sich: Früchte und Objekte, Produkte und Produzenten, Werke und schöpferisch Tätige, Aktivitäten und Situationen. Was erschafft sie? Nichts. Sie zentralisiert die Schöpfungen. Und dennoch, sie erschafft alles. Nichts existiert ohne Austausch, ohne Annäherung, ohne Nähe, ohne Beziehungsgefüge also. Sie schafft eine, die urbane Situation, in der unterschiedliche Dinge zueinanderfinden und nicht länger getrennt existieren, und zwar vermöge ihrer Unterschiedlichkeit. Das Städtische, indifferent gegenüber jeder ihm eigenen Differenz, wird häufig als der Natur vergleichbare Gleichgültigkeit angesehen, das aber seine nur ihm eigene Grausamkeit hat. Nicht allen Unterschieden bringt es Gleichgültigkeit entgegen; es führt sie ja gerade zusammen. In diesem Sinn wird das soziale Beziehungsgefüge durch die Stadt konstruiert, verdeutlicht, sein Wesen wird freigesetzt. Dabei entstehen Unterschiede aus Konflikten, bzw. die Unterschiede führen zu Konflikten. Ist das nicht die Ursache und der Sinn dieses rationalen Deliriums, das wir Stadt, Verstädterung nennen? Das Beziehungsgefüge verschlechtert sich entsprechend der Entfernung in der Zeit und im Raum, die Institutionen und Gruppen trennt. Hier werden sie in der (virtuellen) Negation dieser Entfernung aufgezeigt. Hier ist die Ursache für die latente Brutalität zu suchen, die der Stadt inhärent ist.“ (Lefebvre 1976:127f) In der Stadt, als Ort der Gleichzeitigkeit und Differenz, koexistiert die latente Gewalt mit der Kreation von Beziehungen. So sind in der Stadt nicht nur Konflikte und Probleme konzentriert, sondern auch Lösungsversuche. Eine Analyse der modernen großen Städte kann deshalb eine Perspektive für eine kritische Entwicklungstheorie erschließen.

Plädoyer für eine kritische Entwicklungstheorie aus der Analyse der Städte

In den letzten Jahrzehnten des 20. Jahrhunderts häufen sich Arbeiten, die das Ende von vormals selbstverständlichen Annahmen herausstellen. Titel wie das „Ende der Dritten Welt", das „Ende der Massenproduktion", das „Ende der Moderne", das „Ende des Ost - West Konfliktes" haben Konjunktur. Folgt man diesen Analysen, befinden wir uns am Ende des zweiten Jahrtausends in einer Endphase. Was fehlt, sind Arbeiten zum „Beginn", Arbeiten, die neue Trends und Entwicklungsphasen, die sich erst andeuten, darstellen. Die vormals bestehenden gesellschaftlichen Utopien sind desavouiert. Sozialismus als Alternative zu beschreiben ist ebenso obsolet, wie eine freie Marktwirtschaft zu propagieren. Was bleibt, ist ein diffuser Humanismus, in dem Politik von Moral ersetzt wird und der selber durch Kulturrelativismus zunehmend unter Beschuß steht. Die Ordnung der Welt hat sich verändert und die „großen Theorien" sind nicht mehr dazu in der Lage, diesen Veränderungen Rechnung tragen zu können. Die Probleme der Entwicklungstheorie resultieren aus zwei Bereichen. Sie sind einmal theoretisch, nämlich die Schwierigkeit, eine Alternative zum Bestehenden zu konzipieren, um darüber eine Kritik entwickeln zu können; zum zweiten empirisch, d.h. die Wirklichkeit läßt sich mit der Theorie nicht mehr oder nicht mehr überzeugend erklären (Menzel 1992:15-38).

Was aber ist die Alternative zur allgemeinen Theorie? Offensichtlich führt ein weitgehender Relativismus des „anything goes" ebenfalls in eine Sackgasse. Ich sehe eine Möglichkeit darin, sich auf die Entwicklung empirisch orientierter Theorien mittlerer Reichweite zu konzentrieren, d.h. nicht alles im Rahmen eines Konzeptes erfassen und erklären zu wollen, sondern sich mit einem Eklektizismus abzufinden. Die Vielfalt der gesellschaftlichen Prozesse läßt sich eben nicht auf einen Grundprozeß, eine Tiefenstruktur oder eine Rationalität reduzieren. Es geht dann nicht darum, sich in abstrakte Allgemeinheiten zu flüchten, sondern das Allgemeine durch empirische Untersuchungen konkret zu spezifizieren. Dabei halte ich es für besonders fruchtbar, die Städte ins Zentrum der Aufmerksamkeit zu rücken, denn dort wurden historisch Möglichkeiten gesellschaftlicher Entwicklung probiert. Städte agierten so für lange Phasen der Geschichte als Beispiele gesellschaftlicher Entwicklung. Braudels Diktum, daß sich an den Städten das Schicksal der Welt entscheidet, gilt, meine ich, deshalb heute mehr denn je.

Gerade aus einer empirischen Perspektive macht es Sinn, die Städte ins Zentrum zu rücken, denn geht es um die Analyse gesellschaftlicher Konflikte und gesellschaftlicher Veränderung, so können die Städte nicht ignoriert werden. Waren die sechziger und teilweise auch noch die siebziger Jahre eine Phase, in der revolutionäre Guerilla- und Bauernbewegungen in der Dritten Welt im Zentrum der Aufmerksamkeit standen, bedarf es heute einer Umorientierung. Revolten, Aufstände und soziale Bewegungen, die in den Schlagzeilen auftreten oder über die reflektiert wird, sind, auch wenn in den wenigsten Fällen explizit darauf eingegangen wird, städtische Revolten. Das Scheitern der Bauernbewegungen, Landreformprogramme, ja fast mag man sagen, der Entwicklungspolitik insgesamt, löste eine verstärkte Migration in die Städte aus, die seit den sechziger Jahren ein rapides, explosives Wachstum aufweisen. Von den Primate Cities der Dritten Welt setzte sich die Migration in die urbanisierten Gesellschaften Europas und Nordamerikas fort. Durch Migration wurden so gesellschaftliche und politische Konflikte in städtische Konflikte transformiert, und zwar zunehmend in weltweite städtische Konflikte.

Die Erklärungsdefizite der Entwicklungstheorien und die Schwierigkeit, eine Alternative zum Bestehenden zu beschreiben, resultiert aus aktuellen Prozessen der Umstrukturierung des Weltsystems. Im Zentrum dieser Wandlungsprozesse stehen die Megastädte und Metropolen.

Die Umstrukturierung des Weltsystems

Seit den siebziger Jahren fand eine rapide technologische Entwicklung statt. An erster Stelle zu nennen sind die Informationstechnologien, Transportmöglichkeiten und Technologien zur Steuerung von Produktionsprozessen. Daraus ergibt sich eine Verlagerung. Es geht nicht mehr nur um die Produktion von Waren, sondern das Wissen und die Information über die Steuerung von Produktionsprozessen, deren Organisation und Informationen über Märkte sind mindestens ebenso wichtig. Neben den Netzwerken zur Produktion und Vermarktung von Gütern finden sich die Netzwerke der Informationsvermittlung und -verarbeitung, die zunehmend an Relevanz gewinnen. Diese Kommunikationstechnologien haben einen Einfluß auf diejenigen, die sie benutzen, und auf die Informationen, die sie transportieren. „In dieser allgemeinen Transformation bleibt die Natur des Wissens nicht unbehelligt. Es kann nur noch dann in die neuen Kanäle eintreten und einsatzfähig werden, wenn seine Erkenntnis in Informationsquantitäten übertragen werden kann. ... Mit der Hegemonie der Informatik ist es eine bestimmte Logik, die sich durchsetzt und daher auch ein Gefüge von Präskriptionen über die als „zum Wissen" gehörig akzeptierten Aussagen gegeben." (Lyotard 1986:23f) Durch die Logik der Informationsvermittlung und -verarbeitung integrieren sich die Netzwerke, ohne daß eine soziale Koordination nötig ist. Neben der Ökonomie, doch mit ihr verbunden, entsteht ein System der Gleichzeitigkeit und der Aufhebung räumlicher Beschränkungen.

Im modernen Weltsystem, so wie Wallerstein (1986) es analysiert, sind spezifische Regionen (Zentrum, Semi-Peripherie und Peripherie) über ökonomische Beziehungen verbunden. In Form einer internationalen Arbeitsteilung (Fröbel/ Heinrichs/ Kreye 1977, 1986) werden von multinationalen Unternehmen bestehende Standortvorteile für die Produktion genutzt. In dieser Form werden Differenzen zwischen Ländern und Distanzen für die Maximierung der Profitabilität genutzt. Mit den neuen Technologien ergibt sich eine Transformation dieser Kapazitäten. Es geht nicht mehr nur darum, gegebene Vorteile zu nutzen, sondern diese selbst zu produzieren. In diesem Sinne argumentiert Lefebvre: „Der Raum wird zum Produkt der sozialen Arbeit, zum allgemeinen Objekt der Produktion und infolgedessen der Bildung des Mehrwertes." (Lefebvre 1976:164) Ausdruck dieser globalen Produzierbarkeit des Raumes sind nicht zuletzt transnationale Baukonzerne, Maklerunternehmen usw., die tatsächlich dazu in der Lage sind, konkreten Raum, egal wo, zu produzieren (Thrift 1987). Das heißt, daß heute mit wenigen Ausnahmen der gewünschte Raum nahezu überall produzierbar ist. Die konkreten Bedingungen sind damit auf Faktoren zur Bestimmung des Produktionspreises der Ware Raum reduziert. Der Raum wird dadurch zu „abstraktem Raum", d.h. Raum produziert für den Austausch, vergleichbar zu abstrakter Arbeit. So wie durch abstrakte Arbeit alle möglichen Formen konkreter Arbeit neu geschaffen werden können, so erlaubt abstrakter Raum die Produktion aller möglichen konkreten Räume. Abstrahierung ist deshalb keineswegs Vereinheitlichung und Homogenisierung, sondern erlaubt im Gegenteil eine verstärkte konkrete Differenzierung und Heterogenität, denn das je Spezifische ist ja über den Austausch und die Abstraktion miteinander verbunden. (Siehe hierzu vor allem die Arbeit von Lefebvre 1991:229-292).

In der Konsequenz verändert sich unsere Welt „von einem Raum, charakterisiert durch Orte, zu einem Raum, der charakterisiert ist durch Strömungen. ... Die entscheidenden Elemente unserer Gesellschaft sind miteinander in funktionaler, sozialer und ökonomischer Hinsicht durch Informationsströme verbunden und werden durch eine technologische Struktur gestützt. Sie sind durch Informationsströme miteinander verbunden, und sie sind miteinander durch Flugzeuge, Hotels, Geschäftszentren wie durch kulturelle Paradigmen und architektonische Stile verbunden." (Castells 1990:213) Die Uniformisierung aus der Logik der globalen Informationssysteme findet ihre Reflexion in der Standardisierung der global produzierten Räume.

Globale Kapital-, Informations- und Wissensflüsse und die globale Produzierbarkeit des Raumes implizieren Abstrahierung, jedoch keine Homogenisierung der Welt insgesamt. Was geschieht, ist eine Aufhebung der Distanz unter Beibehaltung, Verlagerung oder Schaffung von Differenzen, denn Abstrahierung erlaubt ja gerade Differenz. Konkret zeigt sich dies unter anderem im Wandel der Beschäftigungsstruktur.

Eine Konsequenz der neuen Technologien für den Produktionsprozeß ist zunehmende Automatisierung und die Verlagerung von Produktionen aus den Unternehmen in kleinere Subunternehmen in Form des „Just-in-Time“ Zulieferersystems (Piore/ Sabel 1989). Über diese Auslagerung können Kosten reduziert werden und Marktschwankungen können über die Zulieferer vom Hauptunternehmen besser kompensiert werden. Ein Ergebnis ist die Schwächung der Gewerkschaften und eine Polarisierung des Arbeitsmarktes. Auf der einen Seite nimmt der Bedarf an hochqualifizierter Arbeit zu, auf der anderen Seite verstärkt sich die Nachfrage nach unqualifizierter und billiger Arbeit. In diesem Arbeitsmarkt, gerade an dessen unteren Ende, werden Differenzen zwischen Geschlecht, Rasse, Nationalität und Alter benutzt, um den Zugang zum Arbeitsmarkt zu kontrollieren, die Löhne zu verringern und soziale Absicherung zu reduzieren (Castells 1991:202).

Die Umstrukturierungen betreffen auch die Nationalstaaten. Die Weltwirtschaft ist eine ökonomisch integrierte Einheit, in deren Zentrum sich eine Weltstadt befindet. Kultur und Politik blieben jedoch weiterhin primär an den Nationalstaat gebunden. Durch die Aufhebung der Distanzen über die Entwicklung der globalen Informationsnetzwerke und internationale Migration wurde dieses Prärogativ der Nationen zunehmend problematisch. Jede Gesellschaft, die eine Bedeutung in der Weltwirtschaft besitzt, ist notwendig eine „multi-kulturelle“ Gesellschaft. Hier gewinnen die Städte eine besondere Relevanz.

Wie Braudel (1985:560) darstellt, läßt sich in der Geschichte in langen Phasen eine Konkurrenz zwischen Stadt und Staat nachweisen. Die Entwicklung des Nationalstaates führte erstmals zu einem Sieg des Staates über die Stadt an allen Fronten. Die Funktionen und Privilegien, die einstmals spezifisch städtische waren, wurden vom Staat übernommen. Der Stadtbürger ist im Staatsbürger aufgehoben. Die fiktive Stadtgemeinschaft wurde durch die „imagined community“ des Nationalstaates ersetzt (Anderson 1988). Dem Nationalstaat sind jedoch Grenzen inhärent, über die er sich nicht ausdehnen kann. Diese Erkenntnis brauchte seine Zeit und seine Opfer in zwei Kriegen der Nationen gegeneinander. Hier setzt nun wieder die besondere Stärke der Städte ein. Sie sind begrenzt, doch können sie über die Nation hinausgehende Beziehungsgeflechte entwickeln. So boten sie sich als Knotenpunkte und Kontrollzentren in einem Weltsystem an. Mit der Globalisierung setzte dann ein Prozeß ein, der darüber noch hinausgeht. Die globalen Flüsse müssen irgendwo lokalisiert sein, und hier bieten sich die Städte als Zentren an, denn in ihnen findet sich ein „innovatives Milieu“, das, wie Hall zeigt, primär in den Metropolen verwirklicht werden kann (Hall 1990a:21). Sie bieten zudem die Bedingungen für eine multi-kulturelle Gesellschaft in Form einer Vielfalt, die gleichzeitig Inspiration für die Künste, für die Erkundung neuer Formen des Zusammenlebens, sowie Anstoß für wirtschaftliches Unternehmertum ist, doch andererseits auch als beängstigend erlebt wird (Glazer 1990:219).

Da die Städte durch die Umstrukturierung der Beschäftigungsstruktur ihre ökonomische Grundlage verlieren, bleibt nur die Alternative, entweder die Kapazitäten zu nutzen und sich in die entstehende globale Gesellschaft zu integrieren, etwa als Zentren von Technologieentwicklung, Dienstleistungen, Wissenschaft, Forschung und Finanzzentrum, oder Verfall setzt ein. Soja beschreibt diese Umstrukturierung in Los Angeles wie folgt: „Seemingly paradoxical but functionally interdependent juxtapositions are the epitomizing features of contemporary Los Angeles. Coming together here are especially vivid exemplifications of many different processes and patterns associated with the social restructuring of the late twentieth century. ... One can find in Los Angeles not only the high technology industrial complexes of the silicon valley and the erratic sunbelt economy of Houston, but also the far-reaching industrial decline and bankrupt urban neighbourhoods of rust-belted Detroit or Cleveland. There is a Boston in Los Angeles, a lower Manhattan and a South Bronx, a Sao Paulo and a Singapore." (Soja 1989:193) Diese Umstrukturierung im Sinne verstärkter Integration in die globale Gesellschaft verstärkt Polarisierungen in der Stadt. „The development of high-level information processing is inter-related with the incorporation of low-paid, often immigrant, service labor that caters to the demand in low-skill jobs, and in consumer and personal services. Together with the simultaneous downgrading of manufacturing activities, the two processes create, in the same space of the global city, a highly polarized and segregated social structure. The global city is also the dual city." (Castells 1991:343)

Zusammenfassend führt die Entwicklung der neuen Technologien zur Entstehung globaler Flüsse und Netzwerke, durch die ein Prozeß der Globalisierung vorangetrieben wird. Dieser Globalisierungsprozeß betrifft nicht nur die Ökonomie, sondern auch soziale, kulturelle und politische Aspekte. In diesem Prozeß werden Distanzen aufgehoben und Differenzen geschaffen; die Weltstadt wird durch die globale Gesellschaft ersetzt. Globalisierung führt deshalb nicht zu einer weltweiten Homogenisierung und Vereinheitlichung, sondern impliziert Lokalisierung in Form der Entwicklung oder Erfindung lokaler Traditionen, Identitäten und Beziehungen.

Globalisierung und Lokalisierung in den Städten

Lokalisierung und Globalisierung sind zwei verbundene Prozesse. Globalisierung schafft gleichsam lokale Diversität und Spezialität, die allerdings international standardisiert ist. So erhöht McDonalds, Pizza Hut, Hilton und

Sheraton die Diversität einer asiatischen Stadt wie Bangkok, ebenso wie die japanischen Essenswochen, der Kebab-Stand und das thailändische Restaurant die Diversität in deutschen Städten erhöht. Featherstone argumentiert vor diesem Hintergrund, daß Globalisierung nicht als Homogenisierung, etwa im Sinne von Verwestlichung und Amerikanisierung verstanden werden kann, wodurch die globale Kultur also ähnlich integriert wird wie eine nationale, sondern sich gerade durch Diversität, Variation, Vielfalt populärer und lokaler Diskurse auszeichnet, die sich nicht in einer Ordnung fassen lassen (Featherstone 1990:2).

Was heißt nun Globalisierung und Lokalisierung? Auf der einen Seite entsteht eine weitgehend internationale Kultur und Gesellschaft, in der unterschiedliche Bestandteile aller möglichen Kulturen in spezifischer Form integriert sind, zusammengehalten durch globale Informations-, Wissens- und Kapitalflüsse; auf der anderen Seite findet sich eine verstärkte Suche nach lokaler Identität, wobei „lokal" nicht unbedingt räumlich verstanden werden soll. Ich verwende den Begriff „lokal", da es sich um die Suche nach einer begrenzten und überschaubaren Identität handelt, die aus religiösen, ethnischen, sozialen oder historischen Zusammenhängen konstruiert wird.

Diese Lokalisierungsprozesse resultieren einmal aus der Umstrukturierung der Beschäftigungsstruktur in den Städten, durch die Differenzen unter den Arbeitern wichtig werden; zum weiteren aus einer zunehmenden Bodenspekulation resultierend aus der Produktion des Raumes. Mit der Integration der Stadt in die globale Gesellschaft geht, wie Castells (1991) zeigt, eine Polarisierung der Beschäftigungsstruktur einher, denn die Auslagerung der Industrie- und Massenproduktion reduziert die Mittelschichten. Durch die Konzentration von Managementfunktionen wird der Bereich der hohen Einkommen ausgeweitet und gleichzeitig erhöht sich der Bedarf an billiger Arbeit. „The expansion of the high-income workforce in conjunction with the emergence of new cultural forms has led to a process of high-income gentrification that rests ... on the availability of a vast supply of low-wage workers." (Sassen-Koob 1990:141) Die Konsumansprüche der Wissensproduzenten, Technokraten und Manager werden über spezialisierte Dienstleistungsanbieter befriedigt. Dazu zählt die Putzfrau ebenso wie das Spezialitätenrestaurant, der Schneider, Handwerker usw. Es bilden sich Unternehmen, die sich auf diese Bedürfnisse, die eben nicht über Massenproduktion befriedigt werden können, spezialisieren. Durch die Polarisierung erhöht sich auch die Anzahl derjenigen, die nur über niedrige Einkommen oder Sozialhilfe verfügen. Die Konsumbedürfnisse dieser Strata der urbanen Bevölkerung können ebenfalls nur über niedrig entlohnte Arbeiter befriedigt werden. Da der Bedarf an Arbeit hoch, die Kaufkraft aber beschränkt bleibt, besteht für Unternehmen, die sich auf diesen Bereich beziehen, nur die Möglichkeit, über eine niedrige Entlohnung Profite zu realisieren. Diese Situation wird über die

Ausweitung der Konkurrenz intensiviert, denn es sind eben nicht nur Unternehmen involviert, sondern es finden sich auch unabhängige Arbeiter außerhalb des offiziellen Arbeitsmarktes.

Oftmals wird dieser Bereich als Untergrundökonomie, Schattenwirtschaft oder informeller Sektor beschrieben. Demgegenüber halte ich die von Braudel (1985, 1986) entwickelte Unterscheidung zwischen Kapitalismus und Marktwirtschaft für sinnvoller. Mit Marktwirtschaft bezeichnet Braudel den alltäglichen Handel, der transparent, spezialisiert und durch hohe Konkurrenz gekennzeichnet ist. Daneben gibt es einen Bereich, den Braudel als Kapitalismus bezeichnet. Der Kapitalismus ist undurchsichtig, auf hohe Profite orientiert, flexibel im Investment und wenig spezialisiert. „Ich fasse zusammen: Es gibt zwei Typen von Austausch. Der eine ist alltäglich und basiert auf Konkurrenz, weil er einigermaßen transparent ist; der andere - die höhere Form - ist komplex und an Herrschaft orientiert. Diese beiden Typen werden weder durch die gleichen Mechanismen noch durch die gleichen Individuen bestimmt.“ (Braudel 1986:58) Wie ich in der Untersuchung der Märkte und Händler in Bangkok zeigte, ergibt sich die Differenz zwischen Marktwirtschaft und Kapitalismus nicht aus einer Definition, sondern aus Machtverhältnissen und Handlungsmöglichkeiten. „Die Dynamik der ökonomischen Entwicklung ergibt sich aus Handlungsmöglichkeiten, die aus Machtdifferenzen und unterschiedlichen Strategien resultieren. Für die Kapitalien dient Macht der Ausweitung der Handlungsmöglichkeiten zur Profitmaximierung; in der Marktwirtschaft dienen die Strategien der Entwicklung von Handlungsmöglichkeiten zur Sicherung des Lebensstandards und des Überlebens.“ (Korff 1988:298)

Eine dieser Strategien ist für die Händler auf den städtischen Märkten der Aufbau sozialer Beziehungen zu Konsumenten, anderen Händlern und zu Zwischenhändlern und Produzenten. Die sozialen Beziehungen dienen zur Absicherung gegenüber Marktschwankungen (es wird versucht, regelmäßige Kunden zu haben, sodaß die Absatzmenge relativ kalkulierbar bleibt) sowie der Beschränkung der Konkurrenz durch soziale Kontrolle und des Zugangs zum Raum (Korff 1990). Dieser ist keineswegs frei, denn an den attraktiven Stellen haben schon andere ihre Stände aufgebaut. Für den Zugang zum Raum sind soziale Beziehungen von zentraler Bedeutung. Nur wer andere Händler kennt oder Bekannte hat, die ihm erlauben, den Stand vorm Haus aufzubauen, kann sich als Händler betätigen. Dieses gilt ebenso für Schwarzarbeiter. Als Schwarzarbeiter kann man nicht inserieren, sondern ist darauf angewiesen, „daß es sich rumspricht“. Vor diesem Hintergrund ist die Marktwirtschaft in Form lokaler Märkte, Geschäfte und Stände potentiell ein wichtiger Mechanismus der Integration von Lokalitäten.

Kapitalismus und Marktwirtschaft bilden zwei Netzwerke, die, wie Braudel darlegt, von unterschiedlichen Mechanismen und Personen bestimmt sind. Während die Marktwirtschaft die einzelnen Teile der Stadt integriert und verbindet und dadurch ein Netzwerk der Integration der Stadt insgesamt darstellt, geht es dem Kapitalismus um die Besetzung von Zentren in der Stadt und deren Internationalisierung. Dadurch werden Teile der Stadt in eine globale Gesellschaft integriert. Diese globale Gesellschaft ist nicht territorial organisiert, sondern besteht aus über Flüsse und Netzwerke verbundenen Teilen in unterschiedlichen Städten. Die globale Gesellschaft selbst ist wie eine Stadt, allerdings eine Stadt, deren Stadtteile global verteilt sind. Ökonomisch wird die globale Gesellschaft über den Kapitalismus durch Kapitalflüsse integriert. Kulturell integriert sie sich über Informationsnetzwerke, die, wie Lyotard (1986) zeigt, eine Uniformierung implizieren. In der globalen Gesellschaft wird ein spezifisches Wissen produziert, das zur Aufrechterhaltung und Effizienzsteigerung verwendet wird. Lokal konkret produziert und reproduziert sich die globale Gesellschaft über multinationale Bauunternehmen, Grundstücksmakler, Rechtsanwaltbüros, Banken und Konzerne in Form von „postmodernen" Bürohäusern, Einkaufszentren, Hotels und Appartementhäusern (King 1990).

Der Nord-Süd-Konflikt in den Städten

Die Umstrukturierung des Weltsystems führt zu einer Verlagerung von Zentrum (in Form einer globalen Gesellschaft) und Peripherie in die Städte. Vor allem in den Metropolen, aber nicht nur dort, stehen sich so die globale Gesellschaft in Form internationalisierter sozialer, kultureller, ökonomischer und räumlicher Teile einer Stadt und Lokalitäten als Lebensräume spezifischer sozialer Gruppen gegenüber. Damit wird die Frage relevant, ob Globalisierung und Lokalisierung im Rahmen konkreter Städte als Prozesse der sozial-räumlichen Differenzierung gefaßt werden können, oder ob es sich dabei zunehmend um Fragmentierungsprozesse handelt. Bezogen auf den sozialen Produktionsprozeß des Raumes argumentiert Lefebvre: „Where then is the principal contradiction to be found? Between the capacity to conceive of and treat space on a global (or worldwide) scale on the one hand, and its fragmentation by a multiplicity of procedures or processes, all fragmentary themselves, on the other. ... Under its homogenous aspect, space abolishes distinctions and differences. ... Simultaneously, this same space is fragmented and fractured, in accordance with the demands of the division of labour and of the division of needs and functions, until a threshold of tolerability is reached or even passed. The ways in which space is thus carved up are reminiscent of the ways in which the body is cut into pieces in images." (Lefebvre 1991:355)

Solange es sich bei der Umstrukturierung um eine Verlagerung von Zentrum und Peripherie handelt, bei der die funktionale Verbindung bestehen bleibt, handelt es sich um Differenzierungsprozesse. Bei der Analyse des „Endes der Dritten Welt“ weist Menzel bei der Differenzierung der Entwicklungsländer allerdings auf einen Rest hin, „der mehr oder weniger sich selbst überlassen, sozusagen zwangsweise abgekoppelt wird, da er weder als Rohstofflieferant noch als Absatzmarkt von besonderem Interesse ist.“ (Menzel 1992:174) Castells drückt dies etwas deutlicher aus, wenn er schreibt: „ Wir bewegen uns von einer Situation sozialer Ausbeutung zu einer Situation funktionaler Irrelevanz. Wir werden einen Tag sehen, an dem es ein Privileg sein wird, ausgebeutet zu werden, denn noch schlimmer als Ausbeutung ist, ignoriert zu werden.“ (Castells 1990:213) Diese zunehmende funktionale Irrelevanz betrifft nicht nur Länder, sondern auch spezifische Personengruppen und „Gebiete“ in allen Gesellschaften. In den Städten stehen sich deshalb nicht nur „Zentrum“ und „Peripherie“ gegenüber, sondern es muß eine funktional irrelevante, mehr oder weniger ignorierte Gruppe ohne oder mit nur sehr geringen Zukunftsoptionen hinzugezählt werden.

Die Internationalisierung der Stadt impliziert ein rapides Ansteigen der Boden- und Mietpreise durch die Möglichkeiten profitabler Nutzung städtischen Landes. Auf der einen Seite werden Gebiete „gentrifiziert“, auf der anderen Seite entstehen internationale Räume, die Teil der globalen Gesellschaft sind, wie Hotels, Bürohochhäuser, Appartementhäuser und Einkaufszentren. Die erhöhte Nachfrage nach urbanem Land führt zu einer allgemeinen Erhöhung des Mietniveaus, unter der besonders diejenigen leiden, die von der Umstrukturierung der Beschäftigungsstruktur betroffen sind. Erst verlieren sie ihre Jobs, dann die Möglichkeit am alten Ort wohnen zu bleiben, da die Wohnung zu teuer wird. So spitzt sich eine Konfliktfront zu zwischen Profitinteressen an der Produktion des Raumes und dem Gebrauch des Raumes zur Reproduktion.

Für die Gruppen, die von der Umstrukturierung der Stadt durch die Integration in die globale Gesellschaft betroffen sind, gibt es die Alternativen, entweder die Stadt zu verlassen, strukturell arbeitslos, oder mit niedrig entlohnter Arbeit zufrieden zu sein. Hinzu kommt die Erhöhung der Mietpreise, durch die es schwer wird bzw. ist, eine Wohnung zu finden oder zu behalten. Aus diesen Mechanismen entsteht ein Druck an die ökonomische, räumliche und soziale Peripherie der Stadt. Dabei verstärkt sich die Konkurrenz untereinander durch internationale Migration. Die globalen Kommunikations- und Transportmöglichkeiten werden nicht nur vom Manager genutzt, sondern stehen auch anderen Personengruppen offen. Früher blieb internationale Migration relativ begrenzt, da der Informationsfluß durch kulturelle, soziale, politische und geographische Distanzen behindert wurde. Auf der Grundlage der neuen Transport- und Kommunikationstechnologien wurden die räumlichen Grenzen überwunden, und der Zusammenbruch des Ostblocks löste politische Grenzen auf. Beides führte allerdings nicht zu einer Verringerung sozialer und kultureller Abgrenzungen.

In ihrer Untersuchung von Etablierten- und Außenseiterbeziehungen zeigen Elias und Scotson (1990), daß soziale Kohärenz selbst zu einer Machtressource wird. Es bestehen Machtdifferentiale zwischen an sich gleichen Gruppen, die sich nur im Grad sozialer Kohärenz unterscheiden. Soziale Kohärenz impliziert eine Abgrenzung gegenüber anderen Gruppen. Der reale oder fiktive Bezug auf eine gemeinsame Tradition und Identität wird in diesem Zusammenhang besonders für diejenigen Gruppen wichtig, die über keine Machtressourcen verfügen und darauf angewiesen sind, über soziale Kohärenz Machtdifferentiale zu anderen Gruppen, mit denen sie um den Zugang zu Ressourcen konkurrieren, zu erhalten. Egal wie fiktiv diese Bezüge tatsächlich sind, ihre „Wahrheit" zeigt sich dann, wenn es gelingt, in einer Konkurrenzsituation die eigene Position gegenüber anderen Gruppen zu verbessern. Die Verringerung der globalen räumlichen Abgrenzungen führt so zu Lokalisierung im Sinne einer Vervielfachung kultureller und sozialer Grenzen, durch die nicht mehr Regionen und Nationen getrennt werden, sondern soziale, ökonomische, kulturelle und räumliche Bereiche innerhalb einer Stadt.

Diese unterschiedlichen Gruppen konkurrieren nicht nur um Zugang zu Arbeitsstellen, sondern vor allem um den zunehmend knapperen und teuren urbanen Raum. Dadurch wird ein Prozeß sozial-räumlicher Differenzierung in zwei Richtungen vorangetrieben. Auf der einen Seite entstehen „gentrifizierte" Gebiete, auf der anderen Seite Grauzonen, deren Verbindung mit der Stadt, zu der sie geographisch und administrativ gehören, zunehmend reduziert wird. Die Existenz und Ausweitung von Personengruppen, die zunehmend funktional irrelevant werden, impliziert eine Fragmentierung der Städte. Konkreter Ausdruck hiervon sind die neuen und alten Ghettos, etwa in den Innenstädten von Los Angeles, New York und London, die Viertel an der Peripherie von Paris und ebenso die gigantischen Schlaf-Neustädte im Osten.

Vor diesem Hintergrund stelle ich die These auf, daß die Konflikte in Paris, Los Angeles und New York (in gewisser Weise auch in Rostock) eine Form des „Nord-Süd" Konfliktes sind, der sich von einem Konflikt zwischen Regionen oder „Erster" und „Dritter Welt" in die Städte, dabei besonders die sogenannten „globalen Städte" oder „Weltstädte", verlagert hat. Der lange Marsch durch die Wüste nach Europa mag als Szenario für Fernsehfilme durchaus reizvoll sein, ist real aber ebenso absurd wie das Szenario einer militärischen Aktion des Südens gegen den Norden, auch wenn einige Militärs ein Interesse daran hätten. Weiterhin bin ich der Meinung, daß diese Konflikte, wie sie im letzten Jahr stattfanden, erst ein Anfang sind und die nächsten Jahre kennzeichnen werden. Obwohl in diesen Konflikten Migrantengruppen involviert sind, geht es aber nicht um eine Auseinandersetzung zwischen Migranten und „Einheimischen“ (wobei man fragen muß, wer denn überhaupt „Einheimischer“ ist), sondern allgemeiner um eine Auseinandersetzung zwischen Gruppen, deren Position sich durch die Umstrukturierungen verschlechtert hat, und die potentiell oder real von Marginalisierung betroffen sind. Mit den Unruhen wird versucht, die zunehmende Irrelevanz und Ausgliederung aus Ökonomie und Gesellschaft aufzuheben; der Gesellschaft und sich selbst zu demonstrieren, daß man existiert. Deshalb sind viele dieser Konflikte, seien es Unruhen, Krawalle oder auch die alltägliche Gewalt, die geduldet wird, solange sie in den Grauzonen verbleibt, in ihren Effekten so beschränkt und treffen in der Hauptsache andere Gruppen in ebenso niedrigen Positionen. Die Stellvertreter-Konflikte finden nicht mehr in der Dritten Welt statt, sondern haben sich in die „Dritte Welt“ der großen Städte verlagert.

Am deutlichsten sind diese Entwicklungen in denjenigen Ländern, in denen der Sozialstaat massiv abgebaut wurde. Die USA und Großbritannien sind klare Beispiele dafür. Aber auch in französischen und deutschen Städten zeigt sich das Potential dieser Konflikte. „Ich erinnere an die sozialen Spannungen in Frankreich, an die Ausbildung ethnischer Ghettos in französischen Städten. Oder denken wir an den Anstieg der Immobilienpreise in den Innenstädten, durch den Familien mit Kindern und junge Leute gezwungen werden, in die Randgebiete zu ziehen. Ethnische Konflikte sind in einer Anzahl europäischer Städte - darunter auch deutsche - zu verzeichnen." (Castells 1990:214)

In den Metropolen Europas, Nordamerikas aber auch den Städten der Dritten Welt entsteht eine höchst brisante Situation. Auf der einen Seite ist politische, soziale und ökonomische Macht konzentriert. Diese Macht wird genutzt, um die Stadt entsprechend den Wünschen und Interessen zu konstruieren. Auf der anderen Seite findet sich eine Zersplitterung und große Konkurrenz um den Zugang zum städtischen Land und zu Beschäftigungsmöglichkeiten. Aufgrund der Zersplitterung sind die Möglichkeiten für Partizipation an Entscheidungen, die die Stadt betreffen, eine Gegenwehr, die Durchsetzung oder auch nur die Artikulation von Interessen begrenzt. Offensichtlich sind die eingangs erwähnten Angstszenarien nicht aus der Luft gegriffen.

Aber ebenso wie sich Konflikte in den Städten konzentrieren, zeichnen sich auch Bewältigungsmöglichkeiten ab. Man muß sich vor Augen halten, daß trotz der hohen Heterogenität, Ghettoisierung und Abgrenzung einzelner sozialer und kultureller Gruppen, die Städte, auch die großen Städte, nicht in Agonie abgeglitten sind. Dies erstaunt umso mehr, wenn man bedenkt, daß von 126 Ländern, die 1987 von der Weltbank aufgelistet wurden, nur 54 oder 40% mehr als 10 Millionen Einwohner haben - eine Bevölkerungszahl, die von vielen Städten und urbanisierten Gebieten weit überstiegen wird. Erstaunlich ist auch die Fähigkeit der Städte sich zu erneuern. Denken wir an Beirut. Nach dreißigjährigem Bürgerkrieg normalisierte sich Beirut in relativ kurzer Zeit. Wie gelingt es, daß die Städte trotz der Probleme noch „funktionieren“, eben noch nicht zum Dschungel, in dem jeder gegen jeden kämpft, geworden sind? Offensichtlich findet sich in den großen Städten ein Rest oder auch ein Anfang von „Civitas“ (Sennett 1991). Aus dieser Perspektive ist eine Analyse der Städte, gerade für eine kritische Entwicklungssoziologie, heute wichtiger denn je. Worin liegt aber diese Fähigkeit der Städte?

Die städtische Grundunordnung als zivilisatorisches Potential?

Lefebvre sieht das Wesen der Verstädterung in Zentralität, die aber so geartet ist, daß jeder Punkt zentral sein kann, denn das Urbane ist Punkt der Begegnung und der Gleichzeitigkeit. „Das Städtische läßt sich auch als Nebeneinander und Übereinander von Netzen, als Sammlung und Zusammenschluß dieser Netze definieren, die einmal im Hinblick auf das Landesgebiet, zum anderen im Hinblick auf die Industrie, und drittens im Hinblick auf andere Zentren des Gewebes hergestellt wurden.“ (Lefebvre 1976:131 - Heute müßte man die globalen Flüsse in diese Netze einbeziehen, bzw. die Knotenpunkte der globalen Netzwerke sind selbst als Netze in der Stadt zu verstehen.) Die Heterogenität der Stadt sind diese unterschiedlichen Netze, die je spezifische und eigene Zentren haben und durch ihre Überlagerung eine Situation der differenzierten Zentralität schaffen. Daraus resultiert eine Unordnung, denn es fehlt die Struktur, die eine Ordnung der sich überlagernden Strukturen und Zentren definiert.

Die Stadt als Ort von Heterogenität und differenzierter Zentralität öffnet eine zentrale Frage: Wie wird das Problem gelöst, „wie Menschen für ihre elementaren animalischen Bedürfnisse im Zusammenleben miteinander Befriedigung finden können, ohne daß sie sich bei der Suche nach dieser Befriedigung immer von neuem gegenseitig zerstören, frustrieren, erniedrigen oder in anderer Weise schädigen, also ohne daß die Befriedigung der elementaren Bedürfnisse des einen Menschen oder der einen Gruppe von Menschen auf Kosten der Bedürfnisbefriedigung eines anderen oder einer anderen Gruppe geht.“ (Elias 1989:46) Mit anderen Worten, wie gelingt Zivilisierung unter den Bedingungen großer Heterogenität und hoher Bevölkerungsdichte?

Die erste Möglichkeit ist, nach Kommunikation und Interaktion zu suchen, denn durch Kommunikation und Interaktion wird soziales Handeln koordiniert und erfolgt soziale Integration. Über Kommunikation läßt sich eine Situationsdefinition und ein Konsens finden, auf dessen Grundlage die Handlungen der anderen und die Folgen des eigenen Handelns antizipierbar sind. Eine Kontinuität ergibt sich über Normen und Werte, die durch soziale Kontrolle erzwungen werden. Diese Verhaltensmuster spielen in der Stadt natürlich auch eine wichtige Rolle, doch ist, wie Wirth in seiner Untersuchung des Urbanismus als Lebensstil darstellt, die Person in der Stadt vereinzelt und gerade nicht in enge Maschen sozialer Kontrollnetze integriert. In der Stadt herrscht Anonymität. Die Anonymität wird kurzfristig aufgehoben, etwa beim Einkaufen, dem Kontakt mit der Verwaltung usw., und fast jeder Bewohner einer Stadt hat Freunde, Kollegen und Bekannte. Zwischen Anonymität und Gemeinschaft finden sich Zwischenzonen und Schattierungen.

Neben einer direkten Interaktion und einer sozialen Integration wird die Stadt über Systeme, vor allem die Ökonomie und die Verwaltung, integriert. Durch diese nicht-intentionalen Koordinationsmechanismen ergeben sich Berührungspunkte, die direkte Interaktion verlangen oder erlauben. Die Beziehung zwischen Händler und Konsument basiert einmal auf der Ökonomie, beim Kaufakt spielt jedoch die Interaktion eine Rolle. Der Kontakt mit dem Verwaltungsbeamten basiert auf dem Verwaltungssystem, doch auch hier kommt es zu persönlicher Interaktion. In diesen Fällen resultiert Interaktion aus der Berührung von Funktionen und bleibt primär auf diese beschränkt. Der Kontakt selbst verläuft scheinbar in formalisierten Kanälen. (Gerade in Städten der Dritten Welt zeigt sich, daß der formale, sich über Funktionen ergebende Kontakt gar nicht so formalisiert ist. Da die Bürokratie eben nicht kalkulierbar ist, wird versucht, eine persönliche Beziehung zu etablieren. Dies gelingt durch Patronage, Freundschaft oder auch Korruption.)

In der Stadt finden sich weiterhin Institutionen und mehr oder weniger stark institutionalisierte Netzwerke etwa zwischen Händlern, Bewohnern eines Viertels, Berufsgruppen, Parteien oder strategischen Gruppen. In diesen Fällen ergibt sich Interaktion aus Interdependenzen, die auf gemeinsamen oder komplementären Interessen basieren. Daneben existieren Beziehungen, die weder institutionalisiert noch persönlich sind. Spontan finden sich Personen zusammen, die ein gemeinsames Interesse verfolgen, ohne dies vorher abgestimmt zu haben. Dies gilt z.B. für die Ansammlung von Personen in einem Kino, Theater, auf einer Demonstration, kurz in öffentlichen Räumen. Diese Ansammlungen zeichnen sich dadurch aus, daß man nichts miteinander zu tun hat, also durchaus anonym ist, offensichtlich aber ein gemeinsames Interesse verfolgt, denn sonst wäre man ja nicht an dem spezifischen Ort.

Die Anonymität und über Interessen und Funktionen sich ergebende Beziehungen bergen eine Ambivalenz. Auf der einen Seite sind sie mit Ignoranz und Toleranz verbunden. Auf der anderen Seite bleiben diese Beziehungen und Interaktionssituationen selektiv. Personen begegnen sich nicht mit ihrer Person insgesamt, sondern es sind nur spezifische Aspekte ihrer Persönlichkeit gefordert. Hierin liegt die Gefahr, daß die funktionale Differenzierung der Gesellschaft sich als Aufsplitterung bis ins Individuum fortsetzt, das in spezifischen Kontexten nur noch spezifisch agieren und reagieren darf. „Der Bürger, dessen Leben sich in Geschäft und Privatleben, dessen Intimität sich in die mürrische Gemeinschaft der Ehe und den bitteren Trost spaltet, ganz allein zu sein, mit sich und allen zerfallen, ist virtuell schon der Nazi, der zugleich begeistert ist und schimpft, oder der heutige Großstädter, der sich Freundschaft nur noch als „social contact", als gesellschaftliche Berührung innerlich Unberührter vorstellen kann." (Horkheimer/ Adorno 1969:164) Das andere Extrem ist allerdings auch keine Lösung. „Die Überzeugung, wahre zwischenmenschliche Beziehungen bestünden in Enthüllungen von Persönlichkeit zu Persönlichkeit, hat auch unser Verständnis für die Zwecke der Stadt verzerrt. Die Stadt ist das Instrument nichtpersonalen Lebens, die Gußform, in der Menschen, Interessen, Geschmacksrichtungen in ihrer ganzen Komplexität und Vielfalt zusammenfließen und gesellschaftlich erfahrbar werden. Die Angst vor der Anonymität zerbricht diese Form. ... In diesem Sinne ist die Besessenheit von der Intimität das Kennzeichen einer unzivilisierten Gesellschaft." (Sennett 1990:427)

Tatsächlich thematisieren Horkheimer und Adorno einerseits und Sennett andererseits im Grunde dieselbe Gefahr. Horkheimer und Adorno graut vor der Etablierung einer funktionalen Grundordnung der instrumentellen Vernunft, die das Individuum zum Funktionsträger reduziert, während Sennett, der aus seiner Erfahrung in New York wohl feststellen konnte, daß sich diese Grundordnung in einer Großstadt kaum realisieren läßt, vor einer Grundordnung aus der Tyrannei der Intimität graut. Beide richten sich also gegen eine Grundordnung, die Pluralität, Vielfalt und Differenz vernichtet.

Für Sennett (1990, 1991) heißt die Alternative nicht Anonymität oder Intimität. Zwischen beiden findet sich ein Bereich der Öffentlichkeit, als komplexer Erfahrungsraum, in dem sich Funktionen überlagern. Der öffentliche Raum ist dadurch Austragungsort von Interessenkonflikten und -ausgleich sowie Raum der Begegnung und der Konfrontation mit Differenzen, die in den Ghettos der Intimität nicht existieren. Von dieser Perspektive aus betrachtet führen die Begegnungen, Beziehungen und Interaktionen, die sich aus Funktionen oder Interessen ergeben, nicht zur Fragmentierung des Individuums, wie Horkheimer und Adorno befürchten, denn es fehlt ja die dominante Ordnung, das verbindliche Zentrum. Allerdings ist diese differenzierte Zentralität nicht per se gleich Öffentlichkeit, wie Sennett sie skizziert. Sie ist erstmal Ignoranz und latente und offene Gewalt, denn die Strukturen und Zentren stehen ja nicht in Form eines Pluralismus nebeneinander. Zu den Strukturen gehören Gruppen, Personen, partikulare Interessen und Macht. Es muß also die Frage geklärt werden, auf welcher Grundlage diese differenzierte Zentralität über eine Öffentlichkeit koordiniert werden kann. Es geht also um die Ausgangsfrage: Wie ist Zivilisation in der Stadt möglich?

Diese Frage läßt sich über Elias´ (1989:41) Konzept einer „Formalitäts-Informalitäts-Spanne“ besser erfassen als mit den Begriffen Öffentlichkeit und Intimität. Elias argumentiert, daß die Spanne zwischen einem informellen und einem formellen Verhalten mit den in einer Gesellschaft bestehenden Machtdifferentialen zwischen Etablierten und Außenseitergruppen zusammenhängt. Diese Formalitäts-Informalitäts-Spanne bezieht sich sowohl auf eine Richtung des Zivilisationsprozesses in Form zunehmender Informalisierung als auch auf eine in einer Gesellschaft bestehende Spanne. Informalisierung ergibt sich aus der Angleichung von Machtdifferentialen. Machtdifferentiale sind dann angeglichen oder mindestens unklar, wenn Stärken und Schwächen sich ausgleichen, oder wenn der Status des Anderen unklar ist. Hierin unterscheidet sich die Stadt vom Hof. „Die Struktur einer vom Hof dominierten Gesellschaft macht Begrüßungen und Komplimente leicht. Mit Ausnahme von Versailles waren diese Höfe so klein, daß sich der Ruf einer Person und ihr persönlicher Kontext in der überschaubaren Gemeinschaft rasch verbreiten konnte.“ (Sennett 1990:89) Demgegenüber steht die Situation in den Städten: „In einer menschenreichen Umgebung, zu der fortwährend neue Fremde hinzustießen, wurden Begrüßungsformen, die der Person und ihren bekannten Vorzügen schmeichelten, immer schwieriger. Im allgemeinen bildete sich nun ein Repertoire formelhafter Begrüßungen heraus, die um so akzeptabler waren, je unspezifischer und eigenständiger als Redewendung sie waren.“ (Sennett 1990:90).

Die Reduktion der Machtdifferentiale impliziert, daß auf der einen Seite die Etablierten relativ an Macht verlieren und die Außenseiter gewinnen. In den Städten Westeuropas und Nordamerikas fand während der sechziger und siebziger Jahre tatsächlich eine zunehmende Angleichung statt. Deutliche Indikatoren dafür sind die Erfolge der Bürgerrechtsbewegungen, durch die die Position der Farbigen verbessert wurde, die Frauen- und Studentenbewegung, durch die informelle Lebensstile und Umgangsformen zwischen Mann und Frau, Erwachsenen und Kindern, Vorgesetzten und Untergebenen sich entwickelten. Seit den achtziger Jahren sind diese Informalisierungstrends jedoch rückläufig. Durch die Umstrukturierungen des Weltsystems und der Globalisierung kam es zu einer Polarisierung. Neue Differenzen, neue Gruppen von Außenseitern und Etablierten haben sich gebildet. Machtgefälle, die vormals relativ ausgeglichen waren, haben sich verstärkt und sind durch neue erweitert worden. Konkret verlieren dadurch immer mehr Personen die Chance, an einer Öffentlichkeit partizipieren zu können. Die Verdrängung an die Peripherie der Stadt durch Bodenspekulation und die Umstrukturierung der Beschäftigungsstruktur impliziert auch eine Reduktion der Möglichkeiten, Informalisierung voranzutreiben, um dadurch die Gewalt in der Stadt durch Selbstkontrolle begrenzt zu halten.

In diesem Zusammenhang wird ein positiver Aspekt der Bildung von Lokalitäten relevant. Zwar impliziert Lokalisierung Abgrenzung, doch liegt darin ein Potential für lokale Selbstorganisation durch soziale Kreativität. Diese mündet in interne Pazifizierung und Informalisierung der Lokalität. „Nicht Intimität hält Lokalitäten zusammen, sondern funktional und räumlich bestimmte Interdependenzen, auf deren Basis Kontakte mit Personen in anderen sozialen Bezügen in einem Rahmen relativer Anonymität und Distanz gegeben sind.“ (Korff 1991:365) Verbinden diese funktionalen und räumlichen Interdependenzen sich mit gemeinsamen Interessen, lassen sich Ansprüche artikulieren und Widerstandsformen entwickeln, die sich nicht gegen den Nachbarn wenden, sondern gegen Etabliertengruppen, seien es Stadtplaner, Spekulanten, Unternehmen oder die Stadtverwaltung. Darüber hinaus lassen sich Machtdifferentiale in der Stadt reduzieren und eine Informalisierung des Umganges entwickeln, der durch Toleranz gekennzeichnet ist. Die Grundunordnung der Stadt ist dann nicht eine Gefahr, sondern tatsächlich ein Potential für Öffentlichkeit. Diese Grundunordnung ist allerdings gefährdet.

Auf der einen Seite wird versucht, die Stadt zu exorzieren, eine Grundordnung zu etablieren. In diese Richtung gehen die Versuche der Stadtplaner, instrumentelle Vernunft und Funktionalität in Form einer funktional gegliederten Stadt zu realisieren, in der Wohnviertel, Verwaltung, Geschäfte und Industrien deutlich getrennt sind. Auch die Produzenten des Raumes streben danach, eine Grundordnung durch eine nach Profitabilitätskriterien strukturierte Stadt voranzutreiben (Hall 1990:203ff, 342f). Damit wird das Grauen von Horkheimer und Adorno zur Realität in den von Mitscherlich (1965) beschriebenen „unwirtlichen Städten“. Aber auch die Versuche, eine überschaubare Stadt zu schaffen, in der jeder in einer festgefügten Nachbarschaft lebt, deren Grundordnung sich also aus einer „Gemeinschaftlichkeit“ ergibt, eignet sich nicht, denn „dazu sucht man nach intimen, lokalen Maßstäben für menschliches Erleben, das lokale Territorium wird zum moralischen Heiligtum erhoben, das Ghetto wird sakrosankt.“ (Sennett 1990:372)

Auf der anderen Seite existiert die Sehnsucht nach Überschaubarkeit und Ordnung, die Angst vor Fremden, Unbekannten und die Versuche, die eigene relative Machtlosigkeit dadurch zu kompensieren, daß man andere sucht, denen man ansehen kann (oder meint ansehen zu können), daß sie noch machtloser sind. Zielgruppen derartiger Versuche, Ordnung zu schaffen, sind Außenseiter, die sich nicht wehren können. In sie werden die eigenen Defizite projiziert, die dann der Grund für Ablehnung sind und gleichzeitig die Legitimation für Gewalt.

Zunehmende Informalisierung verlangt, neben der Angleichung von Machtdifferentialen, die Ersetzung von Fremdzwängen durch Selbstzwänge. „Im Zuge eines Zivilisationsprozesses wird die Selbstzwangapparatur im Verhältnis zu Fremdzwängen stärker. Sie wird darüber hinaus gleichmäßiger und allseitiger. ... In Gesellschaften mit einer sehr großen Ungleichheit der Machtgewichte entwikkelt sich eine Selbstkontrollapparatur bei den Establishments, den Machthabern, den Höhergestellten hauptsächlich in bezug auf ihresgleichen. ... Das soziale Gefälle ist gewiß noch groß genug, aber im Zuge des Demokratisierungsprozesses haben sich die Machtdifferentiale verringert. Dem entspricht es, daß wir im Verkehr mit allen Menschen ein relativ hohes Maß von Selbstzügelung entwikkeln müssen, auch im Verhältnis zu sozial Untergebenen." (Elias 1989:50f) Diese Selbstzwangapparatur kann sich allerdings nur entwickeln, wenn die gesellschaftlichen Fremdzwänge reduziert werden. Es bedarf einer relativ langen Phase des Übergangs, in der sich die Selbstkontrolle entwickeln kann. Offensichtlich befinden wir uns gegenwärtig in den großen Städten in einer derartigen Transformationsphase. Das Leben in der Großstadt verlangt die zivilisierte Persönlichkeit, die sich also auch gegenüber sozial anderen zivilisiert verhält.

Die differenzierte Zentralität und Heterogenität der Stadt ist ein Potential für Informalisierung. Informalisierung ist gleichzeitig aber auch eine Grundbedingung für Differenzierung und Vielfalt. Fassen wir Informalisierung als Zivilisierung auf und sprechen wir mit Elias von der „Natur des Zivilisationsprozesses", so ist nicht die Anonymität, Pluralität und Unordnung, so wie wir sie in den großen Städten finden, eine Form von Entfremdung, sondern im Gegenteil ihre Kritik. Die Versuche, eine Grundordnung zu schaffen, sind deshalb nichts anderes als De-zivilisierung, egal ob sie von Skinheads, Kleinbürgern, Planern oder Baulöwen unternommen werden. Globalisierung und Lokalisierung sind ein ambiguäres Potential. In welche Richtung sich dieses Potential entwickeln wird, zu Zivilisation oder Barbarei, entscheidet sich in den großen Städten.

Literatur

Anderson, Benedict: 1988
Die Erfindung der Nation. Zur Karriere eines folgenreichen Konzeptes. Frankfurt a.M./ New York: Campus
Benevolo, Leonardo: 1991
Die Geschichte der Stadt. Frankfurt a.M./New York: Campus
Braudel, Fernand: 1985
Sozialgeschichte des 16. bis zum 18. Jahrhundert. Der Alltag. München: Kindler

Braudel, Fernand: 1986
Die Dynamik des Kapitalismus. Stuttgart: Klett
Castells, Manuel: 1990
Die zweigeteilte Stadt - Arm und Reich in Städten Lateinamerikas, der USA und Europas. In: Die Welt der Stadt, Hg. Tilo Schabert, München/Zürich: Piper:199-216
Castells, Manuel: 1991
The Informational City. Information Technology, Economic Restructuring and the Urban-Regional Process. Oxford/Cambridge: Basil Blackwell
Elias, Norbert: 1989
Studien über die Deutschen. Machtkämpfe und Habitusentwicklung im 19. und 20. Jahrhundert. Frankfurt a. M.: Suhrkamp
Elias, Norbert/ Scotson, John C.: 1990
Etablierte und Außenseiter. Frankfurt a.M.: Suhrkamp
Featherstone, Michael: 1990
Global Culture: An Introduction. In: Theory, Culture and Society 7/2-3:1-14
Fröbel, Friedrich/ Heinrichs, Jürgen/ Kreye, Otto: 1977
Die neue internationale Arbeitsteilung. Strukturelle Arbeitslosigkeit in den Industrieländern und die Industrialisierung der Entwicklungsländer. Reinbek bei Hamburg: Rowohlt
Fröbel, Friedrich/ Heinrichs, Jürgen/ Kreye, Otto: 1986
Umbruch in der Weltwirtschaft. Die globale Strategie: Verbilligung der Arbeitskraft, Flexibilisierung der Arbeit, neue Technologien. Reinbek bei Hamburg: Rowohlt
Gebhardt, Eike: 1988
Die Stadt als moralische Anstalt. Zum Mythos der kranken Stadt. In: Die Unwirtlichkeit der Städte. Großstadtdarstellungen zwischen Moderne und Postmoderne, Hg. Klaus R. Scherpe, Reinbek bei Hamburg: Rowohlt: 279-303
Glazer, Nathan: 1990
Vielfalt, Nonkonformismus und Kreativität - das Beispiel der Stadt New York. In: Die Welt der Stadt, Hg. Tilo Schabert, München/Zürich: Piper:217-250
Hall, Peter: 1990a
Gibt es sie noch - die Stadt? In: Die Welt der Stadt, Hg. Tilo Schabert, München/Zürich: Piper:17-42
Hall, Peter: 1990b
Cities of Tomorrow. An Intellectual History of Urban Planning and Design in the Twentieth Century. Oxford/Cambridge: Basil Blackwell
Horkheimer, Max/ Adorno, Theodor. W: 1969
Dialektik der Aufklärung. Frankfurt a.M.: Fischer
King, Anthony: 1990
Architecture, Capital and the Globalization of Culture. In: Theory, Culture and Society 7/2-3:397-411
Korff, Rüdiger: 1988
Informeller Sektor oder Marktwirtschaft? - Märkte und Händler in Bangkok. In: Zeitschrift für Soziologie 17/4:296-307

Korff, Rüdiger: 1990
Trade, City and State: Urbanism in a Southeast Asian Primate City. Habilitationsschrift: Universität Bielefeld
Lefebvre, Henri: 1976
Die Revolution der Städte. Frankfurt a. M.: Syndikat
Lefebvre, Henri: 1991
The Production of Space. Cambridge/Oxford: Basil Blackwell
Lyotard, Jean F.: 1986
Das postmoderne Wissen. Ein Bericht. Graz/Wien: Böhlau
Menzel, Ulrich: 1992
Das Ende der Dritten Welt und das Scheitern der großen Theorien. Frankfurt a.M.: Suhrkamp
Mitscherlich, Alexander: 1965
Die Unwirtlichkeit unserer Städte. Anstiftung zum Unfrieden. Frankfurt a. M.: Suhrkamp
Piore, Michael, J./ Sabel, Charles F.: 1989
Das Ende der Massenproduktion. Studie über die Requalifizierung der Arbeit und die Rückkehr der Ökonomie in die Gesellschaft. Frankfurt a.M.: Fischer
Sassen-Koob, Saskia: 1990
Growth and Informalization at the Core: A Preliminary Report on New York City. In: The Capitalist City. Global Restructuring and Community Politics. Hg. Michael Peter Smith/ Joe R. Feagin, London: Basil Blackwell: 138-154
Sennett, Richard: 1990
Der Verfall der Öffentlichkeit und die Tyrannei der Intimität. Frankfurt a. M.: Fischer
Sennett, Richard: 1991
Civitas. Die Großstadt und die Kultur des Unterschieds. Frankfurt a. M.: Fischer
Soja, Edward: 1989
Postmodern Geographics. London/New York: Verso
Thrift, Nigel: 1987
The Fixers: The Urban Geography of International Commercial Capital. In: Global Restructuring and Territorial Development. Hg. John Henderson/ Manuel Castells, London/Newbury Park/Beverly Hills/New Delhi: Sage:203-233
Wallerstein, Immanuel: 1986
Das moderne Weltsystem. Die Anfänge kapitalistischer Landwirtschaft und die europäische Weltökonomie im 16. Jahrhundert. Frankfurt a.M.: Syndikat

Dieter RÜNZLER

Globalisierung der Großstadtkultur?
New York und Mexiko-Stadt im Vergleich

Kulturelle Vergleiche zwischen Großstädten haben in der Wissenschaft keine Tradition. Wenn solche versucht werden, dann in der Regel nicht von Vertretern der etablierten Wissenschaften, sondern von Literaten, Philosophen und Kunstkritikern. Es sind dabei nahezu ausschließlich europäische und nordamerikanische Städte, deren Eigenarten und kulturelle Besonderheiten miteinander in Beziehung gebracht werden. Für Walter Benjamin etwa erschien ein Vergleich zwischen Paris und New York sinnvoll - Paris, das für ihn „die" Stadt des 19. Jahrhunderts war und New York, das seiner Ansicht nach im 20. Jahrhundert diese Rolle von der französischen Metropole übernommen hat.

Dagegen scheint ein Vergleich der „Culture Capital of the World" - wie New York in einer unlängst in den USA erschienenen Anthologie (Wallock 1988) bezeichnet wurde - mit Mexiko-Stadt, die in den europäischen Medien durch ihre unüberschaubare Größe und den beißenden Smog als „Moloch" oder „Smog Capital of the World" charakterisiert wird, etwas weit hergeholt.

Was Mexiko-Stadt und New York zweifelsohne gemein haben, ist die Tatsache, daß sie groß sind (die Größe von Mexiko-Stadt hat es mit sich gebracht, daß die korrekte Bezeichnung "México Distrito Federal" hier nicht mehr angebracht erscheint, da die Stadt längst über die ursprünglichen Grenzen des Stadtgebietes in den umliegenden Bundesstaat Mexiko hineingewachsen ist), und ihre überragende Bedeutung - und zumindest im Falle von Mexiko-Stadt ihre unbestrittene Dominanz - im kulturellen Leben der Länder, denen sie angehören.

Bis gegen Ende des 19. Jahrhunderts konnte Boston für sich in Anspruch nehmen, die kulturelle Hauptstadt der Vereinigten Staaten zu sein und New York die zwar einträgliche, aber nicht so „feine" Rolle der wirtschaftlichen Hauptstadt zuweisen. Ende der dreißiger Jahre nahm dann aber New York auch in kultureller Hinsicht eine Position ein, die seiner wirtschaftlichen und politischen Bedeutung entsprach. Die Entscheidung, die Weltausstellung 1939/40 in New York abzuhalten, sowie die Wahl von New York zum Hauptquartier der UNO 1946 waren nur zwei der deutlichsten Zeichen für diesen Positionswechsel.

Der kulturelle Aufschwung New Yorks hatte sich bereits zu Beginn des Jahrhunderts abgezeichnet. In den zwanziger Jahren blühte das kulturelle Leben der Immigranten an der Lower East Side, der amerikanischen Boheme in Greenwich Village und das der schwarzen Bevölkerung in Harlem. In den Jahren der Depression waren es die Kunstprojekte der „Works Progress Administration", die zahlreiche amerikanische Künstler, Maler, Tänzer und Schauspieler nach New York zogen, während gegen Ende der Dekade bereits die ersten Flüchtlinge vor der Verfolgung durch die Nazis - unter ihnen so bekannte Namen wie Hannah Arendt, Paul Hindemith, Isaac Bashevis Singer, Béla Bartok, Marc Chagall und Heinz Hartmann - in der Stadt Zuflucht und einen Schaffensplatz suchten. In keiner anderen Stadt der USA war das politische und kulturelle Milieu derart stimulierend wie in New York, das sich stolz als die kosmopolitischeste Stadt der USA, wenn nicht der Welt schlechthin, bezeichnete. „Das New York, das O. Henry vor 40 Jahren beschrieben hatte", meinte der Journalist und Kritiker J.B. Priestley 1947, „war eine amerikanische Stadt, aber die glitzernde Metropole von heute gehört der Welt, wenn nicht die Welt ihr gehört."

Die Theatergruppen orientierten sich am Moskauer Kunsttheater, die Architekten Le Corbusier, Walter Gropius, Mies van der Rohe bauten und stellten in New York aus, das Museum of Modern Art brachte Fantastic Art, Dada und die Surrealisten nach New York, die bekanntesten amerikanischen Choreographen des Modernen Tanzes inszenierten hier, und in den Jazz-Clubs der 52. Straße spielten die Bands von Duke Ellington, Tommy Dorsey und Glen Miller. Es gab viele Talente, und die Stadt bot auch die Infrastruktur durch Mäzene, Museen, Galerien und durch die Medien. New York besaß nicht nur die einflußreichsten Tageszeitungen, sondern war auch das Zentrum der Plattenindustrie - die bis in die fünfziger Jahre dominierenden Plattenkonzerne RCA Victor und Columbia hatten hier ihre Hauptquartiere - und beherbergte NBC und CBS, die ersten auf nationaler Ebene ausstrahlenden Radiogesellschaften.

Zwischen 1940 und 1965 war New York auf dem Höhepunkt seiner Bedeutung als Ort, an dem Kultur produziert, vermarktet und konsumiert wurde. Seine Künstler bezogen sich in vielfältiger Form auf die Dynamik, die Bilder, die Geräusche und die Bewegungen der Stadt und schufen damit eine Form künstlerischen Ausdrucks, die nicht provinziell und auch nicht national, sondern spezifisch städtisch und damit auch global war (Wallock 1988:9f).

Gegen Ende der fünfziger Jahre verlor New York etwas von der einzigartigen Bedeutung, die es in kultureller Hinsicht eingenommen hatte. In den Sechzigern verließen viele Künstler die Stadt und New York verlor als Ort, an dem experimentelle Kunst produziert wurde, spürbar an Attraktivität, während regionale kulturelle Zentren wie Santa Fé, Minneapolis, Nashville und vor allem die Städte in Kalifornien an Bedeutung gewannen.

New York blieb aber immer der Ort, an dem Kunst konsumiert, verkauft und zur Schau gestellt wurde, und es hat im Zuge des neuen wirtschaftlichen Aufschwungs in den achtziger Jahren auch wieder viel von seiner Vitalität und Attraktivität für die Kunst und Freizeitindustrie zurückgewonnen; seine nationale und vielleicht auch globale Dominanz, die es in den Augen vieler Beobachter in den Dekaden nach dem Zweiten Weltkrieg eingenommen hatte, konnte es aber nicht wieder erreichen.

In Mexiko dagegen ist die kulturelle Dominanz der Hauptstadt unabhängig von deren wirtschaftlichen oder politischen Krisen seit der Kolonialzeit, d.h. seit dem Bestehen des heutigen Staates Mexiko, ungebrochen. Die Bedeutung, welche die Stadt Mexiko in kultureller Hinsicht einnimmt, kann nur mit ihrer außergewöhnlichen Überlegenheit über alle anderen Gebiete und Städte des Landes in wirtschaftlicher und politischer Hinsicht erklärt werden. (Zur wirtschaftlichen und politischen Entwicklung von México Distrito Federal vgl. den Beitrag von Feldbauer/Mar Velasco, Megalopolis Mexiko, S 239-264).

Seit der Zeit der Revolution ist in Mexiko die Verbindung zwischen den Intellektuellen, Künstlern und den Repräsentanten der staatlichen Macht besonders eng und stabil, da sie beiden Gruppen zum Vorteil gereicht. Es ist das Privileg der Intellektuellen, zu den Maßnahmen der Regierung Stellung zu nehmen und sich in ihren Werken darauf zu beziehen; im Gegenzug werden sie von der Regierung umworben, ihre Arbeiten gefördert, ihre Kritik wird in einem erstaunlichen Ausmaß toleriert und ihr kritisches Potential damit zu einem erheblichen Teil absorbiert. „Es ist ein seltsam inzestuöses Verhältnis, das reich an Posen und Ritualen ist, von radikalen Erklärungen verschleiert und häufig geleugnet wird und nachweislich seit langem für beide von Vorteil ist“ (Riding 1986:401), und es ist ein Verhältnis, das besonders von der räumlichen Nähe profitiert, somit also nur in der Hauptstadt - dem Zentrum politischer Macht - bestehen kann. Die Beziehung zwischen Politikern und Intellektuellen ist von persönlichen Freundschaften oder auch Animositäten geprägt; man kennt sich, man trifft sich und man präsentiert sich gemeinsam der Öffentlichkeit. Der in den siebziger Jahren amtierende Präsident Echeverría, der sich besonders gerne auf seinen Auslandsreisen von Schriftstellern und Künstlern begleiten ließ, brachte dieses besondere Nahverhältnis pointiert zum Ausdruck, als er während eines Besuches in Kuba sagte: „Was unsere politischen Gegner betrifft, so setzen wir sie in ein Flugzeug und nehmen sie mit, damit wir sehen können, was sie tun.“ (Riding 1986:406)

Im Gegensatz zu New York, dessen kulturelle Bedeutung auf nationaler Ebene abgenommen hat, findet sich bis heute in Mexiko für Künstler, Intellektuelle und Literaten nur in der Hauptstadt das besondere Ambiente, die notwendige Infrastruktur an Universitäten, Museen, Galerien, Theater, und ein entsprechendes Publikum, auf das sie angewiesen sind, um landesweit oder auch international erfolgreich zu werden. Die Stadt ist derart dominierend, daß trotz der Größe des Landes und der erheblichen kulturellen Unterschiede der verschiedenen Regionen all das, was an sogenannter Hochkultur außerhalb der Stadt Mexiko erzeugt und konsumiert wird, den Stempel des Provinzialismus trägt.

Die absolute kulturelle Dominanz der Hauptstadt als der Ort, an dem sowohl die elitäre Kultur wie auch das kulturelle Angebot an die Masse der Bevölkerung produziert wird, zeigt sich auch in der Konzentration der Medien in der Hauptstadt. Hier haben die überregional einflußreichen Tageszeitungen und Magazine ebenso ihren Sitz wie die beiden größten Exponenten der „Yellow Press", die Wochenzeitungen „Alarma" und „Alerta", die zusammen eine Auflage von fast einer Million haben; das im Regierungsbesitz befindliche Kinematographische Institut, von dem die ganze mexikanische Filmindustrie abhängig ist, befindet sich in der Stadt und der nahezu monopolartig vertretene Fernsehkonzern Televisa strahlt wie auch die von staatlicher Seite unterstützten Konkurrenzsender von Mexiko-Stadt aus (Riding 1986:401ff, Bataillon/Panabière 1988:166ff).

Die unbestreitbar vorhandene, aber schwer zu fassende kulturelle Größe von Mexiko oder New York ist auch ein Ausdruck davon, wie sich durch das explosionsartige Wachstum der Städte im 19. und 20. Jahrhundert deren Grenzen verloren haben. Die Megastadt des ausgehenden 20. Jahrhunderts ist grenzenlos geworden; mit dem Verlust der Mauern haben sich auch die jahrhundertealten Muster, die Stadt zu erfassen, verändert.

Noch bis vor 200 Jahren war es jedem Reisenden möglich, auch über die größten Städte eine Gesamtübersicht zu bekommen. Die Stadt war erfaßbar. London war vom Highgate aus zu überblicken, Paris vom Montmartre, Rom vom Monte Mario und die Kolonialhauptstadt Mexiko beeindruckte die ankommenden Reisenden durch seine komplexe Größe. Der Blick des Beobachters faßte alles zusammen - den Wald von Dächern und die umliegende Natur.

Im 19. Jahrhundert begannen sich die Dinge zu ändern. Die entstehenden Millionenstädte entzogen sich dem Bemühen um Begrenzung; die Konturen der Stadt waren nicht mehr auszumachen. Mit ihrer politischen und ökonomischen Identität hatten die Städte im Zuge des sich ausbreitenden Kapitalismus auch ihre räumlich identifizierbare Gestalt verloren. Die moderne Megastadt ist als Ganzes nicht mehr unmittelbar erlebbar; ob etwa Mexiko-Stadt 15, 18 oder 20 Millionen Einwohner hat, ist für den Bewohner, dessen Erfahrungen sich auf einen Teilbereich der Stadt beschränken, nicht zu „sehen". Was erlebbar ist, sind die mittelbaren Auswirkungen dieses Wachstumsprozesses, wie Verkehr, Smog oder die Länge des Weges zur Arbeit, nicht aber die veränderten Grenzen der Stadt.

Das scheinbar „wilde“ oder „explosionsartige“ Wachstum der Stadt geht dabei aber keineswegs zufällig vor sich. Heute wie vor 200 Jahren zeigen sich in der Erscheinung und der Anlage der Stadt die grundlegenden Ordnungs- und Denkmuster einer Gesellschaft oder Kultur; der Blick auf die Megastadt des ausgehenden 20. Jahrhunderts legt aber die Vermutung nahe, daß sich hier mehr die Ordnungsmuster einer globalen städtischen als jene einer nationalen Kultur abzeichnen.

Die moderne Großstadt, die Stadt ohne Grenzen, in der die traditionellen Symbole städtischer Funktionen und Macht über ein unüberschaubares Gebiet verteilt sind, kann nicht mehr im traditionellen Sinn „gelesen“ werden. Die Symbole urbaner Macht und Zentralität wie das Rathaus, der Glockenturm, ein zentrales religiöses Gebäude, der Bahnhof, das Postamt und vor allem der zentrale Platz verlieren ihre Sichtbarkeit im Schatten von Wolkenkratzern, durch die Flüchtigkeit des Blicks von Stadtautobahnen, in der Dunkelheit der Untergrundbahnen oder in der abgeschlossenen Welt der Einkaufszentren. Mit dem Verlust ihrer Sichtbarkeit verlieren sie auch einen Teil ihrer Bedeutung als Symbole des Zentrums, die - nach Roland Barthes - Teil einer jahrhundertealten abendländischen Tradition war:

„In Übereinstimmung mit der Grundströmung westlicher Metaphysik, für die das Zentrum der Ort der Wahrheit ist, sind darüber hinaus jedoch die Zentren unserer Städte durch „Fülle“ gekennzeichnet. An diesem ausgezeichneten Ort sammeln und verdichten sich sämtliche Werte der Zivilisation: die Spiritualität (mit den Kirchen), die Macht (mit den Büros), das Geld (mit den Banken), die Ware (mit den Kaufhäusern), die Sprache (mit den Agoren: den Cafés und Promenaden): Ins Zentrum gehen, heißt an der sozialen Wahrheit, heißt an der großartigen Fülle der „Realität“ teilhaben.“ (Barthes 1981:47)

Der Bedeutungswechsel des Zentrums, der sich in der Eigenart der Orientierungspunkte ausdrückt, die sich dem Besucher oder dem Bewohner der Stadt anbieten, weist auf erhebliche Entwicklungsunterschiede zwischen New York und Mexiko-Stadt hin. Während in New York die meisten der Besucher und selbst viele der Einheimischen nicht angeben können, wo das Rathaus zu finden ist, weiß jeder Mensch auf den Straßen von Mexiko, wo dieses ist - auch wenn er es noch nie gesehen hat, weiß er, daß das Rathaus eben im Zentrum der Stadt steht. In Mexiko ist der Platz mit der Kathedrale für die 15 - 20 Millionen Einwohner noch ebenso das Zentrum der Stadt, wie es das Zentrum für die 50.000 Bewohner der Kolonialhauptstadt war. Dem Lärm und dem Verkehr zum Trotz bewahrt der riesige Zocalo, der Hauptplatz von Mexiko, seine Würde als das Zentrum der Stadt und als Symbol der Macht. Hier kommt eine halbe Million

Menschen zusammen, wenn am 15. September, dem Unabhängigkeitstag, der Präsident seine Ansprache hält und hierhin münden die Demonstrationen gegen die Mächtigen des Staates und der Stadt.

New York hat nichts Vergleichbares aufzuweisen. Auch die Plätze im Zentrum der Stadt - wie etwa Washington Square oder Union Square - haben nur lokale Bedeutung, während etwa der Times Square, als der berühmteste Platz der Stadt - der dabei aber kein Platz, sondern eine Reihe von Straßenzügen ist -, auch vor der Zeit seines beständigen Niederganges seit den dreißiger Jahren, kaum Bedeutung erlangen konnte, die über seine kommerzielle Seite hinausgegangen wäre (Webb 1990; zur Geschichte des Times Square, Taylor 1991 und 1992:101ff).

In der Planung der amerikanischen Städte zeigte sich bereits zu Beginn des 19. Jahrhunderts die Intention, das öffentliche Zentrum zu beseitigen und den Städten einen geographisch neutralen Raum aufzuzwingen, indem die Straßen in einem gleichförmigen Muster angelegt wurden. „Obwohl New York eine der ältesten Städte Amerikas ist“, schreibt Richard Sennett, „gingen die Stadtplaner im Zeitalter des Hochkapitalismus mit dieser Stadt so um, als läge sie an der Grenze zur Wildnis, als müßte auch sie der äußeren Welt wie einer feindlichen Macht gegenübertreten. Mit einem Schlag prägten sie der Insel Manhattan im Jahre 1811 ein Gitter auf, das von der Canal Street, wo damals der dichtbesiedelte Teil New Yorks endete, bis hinauf zur Hundertfünfundfünfzigsten Straße reichte.“ (Sennett 1991:76)

Der knapp bemessene Raum, der den öffentlichen Plätzen zukommt, ist Teil der geringen Präsenz der öffentlich-städtischen Gebäude in New York, wo vermutlich das ATT-Gebäude oder das Metropolitan Museum durch Erfragen von Passanten leichter zu finden ist als die City Hall.

Der augenscheinlichste Unterschied zwischen Mexiko und New York im Erscheinungsbild der Stadt liegt in der Dominanz der Hochhäuser in New York. New York ist geprägt von seinen Hochhäusern, während diese in Mexiko-Stadt nahezu völlig fehlen. Das Hochhaus ist jene Gebäudeform, welche die neutrale Gitterstruktur in der Vertikalen fortsetzt. Am Wolkenkratzer läßt sich keine innere Ordnung erkennen, welche die einzelnen Etagen miteinander verbindet. Sowenig sich eine Aktivität erkennen läßt, die etwa speziell dem sechsten Stock vorbehalten sein könnte, sowenig läßt sich der sechste Stock in eine optische Beziehung zum fünfundzwanzigsten bringen, die eine andere als die zum sechsundzwanzigsten wäre.

Obwohl Chicago noch vor New York eine Downtown aufweisen konnte, entwickelte sich New York rasch zur der Stadt, die weltweit mit den neuen Hochhäusern in Verbindung gebracht wurde.

Auf einer Fotografie von 1876 erscheint New York dem heutigen Betrachter als völlig fremd, da darauf noch keine höheren Gebäude als die Kirchen zu sehen sind; 1906 sind diese auf Panoramafotos kaum mehr zu erkennen. Technisch möglich gemacht wurde der Bau von Hochhäusern durch die Erfindung des Aufzuges durch Elisha Graves Otis 1854 und die Anwendung der Stahlrahmenkonstruktion. Der ausschlaggebende Grund, warum in Chicago und dann bald auch in New York so hoch gebaut wurde, lag entgegen der landläufigen Meinung nur zum Teil - wenn überhaupt - darin, daß der Platz in diesen Städten begrenzt war.

Bereits die ersten Hochhäuser wurden nicht so sehr unter dem Gesichtspunkt eines möglichst hohen Ertragswertes entworfen, sondern mit der Absicht, Eindruck zu machen. Sie waren die Zentralen von Versicherungsgesellschaften, Zeitungen und Telegrafen- oder Telefonunternehmen, die wußten, wie sehr sich Höhe, Pracht und eindrucksvolle Silhouette eines Gebäudes für ihr Image und ihren Auftragseingang auszahlten. Wolkenkratzer spielten eine wichtige Reklamerolle, und als Prestigeobjekte waren sie stilbestimmend. Die ganze westliche Welt lernte, auf den ersten Blick die Umrisse des Singer Buildings (1902), des Woolworth Buildings (1911) und des Chrysler Buildings (1930) zu erkennen. Der Bauunternehmer, der anfangs Mr. Woolworth darauf hingewiesen hatte, daß sich das Gebäude als Investitionsobjekt niemals rechnen würde, wurde von diesem mit den Worten beruhigt, daß „es einen riesigen heimlichen Profit abwerfen würde, der jeden Verlust" aufwiegen würde. Es werde der ganzen Welt wie ein riesiges Aushängeschild die Ausbreitung seiner Billigladenkette anzeigen (Girouard 1987:322).

Ein vergleichbarer Bekanntheitsgrad kann heute, wo jede in wirtschaftlicher Hinsicht global bedeutende Stadt - abgesehen von London und Paris, die durch eine über Jahrhunderte gewachsene Bausubstanz geprägt sind - ihre Wolkenkratzer-Downtown hat, von einem speziellen Gebäude auch durch die spektakulärste Architektur nicht mehr erreicht werden. Die Intention der Auftraggeber ist aber dieselbe geblieben; die großen Konzerne, die einen Anspruch auf weltweite Präsenz erheben, bauen hohe, die öffentlichen Gebäude der Stadt degradierende Häuser. Die Idee, daß sich das Hauptquartier eines Konzerns „bescheiden" in die Umgebung einfügen oder auf die Verbindung zwischen dem Gebäude und dem Leben auf der Straße abgestimmt werden sollte, steht im Widerspruch zur globalen Orientierung dieser Firmen.

Henry James, der 1904 nach 25 Jahren Abwesenheit nach New York zurückkehrte, war entsetzt über die vielen neuen Hochhäuser, die für ihn einen Mangel an Kultur symbolisierten. Diese waren aber weniger ein Hinweis darauf, als vielmehr der Ausdruck einer neuen, globalen Kultur, die sich nicht mehr an den Symbolen der öffentlichen Macht der Stadt orientierte. Die Gebäude öffentlich-städtischer Macht, die noch um die Jahrhundertwende in New York gebaut wurden - wie etwa die Pennsylvania Station 1906-1913, das zentrale Postgebäude, die Public Library 1911 und der Grand Central Terminal 1903-1913 -, dominierten noch durch ihre vertikale Ausbreitung; aber der Kampf zwischen städtisch und global orientierten Interessengruppen, der sich im ästhetischen Konflikt zwischen horizontalen und vertikalen Strukturen äußerte, war bereits zugunsten letzterer entschieden. Ende der zwanziger Jahre war der Wolkenkratzer ästhetisch unangefochten (Taylor 1992:51-67).

Heute ist New York als die Stadt, in der um die 60 und damit auch weltweit die meisten transnational tätigen Firmen, Banken und Versicherungskonzerne ihren Hauptsitz haben, auch das urbane Zentrum mit der höchsten und bekanntesten Skyline. Mexiko, das nur ein Hauptquartier eines global agierenden Konzerns beherbergt - nämlich Pemex -, weist auch nur zwei Gebäude mit Wolkenkratzerdimensionen auf: das Verwaltungsgebäude von Pemex und den Torre Latinoamericana.

Auch die Geschwindigkeit, mit der sich die Zeichen - und nicht das Ausmaß - der Stadt verändern, ist in New York ungleich höher als in Mexiko. New York ist somit augenscheinlich um vieles mehr im Sinne einer globalen Geographie und Selbstdarstellung geprägt als Mexiko, das trotz seiner enormen Größe, die es zu einer der größten Städte der Welt, wenn nicht zur größten überhaupt macht, die Symbole weiterhin in einem nationalen Kontext setzt. Was beide Städte gemeinsam haben, ist, daß sich das Wissen um diese Symbole und die Form des städtischen Lebens aber nicht mehr auf die Bewohner der Stadt selbst beschränkt. Mexiko-Stadt und New York sind keine unbekannten Gebiete mehr.

Parallel dazu, daß die Großstadt dem Bewohner als Ganzes nicht mehr erfaßbar ist, findet auf nationaler und globaler Ebene ein gegenläufiger Prozeß statt. Die moderne Megastadt wird landesweit - wie im Fall von Mexiko - und weltweit - im Fall von New York - präsent. Im Medienzeitalter werden über Radio, Film, Fernsehen und die Printmedien vorselektierte Bilder der Stadt auch in die abgelegensten Gebiete gebracht, und dies trägt wesentlich dazu bei, daß die Hemmschwelle für einen Besuch der Stadt und für diejenigen, die sich dort eine neue Existenz aufbauen wollen, niedriger geworden ist. Die Vertrautheit mit der Stadt ist allerdings eine äußerst willkürliche, da das Wissen über die Stadt in der Regel über mediengerechte und plakative Bilder hergestellt wird, die mit dem alltäglichen Leben in der Stadt in der Regel wenig oder gar nichts zu tun haben.

Der Besucher der Stadt wie auch der Einwanderer reist somit mit einer Fülle von Klischees und Informationen. Es ist ihm zwar nicht mehr möglich, eine Gesamtschau der Stadt zu erhalten, ganz gleich ob er aus einem Fenster eines Flugzeugs, das sich im Landeanflug auf den JFK-Flughafen von New York befindet, blickt oder aus dem Fenster eines Überlandbusses, der auf dem Weg zum Terminal del Sur in Mexiko-Stadt ist, aber er ist auch nicht in einer völlig neuen Welt. So wie die manifeste Stadt ihre Grenzen gesprengt hat, so ist auch ihr Ruf verbreitet worden, ist ihr Image in einem noch nie dagewesenen Maß gewachsen.

Die negativen Aspekte dieses Stereotyps haben Tradition. Bereits im 19. Jahrhundert wurden die Großstädte immer wieder mit Babylon verglichen und bis heute steht für viele das Wort Stadt als Ausdruck für Unüberschaubarkeit, Masse, Lärm, Schmutz, Smog, Verkehrschaos, Vandalismus, Verbrechen, Überbevölkerung, Hektik, Kommerzialisierung, Entfremdung, Entwurzelung, Anonymität, Chaos, Prostitution, Rauschgift, Künstlichkeiten, Ersatzbefriedigung, Intellektualismus, Moden - kurz für all das, was der physischen und psychischen Gesundheit des Menschen scheinbar abträglich ist.

In den USA wie auch in Mexico sind Ressentiments gegenüber dem Leben in den großen Städten - und vor allem gegenüber New York und Mexiko - weit verbreitet. Ende der achtziger Jahre hat etwa ein amerikanischer Vizepräsident viel Beifall gefunden, als er auf einer Veteranenversammlung verlauten ließ, Amerika wäre für die anständigen Leute ein gesünderer Platz zum Leben, wenn man „New York abkoppeln und in den Ozean driften" würde (Sennett 1990:353). In Mexiko kommt die Abneigung gegenüber den Chilangos, wie die Bewohner der Hauptstadt abwertend genannt werden, in Redewendungen wie „Haz patria, mata un chilango!" (Tu dem Vaterland etwas Gutes - töte einen chilango!) markant zum Ausdruck.

Die Aversion gegenüber der modernen Großstadt ist mit der Vorstellung verbunden, daß sich die Millionen der Stadtbewohner auf Grund der durch äußere Umstände aufgedrängten spezifischen Lebensweise kulturell und in ihrer Mentalität von der restlichen Bevölkerung der jeweiligen Nation weit entfernt hätten. Vieles deutet darauf hin, daß diese Einschätzung, obwohl sie oftmals auf falschen - nämlich auf ausschließlich negativ geprägten - Stereotypen aufbaut, der Realität entspricht. Die Megastadt prägt ihre Kinder.

Unabhängig davon, wie man diese Entwicklung bewertet, d.h. ob man geneigt ist, den Vertretern eines ausgeprägten Anti-Urbanismus zuzustimmen oder ob man - getreu einer ebenso alten Tradition - der Meinung ist, daß Stadtluft frei macht und das Leben in der Stadt der geistigen und kulturellen Entwicklung des Individuums förderlich ist, bleibt es ein Faktum, daß die Eigenheiten des Lebens in einer großen Stadt auch für die Masse der Bevölkerung spezifische, über den nationalen Kontext hinausgehende Charakteristika aufweisen. Auch wenn die Probleme und die Form der Lebensgestaltung in der Megastadt sich in keinem Fall grundsätzlich von denen der jeweiligen Nation unterscheiden, bleibt doch zu beobachten, daß die jeweiligen Städte weltweit eine Fülle von Parallelen aufweisen.

Heimat Stadt: Die kulturelle Landkarte der Stadt

Die Immigration nach New York und jene nach Mexiko sind auf den ersten Blick nicht zu vergleichen, da New York seit dem 19. Jahrhundert geradezu als die klassische Immigrationsstadt gelten kann, über die bis in die Gegenwart immer wieder neue Einwanderungswellen aus unterschiedlichen Weltregionen hinweggingen, während Mexiko nahezu ausschließlich durch eine binnenmexikanische Migration gewachsen ist. Dennoch sind beide Städte davon geprägt, daß ein erheblicher Teil der Bevölkerung neu oder erst seit einer Generation in der Stadt ansässig ist.

In New York hat das Bevölkerungsgemisch dazu geführt, daß rassistische Vorurteile von Klassenkonflikten nicht zu trennen sind, obwohl vermutlich die Kluft zwischen den Klassen bestimmender ist als jene zwischen den verschiedenen Ethnien.

Obwohl sich manche der gängigen Zuordnungen im Lauf der Zeit völlig verschoben haben, stehen Rasse und ethnische Zugehörigkeit neben ihrer Bedeutung als diskriminierende Kriterien immer auch ersatzweise als grobe Symbole der Schicht- und Berufsgruppen der Stadt. Man geht davon aus, daß Polizisten Iren, daß Müllmänner Italiener, daß U-Bahn-Beschäftigte Schwarze sind; hinter den Inhabern von Obst- und Gemüseläden vermutete man früher Italiener, während man heute von Koreanern ausgeht, die auch in der Wäschereiindustrie stark vertreten sind; nahm man früher an, daß der Inhaber eines Zeitungs- und Kramladens ein Jude wäre, so erwartet man heute einen Inder, und diejenigen, die keiner Arbeit nachgehen, sondern mit großen Kassettenrecordern durch die Straßen laufen, sind Schwarze. Die Chinesen betreiben Restaurants und die chinesischen Frauen stellen einen erheblichen Anteil der in der Bekleidungsindustrie Beschäftigten. Keine Berufsgruppe ist allerdings so typisch für die kosmopolitische Vielfalt New Yorks wie die berühmten Taxifahrer. Von den 11.700 offiziell registrierten Taxis werden über drei Viertel von Lenkern chauffiert, die nicht in der Stadt selbst geboren sind, und es ist zu vermuten, daß von den 121 Sprachen, die in New York gesprochen werden, ein guter Teil allein von dieser Berufsgruppe abgedeckt werden kann (Glazer 1990:232f).

Der weiße angelsächsische Teil der Bevölkerung umfaßt heute in New York nur noch 5% der Gesamtbevölkerung. 1950 waren etwa 10% der Gesamtbevölkerung New Yorks schwarz, heute sind es etwa 25%, eine Zahl, die aber von den Hispanics bald überschritten werden dürfte. New York wird mit Sicherheit bereits in nächster Zukunft eine Stadt sein, in der die Minderheiten die Mehrheit stellen, und deren lokale Kultur eine Kultur der jeweiligen ethnischen Minderheiten ist.

Während die kommerziell verwertbaren Anteile der Kultur der Minderheiten sich rasch über den Stadt-Raum ausbreiten können, da sie von den wohlhabenden Schichten aufgenommen und zu einem Teil ihres Lebensstils gemacht werden, bleiben die Wohngegenden der Minderheiten erstaunlich geschlossen und homogen. Richard Sennett hat eindrücklich dargestellt, wie die Bürger der Stadt die Unüberschaubarkeit ihrer Umgebung innerhalb eines multi-funktionalen Stadtgebietes zunehmend als Bedrohung empfinden und wie sie daher bemüht sind, der drohenden Anonymität ein Gefühl von lokaler Identität entgegenzusetzen.

Die unsichtbaren Grenzen, mit denen sich die Lokalitäten gegenüber „den Anderen" in der Stadt absichern, sind in New York und in Mexiko aufgrund der unterschiedlichen ethnischen und sozialen Voraussetzungen verschieden. In New York sind die Viertel der Reichen in einem langsamen Zug von Midtown in die Upper East Side und die West Side gewandert, die Chinesen nehmen langsam auch Teile von Little Italy und der jüdischen Lower East Side in Anspruch, Einwanderer aus der Dominikanischen Republik ziehen nach Washington Heighs und Inwood und die Einwanderer aus Indien konzentrieren sich in Flushing/Queens. Trotz dieser Verschiebungsprozesse und der Polarisierung der Gesellschaft in Reiche und eine zunehmende Zahl von Armen bleiben die ethnischen Grenzen weitgehend erhalten. Während früher allerdings in New York die räumliche Trennung der ethnischen Gruppen anhand von Stadtvierteln vollzogen wurde, leben die Minoritäten heute nahe aneinander, gemischt, gewissermaßen in nachbarschaftlicher Feindseligkeit, eine Häuserzeile gegen die andere.

Diese „nachbarschaftliche Feindseligkeit", wie es Manuel Castells (1991:211) genannt hat, wird durch räumliche Nähe von Reichtum und tiefster Armut noch verstärkt. Daß es Bereiche tiefster Armut auch in den wohlhabendsten Gegenden gibt, ist weder für New York noch für Mexiko-Stadt etwas Neues. In Mexiko kam es erst während des Porfiriats zu einer räumlichen Entflechtung der Paläste der Reichen und der Hütten der Armen. Aber die Dimensionen, in denen diese Verflechtung nun stattfindet, sind neu. Es scheint, daß New York auch unter diesem Aspekt einer global zu beobachtenden Entwicklung Mexiko voraus ist. Während in Mexiko-Stadt die wohlhabenden Stadtteile gegenüber den Ärmsten abgeschottet sind, kauern in der kapitalistischen Weltstadt schlechthin die Obdachlosen, deren Zahl sich allein im Zeitraum von 1980 bis 1988 verdoppelt hat und gegen Ende der achtziger Jahre bereits auf 60.000-80.000 geschätzt wurde, in den U-Bahn-Eingängen, in den kleinen Nischen und auf den Plätzen, die sich in der Stadt finden lassen, und neben den Drehtüren der Hochhäuser der reichsten Gegenden (Sassen 1991:250ff).

Eine mit New York vergleichbare ethnische Vielfalt findet sich in Mexiko-Stadt nicht. Mexiko ist eine Stadt ethnischer und sprachlicher Uniformität - rund 90% der Bevölkerung sind Mestizen und der Anteil der nicht-spanisch sprechenden Einwohner ist zu vernachlässigen. In Mexiko wurden und werden die Viertel wohl auch durch den sozialen Stand, in vielen Fällen aber auch in erster Linie durch ihre Geschichte getrennt. So zeigen auch heute noch viele Viertel die Merkmale und die Isolation von Kleinstädten, und das, obwohl sich die Stadt in einem unglaublichen Maß ausgedehnt hat. Auch lange nachdem sie über die Kolonialdörfer, die sie ehemals umgeben haben, hinausgewachsen war, bewahrten manche von ihnen, wie etwa Coyoacán oder San Angel, ihre Individualität. Viele der vorspanischen Dörfer, wie Tacuba, Ixtapalalpa, Azcapotzalco, Tlannepantla, Tlalpán, Coyoacán und San Angel, waren bis in die dreißiger Jahre durch Felder vom eigentlichen Stadtgebiet getrennt und vor allem letztere haben bis heute mit ihrer spanischen Kolonialarchitektur, den Kirchen aus dem 16. Jahrhundert, den mit Kopfsteinen gepflasterten Straßen und den Herrensitzen, die durch dicke Adobenmauern verborgen sind, viel von ihrem Dorfcharakter und von ihrer speziellen, historisch gewachsenen Kultur erhalten. Im Gegensatz zu der Mehrzahl der Kolonialdörfer, die sich gegen den Andrang von Fabriken, Straßen und illegalen Siedlern weniger gut behaupten konnten oder als Wohngegend der Reichen homogenisiert wurden, wohnen in Coyoacán noch immer Arme und Reiche Seite an Seite; das Haus eines Millionärs steht neben einem Laden, in dem Pasteten und Tortillas verkauft werden, und dem eines Künstlers, der in dieser Gegend wohnt, da er hier noch in Kontakt mit dem alten Mexiko mit seinem spezifischem Ambiente ist.

In den anderen reichen Bezirken der Stadt, wie Lomas de Chapultepec, Pedregal, Polanco oder der Zona Rosa mit ihren Restaurants, Diskotheken und Nachtklubs, ist viel von dem mexikanischen Lebensstil, wie er in Coyoacán zu sehen ist, verloren gegangen. Der Bezirk Polanco mit seinen teuren Geschäften und modernen Appartementhäusern könnte in jeder westlichen Stadt liegen und das Angebot in der Zona Rosa ist keineswegs von der mexikanischen Kultur bestimmt. Kein Gebiet ist aber weniger typisch mexikanisch als die endlosen, ausgedehnten Bezirke von einförmigen Häusern der Mittelschicht in der nördlichen Satellitenstadt, wo neben den mehrspurigen Schnellstraßen riesige Einkaufszentren angelegt sind, die nur mit dem Auto erreicht werden können. Dieser Bereich der Stadt führt jedem Besucher die Faszination, die der amerikanische Lebensstil auf die mexikanische Mittelschicht ausübt, eindrücklich vor Augen.

Die innerstädtischen Ghettos Guerrero und Tepito, die sich durch eine extrem hohe Wohndichte aber auch durch einen starken lokalen Zusammenhalt auszeichnen, können dagegen als typisch für die Lebensbedingungen der Unterschichten im Mexiko der fünfziger Jahre gelten. Heute sind es nicht mehr die innerstädtischen Colonias, sondern die riesigen „wilden“ Siedlungen - wie etwa Netzahualcóyotl, das seit den sechziger Jahren aus dem Nichts auf über zwei Millionen Einwohner gewachsen ist -, an deren Ausbreitung das nicht zu kontrollierende Wachstum der Megastadt Mexico deutlich wird (Riding 1986:326ff, Bataillon 1988:197ff).

Der Einfluß von außen: Die „Amerikanisierung“ des öffentlichen Lebens in Mexiko-Stadt

Obwohl die „Amerikanisierung“, die viele Lebensbereiche der Mittel- und Oberschichten, aber auch das Konsumverhalten der Unterschichten erfaßt hat, Teil eines Globalisierungsprozesses von Kultur ist, können diese beiden Phänomene nicht völlig gleichgesetzt werden: Globale Kultur ist nicht nordamerikanische Kultur, sowenig wie die „globale“ Gesellschaft eine global ausgeweitete nationale Gesellschaft sein kann (Featherstone 1990:2). Für den massiv vorhandenen kulturellen Einfluß der USA auf Mexiko ist die unmittelbare Nachbarschaft - die Sprachvermögen und Reisen der Ober- und Mittelschichten sowie Unterschichtemigration und, im Falle der Rückkehr, eine veränderte Alltagskultur impliziert - zweifelsohne von größter Bedeutung, während das, was in einem engeren Sinne unter „globaler“ Kultur verstanden werden kann, sich völlig unabhängig von Distanzen entfaltet.

Als Begleiterscheinung der globalen wirtschaftlichen Vernetzung durch den Kapitalismus ist sie weniger von territorialen Besonderheiten abhängig als vielmehr von den Wertsystemen, Moden und wirtschaftlichen Erwägungen einer durch globale Informationsflüsse verbundenen Gesellschaft. Die Orientierung auf einen weltweiten Markt und auf die Freizeit- und Kulturbedürfnisse einer internationalen Klientel bringt es mit sich, daß ihre Produkte - seien sie materieller oder abstrakter Art - auch international standardisiert sind und mit dem lokalen kulturellen Erbe kaum mehr in Beziehung stehen.

Trotz des unübersehbaren Einflusses des „American Way of Life“ ist in Mexiko-Stadt das Angebot an „globaler“ Kultur, in Relation zur Größe der Stadt, gering. Die neuen Geschäfts- und Wohnhäuser, die Einkaufszentren, die Stadtautobahnen und der katastrophale Verkehr, der die Fortbewegung zu Fuß zu einer körperlichen Strapaze macht, haben die Stadt sehr verändert, sie aber - verglichen mit New York - kaum internationalisiert. Mexiko-Stadt ist trotz aller Veränderungen noch typischer für Mexiko, als es New York für Nordamerika ist. Das Kultur- und Freizeitangebot in Mexiko-Stadt ist - allerdings mit der wichtigen Ausnahme des Fernsehens und des Kinos - eines von Mexikanern für Mexikaner, auch wenn es sich traditionell an ausländischen Vorbildern orientiert.

Während die heutige Elite bestrebt ist, dem amerikanischen Vorbild zu entsprechen, galten zu Beginn des 20. Jahrhunderts der französische und englische Lebensstil als besonders nobel. Die Aristokraten ließen sich Anwesen im französischen Stil des ausgehenden 19. Jahrhunderts bauen; sie bevorzugten die französische Küche, kleideten sich nach englischer Mode, glichen die Prachtstraße Paseo de la Reforma den Champs-Elysées an, legten Wert auf ihre kosmopolitische Erscheinung und waren stolz, wenn Besucher diese Teile der Stadt mit London oder Paris verglichen (Kandell 1988:354ff). Der französische und englische Stil war ein Muß - allerdings nur für Wenige. In Mexiko war nicht nur der Personenkreis, der diese Lebensform für erstrebenswert und verwirklichbar hielt, klein, sondern auch die Anzahl der hier lebenden Europäer und Nordamerikaner. In ganz Mexiko lebten 1910 weniger als 120.000 Ausländer, davon etwas mehr als die Hälfte in der Hauptstadt, während zwischen 1820 und 1920 mehr als 33 Millionen Europäer in die Vereinigten Staaten einwanderten. Auch gegen Ende des 20. Jahrhunderts ist die Zahl der Ausländer, die in Mexiko-Stadt leben, verglichen mit der Größe der Stadt gering wie auch die Zahl der geschäftlichen und touristischen Besucher.

Die Verdichtung der Kommunikation zwischen Megastädten, für die der Tourismus nur einen Teilaspekt darstellt, aktiviert Informationsströme, die das Bewußtsein der städtischen Bevölkerung stark prägen. Sie laufen über verschiedene Kanäle wie Medien, interpersonelle Kontakte, Filme, Theater, etc. und internationalisieren nicht nur Konsumverhalten, Mode, Architektur, Musiktrends, Protestbewegungen, sondern auch das kommunikative Verhalten.

In der Zeit von 1949 bis 1970, die oftmals auch als das Goldene Zeitalter der Stadt bezeichnet wird, wurden die Auswirkungen dieses Informationsflusses und dessen markante Ausrichtung auf die großen Städte - und hier in erster Linie auf Mexiko-Stadt - auf breiter gesellschaftlicher Ebene spürbar. Trotz heftiger Bemühungen der damaligen Regierung Cardenas und ihrer Nachfolger, welche die nationale Kultur und die Folklore förderten und damit versuchten, die sich abzeichnende kulturelle Entfremdung der Stadt vom Land zu mildern, nahm der Einfluß der amerikanischen Kultur in einem bis dahin nicht gekannten Ausmaß zu.

Die Bestrebungen, mit Hilfe der Kultur das Gefühl der nationalen Identität zu fördern, hatten im postrevolutionären Mexiko durchaus eine reiche Tradition. Der sich etablierende Staat übertrug einer jungen Generation von Intellektuellen wichtige Posten in der Bildungspolitik und vergab an Künstler, die sich spezifisch mexikanischer Themen und Ausdrucksformen annahmen, eine Fülle von Aufträgen. Gegen Ende der fünfziger Jahre verlor diese Politik aber zunehmend an Breitenwirkung, da der Einfluß von außen auf Mexiko in wirtschaftlicher und kultureller Hinsicht zunahm.

Die Tourismuswirtschaft nahm durch den Krieg in Europa einen kräftigen Aufschwung und bereitete eine kulturelle Invasion durch Amerika vor. Hamburger- und Hot-Dog-Lokale wie auch Pizza-Restaurants machten den traditionellen Lokalen und den Taco-Ständen Konkurrenz; in den Supermärkten und den neugegründeten Einkaufszentren fanden sich die Produkte amerikanischen Lebensstils und amerikanischer Eßgewohnheiten. Auch in den Medien dominierten zunehmend die amerikanischen Fernsehserien, sodaß heute der Einfluß nordamerikanischer Kultur über das Fernsehen - das in Mexiko zum einflußreichsten Kultur-, Bildungs- und Informationsträger geworden ist - kaum überschätzt werden kann. Dieses verändert Konsumgewohnheiten, soziale Vorbilder, Umgangssprache und politische Ansichten. Kinder verbringen in Mexiko-Stadt durchschnittlich mehr Zeit vor dem Fernsehgerät als in der Schule und wissen, einer Studie des Nationalen Verbraucherinstitutes von 1981 zufolge, besser über die „Fernsehrealität" als über die „nationale Realität" Bescheid. Von den getesteten 1.800 Grundschulkindern aus Mexiko-Stadt, die im Jahr durchschnittlich 1.460 Stunden vor dem Fernsehapparat und 920 Stunden in der Schule verbrachten, beantworteten 73% die Fragen nach den Inhalten des Fernsehprogramms und nur 38% jene über Mexiko korrekt. Superman war mit 98% ungleich bekannter als Emiliano Zapata mit 33% (Riding 1986:425, Bataillon 1988:167ff). Im Gegensatz zur Hochkultur, bei der der mexikanische Anteil stark vertreten ist, ist die populäre Unterhaltung - mit Ausnahme der Printmedien - nicht Schauplatz mexikanischer Kreativität, sondern von der Massenkultur der Vereinigten Staaten durchdrungen.

Im Gegensatz zu México Distrito Federal sind die Zeichen des Verlustes der spezifischen Stadtkultur in New York weniger sichtbar; trotz der kulturellen Kraft von New York hat sich aber auch hier die Bedeutung des Lokalen, die sich unter anderem in der engen, unmittelbaren Verbindung zwischen Produzenten und Konsumenten der Massenkultur geäußert hatte, verloren. Selbst die lokal ansässigen Radio- und Fernsehstationen und die Presseagenturen produzierten nicht mehr ausschließlich für jene, die in der Stadt lebten und diese erlebten. Auch dann, wenn ihre Aussendungen scheinbar die Stadt zum Inhalt hatten, war es eine andere Stadt, die hier beschrieben und somit geschaffen wurde. Es war das New York, wie es die Welt kannte und kennt. Die neue Massenkultur wurde nach dem Geschmack aller ausgerichtet, ist für alle zugänglich und sollte für alle attraktiv sein (Taylor 1992:70ff und 91ff).

Stadt-Kultur versus Kultur-Stadt: Die Bedeutung des kulturellen Angebotes im globalen Austausch

Das kulturelle Angebot ist kein Rangkriterium bei der Beurteilung der Position einer Megastadt in der globalen Hierarchie. Nichtsdestotrotz kommt diesem Aspekt der Stadt - und hier kann New York als beispielhaft auf internationaler Ebene wie Mexiko auf nationaler Ebene gelten - erhebliche wirtschaftliche und machtpolitische Bedeutung zu.

Kultur ist nicht nur für den Einzelnen, sondern auch für Firmen als Standortfaktor von zunehmender Bedeutung, d.h. Qualität und Vielfalt des kulturellen Angebots bestimmen wesentlich die Lebensqualität und die Attraktivität einer Stadt mit. Kultur wird somit zum Mittel gegen die Stadtflucht der oberen Mittelschicht, für den Zuzug von Betrieben mit hochqualifizierten Arbeitskräften wie auch von politischen Entscheidungsträgern und der Verwaltung.

Manager, Technokraten und Verwaltungsbeamte haben Ansprüche an soziale, technische und eben auch kulturelle Infrastrukturen, Wohn- und Lebensstile, die nicht überall befriedigt werden können. Bereits gegen Ende der fünfziger Jahre, als es in New York zu einem massiven Verlust von Industriearbeitsplätzen und zu einem Wachstum der gehobenen Dienstleistungswirtschaft gekommen ist, haben führende Magazine wie etwa Business Week und Fortunes in ausführlichen Artikeln wie „Smart New York Booms a New East Side“ oder „The Prime Movers“, das kulturelle und das Freizeitangebot New Yorks als mitentscheiden für seine wirtschaftliche Anziehungskraft interpretiert. William Zeckendorf, einer der führenden Immobilienspekulanten New Yorks, sah die Chancen der Stadt durch „die Theater, die Oper, die Nacht-Clubs und andere kulturelle Attraktionen“ wesentlich verbessert. Für ihn war der Verlust von Industriearbeitsplätzen eine wunderbare Sache, da die Zukunft in der Serviceindustrie lag, und dazu gehörten eben auch die Angebote der Kultur- und Freizeitindustrie (Wallock 1988:46).

Kultur wird zum Mittel im Machtkampf zwischen den Städten, bei dem auf nationaler Ebene die kleineren Städte und das Land bestenfalls zu Freiluftmuseen degradiert werden. Im kulturellen Konkurrenzkampf können kleinere Städte nicht mithalten, da sie weder die notwendigen Gelder, die Räume, das Personal und die Infrastruktur zur Verfügung haben, um den Bedürfnissen einer internationalen Klientel nachkommen zu können. Was die Metropole vor der Provinzialität bewahrt, läßt die Provinz um so verödeter erscheinen (Häußermann 1987:204f).

Die wachsende Dominanz des internationalen Kulturbetriebs in den Megastädten, die durch deren Bestrebungen, sich damit auf globaler Ebene attraktiver zu machen, gefördert wird, verschleiert den Blick auf die vorhandene lokale Kultur. Diese „Basiskultur“ wird zunehmend zur zweitrangigen Kulturebene; zu einem Relikt, das im Gegensatz zum internationalen Flair der Stadt steht. Dieses internationale Flair oder der globale Aspekt betrifft aber in keiner Stadt diese als Ganzes, sondern ist immer auf einige Gebiete beschränkt, die - wie in wirtschaftlicher Hinsicht auch - durch globale Informationsströme und einen globalen Lebensstil verbunden sind. In diesen Gebieten findet sich ein Kultur- und Freizeitangebot, das weitgehend von den historischen und gesellschaftlichen Besonderheiten der jeweiligen Stadt abgehoben ist. Museen, Theater, Kinos, Konzerthäuser bieten ein international verbreitetes Angebot, Restaurants und Bars eine vergleichbare Speise- und Getränkekarte, die Hotels einen Komfort wie „gewohnt" und die Geschäfte eine Mode, mit der man überall „richtig" angezogen ist. Diese Standardisierung auf globaler Ebene trägt durchaus auch zur Diversität und zur Vielfalt der einzelnen Städte bei - allein, diese Entwicklung zur Vielfalt auf lokaler Ebene ist auf globaler Ebene Teil einer Entwicklung zur Uniformität.

Die weltweite Vernetzung der Hochkultur und ihre Bedeutung für das Erscheinungsbild der Stadt wird etwa am Beispiel der großen Museen von New York und Mexiko-Stadt sichtbar. New York als globales Zentrum verfügt über eine Reihe von Museen von Weltrang, während Mexiko-Stadt nur über ein solches - das Anthropologische Museum - verfügt. In beiden Städten aber repräsentieren die Museen die Stadt in ihrer nationalen wie auch in ihrer globalen Bedeutung und erlauben so dem Besucher einen ihm bekannten Zugang zur Welt der Stadt, deren Komplexität dadurch erträglicher wird.

Die globalen Bereiche der Stadt rücken durch den Ausbau der Transportmittel und vor allem durch die sich außerordentlich rasch entwickelnde Kommunikationstechnologie immer näher zusammen und verlieren dadurch zunehmend ihren Bezug zur Kultur der Stadt, in der sie sich räumlich befinden.

Dieser Prozeß ist zwar in verschiedenen Abstufungen aber in einheitlicher Form weltweit zu beobachten. Die Unterschiede zwischen den Weltstädten der Peripherie und denen des Zentrums werden auch in kultureller Hinsicht verwischt. So wie in Kairo, Shanghai und Mexico City allmählich ein globaler, internationaler Bereich entsteht, so finden sich auch in New York, London oder Paris separate Gebiete ethnischer Gruppen und Bereiche, die bisher mit Dritte Welt-Städten assoziiert wurden.

Die Kommerzialisierung und damit auch die Ästhetisierung der Stadt durch die Erscheinungen internationaler Kultur tragen wesentlich zur Peripherisierung in der Megastadt bei. Die schönen Inseln werden zu einem Netz verknüpft, in dem der „bessere" Bürger, wenn er seinen Geschäften oder dem Konsum nachgeht, sich bewegen kann, ohne mit den Kehrseiten der Stadt in Berührung zu kommen. Es entsteht eine Stadtstruktur, in der bestimmte Erfahrungen - nämlich auch jene, die eben das Spezielle und Einzigartige von New York oder Mexiko erfassen -

nur mit gezielten Absichten gemacht werden können. Die unmittelbare Erfahrung von Neuem, von Unvorhergesehenem, die die besondere Qualität des städtischen Lebens ausmacht, wird immer wirkungsvoller ausgeschaltet (Häußermann 1987:210). Die Handtücher im Standardzimmer des Luxushotels hängen in New York und in London am selben Platz und die Erfahrung, daß im Museumsshop immer ein Geschenk zu finden ist, beruhigt.

Die Verlockung, die Stadterfahrung auf die Inseln globaler Kultur zu beschränken, reduziert(e) sich heute wie auch in der nahen Vergangenheit auf die Mitglieder einer wohlhabenden nationalen wie internationalen Schicht. Für den Städter des vergangenen Jahrhunderts war der Wechsel von einem Stadtviertel in ein anderes eine typisch städtische Erfahrung; ein Erlebnis, das allerdings den Wohlhabenden vorbehalten war, wie Richard Sennett betont: „In dem Maße, wie sich die Struktur des Viertels nach ökonomischen Gesichtspunkten homogenisierte, beschränkte sich der Kreis derer, die von ihren vielfältigen Interessen und Verbindungen in verschiedene Teile der Stadt gelenkt wurden, und das waren eben die Wohlhabenden. Daß einen die Alltagsgeschäfte und die Freizeit aus dem eigenen Viertel hinausführten, wurde zu einem Element männlich-bürgerlicher Welterfahrung. Auf diese Weise rückte Kosmopolitismus und Zugehörigkeit zur bürgerlichen Klasse näher zusammen. Zugleich wurde der Lokalismus, gleichsam ein urbaner Provinzialismus, vornehmlich zu einem Attribut der Unterklasse." (Sennett 1990:180)

Noch im 19. Jahrhundert befanden sich in New York und Mexiko-Stadt die Fabriken, Zulieferbetriebe und Wohnanlagen in räumlicher Nähe. In New York betrug die durchschnittliche Entfernung, die ein Arbeiter zu seinem Arbeitsplatz zurückzulegen hatte, zwei Kreuzungen. Heute ist ein Arbeitsweg von 20 km in New York keine Seltenheit, und in Mexiko nimmt der Anmarsch zur Arbeit in öffentlichen Verkehrsmitteln kaum unter einer Stunde und in der Regel das Doppelte und Dreifache in Anspruch. Dies bedeutet aber keineswegs, daß die Bewohner der ärmeren Wohngegenden auch andere Gebiete für ihre Freizeitgestaltung nutzen könnten. Ganz im Gegenteil - die Zeit, die sie für die Reise zur Arbeit aufbringen, bindet sie in ihrer Freizeit um so mehr an ihre Viertel.

Der Zusammenhang von zunehmender sozialer Polarisierung und der Aufteilung der Stadt in Zentrum und Peripherie mit einer „kulturellen Polarisierung" ist augenscheinlich. (Zur Teilung der Stadt in Zentrum und Peripherie vgl. den vorhergehenden Artikel von Rüdiger Korff, Die Megastadt: Zivilisation oder Barbarei?, S.19-39.) Der Anteil der lokalen Bevölkerung, der in der Lage ist, die Angebote globaler Kultur aktiv zu konsumieren, wird geringer. Noch vor 25 Jahren war das mittlere Familieneinkommen in New York deutlich über dem nationalen Durchschnitt, heute liegt es darunter; im Ballungsraum Mexiko leben heute schon 65% der Bevölkerung in wilden Siedlungen oder Slums. Einem offiziellen Bericht von 1982 zufolge lebten in diesem Jahr 10,3% der Bevölkerung in extremer Armut und weitere 22,6% waren unfähig, alle ihre Grundbedürfnisse zu befriedigen.

Mit der Entwicklung, daß ein verhältnismäßig kleiner Teil der Bevölkerung um vieles reicher und ein großer Teil der Bevölkerung um vieles ärmer wurde, hat sich aber auch eine Schicht von Konsumenten herausgebildet, deren Bedürfnisse sich an globalen Wert- und Geschmacksvorstellungen orientieren. Diese Schicht, die sich zwar durch ein hohes Einkommen auszeichnet, aber nicht unbedingt zu den Reichen gehört, investiert wenig, spart wenig und gibt einen großen Anteil ihres Gehalts aus. In den Weltstädten mit überragender globaler Bedeutung, wie London, Tokio und eben auch New York, waren die Fachkräfte und Manager, die heute den Kern dieser neuen globalen Elite bilden, zwar immer zu einem hohen Prozentsatz vertreten, aber zu einer Gruppe, die ausreichend groß war, um durch ihren Lebensstil und ihr Konsumverhalten auch kulturell bestimmend zu wirken, konnten sie erst mit der explosionsartigen Ausweitung der producer services - die sich wiederum in diesen Städten konzentrieren - werden. Während Manager und Professionals noch zu Beginn des Jahrhunderts rund 5% der Bevölkerung von New York ausmachten, sind es heute bereits 30%.

Saskia Sassen, die sich mit der globalen ökonomischen Vernetzung von Städten auseinandergesetzt hat, sieht hier eine neue Gruppe von Konsumenten entstehen. „The new high-income workers are the carriers of a consumption capacity and consumption choices that distinguish them from the traditional middle class of the 1950 und 1960. While their earned income is too little to be investment capital, it is too much for the basically thrifty, savings-orientated middle class. These new high-income earners emerge as primary candidates for new types of intermediate investments: arts, antiques, and luxury consumption. The conjunction of excess earnings and the new cosmopolitan work culture creates a compelling space for new lifestyles and new kinds of economic activities. The growth of a stratum of very high income workers has produced ... a reorganization of the consumption structure." (Sassen 1991:335)

Auf diese Schicht von Konsumenten ist der globale Kern der Stadt ausgerichtet und von ihr wird er in erster Linie getragen. Die von ihr verfochtene neue Vision von einem „guten Leben" ist eine städtische Vision, ein Lebensstil, der nur in der speziellen Form der Stadt - und hier vielleicht auch nur im Zentrum einer Stadt - praktiziert werden kann. Diese Gruppe braucht das Ambiente der Stadt und drückt umgekehrt der Stadt ihr Flair auf - das Ausmaß, in dem dies geschieht, hängt dabei im Fall von New York und Mexiko-Stadt unmittelbar mit der Position dieser beiden Metropolen in der internationalen Hierarchie zusammen.

Globalisierung der Großstadtkultur

Die Frage nach dem Ausmaß der Globalisierung der Großstadtkultur ist zu komplex, um sie befriedigend beantworten zu können. Es scheint aber sehr wahrscheinlich, daß die globale Gesellschaft eine städtische Gesellschaft ist.

Wenn es in den nicht-hochindustrialisierten Ländern überhaupt bedeutende Formen dieser global ausgerichteten Kultur gibt, dann nur in ihren großen Städten. Die Städte sind die Orte, an denen die Informationsflüsse zusammenkommen; hier finden sich jene Bereiche, deren Bedeutung weniger in ihrem nationalen als in ihrem globalen Kontext zu verstehen ist, und es sind die Städte, die einem Teil ihrer Bewohner jenes Milieu bieten, das ihnen den Blick auf „die Welt" ermöglicht oder auch aufdrängt.

Gemeinsamkeiten finden sich ohne Zweifel in den Problemstellungen, mit denen alle großen Städte konfrontiert sind. Diese bestimmen den Alltag in der Großstadt auf eine Weise, sodaß - unabhängig von den signifikanten Unterschieden in der Sozialpolitik, der kulturellen Tradition, der Form der Administration, des politischen Systems sowie der Institutionen und der Gesetze, die in den verschiedenen Megastädten der Welt zu finden sind und die auch in New York und Mexiko gravierend sind, - von einer kulturellen Angleichung der Megastädte gesprochen werden kann. Die enormen kulturellen Unterschiede in ein und derselben Stadt sowie zwischen den Städten können dagegen nur bedingt als Argument angeführt werden, denn gerade, wenn wir die soziokulturelle Vielfalt und die verschiedensten Interaktionsmuster spezifischer Gruppen in der Megastadt nicht aus den Augen verlieren, zeigen sich diese als die Repräsentanten einer neuen Weltkultur.

Die scheinbare Widersprüchlickeit der Megastadt als Ausdruck globaler Kultur und gleichzeitig als Ausdruck einer kulturellen Heterogenität löst sich auf, wenn wir die Stadt als „den" Ort eines Angleichungsprozesses sehen, der durch eine weltweit verbreitete und vergleichbare Form der Organisation der Unterschiedlichkeit gekennzeichnet ist.

Literatur

Barthes, Roland: 1981
Das Reich der Zeichen. Frankfurt a. M.: Suhrkamp
Bataillon, Claude/ Panabière, Louis: 1988
Mexico aujourd'hui. La plus grande ville du monde. Paris: Publisud
Castells, Manuel: 1990
Die zweigeteilte Stadt - Arm und Reich in den Städten Lateinamerikas, der USA und Europas. In: Die Welt der Stadt, Hg. Tilo Schabert, München/Zürich: Piper: 199-216
Featherstone, Michael: 1990
Global Culture: An Introduction. In: Theory, Culture and Society 7/2-3: 1-14
Glazer, Nathan: 1990
Vielfalt, Nonkonformismus und Kreativität. In: Die Welt der Stadt, Hg. Tilo Schabert, München/Zürich: Piper: 217-250
Girouard, Mark: 1987
Die Stadt. Menschen, Häuser, Plätze. Frankfurt a. M./New York: Campus
Häußermann, Hartmut/ Siebel, Walter (Hg.): 1987
Neue Urbanität. Frankfurt a. M.: Suhrkamp
Kandell, Jonathan: 1988
La Capital. The Biography of Mexico City. New York: Random House
Riding, Alan: 1986
18mal Mexiko. München/Zürich: Piper
Sassen-Koob, Saskia: 1991
The Global City. New York/London/Tokio/Princeton: Princeton University Press
Schabert, Tilo (Hg.): 1990
Die Welt der Stadt. München/Zürich: Piper
Scherpe, Klaus (Hg.): 1988
Die Unwirtlichkeit der Städte. Großstadtdarstellungen zwischen Moderne und Postmoderne. Reinbek bei Hamburg: Rowohlt
Sennett, Richard: 1990
Verfall und Ende des öffentlichen Lebens. Die Tyrannei der Intimität. Frankfurt a. M.: Fischer
Sennett, Richard: 1991
Civitas. Die Großstadt und die Kultur des Unterschieds. Frankfurt a. M.: Fischer
Taylor, William R.: 1992
In Pursuit of Gotham. Culture and Commerce in New York. New York/Oxford: Oxford University Press
Taylor, William R. (Hg.): 1991
Inventing Times Square. Commerce and Culture at the Crossroad of the World. New York: Russel Sage Foundation
Wallock, Leonhard (Hg.): 1988
New York. Culture Capital of the World. New York: Rizzoli
Webb, Michael: 1990
Die Mitte der Stadt. Städtische Plätze von der Antike bis heute. Frankfurt a. M.: Campus

Dirk BRONGER

Megastädte: „Erste“ Welt - „Dritte“ Welt

Problemstellung: Dimensionen des Phänomens „Megastadt“

Seit der Jahrhundertmitte wird unser Planet mit einem Phänomen konfrontiert, dessen Ausmaß und, mehr noch, dessen Folgewirkungen bis heute weder in das Bewußtsein vieler Entscheidungsträger (z.B. katholische Kirche), noch in das einer breiten Öffentlichkeit gerückt sind: die Bevölkerungsexplosion. Während die Erdbevölkerung in der ersten Hälfte des 20. Jahrhunderts um 0,9 Milliarden auf 2,5 Milliarden anstieg, wird sie in der zweiten Hälfte um 3,8 Milliarden auf 6,3 Milliarden Menschen geradezu explodieren. Aber dies ist allenfalls die Hälfte der Wirklichkeit. Denn dieser globalen 2,5fachen Zunahme steht eine fast 8fache in den Millionenstädten (Metropolen) gegenüber. Mit anderen Worten: die starke Bevölkerungszunahme wurde in besonderem Maße vom Metropolenwachstum getragen.

Entwicklungspolitisch brisant wird dieser Vorgang aber erst, wenn man sich bewußt wird, daß dieses „Naturereignis“ (Morse 1965:46) in erster Linie von den armen Ländern, d.h. der von uns so bezeichneten „Dritten“ Welt zu bewältigen ist: Infolge eines doppelt so hohen Bevölkerungswachstums insgesamt wird ihr Anteil an der Erdbevölkerung in der zweiten Hälfte unseres Jahrhunderts von 67,5% auf 80% ansteigen. In ungleich stärkerem Maße sind diese Länder jedoch von der Metropolisierungsdynamik betroffen: Während sich die in den Millionenstädten lebende Bevölkerung in den Industrieländern in den 50 Jahren von 1940 bis 1990 „nur“ um das 4,3fache (von 69,4 auf ca. 300 Millionen) erhöht hat, ist diese in den Entwicklungsländern in diesem Zeitraum von 23 Millionen auf ca. 525 Millionen, d.h. um etwa das 23fache, angestiegen. Das Fazit: Die eigentliche Bevölkerungsexplosion fand in den Millionenstädten statt. Und: Deshalb sollte man anstelle von Urbanisierung in der „Dritten“ Welt zutreffender von Metropolisierung sprechen.

Das in diesem Zusammenhang jüngste Phänomen ist das der Großmetropolen oder Megastädte, hier als monozentrische Stadtagglomerationen mit über 5 Millionen Einwohnern und über 2.000 Einwohnern pro km ^{2} Bezugsfläche verstanden. Wenn man von „jüngster" Erscheinung spricht, dann bezieht sich diese Aussage fast ausschließlich auf die „Dritte" Welt: bis vor 50 Jahren (1940) waren die vier existenten Megastädte ausschließlich in der „Ersten" Welt lokalisiert: New York, London, Tokio, Paris - in dieser demographischen Reihenfolge (siehe App. 1, Sp.17). Mit seinerzeit 3,6 Millionen Einwohnern war Shanghai die größte Stadt in der „Dritten" Welt und rangierte damit nach Berlin und Moskau erst an siebenter Stelle. Im Jahre 1950 passierte Shanghai auch als erste Entwicklungsländer-Metropole die 5-Millionen-Grenze. 1960 kamen Calcutta und Buenos Aires hinzu, auf seiten der Industrieländer hatte sich ihre Zahl jedoch mit Osaka, Chicago, Los Angeles und Moskau auf acht verdoppelt. Aber bereits nur zehn Jahre später, 1970, hatte sich dieses Verhältnis umgekehrt: die Zahl der Megastädte verdreifachte sich in den Entwicklungsländern, während die in den Industrieländern konstant blieb. Dieser Trend setzte sich in den folgenden Dekaden verstärkt fort: Während in der „Ersten" Welt 1980 (Nagoya) und 1990 (St. Petersburg) nur jeweils eine einzige Metropole zur Megastadt aufstieg - das Gleiche wird bis zur Jahrhundertwende mit Madrid der Fall sein -, „explodierte" ihre Zahl in der „Dritten" Welt mit 17 (1980) und 23 (1990) geradezu. Für das Jahr 2000 wird ihre Zahl auf 34 prognostiziert; in den Industrieländern soll es dann elf Megastädte geben (s. App. 2).

Tab.1: Anzahl der Megastädte 1940-2000: Industrieländer (IL) - Entwicklungsländer (EL)

1940			1950			1960			1970			1980			1990			2000		
IL	EL	Σ	IL	EL	Σ	IL	EL	Σ	IL	EL	Σ	IL	EL	Σ	IL	EL	Σ	IL	EL	Σ
4	-	4	4	1	5	8	3	11	8	9	17	9	17	26	10	23	33	11	34	45

Quellen: s. App. 1

Dies bedeutet in absoluten Zahlen: Während im Jahr 1950 jeder fünfhundertste Entwicklungsland-Bewohner in einer Megastadt lebte, ist es heute (1990) bereits jeder zwanzigste (Industrieländer: dreizehnte), im Jahre 2000 wird es jeder vierzehnte (Industrieländer: elfte) sein.

Entwicklungspolitisch wichtiger als dieser demographische Konzentrationsprozeß ist jedoch die zweite Begriffskomponente des Gesamtphänomens „Metropolisierung", die funktionale Primacy, d.h. die Überkonzentration der höchstrangigen politischen, administrativen, wirtschaftlichen, sozialen und kulturellen Einrichtungen bzw. Aktivitäten des gesamten Landes in der zumeist einzigen (Groß)metropole oder der Metropolitanregion. Diese Aussage wird nachfolgend zu belegen sein.

Demographische und funktionale Primacy: Begriffserläuterungen

Auf die fachspezifische Diskussion der Zentralbegriffe „Verstädterung", „Urbanisierung" und „Metropolisierung" kann hier nicht eingegangen werden. Stattdessen sind die für unsere Thematik relevanten Begriffe in alphabetischer Reihenfolge zusammengestellt:

Demographische Primacy (d.P.):
Hoher, in den Entwicklungsländern noch rasch zunehmender Anteil der Bevölkerung in einer (oder wenigen) Metropolen. Einer - infolge des Suburbanisierungsprozesses - Stagnation der Bevölkerungszahl und damit Rückgang der d.P. vieler Industrieländer-Metropolen (insbesondere in England, Deutschland und an der Ostküste der USA) bei gleichzeitiger innerstädtischer Entleerung (City of London: 1851 - 128.000; 1991 - 4.000 Einwohner) steht ein noch immer fortschreitender innerstädtischer Verdichtungsprozeß der Entwicklungsländer-Metropolen gegenüber. Letzterer führt zur rasch zunehmenden Marginalisierung der metropolitanen Bevölkerung wie auch ihrer Wohnstätten („Verslumung") und damit zu einer intrametropolitanen Polarisierung der Gesellschaft kaum vorstellbaren Ausmaßes.
Funktionale Primacy (f.P.):
Zusätzlich zur Bevölkerungskonzentration (demographische Primacy) ausgeprägte Dominanz der Metropolen in sämtlichen (Ausnahme: Landwirtschaft) Lebensbereichen: wirtschaftlich - Industrie, Handel, Dienstleistungen; darüber hinaus zumeist bedeutendster Hafenstandort und Verkehrsknotenpunkt des Landes; politisch-administrativ - Hauptstadtfunktion und politische Machtzentrale; sozial-kulturell - Konzentration der qualitativ höchstrangigen Gesundheits-, Bildungs- und sonstigen kulturellen Einrichtungen.
Es ist in erster Linie die f.P., die die Sogwirkung („pull-Faktor") der Metropole mit ihrer Attraktivität einschließlich der Arbeitsplatzmöglichkeiten (informeller Sektor) bewirkt, die wiederum metropolitan gerichtete Binnenwanderung auslöst.
Global City: s. Weltstadt
Großmetropole/Megastadt:
Statistisch: Metropolitane Agglomeration mit mehr als fünf Millionen Einwohnern. 1940 gab es vier (New York, Tokio, London, Paris); 1990 34, davon 23 in den Entwicklungsländern.
Internationale Primacy:
Konzentration der internationalen Konzerne („Multis"), Organisationen, Banken etc. in den Metropolen.

Metropole:
Demographisch-strukturell: Mindestgröße von 1 Million Einwohner bezogen auf einen Gesamtraum (= Bezugsfläche) mit einer Dichte von mehr als 2.000 Einwohnern/km². Monozentrische Struktur (= eine Kernstadt - im Unterschied zu den meist polyzentrischen Ballungs- oder Verdichtungsräumen, z.B. Ruhrgebiet).
Funktional: Über-Konzentration der politischen, administrativen, wirtschaftlichen, sozialen und kulturellen Einrichtungen bzw. Aktivitäten des gesamten Landes in der Metropole oder Metropolitanregion (M.R.). Damit geht die metropolitane Bedeutung über den eines „Zentralen Ortes“ höchster Stufe noch weit hinaus. Besonderes Charakteristikum: In den meisten Lebens(Funktions)bereichen wird die demographische von der funktionalen Primacy noch übertroffen (Primacy Ratio).
Metropolisierung:
Konzentrationsprozeß der demographischen und funktionalen Primacy in zumeist einer einzigen, bei Subkontinentalstaaten (USA, Kanada, Brasilien, Indien, China) mehreren Megastädten bzw. Metropolen.
Metropolisierungsquote (M.Q.):
Anteil der in der (den) Metropole(n) lebenden Bevölkerung an der Gesamtbevölkerung der Bezugsregion (Land, Erdteil, Erde).
Metropolisierungsrate:
Zunahme des jeweiligen Anteils der metropolitanen Bevölkerung (bezogen auf die Metropolitane Agglomeration).
Metropolitane Agglomeration (M.A.):
Gegenwärtige Bezugsfläche der Metropole. Umfaßt das „Kerngebiet“ und die „verstädterte Zone“ (nach Boustedt).
Metropolitane Region (M.R.):
Schließt, zusätzlich zur Metropolitanen Agglomeration, die „Randzone“ (Boustedt) sowie das funktional unmittelbar zugeordnete, „städtisch“ geprägte „Umland“ mit ein. Die M.R. stellt mehrheitlich die Riesenmetropole des 21. Jahrhunderts dar. Infolge des Suburbanisierungsprozesses Bevölkerungszunahme der M.R. auch in den Industrieländer-Metropolen (demographische Primacy).
Primacy, Primatstellung, Primatstruktur (P.):
In der stadtgeographischen Literatur eine statistisch-demographisch bezeichnete Siedlungsstruktur, welche durch die Existenz eines überragenden städtischen Zentrums gegenüber der (den) nächstgrößeren Stadt (Städten) gekennzeichnet ist. Im engeren Sinne wird unter P. häufig das Verhältnis der größten zu den nächstgrößeren Städten verstanden; in der englischsprachigen Literatur als „primate pattern of city size distribution“ bezeichnet. Der Begriff „Primacy“ sollte weiter gefaßt werden und alle übrigen Funktionsbereiche mit einbeziehen (funktionale Primacy, Metropole).

Primacy Indices (P.I.):
Indikatoren, die die demographische (Metropolisierungsquote) sowie die funktionale Dominanz der Metropole bezeichnen.
Primacy Ratio (P.R.):
Verhältnis eines funktionalen Primacy Index zum demographischen Primacy Index (= M.Q.), kurz: P.R. = P.I./M.Q.
Der stets höhere Anteil der funktionalen Primacy Indices gegenüber der M.Q. (P.R. mehr als 1) bildet das entscheidende Charakteristikum der (gesamt)metropolitanen Primacy. Die P.R. ist in den Entwicklungsländer-Metropolen besonders ausgeprägt.
Primatstadt:
In der stadtgeographischen Literatur eine Großstadt, die hinsichtlich ihrer Einwohnerzahl und ihrer Wirtschaftskraft alle übrigen städtischen Zentren des betreffenden Landes eindeutig dominiert.
Riesenmetropole:
Statistisch: Metropolitane Agglomeration mit mehr als 10 Millionen Einwohnern. 1990 zählten dazu Mexico City, Sao Paulo, Tokio, New York, Bombay, Los Angeles, Calcutta, Buenos Aires und Seoul. Bis zum Jahre 2000 werden Delhi, Cairo, Rio de Janeiro, Teheran, Jakarta, Karachi und möglicherweise noch Metro Manila hinzukommen.
Weltstadt:
Großstadt, in der Regel Millionenstadt (Metropole bzw. Megastadt) mit internationalen Funktionen und Verflechtungen in den Lebensbereichen Wirtschaft, Kultur und Politik. Als Weltstädte der Gegenwart gelten in diesem Sinne zumindest New York, Tokio, London und Paris.

Zwei ergänzende Anmerkungen zum Begriffsinhalt (und damit auch zur Datenproblematik) erscheinen jedoch, zumal in der Literatur bislang kaum reflektiert, notwendig.

1. Nicht allein die Naturbeschaffenheit, sondern vor allem historisch-kulturell und sozio-ökonomisch bestimmte Lebensformen bedingen ein höchst unterschiedlich ausgeprägtes Stadt-Land-Kontinuum: Es finden sich alle Übergänge von der auch heute noch weitgehend geschlossenen Stadt „Alter Kultur" (Cairo) bis hin zu den Riesenarealen der Großmetropolen der „Neuen Welt", in denen das Auto Lebensvoraussetzung ist (Los Angeles). Dieser Befund schließt nicht aus, daß sich die strukturell so unterschiedlichen Stadttypen (s. App.1, Sp.6) funktional, hier im Sinne von internationaler primacy verstanden, mehr und mehr angleichen. Mit anderen Worten: Ein allerdings eher kleiner, zudem bis heute auf die Industrieländer beschränkter Anteil der Megastädte hat bereits oder ist im Begriff, den Charakter einer Weltstadt anzunehmen, verstanden als „Großmetropolen, die wirtschaftlich und geistig zwischen den Kontinenten vermitteln

und zu Konzentrationspunkten der globalen Entwicklung geworden zu sein scheinen.“ (Mackensen1970:3598)

Die zur Größenbestimmung ehemals zutreffenden politisch-administrativen Abgrenzungen stimmen heute nur noch in seltenen Fällen mit der Wirklichkeit überein: Städtische Siedlungen, erst recht Megastädte, sind nicht exakt abgrenzbar. Das gilt auch und gerade für die historisch-prozessuale Betrachtung: Stadtgrenzen waren und sind häufigen (auch willkürlichen) Änderungen unterworfen. Ein Verwaltungsakt genügt. Aus den genannten Gründen ist jeder Versuch einer weltweit vergleichbaren Größendarstellung der Megastädte (s. App.1) problematisch und unvollkommen zugleich. Dennoch ist eine einheitliche, d.h. weltweit vergleichbare Bestimmung des Begriffes „Megastadt“ notwendig, um - als Voraussetzung! - Aussagen zum Metropolisierungsprozeß im allgemeinen wie zur Metropolisierungsquote und Metropolisierungsrate treffen zu können.

Entsprechend dieser Zielsetzung erscheint die Angabe der Bezugsfläche als Mindestkriterium für eine solche Analyse unerläßlich. Wie irreführend weltweit verbreitete Zusammenstellungen ohne Flächenangaben sind, zeigen z.B. die Daten des meistzitierten 'United Nations Demographic Yearbook': Die Bevölkerung der „urban agglomeration“ von Manila und Los Angeles werden mit 6.720 bzw. 14.532 Millionen für 1990 angegeben. Im ersten Fall handelt es sich um das „Kerngebiet“ (nach Boustedt 1970:3210) der Metropole Manila (1990: 636 km^2 mit 7.929 Millionen Einwohnern - s. App.1), im letzteren um die Los Angeles CMSA (Consolidated Metropolitan Statistical Area). Mit 88.000 km^2 umfaßt sie nahezu die Größe des Staates Süd-Korea und schließt ausgedehnte, bis an die Grenze zu Arizona reichende Wüstenareale ein.

Ergänzend zu der 5-Millionen-Einwohner-Grenze erscheint ein Dichtewert von 2.000 Einwohnern pro km^2 für die zugrunde gelegte „metropolitan area“ angebracht: Die gegenüber denen der Industrieländer zumeist sehr viel höheren Einwohnerdichten der Megastädte der Länder der „Dritten“ Welt machen den für eine Abgrenzung häufig diskutierten Dichtewert von 1.000 Einw./km^2 (u.a. Boustedt 1970:25) für einen globalen Vergleich wenig praktikabel: Calcutta käme auf fast 30 Millionen, Jakarta und Shanghai auf über 20 Millionen Einwohner - entsprechend groß würde die jeweilige „metropolitan area“ ausfallen.

Grundsätzlich muß betont werden, daß jegliche, weltweit angewandte formal-statistische Abgrenzung - und dazu zählt auch die hier verwendete 5-Millionen-Untergrenze - zunächst nur der notwendigen quantitativen Vergleichbarkeit dient. Sie kann dem Definitionsproblem selbst naturgemäß in keiner Weise gerecht werden (vgl. hierzu: Johnson 1970:8f).

2. Diese selbstverständliche Aussage gilt auch und gerade in historischer Retrospektive: Ein grundlegendes (und ungelöstes) Problem liegt in der sich im Zeitablauf ständig ändernden Größenordnung und damit Größenbewertung einer

Siedlung als Megastadt. Was gegenwärtig mit 5 Millionen Einwohnern und mehr als solche angesehen werden mag - galt dies auch für 1940? Waren damals vielleicht eher 2 Millionen Einwohner zutreffend? Und welche Zahl entsprach um die Jahrhundertwende dem Charakter einer Megastadt? Und: Besaßen nicht z.B. Athen und Rom für eine lange Zeitepoche nicht allein von ihrer Größe her, sondern vor allem aufgrund ihrer funktionalen Dominanz den Charakter einer damaligen Weltstadt - weit eher als heute Dacca, Tianjin, Madras, Lima oder Santiago, ja sogar Calcutta oder Seoul mit über 10 Millionen Einwohnern? Umgekehrt: Welche Größenordnung mag für das Jahr 2025 gelten?

Kurz: Die grundsätzliche Schwäche der Bezeichnung „Megastadt" liegt nicht allein in ihrem statistischen, sondern ebenso in ihrem statischen Begriffsinhalt begründet. Eine gesamtkulturelle, Struktur und Funktion umfassende, weltweit gültige - und nicht nur für den Augenblick geltende - Begriffsbestimmung ist bereits quantitativ nicht operationalisierbar.

„Sofern man sämtliche Dimensionen des Forschungsobjektes 'Metropole'/ 'Metropolisierung', sowohl die topographische, strukturell-physiognomische, funktionale und prozessuale als auch die demographische, historische, ökonomische und soziokulturelle miteinbeziehen zu müssen glaubt, ist dies mit Erfolg, wenn überhaupt, nur in den jeweiligen Einzelfällen durchführbar. Bis heute fehlt es nicht nur an ausgewogenem Vergleichsmaterial, sondern auch an einer solchen Forschungsmethodik, die ein umfassendes, vielleicht sogar allgemein gültiges Urteil zu diesem Phänomen ermöglicht." (Bronger 1984:142f)

Megastädte 1940-1990: Die demographische Dimension

Eingedenk dieser Problematik sei nachfolgend die demographische Entwicklung der Megastädte in den vergangenen 50 Jahren (1940-1990) nachzuzeichnen versucht. Die Interpretation des Datenmaterials sei in folgenden sechs Punkten zusammengefaßt:

1. Der Wachstumsprozeß der Megastädte verlief in den Entwicklungsländern insgesamt ungleich dynamischer (s. bereits Tab.1).

Mit Ausnahme von Los Angeles, der jüngsten aller zehn „nördlichen" Megastädte, liegen die Zuwachsraten der Industrieländer-Großmetropolen in diesen fünfzig Jahren bei maximal dem 2,7fachen (s. App. 1, Sp. 7 bzw. 12:17). Bei der Hälfte von ihnen hat sich die Einwohnerzahl nicht einmal verdoppelt - New York, Chicago, St. Petersburg, Paris und London - letztere hat seit 1939 sogar einen kräftigen Bevölkerungsrückgang zu verzeichnen und ist hierin keineswegs eine Ausnahme: die Einwohnerzahl von Paris ist seit ca. 1960, die von Chicago seit 1970 rückläufig. Die Hauptursache hierfür ist nicht etwa ein De-Metropolisierungsprozeß, sondern, im Zeitalter des Individualverkehrs, ein

Tab. 2: Ausmaß und Ursachen des Bevölkerungswachstums von Megastädten der "Dritten Welt"

KONTINENT	Megastadt	Land	Zeit-Periode	Bev.wachstum/Jahr: Land	geschätzes metropolitanes Wachstum/Jahr (%)			
					natürl. Bev.-wachstum	Migration	TOTAL	Anteil der Migrationsgewinne am Gesamtwachstum
1	2	3	4	5	6	7	8	9
AFRIKA	Cairo	Ägypten	1966-76	2.1	--	--	2.7	--
ASIEN	Dacca	Bangla Desh	1974-81	2.3	2.5	5.6	8.1	70.5
	Shanghai	China	1960-70	2.4	--	--	0.2	--
	Beijing	"	"	2.4	--	--	1.6	--
	Tianjin	"	"	2.4	--	--	0.7	--
	Hong Kong	Hong Kong	1967-71	2.6	2.2	0.4	2.6	14.8
	Bombay	Indien	1971-81	2.2	1.0	2.3	3.3	69.4
	Calcutta	"	"	2.2	1.6	1.1	2.7	39.8
	Delhi	"	"	2.2	1.4	3.3	4.7	71.5
	Madras	"	"	2.2	--	--	3.2	--
	Jakarta	Indonesien	1961-71	2.3	2.5	2.1	4.6	45.6
	Tehran	Iran	1966-76	2.9	2.4	2.6	5.1	51.7
	Seoul	Südkorea	1960-70	2.5	2.6	5.9	8.5	69.4
	Karachi	Pakistan	1971-81	2.6	--	--	4.7	--
	Metro Manila	Philippinen	1960-70	3.0	2.6	2.3	4.9	46.9
	Bangkok	Thailand	1960-70	3.0	2.1	2.1	4.2	49.8
	Istanbul	Türkei	1970-80	2.4	--	--	4.3	--
LATEIN-AMERIKA	Buenos Aires	Argentinien	1960-70	1.4	1.2	1.1	2.3	43.8
	Sao Paulo	Brasilien	"	2.9	2.2	3.3	5.5	59.6
	Rio de Janeiro	"	"	2.9	2.0	1.5	3.5	42.2
	Mexico City	Mexico	"	3.3	3.2	1.9	5.1	37.3
	Santiago	Chile	"	2.1	1.9	1.6	3.5	47.0
	Lima	Peru	1961-71	2.8	2.7	2.7	5.4	50.1
MITTELWERT (ca.)				2.8	2.6	2.4	5.0	~50

- = keine Angaben bekannt; [1] 1980-1985; [2] auf der Basis (Bezugsfläche) der "Metropolitanen Region" berechnet.
Quellen: UN 1985; US 1991; Bronger 1985a (für O-, SO- u. S-Asien); Mertins 1986 (für Lateinamerika); Statistiken der Länder. (Berechnungen v. Vf.)

KONTINENT	Megastadt	Land	1980-1990 Bev.wachstum/Jahr (%) Land	Megastadt	prognostiziertes metropolitanes Wachstum 1990-2000/Jahr (%) Land	Megastadt	1940-1990 Bevölkerungswachstum/ Jahr (%) Land	Megastadt (1940=100)
1	2	3	10	11	12	13	14	15
AFRIKA	Cairo	Ägypten	2.6	2.9	2.3	2.4[2]	302	466
ASIEN	Dacca	Bangla Desh	2.7	6.1	2.4	4.0	--	1.951
	Shanghai	China	1.3	2.7	1.3	1.6	234	228
	Beijing	"	1.3	2.9	1.3	1.8	"	417
	Tianjin	"	1.3	1.5	1.3	1.3	"	470
	Hong Kong	Hong Kong	1.4	1.4	0.5	0.5	354	354
	Bombay	Indien	2.2	2.7	1.8	2.2	273	679
	Calcutta	"	2.2	1.7	1.8	1.8	"	305
	Delhi	"	2.2	4.5	1.8	3.5	"	1.021
	Madras	"	2.2	2.2	1.8	2.2	"	576
	Jakarta	Indonesien	2.1	2.4	1.6	2.9	278	869
	Tehran	Iran	4.0	4.2	3.3	4.0	367	1.312
	Seoul	Südkorea	1.1	2.5	0.7	1.9	280	1.141
	Karachi	Pakistan	3.0	3.7	2.7	3.5	--	1.720
	Metro Manila	Philippinen	2.3	2.9	1.9	2.4	378	789
	Bangkok	Thailand	1.8	1.3	1.3	2.0	374	666
	Istanbul	Türkei	2.5	4.5[1]	2.0	3.2	300	750
LATEIN-AMERIKA	Buenos Aires	Argentinien	1.3	0.8	1.0	1.0	249	435
	Sao Paulo	Brasilien	2.2	3.5	1.7	2.3[2]	351	1.141
	Rio de Janeiro	"	2.2	2.4	1.7	2.1[2]	"	508
	Mexico City	Mexico	2.5	3.3	2.2	2.8[2]	429	1.189
	Santiago	Chile	1.6	4.5	1.3	1.7	287	645
	Lima	Peru	2.5	3.5	1.9	3.0	299	1.211
MITTELWERT (ca.)			2.1	3.0	1.7	2.4		

fortschreitender Suburbanisierungsprozeß in die metropolitane Region mit der Folge, daß hier die Bevölkerung, wenn auch langsam, weiter ansteigt (s.u.).

Mit Ausnahme von Shanghai, Calcutta und Hong Kong - erstere waren mit je knapp 3,6 Millionen Einwohnern seinerzeit die mit Abstand größten Entwicklungsländer-Metropolen, letztere kann inzwischen als Industrieländer-Megastadt angesehen werden - weisen die restlichen 20 Entwicklungsländer-Megastädte ein ungleich höheres Bevölkerungswachstum auf. Bei acht von ihnen liegt es sogar bei mehr als dem 10fachen bis hin zum fast 20fachen (Dacca - Tab. 2, Sp.13). Sao Paulo, vor 50 Jahren kleiner als Wien und Hamburg, übertrifft beide Metropolen heute um etwa das 12fache; Dacca, seinerzeit von der Größe Brünns oder Venedigs, ist heute 15 bzw. 17 mal so groß.

Diese für Entwicklungsländer typische Dynamik nach 1940 ist auch in den Perioden des raschesten Großstadtwachstums (England: 1840-1900; Deutschland: 1880-1930) von keiner Industrieländer-Megastadt je erreicht worden. Eine Gegenüberstellung von Bombay und Delhi mit ihrer ehemaligen „Muttermetropole“ London verdeutlicht diese Dynamik:

Tab. 3: Megapolitane Wachstumsmuster im 20. Jahrhundert „Erste“ Welt - „Dritte“ Welt (Einwohner in 1.000)

Metropole	Fläche in km²	1901	1941[1]	1991	1941-1991 (absolut)
London	1.579	6.510	8.615	6.379	- 2.236
Bombay	1.132	928	1.851	12.572	+ 10.721
Delhi	1.483	406	918	9.370	+ 8.452

[1] London: 1939
Quellen: Census-Ergebnisse (Berechnungen v. Vf.)

Um die Jahrhundertwende wies London noch die 7fache (Bombay) und sogar die 16fache Bewohnerzahl von Delhi auf - dabei war Bombay seinerzeit immerhin die drittgrößte Stadt Asiens. 1940 übertraf London Bombay noch um fast das 5fache, Delhi um mehr als das 9fache. Heute, nur fünf Jahrzehnte später, übersteigt die Einwohnerzahl Bombays die von London bereits um über 6 Millionen, Delhi die Londons um 3 Millionen. In nur 10 Jahren wird Bombay voraussichtlich fast dreimal, Delhi zumindest doppelt so viele Einwohner zählen wie London (s. a. App. 2).

Das Ergebnis: Insgesamt sind heute (1990) bereits über zwei Drittel der großmetropolitanen Bevölkerung in den Entwicklungsländer-Megastädten konzentriert; noch vor 30 Jahren war es nicht einmal ein Viertel.

2. Entwicklungspolitisch von noch größerer Brisanz ist ein weiteres Spezifikum dieses konträren metropolitanen Wachstumsmusters: Im Gegensatz zu den

Industrieländer-Megastädten ist in der Mehrzahl derjenigen der „Dritten" Welt ein bis heute anhaltender innerstädtischer Verdichtungsprozeß festzustellen. An der vergleichbaren Gegenüberstellung der Kernstädte von je vier Industrieländer- und Entwicklungsländer-Megastädten wird dieses Phänomen deutlich (Tab. 4). Auf die Folgewirkungen wird in einem gesonderten Beitrag über Bombay zurückzukommen sein (s.S. 107-128 in diesem Band).

Tab. 4: Wachstumsmuster megapolitaner Kerngebiete: Entwicklungsländer - Industrieländer (Dichtewerte in Einwohner/km²)

Kernstadt Core/City	Fläche (km²)	1811	1900	1940	1980	1990
Central London[1]	57,98	9.107	19.214	14.746	8.762	8.341
Ville de Paris	106,20		23.041[6]	26.648[7]	20.414[8]	20.266
Manhattan	58,80		39.660[3]	32.214	24.291	25.298
Chicago[4]	7,49		11.670[5]	11.105	9.830	9.986
Calcutta City	104,00		8.981	18.320	31.654	[9]
Bombay City	68,71	2.620[2]	11.294	21.685	46.500	
City of Manila	38,28		5.742	16.275	42.571	45.141
Ciudad de México	137,75		2.505	10.515	21.119[10]	17.560[11]

[1] = Central boroughs: City of London, Kensington & Chelsea, Westminster, Camden; [2] 1813; [3] 1910; [4] = Loop & Near North Side; [5] 1930; [6] 1891; [7] 1936; [8] 1982; [9] Änderung der Bezugsfläche (185 km²), daher keine Vergleichsangabe möglich; [10] 1970; [11] 1980 - eigene Berechnung, da die Ciudad de México nach 1970 als Verwaltungs- und Censuseinheit aufgelöst wurde. Quellen: Census-Ergebnisse (Berechnungen v. Vf.)

Das von den übrigen Entwicklungsländer-Kernstädten abweichende Verlaufsmuster der Ciudad de México läßt die Frage nach der Interdependenz zwischen Entwicklungsstand und Suburbanisierungs- bzw. Verdichtungsprozeß aufkommen. Ganz ähnliche Wachstumsabläufe der Kernstädtedichte von Sao Paulo und Seoul (Bronger 1986:56) lassen vermuten, daß mit Erreichen des „take off"-Stadiums nach 1960 in den Schwellenländern eine Umkehr dieses demographischen Prozesses einherzugehen scheint. In der dynamischen Veränderung des vertikalen Innenstadtbildes von Sao Paulo, Mexico City und besonders Seoul (gleichzeitig weisen diese Riesenmetropolen die höchsten Wachstumsraten aller Megastädte überhaupt auf - s. Tab. 2, Sp.15) wird diese „tertiäre Verstädterung" (Mackensen 1974:146) eindrucksvoll sichtbar. Eine fundierte Beantwortung dieses möglichen Theorems erfordert jedoch noch eine größere Anzahl von eingehenden Untersuchungen.

Dieses Ergebnis von Suburbanisierung versus innerstädtische Verdichtung der Kernstädte heißt nicht, das Gesamtphänomen des demographischen Prozesses auf diese Formel zu reduzieren: auch in den Entwicklungsländer-Megastädten findet - gleichzeitig! - seit mehreren Jahrzehnten eine Suburbanisierung statt. Aber selbst in den lateinamerikanischen Megastädten hat sie bislang noch nicht die Ausmaße angenommen, wie sie bereits seit einem halben Jahrhundert in denen der USA zu beobachten sind (s.a. Punkt 5).

3. Unter den Entwicklungsländer-Megastädten sind, weit mehr als dies bei denen der Industrieländer der Fall ist, gravierende Unterschiede in der Metropolisierungsdynamik festzustellen (Tab.2, Sp. 6, 7, 8, 11, 15). Die Ursachen hierfür sind vielschichtig: je drei der acht Megastädte mit den höchsten Wachstumsraten (Sp.15) gehören dem islamischen bzw. lateinamerikanischen Kulturkreis an. Bei den beiden übrigen resultiert die Dynamik offensichtlich aus der erst jüngeren Hauptstadtfunktion: Delhi seit 1912, Seoul endgültig sogar erst seit 1953. In der Mehrzahl der acht Fälle bilden die gegenüber den Geburtenüberschüssen mehr als doppelt so hohen Migrationsraten (Sp. 6:7) die Hauptursachen. Eine gewisse Abweichung von diesem Erklärungsmuster zeigen Mexico City und Lima mit ihrem überdurchschnittlich hohen natürlichen Bevölkerungswachstum.

Aber auch innerhalb der Subkontinentalstaaten und dem lateinamerikanischen Kulturkreis finden wir signifikante Unterschiede, deren Ursachen wiederum vielfältig sind. Für das unterdurchschnittliche Wachstum reichen sie von bevölkerungspolitischen (Zwangs-)maßnahmen (Shanghai) über politische und wirtschaftliche Funktionsverluste (Calcutta: Hauptstadt Britisch-Indiens bis 1912) bis hin zu einem hohen Anteil europäischer Bevölkerung; am deutlichsten werden diese Kausalzusammenhänge bei Buenos Aires mit dem geringsten Wachstum aller Entwicklungsländer-Megastädte überhaupt. Dagegen ist eine Interdependenz zwischen überdurchschnittlicher Bevölkerungsdynamik und unterdurchschnittlichem Entwicklungsstand, jedenfalls generell, nicht festzustellen (Seoul).

4. Auch wenn die für 1990 vorliegenden Fortschreibungsdaten (App. 1, Sp. 5) mit Mängeln behaftet und somit nur mit Vorbehalt zu interpretieren sind, so besteht doch kein Zweifel, daß, von wenigen Ausnahmen abgesehen, sich das Bevölkerungswachstum der Entwicklungsländer-Megastädte in den beiden letzten Jahrzehnten deutlich verlangsamt hat - und das mit zunehmender Tendenz. Während bei der Mehrzahl von ihnen die Dynamik in den Jahren zwischen 1950 und 1970 am höchsten war - im Mittel fast 5% pro Jahr (ohne VR China und Hong Kong) und damit fast doppelt so hoch wie der jeweilige Landesdurchschnitt (Tab.2, Sp.5:8) - hat sich die Zuwachsrate in der vergangenen Dekade 1980-1990 um nahezu 50% auf im Mittel etwa 3% pro Jahr verringert (Sp. 8:11). Die Abnahme lag damit sogar deutlich über der der betreffenden Länder von 2,8% auf 2,1% pro Jahr (Sp. 5:10). In drei Fällen (Calcutta, Bangkok und Buenos Aires) weisen die Daten sogar eine geringere metropolitane Zuwachsrate als die des betreffenden Landes aus (Sp.11:10).

Die Ausnahmen von diesem Wachstumsmuster betreffen vor allem die chinesischen Megastädte und hier in erster Linie Shanghai: Von den ideologisch und entwicklungspolitisch motivierten Umsiedlungskampagnen der sechziger und siebziger Jahre war die als „Hochburg der Bourgeoisie und westlicher Lebensweise" (Staiger 1989:40) angeprangerte Stadt von dieser Politik besonders betroffen. Insgesamt wurden in China in den Jahren 1961-1977 allein 18 Millionen Jugendliche städtischer Herkunft aufs Land geschickt (Scharping 1989:41). Dieses Pendel schlug im Zuge des Beginns der Wirtschaftsreformen (1979) um, wodurch ein gewaltiger Rückstrom in die Städte einsetzte und das Urbanisierungstempo seitdem deutlich zugenommen hat (vgl. Sp. 8:11). Dieser Politik verdankt Shanghai seine erratische Bevölkerungsentwicklung (Bronger 1985a:104): von 1960 bis 1980 nahezu stagnierend, stieg die Einwohnerzahl der Wirtschaftsmetropole in der vergangenen Dekade (1980-1990) um fast 2 Millionen an (Bronger 1993:App. 2A), wobei sogar ein Teil der in die Städte eingeströmten Personen nicht in deren Bewohnerzahlen erfaßt ist (für Shanghai: Zukang 1982:3f, Bronger 1988:13).

5. Dieser Trend eines seit 1970 deutlich verlangsamten Wachstumstempos wird sich mit großer Wahrscheinlichkeit auch zukünftig fortsetzen: im Durchschnitt werden die dann 34 Entwicklungsländer-Metropolen (s. Tab.1 und App. 2, Sp. 8, 9) nur noch etwa um 2,4% pro Jahr weiter wachsen. Dabei rangieren die schwarzafrikanischen Megastädte Lagos und Kinshasa mit einer Zunahme von mehr als 4% pro Jahr an der Spitze, gefolgt von denen des islamischen (Dacca, Karachi, Teheran, Istanbul) sowie einigen des lateinamerikanischen Kulturkreises (Lima, Mexico City), ferner Delhi mit mehr als 3% pro Jahr. Die überdurchschnittlich hohe Bevölkerungszunahme der genannten Megastädte resultiert aus den (weiterhin) hohen Geburtenüberschüssen der betreffenden Länder (Tab. 2, Sp.12) im Zusammenwirken mit einer weit fortgeschrittenen Umweltzerstörung sowie zusätzlich infolge ausgeprägter, sich im Verlauf eher noch verstärkender Unterschiede im regionalen Entwicklungsstand (insbesondere Brasilien, Peru), gepaart mit der überragenden wirtschaftlichen Hegemoniestellung (Sao Paulo) der Megastadt, die eine hohe Binnenmigration in diese Zentren zur Folge haben.

Kurz: Das in einer großen Anzahl von Berechnungen, insbesondere der UN, prognostizierte rasche Wachstum der Megastädte bis zum Jahre 2000 (App. 2) hat sich weder bis heute (1990) bewahrheitet, noch wird es sich in der Zukunft fortsetzen. Während in der UN-Prognose aus dem Jahre 1980 (App.2, Sp. 2) noch von einer Gesamtzahl von 58 Megastädten im Jahre 2000, davon 45 in den Entwicklungsländern mit einer durchschnittlichen Wachstumsrate von jährlich 4% für die Zeit von 1990-2000, ausgegangen wurde (1990:9), hat man diese „optimistische" Vorhersage in der Berechnung von 1987 bereits auf realistischere 35 Megastädte zurückgenommen (Sp. 5).

Aber selbst mit diesem verlangsamten Wachstum liegen die Entwicklungsländer-Megastädte sämtlich (einzige Ausnahme: Hong Kong) mehr oder weniger eindeutig über denen der Industrieländer: hier ist lediglich Madrid ein Bevölkerungswachstum von mehr als 1% pro Jahr zu attestieren; bei allen übrigen wird die Zunahme bei unter 1% pro Jahr liegen.

Allerdings ist ein solches Fazit mit einer Reihe von Fragezeichen und Vorbehalten zu versehen. Sie betreffen die bekanntlich unsichere Datenlage in einer Reihe der Entwicklungsländer; nicht zuletzt betrifft dies auch die Erhebungsmethoden und dementsprechend die Ergebnisse. Ein Beispiel: In Metro Manila erbrachte eine parallel zur offiziellen Zensus-Zählung durchgeführte „Barangay"-Zählung anstelle der offiziellen 5.926 Millionen 8.217 Millionen Einwohner für das gleiche Jahr 1980. Die Erklärung für diese immerhin fast 40%ige Diskrepanz liegt darin, daß letztere Zahl auch die fast das gesamte Jahr über in der Metropole arbeitenden (und lebenden) Pendler, Studenten sowie weitere nicht erfaßte (oder erfaßbare) Personen, die amtlich in ihren Heimatprovinzen registriert - und gezählt - werden, einschloß. Tatsächlich also dürfte die höhere Bevölkerungsangabe der Wirklichkeit sehr viel näher kommen. Manila ist sicherlich kein Einzelfall.

6. Bei den im Vergleich zu den Entwicklungsländern konträren Wachstumsmustern der Industrieländer-Megastädte ist (auch) im Hinblick auf eine Prognose zwischen den Kulturerdteilen zu differenzieren (Bronger 1989:6f): Für Westeuropa war der Prozeß, vor allem aber die Dynamik der „typisch industriellen Verstädterung" (Schäfers 1977:261) vielfach bereits gegen Ende des Ersten (England), spätestens jedoch zu Beginn des Zweiten Weltkrieges (Deutschland, Frankreich) im wesentlichen abgeschlossen. Es erfolgte hier eine Umstrukturierung des metropolitanen Siedlungsgefüges zunächst in die Randzonen und später - nach dem Zweiten Weltkrieg - in die Umlandgebiete. Aus dem Suburbanisierungsprozeß der Metropolen (nicht nur Megastädte) West- und Mitteleuropas sowie der USA und Kanadas ist mehr und mehr eine Exurbanisierung geworden. Die infolge der modernen Technologie (Schnellverkehrssysteme) sehr eng gewordenen Verflechtungen mit dem metropolitanen Umland werden hier eine Umorientierung im Sinne einer Erweiterung des Begriffes Megastadt zur Folge haben: Nicht nur funktional, sondern auch demographisch wird man mehr und mehr die Einwohnerzahl der „Metropolitanen Region" zugrunde legen müssen. Dieser Prozeß der Exurbanisierung ist in Ansätzen auch bei den lateinamerikanischen Riesenmetropolen (Mexico City, Sao Paulo und bedingt auch Buenos Aires) zu beobachten. Demgegenüber dürfte in allen übrigen Kulturerdteilen das Stadium der Suburbanisierung auch in den nächsten zwei Jahrzehnten noch nicht überschritten werden.

Megastädte „Erste“ Welt - „Dritte“ Welt: Die Funktionale Primacy - Der entscheidende Unterschied

Ohne Zweifel stellt bereits die demographische Dominanz der Megastädte, noch dazu bei ihrer für die Dritt-Welt-Länder so charakteristischen Dynamik, ein ganz wesentliches Raumstrukturelement gerade dieser Länder dar.

Die bloße Bevölkerungszahl kann jedoch kein alleiniges Kriterium für die metropolitane Bedeutung einer Stadt sein. Im Hinblick auf die Entwicklungsplanung und Entwicklungspolitik der Länder der „Dritten“ Welt eindeutig gravierender ist die zweite wesentliche Komponente des Phänomens „Metropolisierung“: die gegenüber der demographischen Primacy noch ungleich ausgeprägtere funktionale Dominanz der Metropolen. Mit dieser als funktionale Primacy (Bronger 1984) bezeichneten hegemonialen Stellung ist der entscheidende Unterschied zwischen den Megastädten der „Ersten“ und der „Dritten“ Welt formuliert.

Diese Aussage sei anhand nachfolgender Thesen erläutert und problematisiert.

These 1: Bezogen auf den Entwicklungsstand des betreffenden Landes wird die Dominanz der funktionalen Primacy der Entwicklungsländer-Megastädte von keiner der Megastädte in den Industrieländern erreicht.

Richtig ist, daß es bei der demographischen Dominanz - noch - zu keinen grundlegenden Unterschieden zwischen Industrieländer- und Entwicklungsländer-Megastädten gekommen ist. Das betrifft die Subkontinental- wie auch die übrigen Staaten in gleichem Maße. Der Bevölkerungsanteil (M.Q.) von Paris und London ist immer noch ebenso hoch wie der von Bangkok, Manila, Teheran oder Istanbul (s. App. 1, Sp. 8). Das Gleiche trifft für die Megastädte Rußlands und der USA zumindest im Vergleich mit China und Indien zu. Auch bei dem zweiten Wesensmerkmal der demographischen Primacy, dem der Primatstadt, kann von grundlegenden Unterschieden nicht gesprochen werden: die Primatstellung von Paris (6:1 gegenüber Marseille) kann mit der Mehrzahl der Entwicklungsländer-Megastädte durchaus konkurrieren. Selbst mit dem in dieser Hinsicht an der Spitze rangierenden Bangkok kann Chicago mithalten: Die Relation zur nächstgrößeren Stadt - Chiengmai bzw. Peoria - beträgt in beiden Fällen etwa 40:1!

Der eigentliche und entwicklungspolitisch wesentliche Unterschied zwischen den Megastädten der Ersten und „Dritten Welt“ liegt in ihrer funktionalen Dominanz. Untersuchungen zur funktionalen Primacy von Karachi, Bangkok, Manila und Seoul (Bronger 1984:150) sowie insbesondere die vergleichende Gegenüberstellung von Bombay und Shanghai mit Paris (Tab. 5) offenbaren, daß

- die Primacy Ratio in den Megastädten (und Metropolen) der „Dritten“ Welt

Tab. 5: Funktionale Primacy I: Primacy im internationalen Vergleich: Bombay- Shanghai- Paris

No.	Indikator	BOMBAY			SHANGHAI			PARIS		
No.	Indikator	Jahr	G.B.[1]	B.M.R.[2]	Jahr	Shiqu	Quanshi	Jahr	A.U.P.[3]	R.P.[4]
	Staat/Provinz		Maharashtra			Jiangsu & Shanghai			Frankreich	
	Fläche (000 km^2)	1981	308		1984	108		1982	547	
	Einw. (Mio.)	1981	62.8		1984	73.8		1982	54.4	
1	2	3	4	5	6	7	8	9	10	11
I	Demographische Primacy									
1	Fläche (km^2)	1981	603	4350	1984	340	6186	1982	1000	12012
2	Anteil d. Gesamtfläche (%)	1981	0,2	1,41	1984	0,3	5,73	1982	0,2	2,20
3	Einwohner (000)	1981	8243	10724	1984	6881	12048	1982	7156	10057
4	% an der Gesamtbev.	1981	13,1	17,1	1984	9,3	16,3	1982	13,1	18,5
II	Funktionale Primacy									
5	BIP[5] (%)	1980	33,2	38,7	1984		38,6	1981		26,8
6	BIP/capita - Metropole: übrige Landesteile	1980	7:1	4,7:1	1984	6,6:1	3,2:1	1981		ca. 1,5:1
7	Einkommenssteuern (%)	1984	88,8					1981		39,3[6]
8	Industrie: Arbeitspl.(%)	1983[7]	45,8	56,7				1982		22,0
9	Industrie: Brutto-prod.-wert (%)	1983[7]	47,0	58,4	1984	39,3	52,3	1982		ca. 25,0
10	Hafenumschlag (%)	1981	21,0[8]		1986	36,6[8]			—	
11	Telefonanschlüsse (%)	1984	78,7		1984	41,3	51,0	1983		19,9
12	Universitäten: Studenten (%)	1982	40,3	40,3	1984	43,4	48,4	1974		30,8
13	Krankenhausbetten (%)	1980	32,8	37,8	1984	19,7	29,9	1974		16,7
14	Anzahl der Ärzte (%)				1984	31,8	39,4	1982		22,0
15	Fernsehapparate (%)	1980	82,3	91,3				1983		19,6
16	Bettenkapazität der 3-, 4- u. 5-Sterne-Hotels (%)	1983	87,4	89,2	1985	> 50[9]		1984	16,3	
17	- davon Luxus-Hotels 5-Sterne) (%)	1983	87,4	87,4	1985	> 70[9]		1984	44,1	

[1] Greater Bombay; [2] Bombay Metropolitan Region; [3] Agglomaration Urbaine Parisienne; [4] Region Parisienne; [5] Erklärung s. Beitrag BOMBAY Karte 3; [6] Steuern insgesamt; [7] Groß- und Mittelindustrie; [8] bezogen auf Indien bzw. China; [9] Schätzwert.

Quellen:

BOMBAY - COI 1981, Series 1 - India. Final Population Totals, Delhi 1983;
Centre for Monitoring Indian Economy (Ed.): Profiles for Districts, Bombay 1984;
GOM: Statistical Abstract of Maharashtra State for the year 1979-80, Nagpur 1984; MIDC, Bombay (Ed.): Unpublished Records; IPTD: Annual Report 1983-84, Delhi 1985 und Tab.6.

SHANGHAI - State Statistical Bureau, PRC (Ed.): Statistical Yearbook of China - 1985, Hong Kong 1985; State Statistical Bureau, PRC (Ed.): China, Urban Statistics 1985, Hong Kong 1985 und Tab.6.

PARIS - INSEE (Ed.), Tableaux Economique de L'Ile-de-France 1984, Paris 1984;
Conseil Regional d'Ile-de-France (Ed.), Panorama d'Ile-de-France, Paris 1984;
Pletsch, A. (1981); Les Cahiers de l'Institut d'Amanagement et d'Urbanisme de la Region d'Ile-de-France, No.68 - Juin 1983, Paris;
Service de Tourisme Michelin (Ed.), Michelin France 1984, Paris.
(Berechnungen v. Vf.)

in fast allen Lebensbereichen sehr viel stärker ausgeprägt ist. So ist z.B. beim Indikator 'Telephonanschlüsse' die Primacy Ratio von Bombay fast sechsmal so hoch wie die von Paris (No.11, Sp. 11:4). Und: Bei einer solchen statistischen Zusammenstellung kommt nicht zum Ausdruck, daß zusätzlich die Diskrepanz in der Qualität der Einrichtungen - gemessen am Landesdurchschnitt - bei keiner Megastadt eines Industrielandes auftreten dürfte.

Diese ausgeprägte hegemoniale Stellung der „Dritte" Welt-Megastädte bedingt häufig

- eine positive Korrelation zwischen der Primacy Ratio und der Größe der Megastadt: Die nächstgrößeren Städte fallen in ihrer funktionalen Dominanz bereits deutlich, d.h. überproportional gegenüber dem Hauptzentrum ab. Sie sind nur noch Regionalzentren. In Subkontinentalstaaten kann dieses „Schicksal" sogar auch Megastädte treffen: Madras (Indien) und Tianjin (China - Tab. 6, 7) seien in diesem Zusammenhang genannt. Dieser „Trend" wird sich in Zukunft weiter verstärken, wenn mit Bangalore und Hyderabad in Indien, Shenyang in China und Belo Horizonte in Brasilien weitere Metropolen demographisch zu Megastädten aufsteigen werden (App. 2).- Umgekehrt ist bei den von ihrer Größe her gleichrangigen Megastädten in diesen Großstaaten eine „balance of power" in einer Art Funktionsaufteilung festzustellen (Tab. 6): Bombay, Shanghai und Sao Paulo als Wirtschaftszentren, Delhi und Beijing als Zentren der Verwaltung (Hauptstadtfunktion), Calcutta und Rio de Janeiro als kulturelle Zentren - letztere allerdings mit abfallender Tendenz, wohl hauptsächlich aufgrund des Verlustes ihrer Hauptstadtfunktion (1912 bzw. 1956) sowie des Hinterlandes (Calcutta seit 1947).

Ergänzt und damit noch unterstrichen wird diese funktionale Hegemonie noch durch die Tatsache, daß

- die Verwaltungsspitze nicht allein der nationalen, sondern mehr noch der internationalen Konzerne des sekundären und vor allem des tertiären Sektors wie die „Multis", Organisationen, Gesellschaften, Banken etc. sogar (fast) ausschließlich in der (den) Megastädt(en)/Metropole(n) konzentriert sind, d.h. die internationale Primacy in den Großzentren der „Dritten" Welt besonders evident ist (Tab. 7).- Und last but not least

- gelten diese Aussagen, wie das Beispiel Chinas zeigt (Tab. 5-7), unabhängig vom politisch-wirtschaftlichen System: Der direkte Vergleich mit Indien zeigt, daß immerhin bei der Hälfte der Indikatoren die Primacy Ratio der chinesischen Megastädte höher liegt als bei den Megastädten in Indien (Tab. 6). Und: Trotz massiver regionalpolitischer Restriktionen (s.o.) war die Eigendynamik der Metropole Shanghai stärker; ihre früher (vor 1949) außerordentlich ausgeprägte Hegemonialstellung ist zwar vermindert, ihre wirtschaftliche Dominanz jedoch ungebrochen (s.a. Tab. 6; Bronger 1993:Tab. 5, 6).

Tab. 6: Funktionale Primacy II: Megastädte im Vergleich - Indien : China

LEBENSBEREICH Indikator	Bezugsjahr	China				Bezugsjahr	Indien			
		Shanghai	Beijing	Tianjin	Σ		Bombay	Delhi	Calcutta	Σ
I BEVÖLKERUNG										
- Metropolisierungsquote (%)	1990	0.7	0.6	0.5	1.8		1.5	1.1	1.3	3.9
II WIRTSCHAFT										
- BIP/Kopf (Land = 100)	1990	439	411	354		1985	1.088	893	1.036	
- Industrie: Beschäftigte (%)	1981	5.2	2.9	2.6	10.7	1982	7.3	1.6	7.2	16.1
- Industrie: Produktionswert (%)	1985	8.0	3,8	3.5	15.3		10.8	2.0	5.5	18.3
- Steueraufkommen: Einkommenssteuer(%)	1984	9.9	2.9	2.6	15.4	1984	25.6	8.3	9.6	43.5
III VERKEHR & KOMMUNIKATION										
- Hafenumschlag: Im-/Export (%):	1988	29.8	—	5.0	34.8	1987	21.0	—	11.3	32.3
- Intern. Flugverkehr: Passagiere (%)	1989	11.7	14.5	0.5	26.8		47.9	30.7	11.7	90.3[1]
- Telefonanschlüsse (%)	1988	4.2	7.1	2.3	13.6	1986	16.1	10.5	7.4	34.0
IV ERZIEHUNG & GESUNDHEIT										
- Universitäts-/College-Studenten (%)	1989	5.5	6.4	2.5	14.4	1981	4.9	2.7	5.1	12.7
- Krankenhausbetten (%)	1989	1.6	1.7	1.1	4.4	1984	5.4	2.6	7.5	15.5
V TOURISMUS (international)										
- Luxus-Hotels: Anzahl (%)	1990	22.4	31.2	4.2	57.8	1990	18.1	20.8	5.6	44.5

[1] ohne Nepal und Sri Lanka

Quellen: CHINA - Zhongguo Chengshi Tongji Nianjian 1990, Beijing 1991; State Statistical Bureau, PRC (Ed.): China Statistical Yearbook 1990, Chicago 1990; Shanghai Tongji Nianjian 1986, Shanghai 1986; Handke 1986 u. Tab.5 + 7.

INDIA - COI 1991, Series 1 - India. Provisional Population Totals: Rural-Urban Distribution, Delhi 1991; Centre for Monitoring Indian Economy (Ed.): Index of Levels of Economic Development around 1985, Bombay 1988; Tata Services Limited (Ed.): Statistical Outline of India 1989/90, Bombay 1989; Government of India, Ministry of Information and Broadcasting (Ed.): India. A Reference Annual 1982, New Delhi 1982; Government of India, Ministry of Planning (Ed.): Annual Survey of Industries 1981-82, New Delhi 1985; ESCAP et al. (Ed.), City Monographs: Bombay, Yokohama 1982; Hotel and Restaurant Guide India' 90, New Delhi 1990; Central Board of Direct Taxis (Ed.): Unpublished Records, New Delhi 1986.
(Berechnungen v. Vf.)

Zur Vermeidung von möglichen Mißverständnissen erscheint eine Anmerkung zu den im Zusammenhang mit These 1 gemachten Aussagen zur funktionalen Primacy der „Dritte" Welt-Megastädte notwendig: Auch innerhalb der EG als (zukünftigem) Subkontinentalstaat liegt eine eindeutige Konzentration der höchstrangigen internationalen Wirtschafts- und Dienstleistungsfunktionen in den beiden Megastädten London und Paris und, damit verbunden, auch hier eine Hierarchisierung nachrangiger Zentren vor. In ihrer Internationalität erfüllen sogar beide die Funktion einer Weltstadt im Sinne von Mackensen (s.o.). Ähnliches gilt für den Subkontinentalstaat USA mit New York und (größtenteils auch) Chicago als 'Global Cities'. Aber: Diese Hierarchie ist hier sehr viel dichter, dazu nicht so größenabhängig. Zwei Beispiele: Das sehr viel kleinere Frankfurt (0,6 Millionen Einwohner) ist als internationales Finanzzentrum sicherlich mit Paris, fast sogar bereits mit London gleichzusetzen. Ähnliches gilt für Atlanta als internationaler Verkehrsknotenpunkt im Vergleich zu New York und Chicago. Jedoch sind solche Zentren aufgrund der hier fehlenden hochrangigen multifunktionalen Ausstattung noch weit vom Charakter einer Weltstadt entfernt. Gerade im Zusammenhang mit These 1 muß aber auch gesagt werden, daß in der gesamten „Dritten" Welt (noch) keine einzige der gegenwärtig 23 Megastädte (von den zusätzlich noch ca. 130 Metropolen ganz abgesehen) in den Rang einer Weltstadt aufgestiegen ist. Dennoch sind die quantitative und qualitative funktionale Dominanz der Entwicklungsländer-Megastädte bzw.

Tab. 7: Funktionale Primacy III: Internationale Primacy: Manila - Seoul - Beijing - Shanghai - Tianjin

Institution (international)	Seoul (1988)		Manila (1979)		Beijing (1990)		Shanghai (1990)		Tianjin (1990)	
	Anzahl	% aller Institutionen	Anzahl	%	Anzahl	%	Anzahl	%	Anzahl	%
Fluggesellschaften	32	100,0			27	75.0	7	19.4	1	2.8
Nachrichtenagenturen	53	100,0	—	—	—	—	—	—	—	—
Banken	70	91,4	36	100,0	84[3]	—	35[3]	—	4[3]	—
Handelsgesellschaften	111	99,1	20[1]	100,0	750	—	253	—	35	—
Organisationen	44	95,5								
Luxus-Hotels	37	45,9	14[2]	90	74	31.2	53	22.4	10	4.2

[1] Versicherungsgesellschaften; [2] 1981; [3] einschl. Finanzinstitutionen

Quellen:
Seoul - Yonhap News Agency (Hg.) 1989; Korea Annual 1988
Manila - Dosdos, E.Y. (Hg.): Philippine Directory of Financial Institutions 1979, Manila 1979, zusammengestellt in: Rüland 1982: 284f.
Beijing/Shanghai/Tianjin - The China Phone Book Company (Hg.): The China Phone Book & Business Directory 1991, Hong Kong 1991.

(Berechnungen v. Vf.)

Metropolen im Vergleich zu den nachrangigen Zentren in ihrem Land ein wesentliches Charakteristikum der (großen) Mehrzahl der „Dritte" Welt-Länder.

Ausdruck dieser funktionalen Dominanz der Entwicklungsländer-Megastädte ist ein ausgeprägtes Entwicklungsgefälle zwischen diesen auf der einen und den überwiegend agrarisch strukturierten Regionen (innerhalb derer wiederum große Unterschiede bestehen) in den Ländern der „Dritten" Welt auf der anderen Seite. Auf eine kurze Formel gebracht: In der Mehrzahl der Entwicklungsländer fand eine punktuelle Entwicklung statt - vornehmlich konzentriert in der (den) metropolitanen Region(en). Dementsprechend lautet

These 2: Es besteht ein unmittelbarer Kausalzusammenhang zwischen der funktionalen Primacy der Megastadt, dem Entwicklungsstand und dem Ausmaß des regionalen Entwicklungsgefälles innerhalb des betreffenden Landes.

Für den wirtschaftlichen Lebensbereich versucht nachfolgende Datenzusammenstellung (Tab. 8) den Kausalzusammenhang zwischen der Dimension der funktionalen Primacy der Megastadt (Sp .5, 6), dem Entwicklungsstand (Sp. 10) und dem Ausmaß des regionalen Entwicklungsgefälles innerhalb des betreffenden Landes (Sp. 8, 9) zu belegen. Auch wenn ein direkter Vergleich aufgrund unterschiedlicher Erhebungsmethoden bei einem gesamtwirtschaftlichen Indikator wie dem hier vorliegenden Pro-Kopf-Einkommen nur unter Vorbehalt möglich ist (das gilt in besonderem Maße für den Fall Hong Kong), so zeigen die auf den jeweiligen Landesdurchschnitt (= 100) berechneten Daten für die „Dritte" Welt ein krasses metropolitan-rurales Einkommensgefälle - im Gegensatz zu den Metropolen der „Ersten" Welt. Gegenüber Tokio - 133, New York - 124 oder Paris - 152 (bezogen auf die USA bzw. die EG - Sp. 5, 6) liegen die Werte für die Megastädte der „Dritten" Welt ungleich höher. Zusammengefaßt lassen sich aus den Daten folgende Theoreme ableiten (Bronger 1991:7f):

1. Je höher der ökonomische Entwicklungsstand, desto geringer ist das Ausmaß der funktionalen (hier: wirtschaftlichen) Primacy der Megastadt(e) - Sp. 10:5/6.

2. Je höher die ökonomische Leistungskraft des Landes (Bezugsregion), desto geringer ist das Ausmaß (Variationsbreite) des regionalen Entwicklungsgefälles - Sp. 10:9.

3. Dementsprechend besteht eine positive Korrelation zwischen dem Ausmaß der funktionalen Primacy der Megastädt(e) und dem des regionalen Entwicklungsgefälles - Sp. 5/6:8, 9.

Auf einen kurzen Nenner gebracht: Das Ausmaß der funktionalen metropolitanen Primacy und das mit ihr kausal verbundene regionale Entwicklungsgefälle des(r) betreffenden Staates/Region ist zu einem ganz wesentlichen raumstrukturellen Merkmal der Länder der „Dritten" Welt geworden.

Tab. 8: Interdependenzen zwischen dem Ausmaß der funktionalen (wirtschaftlichen) Primacy von Megastädten und dem regionalen Entwicklungsgefälle: „Erste" Welt - „Dritte" Welt

Megastadt	Bezugs-jahr	Bezugs-region	METROPOLITANE PRIMACY Indikator	Bezugs-region =100 M.A.	M.R.	REGIONALES ENTWICKLUNGSGEFÄLLE Raum-einheiten (Anzahl)	Variationsbreite mit Metropole[6]	ohne Metropole[6]	BSP/Kopf 1990 (USA=100)
1	2	3	4	5	6	7	8	9	10
A: Nationale (Subkontinentale) Ebene									
Bombay	1985	Indien	CMIE[1]	1.088	821	17[8]	24.7:1	4,8:1	1.6
Calcutta	"	"	"	1.036	426	17[8]	23.5:1	4,8:1	1.6
Delhi	"	"	"	893	—	17[8]	20.3:1	4,8:1	1.6
Madras	"	"	"	616	357	17[8]	14.0:1	4,8:1	1.6
Shanghai	1989	China	NIP	439	389	29	9,1:1	3.5:1[7]	1.7
Beijing	"	"	"	411	313	29	8.6:1	3.5:1[7]	1.7
Tianjin	"	"	"	354	236	29	7.4:1	3.5:1[7]	1.7
Hong Kong	1990	"	BIP	3.105	—	—	—	—	54.8
Sao Paulo	1980	Brasilien	BIP	—	179[5]	26	8.3:1[5]	5.7:1	12.3
Rio de Janeiro	"	"	"	—	143[5]	26	6.6:1[5]	5.7:1	12.3
New York	1988	USA	P.I.[2]	124	134	51	1.8:1	2.1:1	100.0
Los Angeles	"	"	"	117	115	51	1.7:1	2.1:1	100.0
Chicago	"	"	"	116	114	51	1.7:1	2.1:1	100.0
*Paris	1985	EG	S.I.[3]	—	152	12	3.2:1[8]	3.0:1	89.4
*London	"	"	"	--	135	12	2.8:1[8]	3.0:1	73.9
B: Nationale (regionale) Ebene									
Bombay	1985	Maharashtra	CMIE[1]	914	690	26	31.1:1	4.7:1[9]	1.6
Calcutta	"	W-Bengal	"	809	333	16	38.4:1	4.6:1	1.6
Delhi	"	& Haryana	"	367	—	13	10.5:1	2.7:1	1.6
Madras	"	Tamil Nadu	"	463	268	16	10.4:1	3.3:1	1.6
Schanghai	1989	& Jiangsu	NIP	249	221	86	19.0:1[10]	21.0:1[11]	1.7
Beijing	"	& Hebei	"	331	252	151	19.8:1[10]	16.9:1[11]	1.7
Tianjin	"	"	"	325	217	151	23.1:1[10]	16.9:1[11]	1.7
Jakarta	1988	Indonesien	BIP[4]	268	—	27	7.2:1	5.4:1	1.7
Metro Manila	1989	Philippinen	BIP	275	245	74	4.3:1	3.6:1[12]	3.4
Bangkok	1985	Thailand	BIP	338	287	73	12.8:1	7.5:1	6.5
Seoul	1985	S-Korea	BIP	123	—	10	1.6:1	1.4:1	24.8
Tokyo/ Yokohama	1987	Japan	P.I[5a]	133[13]	121	47	1.8:1	1.4:1[14]	116.7
New York	1986	N.York/N. Jersey	P.I.[2]	102	110	75	1.8:1	2.4:1	100.0
Los Angeles	1986	California	P.I.[2]	103	101	58	1.8:1	2.4:1	100.0
Chicago	1986	Illinois	P.I.[2]	108	107	97	2.1:1	1.9:1	100.0
Paris	1985	Frankreich	S.I.[3]	—	131	22	1.8:1[8]	1.6:1	89.4
London	"	Großbritan.	S.I.[3]	—	135	36	2.1:1[8]	2.0:1	73.9

[1] aus 9 Einzelindikatoren zusammengesetzter Index, der in etwa dem BIP entspricht. Näheres s. Bronger 1993: Anm.12; [2] P.I. = Personal Income; [3] S.I. = Synthetischer Index der EG; [4] ohne Erdölprodukte - sonst 216; [5] gesamte Provinz; [5a] Prefectural Income; [6] M.A.; [7] ohne Shanghai, Beijing & Tianjin; [8] um bei der ausgeprägten räumlichen wie demographischen Heterogenität der insgesamt 21 Bundesstaaten und 9 Unionsterritorien Indiens eine wenigstens begrenzte Ausgewogenheit zu erreichen, wurden hier nur die 17 Flächenstaaten mit über 10 Mill. Einw. (1981) bzw. über 50.000 qkm berücksichtigt. Zusammen machen sie 93% der Fläche mit 97% der Bevölkerung des Landes aus; [*8] M.R.; [9] ohne die Metropole Pune; [10] 1982 - bezogen auf den Bruttoproduktionswert aus Landwirtschaft und Industrie (ungewichtet); [11] ohne die Metropolen Shijiazhuang & Tangshan; [12] 1985 - bezogen auf das Familieneinkommen; [13] bezogen auf Tokyo-to & Kanagawa-ken; [14] ohne die metropolitan bestimmten Präfekturen Osaka, Aichi (Nagoya), Kyoto und Kanagawa (Yokohama & Kawasaki).
Quellen: Statistiken der Länder (Berechnungen v. Vf.)

Was die Ursachen für das seit 1940 rasche, in vielen Fällen explosionsartige Großstadtwachstum in den Entwicklungsländern anbetrifft, können im Rahmen dieses Beitrages nur einige Leitlinien gezogen werden. Voraussetzungen wie Ausgangspositionen bedingten ein quantitativ wie qualitativ sehr unterschiedliches Wachstum der Megastädte (s.a. App.1, 2) - hier muß auf die Einzelbeiträge des Bandes verwiesen werden.

Für die überragende demographische, insbesondere aber funktionale Dominanz der Megastädte (und Metropolen) in der „Dritten" Welt war das Zusammenwirken einer ganzen Reihe von - endogenen wie exogenen - Kausalfaktoren verantwortlich:

Spezifisch naturgegebene Standortgunst - geschützter Hafen in Verbindung mit einem reichen Hinterland, beides in günstiger Verkehrslage - veranlaßten fremdländische Kolonialmächte (in bedeutend selteneren Fällen waren es einheimische Herrscher - Beispiele: Beijing, Bangkok, in anderen Fällen waren beide am Aufstieg beteiligt: Cairo, Delhi, Seoul) zur Ausbreitung ihrer politisch - wirtschaftlich motivierten Herrschaft, in der Mehrzahl der heutigen Entwicklungsländer nur eine sehr begrenzte Anzahl von Siedlungen vorrangig zu entwikkeln. In erster Linie profitierten davon diejenigen, denen gleichzeitig eine zentrale Verwaltung, d.h. Hauptstadtfunktion übertragen wurde (insgesamt 15 der 23 Entwicklungsländer-Megastädte).

Die genannten Faktoren in Verbindung mit durchwegs zentralistischen Herrschaftssystemen in den Ländern der „Dritten" Welt bewirkten, daß diese Herrschaftsmittelpunkte sowie die großen Hafen- und Wirtschaftszentren (Bombay, Shanghai, Sao Paulo) auch in der spät- und der postkolonialen Periode das bevorzugte Investitionszentrum für Industrie- und Dienstleistungen sowohl aus- aber auch inländischer Kapitalanleger blieben (Sao Paulo ist die größte deutsche Industriestadt!). Ohne das Zusammenwirken dieser Umstände ist die heutige funktionale Monopolstellung der Entwicklungsländer-Metropolen, insbesondere der Megastädte, nicht erklärbar.

Im Hinblick auf die (Möglichkeiten der) Entwicklungsplanung und Entwicklungspolitik seien abschließend die Ursachen für das unterschiedliche Großstadtwachstum „Erste" Welt - „Dritte" Welt zusammengefaßt:

In den Industrieländern (vornehmlich der westlichen Welt) stand das rasche Wachstum der Metropolen bis in das erste Drittel dieses Jahrhunderts in unmittelbarem Kausalzusammenhang mit Beginn und Fortschreiten der Arbeitsplätze schaffenden Industrialisierung einschließlich des - später erfolgten - Ausbaus der industriellen und öffentlichen Verwaltung (Pfeil 1977:114 ff, Schäfers 1977: 257 ff). „Demgegenüber verlief die Metropolisierung in den Entwicklungsländern unter nahezu umgekehrten Vorzeichen: Erst in den letzten 30-40 Jahren, im Verlauf der wirtschaftlichen Entwicklung einsetzend, wurden diese Länder von ihrer Dynamik gleichsam überrollt. Denn die damit verbundenen Probleme, denen sich die Entwicklungsländer plötzlich gegenübergestellt sahen, traten noch zusätzlich zu denjenigen hinzu, die die Industrieländer größtenteils vor Einsetzen der Metropolisierung bewältigt hatten: politische Stabilität, Unabhängigkeit, relative wirtschaftliche Stabilität, befriedigender Lebensstandard sowie eine geordnete und zugleich flexible Sozialstruktur." (Bronger 1984:147)

Darüber hinaus zeigt nachfolgende Datenzusammenstellung (Tab. 9), daß die Dynamik der funktionalen - hier: wirtschaftlichen - Primacy der Entwicklungsländer-Megastädte ungebrochen zu sein scheint. Demgegenüber offenbaren die Daten für Seoul, daß Hand in Hand mit der wirtschaftlichen Entwicklung (Sp. 10) nicht nur die regionalen Disparitäten (näheres: Bronger 1991:19ff), sondern ebenso die Primacy der Riesenmetropole Seoul sogar auch real (Primacy Ratio - Sp. 5-9) abgebaut werden konnte. Der internationale Vergleich zeigt, daß Seoul hierin sogar den Stand von Megastädten westlicher Industrieländer erreicht hat (s.a. Tab. 8, Sp. 5).

Tab. 9: Dynamik der wirtschaftlichen[1] Primacy von Megastädten: „Erste" Welt - „Dritte" Welt

Megastadt (M.A.[2])	Bezugsregion	Anteil Fläche (%)	Bevölkerung 1985 (%)	Primacy Ratio (BIP : MQ) Bezugsregion = 100 1965	1970	1975	1980	1985	Wirtschaftswachstum BSP/Kopf/ Jahr (%) 1965-85
1	2	3	4	5	6	7	8	9	10
Bangkok	Thailand	0.31	11.0		304	315	348	338	4.0
Metro Manila	Philippinen	0.21	12.8	248[3]	246	264	255	275[4]	1.9
Seoul	S-Korea	0.63	23.8	189[5]	154	140	120	123	6.7
Chicago	Illinois	3.39	53.1	112[6]	109	106	107	108	1.6
Tokio-Yokohama[7]	Japan	0.71	13.1	122[7]	143	136	134[8]	133[9]	4.3

[1] Indikator: s. Tab. 8, Sp. 4; [2] Bezugsfläche: s. App. 1, Sp. 6; [3] 1966; [4] 1989; [5] 1966: berechnet nach: Choe 1974:297; [6] 1959; [7] s. Tab. 8, Anm.13; [8] 1981; [9] 1987.

Quellen: Statistiken der Länder; Weltentwicklungsbericht 1988, Annex: Tab.1

(Berechnungen v. Vf.)

Die entwicklungspolitische Relevanz: Folgewirkungen der „metropolitanen Revolution“

Fassen wir die bisherigen Ergebnisse zusammen: Demographische Dynamik, insbesondere aber das funktionale Ausmaß der Metropolisierung in der Mehrzahl der Länder der „Dritten“ Welt, stellen die alten Industrieländer-Großmetropolen heute bereits eindeutig in den Schatten. Die Folge: Es hat in diesen Ländern oft nur eine (räumlich) punktuelle Entwicklung stattgefunden, die in erster Linie auf die metropolitane Region, identisch zumeist mit der Hauptstadtregion, begrenzt blieb. Während in der „Ersten“ Welt, aber auch in einigen NICs („Newly Industrialized Countries“) wie Südkorea und Taiwan, die Entwicklungsunterschiede zwischen den Megastädten/Metropolen und den ländlichen Gebieten abgebaut werden konnten, hat sich der ausgeprägte Entwicklungsvorsprung der Entwicklungsländer-Metropolen nicht nur gehalten, sondern zumindest in einigen Fällen (Tab. 9) noch weiter verschärft. Auf einen kurzen (vereinfachten) Nenner gebracht: Bangkok, Manila, Sao Paulo und Mexico City boomen weiter, während die (große) Mehrzahl der Peripherieregionen im Vergleich dazu stagniert. Ihr Attraktivitätsvorsprung ist so gravierend, daß es nicht zum „polarization reversal“ (Richardson1980) kommt.

Dieser Prozeß bekommt seine eigentliche entwicklungspolitische Brisanz jedoch erst, wenn man die dadurch ausgelösten Folgewirkungen mit in die Diskussion einbezieht - und diese dann mit den entsprechenden finanziellen Möglichkeiten in den Entwicklungsländern in Beziehung setzt.

Denn obiges Bild ist allenfalls die halbe Wirklichkeit. Tatsache ist, daß gerade die Megastädte nicht nur nach außen, sondern - mehr noch! - die Gesellschaft auch nach innen in für uns kaum vorstellbarem Ausmaß polarisieren: Die Bevölkerungsexplosion in Verbindung mit der zunehmenden Landknappheit und dem begrenzten Arbeitsplatzangebot in den ländlichen Gebieten einerseits sowie der große Entwicklungs- und damit Attraktivitätsvorsprung der Metropolen mit ihren Arbeitsplatzmöglichkeiten (informeller Sektor) andererseits haben eine Landflucht gewaltigen Ausmaßes zur Folge, die sich in erster Linie direkt in die jeweilige Metropolenregion ergießt. Die Folge ist eine ständig zunehmende wirtschaftliche und soziale Marginalisierung immer breiterer Bevölkerungsschichten gerade (wenn auch nicht nur) in den (Groß-)metropolen. Ihnen steht eine wirtschaftlich und politisch alle Fäden in der Hand haltende numerisch kleine Oberschicht gegenüber. Das kaum vorstellbare intrametropolitan-spezifische Einkommensgefälle wird deutlich in dem krassen Gegensatz zwischen den ausgedehnten, zudem rasch anwachsenden Slum- und Squatterquartieren, lokalisiert vornehmlich in oder in der Nähe der alten Kerngebiete (Asien) bzw. überwiegend am Rand der Megastädte (Lateinamerika) und den sich ebenfalls rasch ausbreitenden modernen „metropolitanen“ Stadtteilen mit ihren vollklimatisierten Banken und Versicherungshochhäusern sowie Luxusappartements, den von hohen Mauern umgebenen, rund um die Uhr bewachten Villenvierteln, 5-Sterne-Hotels sowie den Shopping Centers US-amerikanischen Zuschnitts.

Zur Vermeidung von möglicherweise auftretenden Mißverständnissen muß hier gesagt werden, daß die wirtschaftliche und - nachfolgend - die soziale Polarisierung der Bewohner auch in den Megastädten der westlichen Welt zu beobachten ist. Dieser Prozeß beinhaltet die Polarisierung des Arbeitsmarktes in immer weniger ordentlich bezahlte, dazu geregelte Beschäftigungsverhältnisse auf der einen und die Zunahme der schlecht entlohnten, dazu unsicheren Dienstleistungs“jobs“ auf der anderen Seite. Letztere sind vom informellen Sektor der Entwicklungsländer-Megastädte nicht mehr so weit entfernt. Die Folge ist eine zunehmende Polarisierung der Einkommensverhältnisse auch in den Megastädten der westlichen Industrieländer. Nehmen wir Chicago als Beispiel - hier liegen ausreichend detaillierte raumbezogene Daten vor (ohne Zweifel ist der Mangel an räumlich hinreichend differenziertem Datenmaterial hauptverantwortlich für die geringe Zahl diesbezüglicher Studien - vgl. u.a. Coates 1977:43f): die Variationsbreite der Einkommensunterschiede unter den 159 Stadtbezirken beträgt immerhin 10,2:1. Im Stadtbild sind diese Disparitäten überdeutlich sichtbar im Kontrast zwischen den nördlich der CBD (Central Business District: Loop) sich anschließenden Villenvierteln entlang des Michigan Sees und den sich schier endlos nach Südwesten und Süden hinziehenden Quartieren der hier überwiegend siedelnden schwarzen Bevölkerungsschichten. Dabei rangiert Chicago bei der Mehrzahl der in App. 3 aufgeführten Entwicklungsindikatoren der wichtigsten Lebensbereiche unter allen Megastädten mit in der Spitzengruppe (No. 24 bildet bezeichnenderweise eine Ausnahme) - auch dies wieder ein Beispiel dafür, wie sehr derartige Gesamtzusammenstellungen die intrametropolitanen Disparitäten verschleiern. Dennoch muß - auch - an dieser Stelle daran erinnert werden, daß, selbst gemessen am Kaufkraftwert, es den Bewohnern der Armenviertel von Chicago immer noch besser geht als zumindest 80% der Bewohner Manilas. Und: Die infrastrukturelle Gesamtausstattung der Industrieländer-Megastädte liegt in den allermeisten Bereichen deutlich über dem Niveau derjenigen der „Dritten“ Welt (App. 3).

Aber: Es ist die für die Entwicklungsländer spezifische Dynamik dieser Prozesse in Verbindung mit den vergleichsweise sehr begrenzten finanziellen Möglichkeiten der Gegensteuerung, die die entwicklungspolitische Brisanz für diese Länder ausmacht: Ein auch im kommenden Jahrzehnt immer noch durchschnittliches Wachstum der Entwicklungsländer-Megastädte von ca. 2,4% pro Jahr (s. Tab. 2, Sp.13) und die damit einhergehende innerstädtische Verdichtung (s.o.: Tab. 4) schaffen hier Probleme von für uns kaum faßbaren Dimensionen -

und das in allen Lebensbereichen: Für die auch nur mittelfristige Integration der überwiegend ungelernten ländlichen Arbeitskräfte, die gleichzeitig Arbeit und Unterkunft suchen, mangelt es an nahezu sämtlichen infrastrukturellen Voraussetzungen. Natürlich muß man hier differenzieren zwischen etwa Seoul auf der einen und Metro Manila auf der anderen Seite. Gemessen am tatsächlichen Bedarf dieser Einkommensschichten fand in letzterem Falle ein staatlicher (und privater) Wohnungsbau praktisch nicht statt - und ähnlich wie in Manila dürfte die Situation in der Mehrzahl der Entwicklungsländer-Megastädte aussehen. Das liegt größtenteils - aber nicht nur! - an den sehr begrenzten Möglichkeiten der betreffenden Städte: das Budget von Hamburg mit seiner vergleichsweise hochentwickelten Infrastruktur belief sich 1981 pro Kopf auf mehr als das Hundertfache dessen von Metro Manila. Eine besonders ernstzunehmende Folgewirkung ist das, gemessen an der Bevölkerungsdynamik, noch weit überproportionale Wachstum der Slum- und Squatterbevölkerung gerade in diesen Riesenagglomerationen. So nahm die bereits vorwiegend in den Verdichtungsgebieten ansässige Slum- und Squatterbevölkerung in Metro Manila in dem kurzen Zeitraum von 1963 bis 1975 um das Fünffache (von 405.000 auf knapp 2,2 Millionen) zu, mit der Folge, daß ganze Stadtteile Anteile von drei Viertel und mehr aufweisen (Bronger 1986:37). Die Dynamik dieses Vorgangs sei am Beispiel des Tondo-Foreshore-Slumgebietes innerhalb der City of Manila, dem mittlerweile wohl größten Slumgebiet Südostasiens, verdeutlicht: Im Jahre 1968 lebten hier 6.800 Familien auf 137 ha Land. Nur sechs Jahre später (1974) waren es bereits 27.000. Das entspricht, bei hier durchschnittlich 6,6 Familienmitgliedern, einer Dichte von 169.000 Einwohnern pro km^2! Für eine Gesamtbeurteilung dieser Thematik darf der Hinweis nicht fehlen, daß das Millionenheer der Slum- und Squatterbewohner naturgemäß keineswegs eine homogene soziale Schicht von nur „Ärmsten“ darstellt.

Die gravierenden negativen wirtschaftlichen und sozialen Folgewirkungen konnten durch den Ausbau des metropolitanen informellen Sektors sowie der Subsistenzproduktion (Evers 1983; 1987) zu einem eigenständigen Wirtschaftsfaktor allenfalls gemildert werden. Die Dynamik dieser metropoleninternen Prozesse birgt die Gefahr in sich, daß Großagglomerationen nicht nur wirtschaftlich und sozial, sondern auch politisch unkontrollierbar und damit unregierbar werden. Es ist ganz sicher kein Zufall, daß als Ausdruck und Folge dieser massiven sozialen und wirtschaftlichen Unzufriedenheit (und Ungerechtigkeit) eben diese Großstädte zumeist Ausgangspunkte politischer Umstürze in den Ländern der „Dritten“ Welt waren.

Es sind diese Folgewirkungen, die neben der (seit langem) existierenden sektoralen Planung eine in diese zu integrierende regionalorientierte Entwicklungsplanung und Entwicklungspolitik mehr denn je erforderlich machen. Hier muß eine soziale Entwicklungsstrategie und Entwicklungspolitik mit dem Ziel ansetzen, mittelfristig die regionalen (auch intrametropolitanen!) sozioökonomischen Disparitäten zu reduzieren. In der Mehrzahl der Entwicklungsländer bedeutet dies vor allem, die Dynamik der funktionalen Hegemonialstellung der Megastädte/Metropolen einzudämmen, um so die Stadt(= Metropole)-Land-Entwicklungsunterschiede abzubauen.

Appendix 1: Megastädte der Erde

KONTINENT	Megastadt	Staat	Bevölkerung (um 1990) Metropolitane Agglomeration (M.A.)				
			Jahr		Fläche in km²	Einw. in Tsd.	MQ (%)
1	2	3	4	5	6	7	8
AFRIKA	Cairo	Ägypten	1986	C	330	8.795	18.3
ASIEN	Dacca (Dhaka)	Bangla Desh	1991	C	443	5.775	5.3
	Shanghai	China	1990	C	749	8.214	0.7
	Beijing	"	"	F	1.370	6.570	0.6
	Tianjin	"	"	F	4.276	5.746	0.5
	Hong Kong	Hong Kong	1990	C	1.061	5.801	100.0
	Bombay	Indien	1991	C	1.132	12.572	1.5
	Calcutta	"	"	C	852	10.916	1.3
	Delhi	"	"	C	1.483	9.370	1.1
	Madras	"	"	C	572	5.361	0.6
	Jakarta	Indonesien	1990	C	590	8.259	4.3
	Tehran	Iran	1988	F	567	6.965	13.2
	Tokyo-Yokohama	Japan	1990	C	2.702	16.249	13.1
	Osaka	"	"	C	1.881	8.735	7.1
	Nagoya	"	"	C	2.427	5.542	4.5
	Seoul	Korea (S)	1990	C	627	10.628	24.8
	Karachi	Pakistan	1991	F	1.993	7.500	6.5
	Metro Manila	Philippinen	1990	C	636	7.929	13.1
	Bangkok	Thailand	1990	C	1.565	5.902	10.2
	Instanbul	Türkei	1985	F	1.512	5.476	10.8
LATEIN-AMERIKA	Buenos Aires	Argentinien	1991	C	3.094	10.887	33.9
	Sao Paulo	Brasilien	1991	C	2.893	16.692	10.7
	Rio de Janeiro	"	1991	F	2.349	9.500	6.1
	Santiago	Chile	1991	F	2.026[2]	5.343	39.9
	Mexico City	Mexico	1991	F	2.396	18.500	21.5
	Lima	Peru	1990	F	3.850	6.054	29.5
NORD-AMERIKA	New York	USA	1990	C	10.442	14.812	6.0
	Los Angeles	"	"	C	12.561	11.274	4.5
	Chicago	"	"	C	4.880	6.070	2.4
EUROPA	Paris	Frankreich	1990	F	1.000	7.000	12.4
	London	Großbritannien	1991	C	1.579	6.379	11.1
	Moskau	Rußland	1989	C	1.059	8.876	5.9
	St.Petersburg	"	1990	F	570	5.050	3.3
Zum Vergleich	Ruhrgebiet (KVR)	Deutschland	1990	F	4.434	5.991	7.5
	Liverpool/ Manchester	Großbritannien	1991	C	1.941	3.822	6.7

[1] umgerechnet auf die heutige Bezugsfläche

Kriterien: MA = mehr als 5 Millionen Einwohner 1990, Mindestdichte: mehr als 2.000 Einwohner pro km², monozentrische Struktur

							Bevölkerung (um1940)[1]		
		Metropolitane Region (M.R.)					Metropolitane Agglomeration		
Jahr		Fläche in km²	Einw. in Tsd.	MQ (%)	Jahr		Fläche in km²	Einw. in Tsd.	MQ (%)
9	10	11	12	13	14	15	16	17	18
1986	C	2.225	12.310	25.5	1937	C	2.225	2.644[3]	16.5
1990	F	7.470	12.989	11.6	1941	C	350	296	0.8
1990	C	6.341	13.342	1.2	1938	F	893	3.595	0.8
1990	F	16.808	11.035	1.0	"	F	718	1.574	0.4
1990	F	11.305	9.663	0.9	"	F	110	1.223	0.3
(keine Daten anwendbar)					1941	C	1.061	1.640	100.0
1991	C	10.161	15.137	1.8	1941	C	1.132	1.851[1]	0.6
"	C	12.822	23.587	2.8	"	C	852	3.578[1]	1.1
"	C	13.353	16.500	2.0	"	C	1.483	918	0.3
"	C	8.031	8.416	1.0	"	C	572	930[1]	0.3
1990	C	6.418	17.105	9.0	1940	F	590	950	1.4
1986	C	28.221	8.712	17.6	1940	S	515	531	3.3
1990	C	13.450	31.795	25.7	1938	C	2.702	7.236[1]	10.0
"	C	18.564	18.118	14.6	"	C	1.858	3.221	4.5
"	C	4.856	8.440	6.8	"	S	2.427	2.225[1]	3.1
1990	C	11.705	18.600	43.5	1940	C	607	931	6.0
1991	F	3.527	8.200	7.0	1941	C	1.993	436	1.4
1990	C	7.618	12.836	21.2	1939	C	636	993	6.2
1990	C	7.758	8.809	15.2	1937	C	1.556	886	5.9
1985	F	5.591	5.843	11.5	1935	C	850	741	4.9
(keine Daten anwendbar)					1940	C	3.094	2.502	19.3
1991	C	7.952	17.853	11.5	1940	C	7.952	1.565	3.6
1991	C	6.495	11.688	7.5	"	C	6.495	2.300	5.2
					1937	S	--	828	17.9
1991	F	7.860	20.899	23.2	1940	C	7.860	1.758	8.4
1989	F	33.821	6.511	30.3	1940	S	--	500	7.1
1990	C	19.755	17.953	7.2	1940	C	9.969	8.763[1]	6.4
"	C	13.219	11.940	4.8	"	C	12.561	2.786	2.0
"	C	14.553	8.066	3.2	"	C	4.880	4.204[1]	3.1
1991	F	12.012	10.651	18.8	1936	C	1.000	6.000[1]	14.3
1991	C	10.624	11.796	20.6	1939	C	1.579	8.615[1]	18.1
					1939	C	879	4.137	4.5
					1939	C	570	3.191	3.4
1990	F	8.068	9.168	11.5					
1991	C	5.537	7.056	12.3					

[2] nach anderen Angaben: 15.349 km² (Statistisches Bundesamt: Länderbericht Chile 1991)

Appendix 1 - Fortsetzung

Megastadt	Bezeichnung der Bezugsfläche M.A.	M.R.
Cairo	Metropolitan Cairo	Cairo - Giza - Kaljubia - Governorat
Dacca (Dhaka)	Dhaka Zila	Dhaka District
Shanghai	Shanghai & Baoshan Xian	Shanghai Provinz
Beijing	Beijing shi	Beijing Provinz
Tianjin	Tianjin shi (13 Bezirke)	Tianjin Provinz
Hong Kong	Kronkolonie Hong Kong	--
Bombay	Greater Bombay U.A.	Bombay Metropolitan Region
Calcutta	Calcutta U.A.	& Nadia - Haora - Hugli - N.24 Parganas
Delhi	Delhi Union Territory	& Ghaziabad - Faridabad - Gurgaon - Rohtak
Madras	Madras U.A.	& Chengai-Anna
Jakarta	DKI Jakarta	Jakarta - Bogor - Tangerang - Bekasi (JABOTABEK)
Tehran	Stadt Tehran	Provinz Tehran
Tokyo-Yokohama	Tokyo-to & Yokohama-, Kawasaki-shi	& Kanagawa-, Saitama-, Chiba-ken
Osaka	Osaka-fu	& Osaka-, Kobe-, Kyoto-, Nara-ken
Nagoya	Nagoya-shi & 24 Städte	& Aichi-, Gifu-, Mie-ken (z.T.)
Seoul	City of Seoul	Capital Region
Karachi	Karachi Metropolis	Karachi District
Metro Manila	Metro Manila (17 municipalities)	& Bulacan, Cavite, Laguna, Rizal
Bangkok	Bangkok M.A.	Bangkok M.R.
Istanbul	Stadt Istanbul	Provinz Istanbul
Buenos Aires	Zona Metropolitana	--
Sao Paulo	S.P. & 15 Municipios	Regiao Metropolitana
Rio de Janeiro	R.d.J. & 5 Municipios	Regiao Metropolitana
Santiago	Región Metropolitana de Santiago	
Mexico City	Distrito Federal & 12 Municipios	Zona Metropolitana
Lima		Departamento Lima
New York	New York & Newark & Nassau-Suffolk & Bergen-Passaic & Jersey City PMSAs	New York-Northern New Jersey-Long Island CMSA
Los Angeles	Los Angeles - Long Beach & Anaheim-Sta.Ana PMSAs	Los Angeles-Anaheim-Riverside CMSA
Chicago	Chicago PMSA	Chicago CMSA
Paris	Agglomeration Urbaine	Region Parisienne
London	Greater London	London Metropolitan Area
Moskau	Stadt Moskau	
St.Petersburg	Stadt St.Petersburg	

Abkürzungen: C: Volkszählung; F: Fortschreibung; S: Schätzung; --: keine Angaben; PMSA: Primary Metropolitan Statistical Area; CMSA: Consolidated Metropolitan Statistical Area; U.A. Urban Agglomeration.

Quellen: TOKYO 1991; Statistiken der Länder (Berechnungen v.Vf.)

Appendix 2: Megastädte - Bevölkerungsprognosen für das Jahr 2000

*(Bezugsfläche: + Kerngebiet; * Metropolitane Region; ° Bezugsfläche unklar)*

Megastadt	UN 1980	UN 1982[1]	UN 1985[2]	UN 1987	Cities 1988	US 1991	eigene Prognose M.A.	eigene Prognose M.R.
1	2	3	4	5	6	7	8	9
1 Mexico City	31.6	31.0*	26.3*	25.8*	23.4*	27.9*		26.8
2 Sao Paulo	26.0°	25.8*	24.0*	24.0*	21.4*	25.4*		21.9
3 TOKYO-YOKOHAMA	26.1°	23.7°	17.1°	20.2°	12.3	30.0*	17.1	33.0
4 Greater Bombay	19.1°	16.8	16.0	16.0	--	15.4	15.3	
5 NEW YORK	22.2*	22.4*	15.5*	15.8*	21.3*	14.6	14.9	18.2
6 Seoul	18.7°	13.7	13.5	13.8	--	22.0°	12.8	
7 Calcutta	19.7°	16.4	16.6	16.5°	14.7	14.1°	12.8	
8 Delhi	13.2	11.5	13.3	13.2	--	11.5	12.8	
9 Buenos Aires	14.0	12.1	13.2	13.2	--	12.9	11.9	
10 LOS ANGELES/ LONG BEACH	14.8°	13.9°	11.2	11.0	--	10.7	11.8	12.2
11 Rio de Janeiro	19.4°	19.0°	13.3*	13.3*	13.0*	14.2*	11.5	14.1
12 Teheran	13.8*	11.1*	12.7*	13.6	--	14.3*	11.2	
13 Jakarta	16.9°	15.7°	12.8	13.3	11.4	12.8	11.0	
14 Cairo - Giza -Imbaba	16.4°	12.9	13.2°	11.1	11.0	12.5°	11.0	17.2
15 Karachi	15.9	11.6	12.2	12.0	--	11.3	10.2	
16 Manila	12.7	11.4	11.1	11.1	9.7	12.8°	9.9	
17 Shanghai	19.2*	23.7*	13.5°	14.3*	--	7.5	9.6	
18 MOSKAU	10.6	9.0	10.1	10.4	--	11.1°	9.6	
19 OSAKA - KOBE	12.6°	10.9°	7.7	10.5°	--	14.3*	9.0	
20 Istanbul	8.3	10.8°	11.9°	--	--	8.9*	8.8	
21 Dacca	5.9	10.5	11.2	11.2	--	6.5+	8.2	
22 Lima - Callao	12.1*	8.6	9.1	9.1	--	9.2	8.1	
23 Beijing	19.1*	20.9*	10.8*	11.2*	10.0*	6.0	7.9	
24 Bogota	9.5*	9.6*	--	6.5	5.9	7.9*	7.5	
25 Bangkok	11.0	10.6	9.5	10.7	7.9	7.6	7.2	
26 PARIS	12.3°	10.6°	9.2°	8.7°	--	8.8°	6.8	11.0
27 LONDON	12.7°	9.2°	9.1°	10.5°	6.9	8.6°	6.7	
28 Madras	10.4°	12.7°	8.2	8.2	--	7.4	6.5	
29 Tianjin	7.5	8.1	9.2°	9.7	--	5.3	6.5	
30 Santiago	5.1	--	--	5.3	--	6.3	6.2	
31 Hong Kong	5.5	--	--	6.4	--	6.0	6.1	
32 CHICAGO	9.3*	9.3*	7.2*	7.0*	--	6.6°	6.1	8.1
33 Lagos	9.4	7.7	8.3	--	--	12.5*	5.9	
34 Kinshasa	9.1	8.0	8.9	--	--	5.6	5.5	
35 NAGOYA	3.0	--	--	--	--	5.3°	5.6	
36 LENINGRAD	6.1	--	--	5.9	--	4.7	5.5	
37 Lahore	7.7	--	--	--	--	5.9	5.3	
38 Bagdad	10.9*	11.0*	12.8*	7.4	--	5.2	5.2	
39 Hyderabad	4.9	--	--	--	--	4.8	5.2	
40 Pusan	5.1	--	--	--	--	6.7°	5.1	
41 MADRID	5.9°	--	--	5.4	--	5.1	5.1	
42 Rangoon	7.4	--	--	--	--	3.3+	5.1	
43 Bangalore	5.4	--	8.0	--	--	6.8	5.0	
44 Shenyang	--	--	--	--	--	--	5.0	
45 Belo Horizonte	5.7*	--	--	--	--	5.1*		5.1

[1] hier sind nur Megastädte mit einer prognostizierten Einwohnerzahl von > 7 Mill. Einw. aufgeführt;
-- = keine Angaben

Appendix 3: Megastädte "Erste" Welt - "Dritte" Welt: Indikatoren zum wirtschaftlichen und sozio-kulturellen Entwicklungsstand um 1990

Lebensbereich -->	WIRTSCHAFT					VERKEHR & KOMMUNIKATION			
	Beschäftigtenstruktur (%)			Energieverbrauch		PKW		Telefonanschlüsse	
Megastadt		Sek. Sektor	Tert. S.		1000 Kwh		pro		pro
	Jahr	%	%	Jahr	pro Einw.	Jahr	1000 Einw.	Jahr	1000 Einw.
1	2	3	4	5	6	7	8	9	10
Cairo	1987	47.8	50.2	1989	1.0	1989	68	1989	118
Dacca	1981	48.2	51.8	1982	0.1	1984	6	1982	5
Shanghai	1987	52.2	33.6[6]	1987	2.7	1987	5	1988	51
Beijing	1986	36.8	61.4	1987	1.6	1986	7	1988	97
Tianjin	--	--	--	1987	1.6	1987	4	1988	38
Hong Kong	1980	42.0	56.0	1986	1.8	1985	29	1986	342
Bombay	--	--	--	1982	0.2	1988	22	1988	79
Calcutta	1971	38.5	55.9	--	--	1988	15	1988	30
Delhi	1980	32.2	66.7	1989	0.7	1988	25	1988	62
Madras	1988	40.7	59.2	1986	0.4	1988	18	1988	36
Jakarta	1986	25.0	74.9	1988	0.8	1988	76	1987	46
Tehran	1986	19.5	70.9	1987	1.0	1986	173	--	--
Tokyo - Yokohama	1986	18.7	81.2	1990	5.1	1989	216	1990	635
Osaka	1986	19.4	80.6	1990	7.3[5]	1989	173[5]	1990	740[5]
Nagoya	1986	19.5	80.5	1990	6.1[5]	1989	317[5]	1990	582[5]
Seoul	1986	30.8	69.1	1990	1.5	1990	83	1990	370
Karachi	1980	39.3[2]	60.7	1977	0.3	1987	50	1985	112
Metro Manila	1980	23.2	70.9[6]	1988	1.0[5]	1990	34	1990	58
Bangkok	1970	18.2	68.9	1989	2.6[3]	1985	59	1989	182
Istanbul	1980	34.0	60.5	--	--	1980	45	1980	78
Buenos Aires	1989	17.0	82.8	1988	1.7	1989	151	1983	138
Sao Paulo	1980	33.0	56.9[6]	1989	1.8	1988	301	1989	419
Rio de Janeiro	1980	29.3	69.6[6]	1985	2.1	1983	168	1985	231
Santiago	1980	19.7	78.8[6]	1989	0.3[6]	1991	54	1985	133
Mexico City	1986	26.9	73.1	1987	1.8	1984	109	1985	234
Lima	1987	18.5	81.3	1986	0.6	1987	66	1987	45
New York	1984	12.6	87.4	1989	4.1	1984	497[4]	1986	622[5]
Los Angeles	1977	10.4	89.6	1989	6.2	1984	1362	1984	1272[5]
Chicago	1987	22.2[1]	77.6[1]	1989	22.9	1988	354	1989	1682[5]
Paris	1981	20.1	79.8	1980	4.1[5]	1985	371[4]	1985	524
London	1982	18.3	81.6	1985	4.0	1982	297	1981	498
Moskau	--	--	--	1989	3.9	1989	62	1988	399
St. Petersburg	--	--	--	1989	3.9	1989	58	1989	319

[1] bezogen auf Cook County ; [2] einschl. Primärer Sektor; [3] Schätzung; [4] M.R.; [5] Kernstadt bzw. Kerngebiet; [6] nur Industrieverbrauch; [7] ohne Bundes-Krankenhäuser; [8] ohne "special schools"
-- = keine Angaben erhältlich
Quellen: Tokio 1991; Cities 1988, Bd. 5; Cities 1990; World Development Report 1992; Statistiken der Länder (Berechnungen v. Vf.)

Appendix 3 - Fortsetzung 1

GESUNDHEIT & ERZIEHUNG							
Säuglings-sterblichkeit		Ärzte		Hospitalbetten		Studenten (Höhere Schulen)	
Jahr	pro 1000 Geburten	Jahr	pro 1000	Jahr	pro 1000	Jahr	pro 1000
11	12	13	14	15	16	17	18
1985	30.8	1990	0.9	1985	1.0	1989	56.3
--	--	--	--	--	--	1981	2.1
--	--	1989	7.3	1985	4.9[4]	1989	14.8
--	--	1989	7.1	1985	3.7	1989	19.2
--	--	1989	5.5	--	--	1989	9.3
1986	7.7	1986	1.0	1986	4.5	--	--
1981	60.9	--	--	1988	3.3	--	--
--	--	--	--	1988	4.1	--	--
1983	44.5	--	--	1988	2.1	--	--
--	--	1988	0.5	1988	3.2	1989	9.4
1985	42.0	1988	0.3	1984	1.4	1988	36.1
--	--	1989	1.3	--	--	1988	8.5
1984	5.1	1990	2.9	1985	12.3	1990	47.1
--	--	1990	3.3	--	--	1990	17.5[5]
--	--	1990	2.5	--	--	1990	36.8[5]
1985	0.6	1988	1.0	1985	2.4	1989	48.0
--	--	1987	0.2	1985	1.0	1986	12.2
1985	39.9	1987	1.9	1984	5.1	1988	181,8[5]
1986	9.3	1988	0.9	1985	0.4	1988	65.3
1985	39.8[3]	1986	1.9	1985	3.8	1980	89.9
1983	18.2	1980	6.7	1980	8.5	1982	79.7
1984	53.2	1989	2.7	1985	3.5[4]	--	--
1979	64.0[4]	1984	4.2	--	--	--	--
1985	3.0	1987	0.6	1985	2.8[3]	1989	45.9
1985	31.3	1991	0.8	1983	1.7	1989	34.2
1985	47.0	1987	2.3	1985	2.8	1987	49.9
1987	12.3	1985	3.5	1988	4.3[7]	1984	58.4
1987	9.2	1984	7.0	1988	3.2[7]	1985	74.8
1987	13.0	1988	4.9	1988	4.3[7]	--	--
1985	17.8	1980	3.4	1987	9.9	1979	157.4[5]
1971	5.6	1978	0.5	1985	7.5	1978	154.9
--	--	1988	10.6	--	--	1989	50.0
--	--	1988	8.6	--	--	1989	55.4

Appendix 3 - Fortsetzung 2

Lebensbereich -->	LEBENSQUALITÄT						
Megastadt	Wasserverbrauch		Ausgaben für Nahrungsmittel		Morde pro 100.000 Einw.		Land: BSP/Kopf 1990 (USA = 100)
	Jahr	m^3/Einw.	Jahr	%	Jahr	Anzahl	
1	19	20	21	22	23	24	25
Cairo	1989	164	1989	47[4]	1989	56.4[4]	2.8
Dacca	1982	11	1989	60	1989	2.4	1.0
Shanghai	1985	34	"	55	"	2.5	1.7
Beijing	1984	80	"	52	"	2.5	1.7
Tianjin	--	--	"	52	"	2.5	1.7
Hong Kong	1986	130	"	38	"	1.5	54.8
Bombay	1982	69	"	57	"	3.2	1.6
Calcutta	1986	106	"	60	"	1.1	1.6
Delhi	1989	76	"	40	"	4.1	1.6
Madras	1986	30	"	33	"	1.1	1.6
Jakarta	1988	20	"	45	"	5.3	2.6
Tehran	1987	45	--	--	--	--	11.4
Tokyo - Yokohama	1989	135	1989	18[4]	1989	1.4[4]	116.7
Osaka	1989	186[5]	"	18[4]	"	1.7[4]	116.7
Nagoya	1989	132[5]	"	17	"	1.3	116.7
Seoul	1990	95	"	34[4]	"	1.2[4]	24.8
Karachi	1985	85	"	43	"	5.7	1.7
Metro Manila	1985	92	"	38	"	30.5	3.4
Bangkok	1989	156	"	36	"	7.6	6.5
Istanbul	--	--	"	60	"	3.5	7.5
Buenos Aires	1980	122	1989	40	1989	7.6	10.9
Sao Paulo	1989	70	"	50	"	26.0	12.3
Rio de Janeiro	1985	99	"	26	"	36.6	12.3
Santiago	1980	68	"	42	"	7.4	8.9
Mexico City	1985	134	"	41[4]	"	27.6[4]	11.4
Lima	1986	19	"	70	--	--	5.3
New York	1986	252	1989	16[4]	1989	12.8[4]	100.0
Los Angeles	1980	426	"	12	"	12.4	100.0
Chicago	1989	472[5]	"	13[4]	"	10.6	100.0
Paris	1983	82	1989	21[4]	1989	2.4[4]	89.4
London	--	--	"	14[4]	"	2.5[4]	73.9
Moskau	1989	239	"	33[4]	"	7.0[4]	--
St. Petersburg	1989	188	"	32[4]	"	7.3[4]	--

Literatur

Allgemein und regional

Alam, M.S. u. a.: 1983
Patterns and Characteristics of In-Migrants in Metropolitan Settlements of Maharashtra and Andhra Pradesh. Paper presented to the National Seminar on the Problems of the Low Income Groups in the Metropolitan Cities of India and the Indian Ocean Region. Hyderabad (mimeogr.)

Alam, M.S./Alikhan, F./ Bhattacharji, M.: 1987
Slums in Metropolitan Hyderabad. A Profile. In: Poverty in Metropolitan Cities, Hg. M.S. Alam und F. Alikhan, New Delhi:121-138

Alam, M.S./Alikhan, F. (Hg.): 1987
Poverty in Metropolitan Cities. New Delhi

Alonso, W.: 1971
The Economics of Urban Size. In: Papers and Proceedings, Regional Science Association 26:67-83

Bähr, J.: 1976
Neuere Entwicklungstendenzen lateinamerikanischer Großstädte. In: Geographische Rundschau 28:125-133

Bähr, J.: 1983
Bevölkerungsgeographie. Verteilung und Dynamik der Bevölkerung in globaler, nationaler und regionaler Sicht. Stuttgart: UTB 1249

Berry, G.J.L.: 1973
The Human Consequences of Urbanization. New York

Beyer, G.H. (Hg.): 1967
The Urban Explosion in Latin America. Ithaca

Blumenfeld, H.: 1967
The Urban Pattern. In: The Modern Metropolis, Hg. H. Blumenfeld, Cambridge/ Mass.:50-60

Blumenfeld, H.: 1967 (Erstausgabe: 1964)
The Modern Metropolis. Its Origins, Growth, Characteristics and Planning. Selected Essays. Cambridge/Mass.

Blumenfeld, H.: 1972
Metropolitan Area Planning. In: The Modern Metropolis: Its Origins, Characteristics and Planning (Selected Essays by Hans Blumenfeld), Hg. P. D. Speiregen, London

Bohle, H.G.: 1984
Probleme der Verstädterung in Indien. Elendssiedlungen und Sanierungspolitik in der Südindischen Metropole Madras. In: Geographische Rundschau 36/9:461-469

Boustedt, O.: 1953
Die Stadtregion. Ein Beitrag zur Abgrenzung städtischer Agglomerationen. In: Allgemeines Statistisches Archiv 37:13-26

Boustedt, O.: 1970
„Agglomeration". In: Handwörterbuch der Raumforschung und Raumordnung, Bd.3. Hannover: Sp.3207-3237

Boustedt, O.: 1970
„Stadtregionen“. In: Handwörterbuch der Raumforschung und Raumordnung, Bd.3. Hannover: Sp.3207-3237
Boustedt, O.: 1975
Grundriß der empirischen Regionalforschung. Teil III: Siedlungsstrukturen. Taschenbücher zur Raumplanung, 6) Hannover
Boustedt, O./Müller, G./Schwarz, K.: 1968
Zum Problem der Abgrenzung von Verdichtungsräumen unter Berücksichtigung der Möglichkeiten zur Messung von Verdichtungsschäden. Bad Godesberg (Mitteilungen aus dem Institut für Raumordnung 61)
Brahme, S.: 1977
The Role of Bombay in the Economic Development of Maharashtra. In: Indian Urbanization and Planning: Vehicles of Modernization, Hg. A.G. Noble und A.K. Dutt, New Delhi: 313-325
Breese, G.: 1966
Urbanization in Newly Developing Countries. Englewood Cliffs
Breese, G. (Hg.): 1969 (Erstausgabe 1965)
The City in Newly Developing Countries: Readings on Urbanism and Urbanization. London
Bronger, D.: 1983
Metropolization: Its Impact to Regional Development Planning in Developing Countries - The Philippine Case. Philippine Geographical Journal 27:113-136
Bronger, D.: 1984
Metropolisierung als Entwicklungsproblem in Ländern der Dritten Welt. Ein Beitrag zur Begriffsbestimmung. In: Geographische Zeitschrift 72:138-158
Bronger, D.: 1985a
How Big are the Metropolitan Cities? Metropolization in the Far East. The Demographic Dimension I. In: Asien 14:71-79
Bronger, D.: 1985b
How Big were the Metropolitan Cities? Metropolization Process in the Far East. The Demographic Dimension II. In: Asien 15:94-110
Bronger, D.: 1986
Die „metropolitane Revolution“ als Entwicklungsproblem in den Ländern Süd-, Südost- und Ostasiens. Entstehung - Dynamik - Planung - Ergebnisse. Das Beispiel Bombay. In: Umwelt, Kultur und Entwicklung in der Dritten Welt. Zum Problem des Umwelterhaltes und der Umweltzerstörung in Afrika, Asien und Lateinamerika, Hg. IFA, Stuttgart: 48-95 (Materialien zum Internationalen Kulturaustausch 27)
Bronger, D.: 1986a
Metropolisierung: Ursachen und Folgewirkungen eines Entwicklungsprozesses in Ländern der „Dritten Welt - Das Beispiel Metro Manila“. In: Die Erde 117/1:23-46
Bronger, D.: 1988
The Role of Metropolization for the Development Process in India and China. The Demographic and Functional Dimension. A Comparative Analysis. In: Asien 26:1-33

Bronger, D.: 1988a
Die Großmetropolen der Erde. In: Der Fischer Weltalmanach 1989, Frankfurt a. M.: 759-762
Bronger, D.: 1989
Die Metropolisierung der Erde. Ausmaß - Dynamik - Ursachen. In: Geographie und Schule 61:2-13
Bronger, D.: 1991
Dynamik der Metropolisierung als Problem der räumlichen Entwicklung in Asien. In: Internationales Asienforum 22/1-2:5-41
Bronger, D.: 1993
Urban Systems in China and India - A Comparison. In: Urban Problems and Urban Development in China., Hg. W. Taubmann, Hamburg (Mitteilungen des Instituts für Asienkunde 218)
Brunn, St./Williams, J.F. (Hg.): 1983
Cities of the World. World Regional Urban Development. New York
Brutzkus, E.: 1975
Centralized versus Decentralized Pattern of Urbanization in Developing Countries: An Attempt to Elucidate a Guideline Principle. In: Economic Development and Cultural Change 23:633-652
Davis, K.: 1959
The World's Metropolitan Areas. International Urban Research. Berkeley/Los Angeles: University of California
Davis, K.: 1969
World Urbanization 1950-1970, 2 Bde. Berkeley
Davis, K.: 1969
The Urbanization of Human Population. In: Breese 1969:5-20
Deshpande, C.D./Arunachalam, B./Bhat, L.S.: 1980
Impact of a Metropolitan City on the Surrounding Region: A Study of South Colaba, Maharashtra. New Delhi
Dwyer, D.J. (Hg.): 1972
The City as a Centre of Change in Asia. Hong Kong
Dwyer, D.J. 1975
People and Housing in Third World Countries. London
El-Shakhs, S.: 1972
Development, Primacy and System of Cities. In: Journal of Developing Areas 7/1:11-35
ESCAP I (United Nations Economic and Social Commission for Asia and the Pacific et al.) (Hg.): 1982
Physical Profile of Cities in the ESCAP region. Yokohama
ESCAP II (United Nations Economic and Social Commission for Asia and the Pacific et al.) (Hg.): 1982
City Monographs. Yokohama
Evers, H.-D.: 1982
Politische Ökologie der südostasiatischen Stadt: Neuere theoretische Ansätze zur Urbanisierungsproblematik. In: Städte in Südasien. Geschichte, Gesellschaft, Gestalt, Hg. H. Kulke u.a., Wiesbaden:159-176

Evers, H.-D.: 1983
Zur Theorie der urbanen Unterentwicklung. In: Stadtprobleme in der Dritten Welt - Möglichkeiten zur Verbesserung der Lebensbedingungen, Hg. IFA, Stuttgart: 63-72 (Materialien zum Internationalen Kulturaustausch 18)
Evers, H.-D.: 1987
Subsistenzproduktion, Markt und Staat. Der sogenannte Bielefelder Verflechtungsansatz. In: Geographische Rundschau 39/3:136-140
Finger, Axel: 1991
Reduzierung regionaler Disparitäten durch die Entwicklung industrieller Wachstumszentren? Das Beispiel Aurangabad/Maharashtra. Bochum (unveröffentlichte Diplomarbeit)
Fritsch, B.: 1983
Wirtschaftliche und politische Aspekte des Urbanisierungsprozesses in Entwicklungsländern. In: Stadtprobleme in der Dritten Welt - Möglichkeiten zur Verbesserung der Lebensbedingungen, Hg. IFA, Stuttgart: 29-42 (Materialien zum Internationalen Kulturaustausch 18)
Gaebe, W.: 1987
Verdichtungsräume. Strukturen und Prozesse in weltweiten Vergleichen. Stuttgart (Teubner Studienbücher der Geographie)
Gilbert, A.G./Goodman, D.E.: 1976
Regional Income Disparities and Economic Development: A Critique. In: Development Planning and Spatial Structure, Hg. A.G. Gilbert, London: 113-142
Gilbert, A./Gugler, J.: 1982
Cities, Poverty and Development. Urbanization in the Third World. Oxford
Gogate, S.: 1973
The Twin City: New Bombay. In: Economy of Maharashtra, S.H. Deshpande, Poona: 393-428
Gottmann, J.: 1961
Megapolis, the Urbanized Northeastern Seabord of the United States. New York
Hall, P.: 1966
The World Cities. London
Hauser, P.M. (Hg.): 1957
Urbanization in Asia and the Far East. Calcutta
Hauser, P.M. (Hg.): 1961
Urbanization in Latin America. Paris
Hauser, Ph./Schnore, L.F. (Hg.): 1965
The Study of Urbanization. New York
Heineberg, H.: 1983
Geographische Aspekte der Urbanisierung: Forschungsstand und Probleme. In: Urbanisierung im 19. und 20. Jahrhundert. Historische und geographische Aspekte, Hg. H.-J. Teuteberg, Köln/Wien: 35-63
Heineberg, H.: 1986
Stadtgeographie. Paderborn (Grundriß Allgemeine Geographie, Teil X)

Hennings, G./Jenssen, B./Kunzman, K.R.: 1980
Dezentralisierung von Metropolen in Entwicklungsländern. Elemente einer Strategie zur Förderung von Entlastungsorten. Dortmund (Dortmunder Beiträge zur Raumplanung 10)
Herrle, P.: 1983
Der informelle Sektor: Die Ökonomie des Überlebens in den Metropolen der Dritten Welt. In: Stadtprobleme in der Dritten Welt - Möglichkeiten zur Verbesserung der Lebensbedingungen, Hg. IFA, Stuttgart: 47-62 (Materialien zum Internationalen Kulturaustausch 18)
Honjo, M. (Hg.): 1981
Urbanization and Regional Development. Nagoya.
Honjo, M.: 1981
Overview of Urbanization and Metropolization in Asia. In: Urbanization and Regional Development, Hg. M. Honjo, Nagoya: 13-41
Hoselitz, B.F.: 1953
The Role of Cities in the Economic Growth of Underdeveloped Countries. In: Journal of Political Economy 3:195-208
Hoselitz, B.F.: 1955
„Generative and Parasitic Cities“. In: Economic Development and Cultural Change 3: 278-294
Hoselitz, B.F.: 1957
„Urbanization and Economic Growth in Asia“. In: Economic Development and Cultural Change 6/42-54
Hoselitz, B.F.: 1970
Die großen Stadtlandschaften des 20. Jahrhunderts. Die Stadt als Lebensform. Berlin (Forschung und Information, Schriftenreihe der RIAS-Funkuniversität 6)
Hoyt, H./Pickard, J.P.: 1969
The World's Million-Population Metropolises. In: Breese 1969:198-204
Isenberg, G.: 1957
Die Ballungsgebiete in der Bundesrepublik. Bad Godesberg (Institut für Raumforschung Vorträge 6)
Jakobson, L./Prakash, V. (Hg.): 1971
Urbanization and National Development. Bd.I, South and Southeast-Asia Urban Affairs. Beverly Hills
Jakobson, L./Prakash, V. (Hg.): 1974
Metropolitan Growth. Public Policy for South and Southeast Asia. New York
Jefferson, M.: 1939
The Law of the Primate City. In: Geographical Review 29:226-232
Johnson, J.H.: 1970
Urbanization and its Implications: Some General Comments. In: Geoforum 3:7-16
Klöpper, R.: 1956/57
Der geographische Stadtbegriff. In: Geographisches Taschenbuch: 453-461
Kwon, W.-Y.: 1981
Seoul: A Dynamic Metropolis. In: Urbanization and Regional Development, Hg. M. Honjo, Nagoya: 297-329

Laquian, A.A.: 1966
The City in Nation-Building. Politics and Administration in Metropolitan Manila. Quezon City
Laquian, A.A.: 1971
Slums are for People. The Barrio Magsaysay Pilot Project in Philippine Urban Community Development. Honolulu
Lichtenberger, E:.: 1986
Stadtgeographie. Bd.1: Begriffe, Konzepte, Modelle, Prozesse. Stuttgart (Teubner Studienbücher der Geographie)
Linsky, A.S.: 1969
Some Generalisations Concerning Primate Cities. In: Breese 1969: 285-294
Mackensen, R.: 1970
„Verstädterung". In: Handwörterbuch der Raumforschung und Raumordnung, 3, Hannover: Sp.3589-3600
Mackensen, R.: 1974
Städte in der Statistik. In: Die Stadt in der Bundesrepublik Deutschland. Lebensbedingungen, Aufgaben, Planung, Hg. W. Pehnt, Stuttgart:129-185
McGee, T.G.: 1971
The Urbanization in the Third World. London
Mertins, G.: 1984
Marginalsiedlungen in Großstädten der Dritten Welt. In: Geographische Rundschau 36/ 9:434-442
Mertins, G.: 1986
Bevölkerung und Wachstumsraten ausgewählter Länder und Großstädte/Metropolen Lateinamerikas 1950-1960-1970-1980. (unveröffentl. Ms.)
Miner, H. (Hg.): 1967
The City in Modern Africa. London
Misra, R.P.: 1974
Million Cities of India. New Delhi
Misra, R.P.: 1982
Economic and Social Roles of Metropolitan Regions - Problems and Prospects. In: Metropolitan Planning and Management, Hg. H. Sazanami, Tokio: 3-21
Morse, R.M.: 1965
Recent Research of Latin American Urbanization. In: Latin American Research Review 1/ 1:35 ff
Murphey, R.: 1954
The City as a Center of Change: Western Europe and China. In: Annals of the Association of American Geographers 44:349-362
Muttagi, P.K.: 1987
Problems of Low Income Groups in the Bombay Metropolitan Region. In: Alam u.a. 1987: 85-98
Myrdal, G.: 1957
Economic Theory and Underdeveloped Regions. London (Deutsche Übersetzung: Ökonomische Theorie und unterentwickelte Regionen, Frankfurt 1974)

Nellner, W.: 1976
Zur Abgrenzung innerstädtischer Siedlungsagglomeration in der BRD. In: Veröffentlichungen der Akademie für Raumforschung und Landesplanung. Hannover:1-34 (Forschungs- und Sitzungsberichte 112)
Nissel, H.: 1977
Bombay. Untersuchungen zur Struktur und Dynamik einer indischen Metropole. (Berliner Geographische Studien 1) Berlin
Nissel, H.: 1982
Jüngste Tendenzen der Zuwanderung nach Bombay. In: Kulke u.a.: 213-231
Nissel, H.: 1986
Determinanten und rezente Auswirkungen der Urbanisierung in Indien. In: Beiträge zur Bevölkerungsforschung, Hg. K. Husa, Wien: 267-284
Nissel, H.: 1986b
Eine neue indische Metropole. Planung und Entwicklungsstand von New Bombay. In: Aktuelle Beiträge zur Humangeographie - Festschrift zum 80. Geburtstag von Hans Bobek, Wien: 56-68
Nissel, H.: 1989
Die Metropole Bombay. Ein Opfer ihres eigenen Erfolges? In: Geographische Rundschau 41/2:66-74
Nohlen, D.: 1984
„Metropole". In: Lexikon Dritte Welt., Hg. D. Nohlen, Hamburg: 397-398
Nuhn, H.: 1981
Struktur und Entwicklung des Städtesystems in den Kleinstaaten Zentralamerikas und ihre Bedeutung für den regionalen Entwicklungsprozeß. In: Erdkunde 35:303-320
Pannel, C.W.: 1981
Recent Growth and Change in China's Urban System. In: Urban Development in Modern China, Hg. L.J.C. Ma. und E.W. Hanten, Boulder/Col. 1981:91-113
Passarge, S. (Hg.): 1930
Stadtlandschaften der Erde. Hamburg
Papola, T.S.: 1981
Urban Informal Sector in a Developing Economy. New Delhi
Paulukat, I.: 1981
Die Metropolen (Lateinamerikas). In: Geographische Probleme der Entwicklungsländer, Hg. I. Paulukat, H. Brunner und A.v. Känel, Gotha/Leipzig:191-193 (Studienbücher Geographie für Lehrer 13)
Pfeil, E.: 1972 (Erstdruck 1950)
Großstadtforschung. Entwicklung und gegenwärtiger Stand. Hannover
Pinchemel, P.: 1969 (Erstdruck: 1965)
Erscheinung und Wesen der Stadt. In: Allgemeine Stadtgeographie, Hg. P. Schöller, Darmstadt: 238-252
Rho, Y.-H./Hwang, M.C. (Hg.): 1979
Metropolitan Planning: Issues and Policies. Seoul
Richardson, H.W.: 1972
Optimality in City Size, Systems of Cities and Urban Policy: A Sceptic's View. In: Urban Studies 9:29-48

Richardson, H.W.: 1980
Polarization Reversal and the Spatial Development Process. In: The Regional Science Association Papers 45:67-85
Richardson, H.W.: 1984
Spatial Strategies and Infrastructure Planning in the Metropolitan Areas of Bombay and Calcutta. In: Spatial, Environmental and Resource Policy in the Development Countries, Aldershot:113-139
Richardson, H.W.: 1989
The Big, Bad City: Mega City Myth? In: Third World Planning Review 11/4:355-372
Ritter, U.P.: 1972
Siedlungsstruktur und wirtschaftliche Entwicklung. Der Verstädterungsprozeß als entwicklungsrelevantes Problem in den Ländern der Dritten Welt - vorwiegend exemplifiziert an Lateinamerika. Berlin (Volkswirtschaftliche Schriften 97)
Robson, W.A. (Hg.): 1957
Great Cities of the World. New York
Roy, B.K. (Hg.): 1989
Geographic Distribution of Internal Migration in India 1971-81 (Census of India 1981). New Delhi
Rüland, J.: 1982
Politik und Verwaltung in Metro Manila. Aspekte der Herrschaftsstabilisierung in einem autoritären politischen System. München (Arnold Bergsträesser-Institut. Materialien zur Entwicklung und Politik 21)
Rüland, J.: 1982
Metropolenwachstum in der Dritten Welt - Probleme und Lösungsansätze. Bonn (Analysen aus der Abteilung Entwicklungsländerforschung, hg. vom Forschungsinstitut der Friederich-Ebert-Stiftung 97)
Sandner, G: 1969
Die Hauptstädte Zentralamerikas. Wachstumsprobleme, Gestaltwandel und Sozialgefüge. Heidelberg
Sandner, G./Steger, H.A. (Hg.): 1973
Lateinamerika. Frankfurt (Fischer Länderkunde 7)
Schäfers, B: 1977
Phasen der Stadtbildung. Ein sozialgeschichtlicher und sozialstatistischer Überblick unter besonderer Berücksichtigung Mitteleuropas. In: Zeitschrift für Stadtgeschichte, Stadtsoziologie und Denkmalpflege 4/2: 243-268
Scharping, Th.: 1989
Bevölkerungspolitik. In: Chinas Wirtschaft zu Beginn der neunziger Jahre. Strukturen und Reformen, Hg. E. Louven, Hamburg: 29-53
Schliebe, K./Teske, H.-D.: 1970
Verdichtungsräume - eine Gebietskategorie der Raumordnung. In: Geographische Rundschau 22: 347-352
Schöller, P.: 1976
Tokyo: Entwicklung und Probleme wachsender Hauptstadtkonzentration. In: Der Staat und sein Territorium. Beiträge zur raumwirksamen Tätigkeit des Staates, Hg. W. Leupold und W.Rutz, Wiesbaden: 86-105

Schöller, P.: 1983
Zur Urbanisierung der Erde. In: 43. Deutscher Geographentag Mannheim. Tagungsbericht und wissenschaftliche Abhandlungen. Wiesbaden: 25-34
Scholz, F.: 1979
Verstädterung in der Dritten Welt. Der Fall Pakistan. In: Siedlungsgeographische Studien. Festschrift f. G. Schwarz, Hg. W. Kreisel, W.D. Sick und H. Stadelbauer, Berlin: 341-385
Schultze, J.H.: 1959
Die Weltstadt als Objekt geographischer Forschung. In: Zum Problem der Weltstadt, Hg. J.H. Schultze, Berlin: 9-20
Schwarz, G.: 1966
Allgemeine Siedlungsgeographie. Berlin (Lehrbuch der Allgemeinen Geographie 6)
Schwarz, K. (Hg.): 1984
Die Zukunft der Metropolen, Paris, London, New York. Berlin
Simon, D.: 1984
Third World Colonial Cities in Context. In: Progress in Human Geography 8:493-513
Staiger, B.: 1989
Shanghais politische und kulturelle Entwicklung in historischer Perspektive. In: : Shanghai. Chinas Tor zur Welt, Hg. Institut für Asienkunde, Hamburg:18-51
Taubmann, W.: 1985
Verstädterung in der Dritten Welt. In: Geographie heute 6/32:2-9
United Nations, Department of International Economic and Social Affairs (Hg.):
Population Growth and Policies in Mega-Cities. New York.

1987	Bangkok	(Population Policy Paper 10)
1986	Bombay	(„ „ „ „ 6)
1990	Cairo	(„ „ „ „ 34)
1986	Calcutta	(„ „ „ „ 1)
1986	Delhi	(„ „ „ „ 7)
1987	Dhaka	(„ „ „ „ 8)
1989	Jakarta	(„ „ „ „ 18)
1988	Karachi	(„ „ „ „ 13)
1987	Madras	(„ „ „ „ 12)
1986	Metro Manila	(„ „ „ „ 5)
1991	Mexico City	(„ „ „ „ 32)
1986	Seoul	(„ „ „ „ 4)

Yeung, Y.M./Lo, C.P. (Hg.): 1976
Changing Southeast Asian Cities: Readings on Urbanization. Singapore.
Zhao Zukang: 1982
Local Authorities and Human Settlements Development in Shanghai. An Outline of the Development of Shanghai Human Settlements. Shanghai (mimeogr.)

Statistiken

Institut d'Estudis Metropolitans der Barcelona (Hg.): 1988
Cities. Statistical, Administrative and Graphical Information on the Major Urban Areas of the World, 5 Bde., Barcelona (zitiert als: Cities 1988)
Population Division United Nations Bureau of Social Affairs (Hg.): 1966
World Urbanization Trend, 1920-1960 (An Interim Report on Work in Progress). In: Breese 1969:21-53
Population Crisis Committee (Hg.): 1990
Cities - Life in the Worlds 100 Largest Metropolitan Areas. Maps with Comments, Washington, D.C. (zitiert als: Cities 1990)
Statistics Division, Bureau of General Affairs,
Tokyo Metropolitan Government (Hg.): 1991
Statistics of World Large Cities, Tokio (zitiert als: Tokio 1991)
The World Bank (Hg.): 1992
World Development Report 1992. New York - und frühere Jahrgänge
UN (Hg.): 1980
1977 Compendium of Social Statistics. New York (zitiert als: UN 1980)
UN (Hg.): 1982
World Population Trends and Policies: 1981 Monitoring Report. New York (zitiert als: UN 1982)
UN (Hg.): 1985
World Population Trends and Policies: 1983 Monitoring Report. New York (zitiert als: UN 1985)
UN (Hg.): 1986
World Population Prospects. Estimates and Projections as Assessed in 1984. New York
UN (Hg.): 1988
World Population Trends and Policies: 1987 Monitoring Report. New York (zitiert als: UN 1987).
UN (Hg.): 1992
Demographic Yearbook 1990. New York - und frühere Jahrgänge
U.S. Bureau of the Census (Hg.): 1991
World Population Profile: 1991. Washington, D.C. (zitiert als: US 1991)
U.S. Bureau of the Census (Hg.): 1991
State and Metropolitan Area Data Book 1991. Washington, D.C.

Dirk BRONGER

Die Rolle der Megastadt im Entwicklungsprozeß - Das Beispiel Bombay

Verstädterung in Indien? - Eine Vorbemerkung

1991, im Jahr der letzten Volkszählung, wies Indien mit seinen vier Megastädten Bombay, Calcutta, Delhi und Madras die größte Anzahl derartiger Großagglomerationen (mehr als 5 Millionen Einwohner) unter allen Ländern der Erde auf und rangierte damit noch vor den USA und der VR China (je drei). Mit einer städtischen Bevölkerung (= in Siedlungen mit mehr als 20.000 Einwohnern) von 193,5 Millionen nahm Indien ebenfalls eine Spitzenstellung ein. Hat sich der Subkontinent von einem ländlichen zu einem städtisch dominierten Staat gewandelt?

Das Gegenteil ist der Fall. Auch heute, an der Schwelle zum 21. Jahrhundert, ist Indien ein Land der Dörfer, die indische Gesellschaft in erster Linie eine Dorfgesellschaft. Den in der Statistik registrierten 580.000 Gemeinden standen im Jahre 1991 gerade 1.592 Städte gegenüber, in denen 22,9% der Bevölkerung lebten. Kurz: Der ländliche Raum ist nach wie vor der typische Lebensraum der Inder.

Zwar ist (auch) in Indien die städtische Bevölkerung relativ weit stärker gewachsen als die ländliche. In der letzten Dekade 1981-1991 lag die urbane Bevölkerungszunahme mit 43,1% um das 2,3fache höher als die der ruralen (18,8%) und ebenfalls weit über der der Gesamtbevölkerung (23,6%). Während um die Jahrhundertwende jeder zwanzigste Inder in einer Stadt lebte, war es zur Zeit der Unabhängigkeit (1947) jeder zehnte, 1981 jeder fünfte und heute, 1991, ist es fast jeder vierte.

Auf das Gesamtwachstum bezogen übertrifft der ländliche den städtischen Bevölkerungszuwachs absolut gesehen jedoch bis heute fast um das Doppelte - 1981 bis 1991 nahm die ländliche Bevölkerung um 103 Millionen gegenüber 58 Millionen in den Städten zu. Das aber bedeutet auch: Von einer Landflucht größeren Ausmaßes kann in Indien - im Unterschied zu vielen anderen Entwicklungsländern - deshalb nicht gesprochen werden. Und: Bei den Wanderungsbewegungen der indischen Bevölkerung dominiert bis heute eindeutig die Land-Land-Migration: auf sie entfallen 45% des Gesamtvolumens - gegenüber lediglich 12,4% der Land-Stadt-Migration (Daten für 1971-1981: Roy 1989:36f).

Ungeachtet seines starken Städtewachstums weist Indien im internationalen Vergleich eine bis heute geringe Verstädterung auf. Mit seiner Urbanisierungsquote von knapp 23% rangiert Indien weit unten in der Rangskala sämtlicher Länder der Erde: es wird hierin von Asien insgesamt (30% ohne Japan), ja sogar von Afrika (30%) übertroffen, von Lateinamerika (75%), Europa (78% ohne ehem. SU) und Nordamerika (83%) ganz zu schweigen. Mehr noch: In einer großen Anzahl von Ländern - nicht nur der „Dritten" Welt - nahm die Verstädterung einen eindeutig dynamischeren Verlauf.

Worin liegt aber die Relevanz des Themas „Megastadt" - und das gerade in und für Indien?

Demographische und funktionale Primacy der Megastädte und ihre Folgewirkungen - Die Relevanz

Obige Feststellung von Indien als einem Land der Dörfer hat zweifellos seine Gültigkeit - und ist doch nur ein Teil der Wahrheit. Unbestreitbar haben die vier Megastädte mit ihren zusammen 38,2 Millionen Einwohnern gerade einen Anteil von 4,5% an der Gesamtbevölkerung Indiens - aber: diese Daten beziehen sich auf ein Land subkontinentalen Ausmaßes. Wenn man von der demographischen Primacy von London oder Paris spricht, käme man auch nicht auf den Gedanken, diese auf die gesamte EG zu beziehen - die Metropolisierungsquote beider zusammen würde nicht einmal 4% ausmachen (und dabei hat die EG nur 40% der Bevölkerung Indiens!). Mit anderen Worten: Man kommt der Wirklichkeit sehr viel näher, wenn man die Bewohnerzahlen von Bombay, Calcutta, Delhi und Madras auf den dazugehörigen Bundesstaat bezieht (zumal zwei der vier eine höhere und der dritte eine annähernd gleiche Bevölkerungszahl wie England und Frankreich aufweisen). Das so gewonnene Bild sieht dann auch ganz anders aus, wie nachfolgende Zusammenstellung zeigt (Tab. 1) - dabei ist der Unterschied in der Dynamik der demographischen Primacy ganz besonders evident:

Tab. 1: Demographische Primacy der Megastädte Indiens (Angaben für 1991)

Megastadt (M.A.)	Einw. (000)	Bundesstaat/ Land	Einw. (000)	Anteil (%) an der Gesamtbevölkerung (Metropolisierungsquote)	Anteil (%) an der Urbanen Bevölkerung	Dynamik Bev.wachstum 1941-1991 (Bezugsregion = 100)
Bombay	12.572	Maharashtra	78.748	16.0	43.5	256
Calcutta	10.916	W.-Bengal	67.983	16.1	61.1	115
Delhi	9.370	& Haryana[2]	25.688	36.5	73.0	385
Madras	5.361	Tamil Nadu	55.638	9.6	30.5	217
zum Vergleich:						
Paris	7.000[1]	Frankreich	56.556	12.4	16.7	87
London	6.379	Großbritannien	57.240	11.1	12.7	61

[1] Schätzung für 1990: Die Daten für die „Agglomeration Urbaine" lagen bei Abfassung des Manuskriptes noch nicht vor; [2] Da Delhi ein eigenes Unionsterritorium (vergleichbar mit dem Stadtstaat Hamburg) bildet, wurde der im N, W und S angrenzende Bundesstaat Haryana mit einbezogen.
Quellen: COI (Census of India) 1991; Statistiken der Länder (Berechnungen v. Vf.)

Gegenüber der demographischen Primatstellung der Megastädte noch sehr viel stärker ausgeprägt ist der funktionale Konzentrationsprozeß aller wichtigen Einrichtungen des sekundären und tertiären Bereiches in den Entwicklungsländer-Megastädten, so auch Indiens. Bezogen auf die nationale Ebene (Indien) ist ihre Hegemonialstellung besonders „eindrucksvoll" - man stelle sich nachfolgende Daten für Paris und London bezogen auf die gesamte EG vor. Allein auf Bombay, Calcutta und Delhi (für Madras liegen großteils keine entsprechenden Daten vor) - zusammen 3,3% (1981) bzw. 3,9% (1991) der Bevölkerung - entfielen unter anderem: 12,7% der Universitätsstudenten, 15,5% der Krankenhausbetten, 18,3% des Produktionswertes der Industrie, 30,6% (mit Madras fast 45%) des über die Häfen abgewickelten Im- und Exportes, 34,3% der Telephonanschlüsse, 39,9% der PKWs und sogar 90,3% des internationalen Flugverkehrs (ohne Nepal und Sri Lanka). Was aber das insgesamt Wichtigste ist: 43,5% der Einkommenssteuer wurden (1984) in den drei Megastädten erwirtschaftet.

Naturgemäß ist die funktionale Dominanz, bezogen auf die regionale Maßstabsebene, besonders erdrückend. (Für Bombay und Maharashtra sei auf die diesbezüglichen Daten in Tab. 5, Sp. 4 und 5 auf S. 78 verwiesen.) Der Entwicklungsvorsprung der Riesenmetropole wird noch augenfälliger, wenn man die Variationsbreite, sprich: die auf den Einwohner umgerechneten Indikatorendaten von Bombay mit dem jeweils rückständigsten Distrikt des Bundesstaates (insgesamt 30 Raumeinheiten) in Beziehung setzt (Tab. 2):

Tab. 2: Regionale funktionale Primacy: Variationsbreite von Einzelindikatoren: Bombay - Maharashtra

Nr.	Indikator	Bezugs-Jahr	Variations-breite
1	Krankenhausbetten	1987	6:1
2	Industriearbeiterbesatz	1987	76:1
3	Investiertes Industriekapital	1985	80:1
4	Produktionswert der Industrie	1985	253:1
	Elektrizitätsverbrauch		
5	- private Haushalte	1988	16:1
6	- Industrie	1987	41:1
7	- insgesamt	1987	29:1
8	Motorfahrzeuge insges.	1987	29:1
9	Telephonanschlüsse	1988	64:1
10	Zeitungen	1988	299:1
11	Bankeinlagen/Mitglied[1]	1988	29.843:1

[1] „agricultural & non-agricultural credit apex and central institutions“
Quellen: GOM (Government of Maharashtra) 1991 und frühere Jahrgänge (Berechnungen v. Vf.)

Es sind die Folgewirkungen dieser erdrückenden funktionalen Dominanz, konkret: die Sogwirkung der metropolitanen Ballungsgebiete mit ihren anscheinend unbegrenzten Arbeitsplatzmöglichkeiten insbesondere im informellen Sektor, die diese zu den bevorzugten Zielen der Land-Stadt-Wanderungsbewegungen werden ließen. Dies trifft ganz besonders für Bombay zu. Mit einem Anteil von 51,5% der Migranten an der Gesamtbevölkerung (bis 1981 - die Daten für 1991 liegen noch nicht vor) war die Riesenmetropole das Hauptimmigrationszentrum der Indischen Union: Mit etwa 120.000 pro Jahr in der Zeit von 1971-1981 übertraf die Migrantenzahl Bombays die des gesamten Bundesstaates Andhra Pradesh um mehr als das Doppelte; sie lag nur unwesentlich niedriger als die von Uttar Pradesh (1981: 110,9 Millionen Einwohner)! Insgesamt entfiel allein auf Bombay ein Anteil von über 11% sämtlicher Land-Stadt gerichteter Migrationsbewegungen (errechnet nach: Roy 1989). Bei den Migrationsursachen stand im Falle von Bombay die Suche nach Arbeit deutlich im Vordergrund, bei Delhi war es die Familienzusammenführung (Roy 1989). Auch damit wird der Charakter Bombays als die Wirtschaftsmetropole wie umgekehrt der Delhis als die Verwaltungszentrale des Landes dokumentiert.

Die Folge: Die Metropolen können mit der Bewältigung der durch diesen Massenansturm ausgelösten metropolitan-internen Folgewirkungen - Wohnungsbau, Arbeitsplatzbeschaffung, sanitäre Verhältnisse, Bildungs- und Gesundheitseinrichtungen sowie Energieversorgung - nicht annähernd Schritt halten. Denn diesen Problemen von für uns kaum faßbaren Dimensionen steht eine völlig unzureichende Finanzausstattung der Kommunen gegenüber. Das Budget von Greater Bombay, mit Abstand das höchste aller Millionenstädte Indiens, belief sich im Jahre 1980 pro Einwohner auf 363 Rupees (ESCAP 1982: 43), umgerechnet seinerzeit ca. 90 DM pro Kopf und Jahr (Hamburg mit seiner bereits hoch entwickelten Infrastruktur stand etwa das 85fache, 7.700 DM pro Kopf zur Verfügung!). Allerdings wurden von dieser Summe gerade 3,2% für „slum clearance and improvement“ ausgegeben.

Die Folge ist ein beängstigender Polarisationsprozeß der metropolitanen Bevölkerung, der insbesondere in der überproportional ansteigenden Slumbevölkerung seinen Niederschlag findet. Nach indischen Berechnungen ist ihr Anteil an der Gesamtbevölkerung der vier Megastädte inzwischen auf ca. 50% angestiegen (Alam 1987:122). Für die Lebensbedingungen der dort lebenden Menschen hat das bedrückende Folgen. Nach einem Bericht der Planungsbehörde Bombay (bereits) aus dem Jahre 1969 mußten 632.000 Hüttenbewohner mit 1.353 Toiletten und 432 Wasseranschlüssen auskommen (Nissel 1977:133), d.h. es entfiel eine Toilette auf 473 und 1 Wasseranschluß auf 1.463 Menschen. Dazu kommt häufig eine erschreckend hohe Wohndichte: In Dharavi, im Norden von Bombay City, dem größten Slum Asiens, lebt eine halbe Million Menschen auf nur 2 km² (Nissel 1989:73), d.h. 250.000 Einwohner pro km² - in Anbetracht der hier vorherrschenden ein-, maximal zweigeschossigen Bauweise ein kaum noch vorstellbarer Wert.

Dies alles ist aber noch nicht die unterste Stufe der Verelendung. Diese bilden die sogenannten pavement dwellers, Obdachlose, Menschen, die ohne ein Dach über dem Kopf, an den Straßenwänden und Bürgersteigen hausen. Ihre Zahl wird für die Mitte der achtziger Jahre allein für Bombay auf 400.000, d.h. auf über 4% der Bevölkerung geschätzt. Nach einer Studie von Muttagi aus dem Jahre 1978/79 haben mehr als ein Fünftel der pavement dweller-Haushalte weniger als 200 Rupees pro Monat zur Verfügung. Im Durchschnitt lag ihr Einkommen bei 300 Rs. pro Monat, d.h. klar unter der offiziellen Armutsgrenze von 375 Rs. - zum Vergleich: bei den übrigen Bewohnern war es im Durchschnitt acht Mal so hoch (Muttagi 1987:93).

„Es gibt kaum eine Stelle, wo diese Menschen nicht ins Blickfeld kommen, sei es in Hauseingängen, Bahnhöfen, auf Gehsteigen, in den rostenden Rohren der ewig im Bau befindlichen zweiten Wasserleitung, unter den Arkaden der Citystraßen, unter Brücken, am Strand, auf privaten Gärten oder öffentlichen Parks, in Friedhöfen, in Warenschuppen oder im Brunnen Flora Fountain, dem Wahrzeichen der Stadt. Unter ihnen befinden sich tausende Familien, welche im Freien kochen, waschen, essen, schlafen, lieben - und schließlich sterben. Da wird eine Decke zwischen einer Feuermauer und zwei Bambusrohren gespannt und damit der 'Einflußbereich' einer Familie abgegrenzt. Da bilden ein paar im

Dreieck aufgeschichtete Ziegel die Herdstelle, von der aus auch häufig andere Obdachlose gespeist werden, quasi ein Restaurant auf niedrigster Stufe. Die Reaktion der Behörden schwankt zwischen sinnlosen Razzien, völliger Apathie oder stillschweigender Duldung (meist mit Schweigegeld), letzteres besonders in der Regenzeit, die für die Ärmsten eine Art Schonzeit bedeutet. Keine Rücksicht kennen die Ratten, deren Zahl zumindest auf das Zehnfache der Obdachlosen geschätzt wird. Rattenbisse gehören so zum täglichen Brot und werden am häufigsten als schlimmste Plage von den „pavement dwellers" genannt." (Nissel 1977:135)

Die Schlußfolgerung aus diesen Tatbeständen kann nur lauten: Es muß eine wesentliche Aufgabe der Regionalplanung und Regionalpolitik sein, der fortschreitenden Zusammenballung von Menschen und Funktionen in wenigen räumlichen Schwerpunkten (Metropolen) entgegenzuwirken mit dem Ziel, möglichst gleichwertige Arbeits-, mithin Erwerbsmöglichkeiten und damit Lebensbedingungen in der gesamten Bezugsregion zu schaffen. Das bedeutet (auch) für Indien und in unserem Falle für Maharashtra, die infolge der infrastrukturellen Standortvorteile ausgeprägte funktionale Hegemonialstellung Bombays einzudämmen, um so die Stadt(= Metropole)-Land-Entwicklungsunterschiede abzubauen.

Die Rolle der Metropole im Entwicklungsprozeß: Zum Stand der Forschung

Dieser Befund mündet in eine zentrale Fragestellung für die Regionalforschung sowie für die Entwicklungsplanung und -politik: Welche Rolle spielt die Metropole und die Metropolisierung im Entwicklungsprozeß eines Staates? Fördert sie die Entwicklung der übrigen Landesteile oder wirkt sie eher entwicklungshemmend?

Im Unterschied zu den internen Folgeproblemen ist der mit dieser Fragestellung verbundene zweite Aspekt, die Analyse der metropolitan-externen Auswirkungen, in der Entwicklungsländerforschung bislang stark vernachlässigt worden. Die Frage nach diesen Folgewirkungen wird in der Forschung kontrovers diskutiert. Man findet das gesamte Spektrum aller möglichen, im folgenden beschriebenen Auffassungen (zum folgenden: Misra 1982:1ff, Evers 1982:164ff, Bronger 1991:11ff):

Die Stadt als „Motor des wirtschaftlichen Fortschritts" und des gesellschaftlichen Wandels

Urbanisierung wird nach dieser Auffassung als Voraussetzung von „Entwicklung" schlechthin apostrophiert. Die Metropole „has the advantage of a large and concentrated labour and consumer market; it is the focus of transportation routes; it has the economics of scale and juxtaposition of industries and specialists; it is a fertile ground for social and cultural change necessary for development; it is a centre from which these innovations or new adoptions, artifacts and technologies ... diffuse into the country side, and it is an area that receives migrants from the country side thus relieving the farming areas of the burden of excess population." (Metha 1969:299, zitiert nach Misra 1982:1)

In ähnlichem Sinn - Metropolen als Innovationszentren - äußert sich eine Reihe von Sozialwissenschaftlern (näheres s. Evers 1983:63) und Geographen (allgemein: unter anderem Klöpper 1956/57:453; Entwicklungsländer-spezifisch: Nissel 1977 oder Nuhn 1981 für Zentralamerika). Mit dieser Auffassung wird im Grundsatz die Rolle der Urbanisierung in Industrie- und Entwicklungsländern als miteinander vergleichbar eingestuft.

„Generative versus parasitäre Urbanisierung"

Noch bevor Myrdal (1957) Entstehen und Wachstum regionaler Disparitäten durch die von den Zentren ausgehenden Ausbreitungs- und Entzugseffekte auch räumlich zu erklären versuchte, hat Hoselitz die Frage der Interdependenz von Metropolisierung und Entwicklung mit dem Begriffspaar „generative" und „parasitic cities" konkretisiert (1954/55:279). Erstmalig wird beim Verlauf der Urbanisierung zwischen den Ländern der „Ersten" und der „Dritten" Welt unterschieden, indem der Autor den Städten der Industrieländer einen entwicklungsfördernden, letzteren einen eher hemmenden Einfluß zuschreibt (vgl. auch bereits: Murphey 1954:35 ff).

Am unmißverständlichsten bezog hierzu Hauser Stellung, weil er diese parasitäre Rolle ausdrücklich auf die „primate cities" der „Dritten" Welt bezogen wissen will (Hoselitz sprach in diesem Zusammenhang noch allgemein von „urbanization" bzw. „cities"): Die Entwicklungsländer-Metropolen „blockieren" („obstruct") die sozioökonomische Entwicklung in ihrem Land, indem sie die Entwicklung der übrigen Städte des Landes bremsen und insgesamt wenig zur Entwicklung ihres Hinterlandes beitragen, da ihre Funktion primär in der Verteilung von Dienstleistungen für die koloniale und einheimische Elite der Metropole besteht. Die großen Städte, welche das Produkt der Kolonialherrschaft waren oder primär als Verbindungsglied der lokalen Eliten mit dem Ausland fungierten, sind nicht als Ergebnis der Industrialisierung und wirtschaftlichen Entwicklung anzusehen, wie dies für die Städte der westlichen Welt zutrifft." (1957:87, vgl. dazu auch Berry 1973:99)

Es verdient festgehalten zu werden, daß diese von den Dependenztheoretikern ab Ende der sechziger Jahre wiederholten Gedankengänge (dazu: Scholz 1979:343) schon 15 (und mehr) Jahre früher geäußert wurden.

„Metropole als Spiegelbild der Gesellschaft"

„Armut, Arbeitslosigkeit, gewaltsame Klassen- und Rassenkonflikte, 'Entfremdungen' und 'Abnormitäten' sind sicherlich Probleme, die innerhalb von Städten existieren. Sie sind aber nicht Probleme der Städte. Sie sind Probleme, die von der sozialen, ökonomischen und politischen Struktur der jeweiligen Gesellschaft produziert wurden. Ihre Existenz gilt unabhängig von der jeweiligen Siedlungsstruktur, von den Metropolen bis hinunter zu den Kleinstädten, ja bis zu den Weilern. Sie sind jedoch dort am sichtbarsten, wo sie am konzentriertesten auftreten, aber das ist nur gut so, da die Erkennung eines Problems der erste Schritt zu seiner Lösung ist." (Blumenfeld 1972:79)

Bei derartig kontrastierenden Auffassungen könnte man, dem indischen Geographen und Regionalplaner R.P. Misra folgend, resignierend zu dem Schluß kommen, dieses „Ergebnis" sei „symptomatisch für die Unfähigkeit der Menschen, die Wirklichkeit in all ihren Erscheinungen synoptisch zu sehen." Und man mag ihm nicht widersprechen, wenn er fortfährt: „Ob eine Metropole entwicklungshemmend oder -fördernd agiert, ist in besonderem Maße davon abhängig, wer es sieht und von welcher Perspektive aus er es sieht." (Misra 1982:4)

Mit diesem durchaus treffenden Resümee sollte sich die Forschung allerdings nicht aus ihrer Verantwortung stehlen. Am Beispiel der Großmetropole Bombay sei die Komplexität nicht nur der Fragestellung, sondern vor allem ihrer Beantwortung zumindest angedeutet.

Fragen und Antworten - Der Fall Bombay

Auf der einen Seite lösen die mangelnden Arbeitsplatzmöglichkeiten auf dem Land im Zusammenhang mit der ungebremsten Bevölkerungsdynamik sowie die Sogwirkung der Großmetropole eine Binnenwanderung nach Bombay aus, die wegen ihrer enormen Dimension (s.o.) von der Stadt infrastrukturell kaum noch zu verkraften ist und die durch den damit verbundenen „Brain drain" den Abwanderungsregionen - auch den Regionalzentren! - eine wichtige Entwicklungsressource entzieht (s.a. Alam 1983, Nissel 1982:223).

Auf der anderen Seite lieferte Bombay im Jahre 1984 über ein Viertel der gesamt-indischen Einkommenssteuer. Das heißt: Die Staats- und Landeshaushalte und damit auch die staatlichen Entwicklungsinstrumente werden zum wesentlichen Teil aus Mitteln finanziert, die die Metropolen erbringen. Legt man diesen Gesichtspunkt zugrunde, erscheinen also nicht die Metropolen, sondern die sie umgebenden, rückständigen Regionen als parasitär (vgl. auch: Nissel 1977:2).

Dagegen sind gerade von indischer Seite wiederum eine Reihe von Argumenten vorgebracht worden, die die parasitäre Rolle von Bombay dokumentieren sollen. Die ausgeprägte industrielle Primacy Bombays (1989 noch immer 42% der Beschäftigten im „Large & Medium Scale"-Sektor, s.u. Tab. 3) werde noch unterstrichen durch die Tatsache, daß gerade die innovativen und kapitalintensiven Branchen wie Elektronik, Pharmaindustrie, Erdölchemie, Automobilbau, zugleich die Wachstumsindustrien, hier konzentriert seien. Mit Ausnahme der (zum erweiterten Umland der Großmetropole Bombay zu rechnenden) Metropole Pune blieben dem gesamten übrigen Land (Maharashtra) nur die „kranken" Industrien wie Textil- und Nahrungsmittelerzeugung übrig. Ausdruck dieser Situation sei das Faktum, daß Bombay (seinerzeit) nicht nur 69% der Energie konsumiere, sondern auch 85% der vergebenen Bankkredite abschöpfe (Brahme 1977:321).

Auf einen weiteren negativen Effekt der erdrückenden funktionalen Primacy machen Deshpande et al. (1980) aufmerksam. Danach wirken die negativen „Kontereffekte" Bombays auf sein Hinterland in mehrfacher Weise entwicklungshemmend: So haben unter anderem die kleinen Häfen an der Konkanküste ihre Handelsfunktionen weitgehend verloren. Die Folge war eine massive Abwanderung der Arbeitsfähigen in die Großmetropole, was wiederum einerseits die Wirtschaft der betroffenen Region massiv beeinträchtigte, andererseits deren Arbeits- und damit Überlebenschancen in der Metrople, so die Autoren, dramatisch verschlechterte - abgesehen davon, daß dadurch die metropolitane Lebensqualität fortlaufend unterminiert wird.

In der Tat kamen von den bis 1981 1,76 Millionen Zugewanderten aus Maharashtra, das entspricht gut zwei Fünftel aller Migranten, 44,2% allein aus den beiden Konkandistrikten Raigarh und Ratnagiri. Bei letzterem, auf den allein 630.000 der Bombay-Einwanderer entfielen, wird die Interdependenz zum Entwicklungsstand besonders deutlich: Das Index-Verhältnis des Pro-Kopf-Einkommens zu Bombay belief sich nach Berechnungen des Centre for Monitoring Indian Economy (Bombay) auf 31:1 (1985 - s. Karte 3)!

Andererseits wird man dieses Ergebnis im Hinblick auf eine Gesamtbeurteilung genauer hinterfragen müssen, denn gewisse positive „Kontereffekte" auf das unmittelbare Umland sind (auch) für Bombay nachweisbar. Hierzu gehören eine rasch um sich greifende Industrialisierung (s.u.), die sich unter anderem in einer größeren Anzahl weit überproportional wachsender Städte im

50 km-Radius von Bombay niederschlägt, von denen 1990 bereits sechs die (statistische) Großstadtgrenze überschritten hatten (1971: zwei - Näheres: s.u.).

Immerhin liegt das Pro-Kopf-Einkommen hier - Distrikt Thane - 65% über dem gesamt-indischen Durchschnitt (zum Vergleich: das von Ratnagiri beträgt gerade ein Drittel). Kurz, bei solchen Aussagen zu metropolitanen „spread“ oder „backwash effects“ wird man regional differenzieren müssen. Jedenfalls erlaubt die Berücksichtigung lediglich einer Einzelregion wie in der oben genannten Studie von Deshpande noch keine generellen Aussagen zur Bedeutung der Metropole im Hinblick auf die Entwicklung ihres Hinterlandes.

Das Resümee: Mit Sicherheit ist die Fragestellung zu komplex, als daß, jedenfalls bei dem heutigen Forschungsstand, eine allgemein gültige Antwort möglich wäre. Es gilt, den spezifischen Situationen in diesen Ländern, mehr noch: jedes einzelnen Landes, Rechnung zu tragen. Diese - keineswegs neue - Feststellung beinhaltet aber auch, daß nicht nur die koloniale Vergangenheit, sondern auch die Rolle des Staates nach Erlangung der politischen Eigenständigkeit der betreffenden Länder untersucht werden muß. Mit anderen Worten ist zu fragen: Welche Maßnahmen sind staatlicherseits in der Planung und in der praktischen Politik ergriffen worden, um diese überkommenen Raumstrukturen, insbesondere die erdrückende funktionale Primacy der Metropolen abzubauen? Am Beispiel Bombay sei nachfolgend eine Antwort versucht (zum folgenden: Bronger 1986:66ff, 1991:14f).

Abbau der metropolitanen Primacy - aber wie? Bombay/Maharashtra - Das mehrfache Dilemma

Der indische Bundesstaat Maharashtra sah sich bei seiner Gründung (1960) mit einem schwierigen historischen Erbe, aber auch der nachkolonialen Dynamik der erdrückenden Primacy von Bombay konfrontiert. Am Beispiel des industriellen Sektors läßt sich die Problematik eindeutig belegen: Das ausgeprägte West-Ost-Entwicklungsgefälle hatte sich nach Erlangung der gesamtstaatlichen Unabhängigkeit (1947) noch weiter verschärft: Der Anteil der Industriebeschäftigten im Westteil des Landes (Bombay/Pune Division) hatte sich von 1931 84% (Bombay allein: 63%) bis 1961 auf 89% (Bombay: 64%) erhöht. Mit Ausnahme des Einzelstandortes Nagpur war die gesamte Osthälfte des Bundesstaates (52,7% der Fläche mit 38,3% der Bevölkerung) weitgehend industriefrei.

Dieser Herausforderung begegnete die Regierung von Maharashtra mit einem ganzen Bündel von Maßnahmen, die man im Gesamtkonzept als Dezentralisierungsstrategie, von der Planungskonzeption her als Growth-Pole-Strategie, in der Praxis als Industrieförderungsprogramm bezeichnen könnte, wenn die Einzelmaßnahmen zeitlich und inhaltlich aufeinander abgestimmt gewesen wären:

1) Aufbau eines metropolitanen Gegenpols - New Bombay - auf der Bombay gegenüberliegenden Seite des Thane Creek, die im Endstadium auf 2 Millionen Einwohner mit 700.000 - 800.000 neugeschaffenen Arbeitsplätzen ausgelegt ist (CIDCO=City and Industrial Development Corporation of Maharashtra 1988: 7).

2) Entwicklung eines weiteren Gegenpols im Norden der Bombay Metropolitan Region (Karte 1), in ca. 60 km Entfernung von der CBD (Kalyan Complex), sowie

3) eines „Außenrings" von sogenannten „Industrial Growth Centres" im Bundesstaat selbst.

Eine Gesamtbeurteilung der vielfältigen Bemühungen fällt zum gegenwärtigen Zeitpunkt schon deshalb schwer, weil wichtige Zensus-Daten (1991) bis heute nicht in der nötigen Differenzierung vorliegen. Gemessen an den erklärten Hauptzielsetzungen: Reduzierung der demographischen und funktionalen Primacy der Großmetropole und damit Abbau der Dichotomie Metropolitanregion - übrige Landesteile, wird man, trotz bemerkenswerter Einzelergebnisse, die Gesamtbilanz eher bescheiden nennen müssen:

zu 1) Von den 20 ausgewiesenen „nodal points" New Bombay's sind 20 Jahre nach Projektbeginn gegenwärtig (1992) sieben überhaupt erst in Angriff genommen worden. Im fortgeschrittenen Entwicklungsstadium befindet sich allein das der Metropole nächstgelegene Vashi (zur Zeit ca. 150.000 Einwohner). Zwar wurden bis heute (März 1992) bei einem Gesamtinvestitionsvolumen von 7,7 Milliarden Rupees seit Planungsbeginn unter anderem fast 65.000 Wohnungen fertiggestellt (weitere 28.000 sind im Bau), dazu 17 Colleges sowie technische Ausbildungsstätten, 17 Krankenhäuser und Kliniken errichtet, 19.633 Telephonanschlüsse verlegt (alle Angaben nach CIDCO 1992) - aber: Die Gesamtzahl der in New Bombay lebenden Menschen - nach dem Zensus 1991 307.297 - entspricht gerade 2,4% der Großmetropole; der beabsichtigte Entlastungseffekt (unter anderem Auffangen eines Teils des Migrantenstroms) dürfte bislang allenfalls marginal sein (Karte 2).

Die Ursachen dieser nicht befriedigenden, schon weil zu langsamen Entwicklung sind im wesentlichen auf die mangelhafte Zusammenarbeit sowie die beinahe nicht vorhandene Integration der Maßnahmen seitens der involvierten Behörden zurückzuführen (im einzelnen bereits: Richardson 1984:117f, Nissel 1986:49ff). So ist, um ein Beispiel hierfür zu nennen, die einzige Straßenverbindung von Bombay nach New Bombay über den Thane Creek bis heute großteils nur einspurig befahrbar. Ihre Erweiterung auf sechs Spuren ist allerdings im Bau. Ähnliches gilt für die Eisenbahnverbindung, sie ist nach über zehnjähriger Bauzeit erst im Mai 1992 fertiggestellt worden (Streckenabschnitt Mankhurd-Belapur - CIDCO 1992:32). Von der antizipierten Funktion einer „Entlastungsmetropole" ist New Bombay jedenfalls noch weit entfernt.

Karte 1: Greater Bombay U. A.: Räumliche Entwicklung

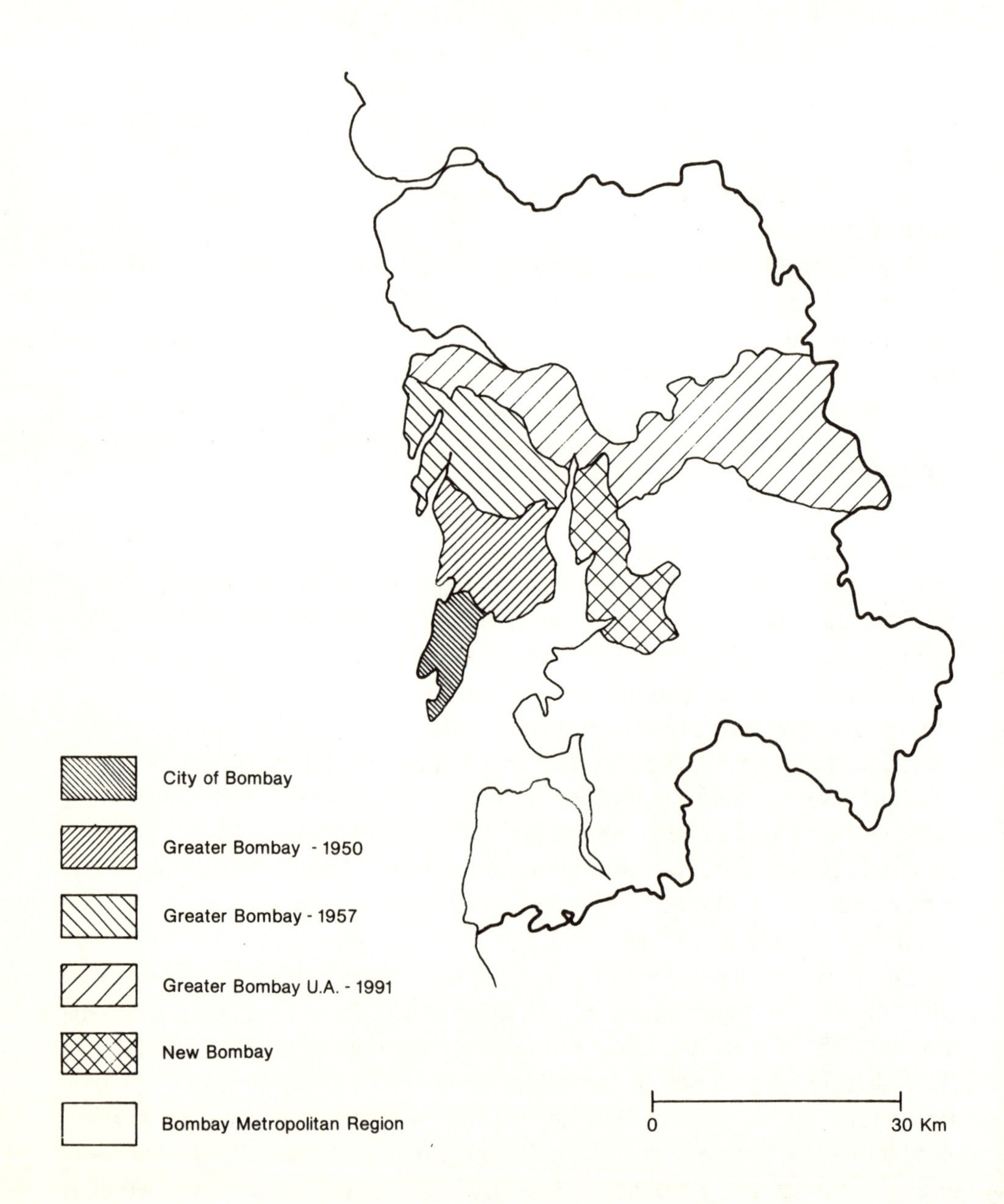

zu 2) Schon besser sieht es um den zweiten Gegenpol, den Kalyan Complex (mit den vier Großstädten Ulhasnagar, Kalyan, Dombivhi und Ambernath) aus. Äußeres Anzeichen ist die Bevölkerungsentwicklung, die sich in den vergangenen drei Jahrzehnten (seit 1961) auf fast 1,4 Millionen, d.h. immerhin fast verfünffacht hat (Karte 2). Allein im mittel- und großindustriellen Bereich wurden hier von 1961-1987 über 100.000 neue Arbeitsplätze geschaffen. Allerdings hat diese positive Entwicklung auch ihre Kehrseite, erfolgte doch dieser Boom größtenteils zu Lasten der Entwicklung der übrigen Landesteile. Daran war die staatliche Investitionspolitik nicht unbeteiligt: Die regionale Analyse der staatlichen Mittelzuweisungen ergibt, nach amtlichen Unterlagen, für den groß- und kleinindustriellen Sektor eine eindeutige Bevorzugung der metropolitanen Regionen und hier in besonderem Maße des Umlandes von Bombay. Auf die Bombay Metropolitan Region (BMR - 18,4% der Bevölkerung - 1991) entfielen im Zeitraum 1961-1985 allein 41,2%, zusammen mit der Metropolitanregion Pune, sogar ca. 65% der Kapitalinvestitionen. Pro Kopf beliefen sich die im Umland der Großmetropole getätigten Investitionen auf annähernd das 10fache des Landesdurchschnitts und sogar fast das 30fache (!) der unterentwickelten östlichen Landesteile Marathwada & Vidarbha (Bronger 1986:Tab.14). Bei dieser inkonsequenten regionalen Industrialisierungspolitik konnte man der Zielsetzung eines räumlichen Ausgleichs kaum näherkommen: Auf die Großmetropole und ihr Umland entfielen in diesem Zeitraum fast 50% der Neugründungen (Mittel- und Großindustrie), zusammen mit Pune waren es sogar über 70% (ibid.: Tab. 9).

zu 3) Diese lange Zeit einseitige Bevorzugung der Metropolitanregion (BMR) mußte sich für die Entwicklung der übrigen Landesteile negativ auswirken. Nachdem es sich herausgestellt hatte, daß die zunächst (1961 ff) eingeschlagene Industrialisierungsstrategie - Abbau der regionalen Disparitäten durch eine flächendeckende Industrieansiedlung in den unterentwickelten ländlichen Gebieten abseits der Metropolen - finanziell nicht durchzuhalten war, und sich sogar eine Verschärfung des industriellen Entwicklungsgefälles herauskristallisiert hatte, beschloß man nunmehr, ab 1976, eine Konzentration der Mittel in einer begrenzten Anzahl von - zunächst sieben, später 18 - „Industrial Growth Poles" vorzunehmen. Aber selbst von diesen wenigen Industriepolen zeigen lediglich zwei - Nasik und Aurangabad, bedingt noch Kolhapur und Raigad - das antizipierte rasche Wachstum. In diesen vier Zentren hat ein dynamischer Entwicklungsprozeß stattgefunden, der nicht allein auf den industriellen Bereich beschränkt blieb, mit der Folge, daß sich diese Standorte zu selbsttragenden Wachstumszentren etabliert haben. Aber: von den vier genannten Polen sind Raigad im Umland und Nasik im weiteren Einzugsgebiet der Megastadt Bombay gelegen. Demgegenüber weisen selbst die nach Bombay und Pune ursprünglich größten und infrastrukturell die besten Voraussetzungen bietenden Standorte Nagpur und Sholapur inzwischen deutliche Anzeichen einer industriellen Stagnation auf.

Karte 2: Greater Bombay U. A.: Bevölkerungswachstum 1981-1991

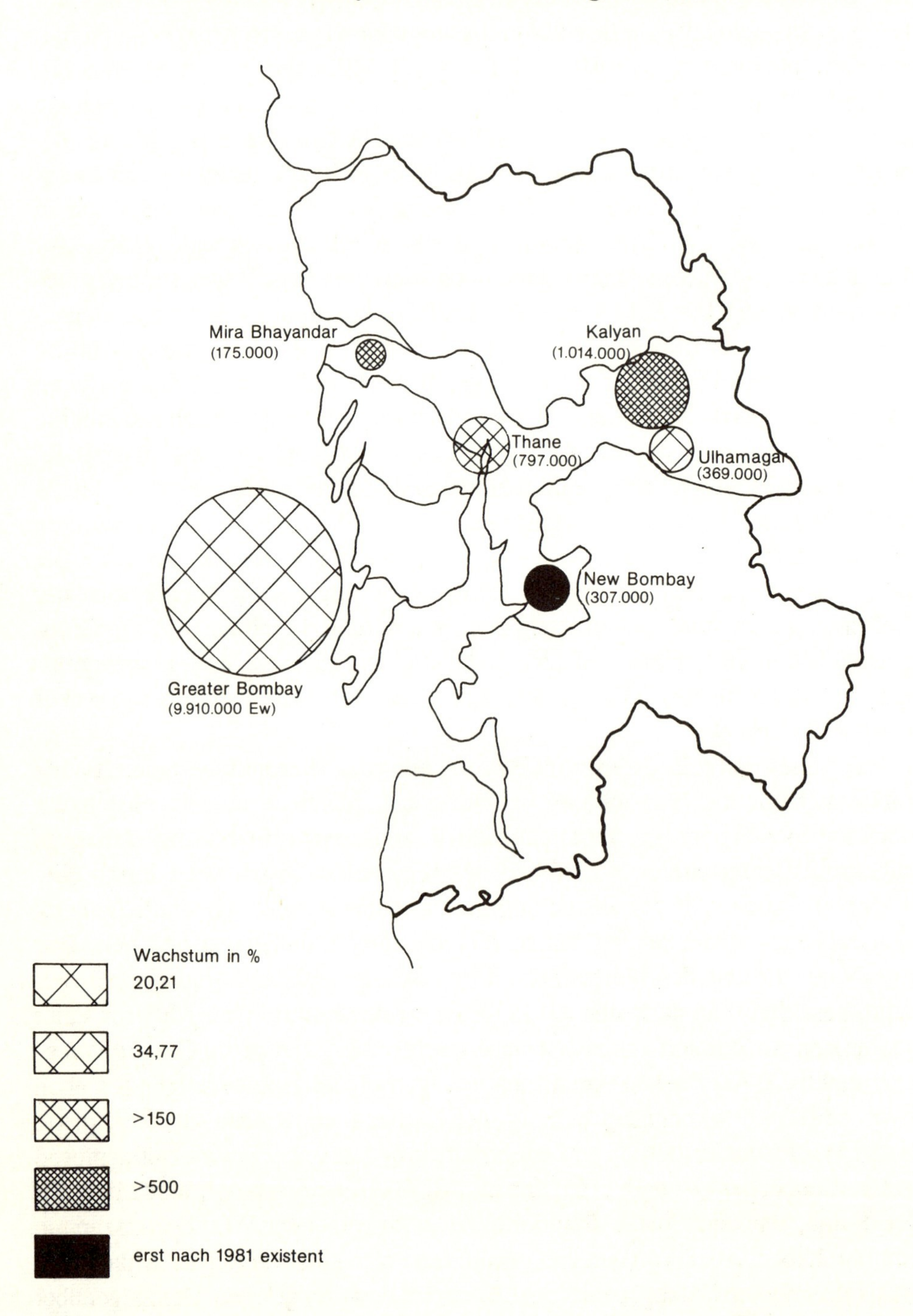

In diesem Zusammenhang ist ein im Hinblick auf die Gesamtentwicklung des Landes im allgemeinen und den Abbau der demographischen und funktionalen Primacy der Großmetropolen im besonderen wesentlicher Gesichtspunkt in der „Growth Pole"-Literatur kaum untersucht worden: Es ist dies der „spread effect" solcher Zentren auf das Umland. Diesbezügliche empirische Untersuchungen des „Growth Pole" Aurangabad (Finger 1991) haben ergeben, daß die vom Wachstumszentrum zu erwartenden Entwicklungsimpulse auf das Umland zumindest hinsichtlich einer Partizipation der umliegenden ländlichen Gemeinden an den neugeschaffenen Arbeitsplätzen weitgehend ausgeblieben sind. Vielmehr ist eine eindeutige Tendenz erkennbar, daß sich die ländliche Bevölkerung in den neuen Industriezentren ansiedelt und somit die urbanen Folgewirkungen verschärft, anstatt, wie beabsichtigt, aus den ländlichen Umlandgemeinden zwecks Arbeitsausübung täglich in die Industriegebiete zu pendeln. Hier kommt der immer noch niedrige Gesamtentwicklungsstand der außermetropolitanen Regionen zum Tragen: Ein Pendlerverkehr wie in den Industrieländern ist aufgrund der unzureichenden Verkehrsausstattung sowie der in Relation zu den Löhnen hohen Fahrtkosten auf Indien nicht übertragbar. Als Ergebnis stellen die sich schnell entwickelnden Wachstumszentren neue Ziele der Migrantenströme dar, was zwar zu einer Entlastung Bombays führt, aber Städte wie Aurangabad mit einem Bevölkerungszuwachs von 92% bzw. 87% in den beiden letzten Dekaden (1971-1991) vor erhebliche stadtplanerische, soziale (Slumbildung) und infrastrukturelle Probleme stellt.

Trotz insgesamt unbestreitbarer Erfolge in der Hebung des Entwicklungsstandes der metropolitan-fernen Gebiete insbesondere auf den Gebieten der Kleinindustrie - auf sie entfielen immerhin 40% der 1973 bis 1987 neugeschaffenen Arbeitsplätze - und der Energieversorgung - 1989 waren 98,2% der ländlichen Siedlungen (Indien: 77,1%) an das Elektrizitätsnetz angeschlossen, 1960 waren es noch nicht einmal 2% gewesen (GOM 1965) - konnte ein nennenswerter Abbau der oben genannten Dichotomie nicht erreicht werden. Nach dem vom Centre For Monitoring Indian Economy auf Distriktbasis berechneten gesamtwirtschaftlichen Entwicklungsstand (CMIE-Index, Karte 3), lagen im Jahre 1985 24 der 30 Distrikte noch immer unter dem gesamtindischen Durchschnitt. Berechnet auf den Bundesstaat (Maharashtra = 100, Karte 3) wird die exponierte Stellung Bombays noch offenkundiger: bei 25 der 30 Distrikte beträgt das Indexverhältnis gegenüber der Großmetropole mehr als 10:1, bei 13 sogar mehr als 15:1. Mit anderen Worten: Mit Ausnahme der beiden angrenzenden Distrikte Thane und Pune sowie von Nagpur liegt der gesamte übrige Bundesstaat also noch immer im tiefen Entwicklungsschatten der 12,6-Millionen-Metropole Bombay.

Karte 3: Maharashtra - Das ökonomische Leistungsgefälle im regionalen Rahmen 1985

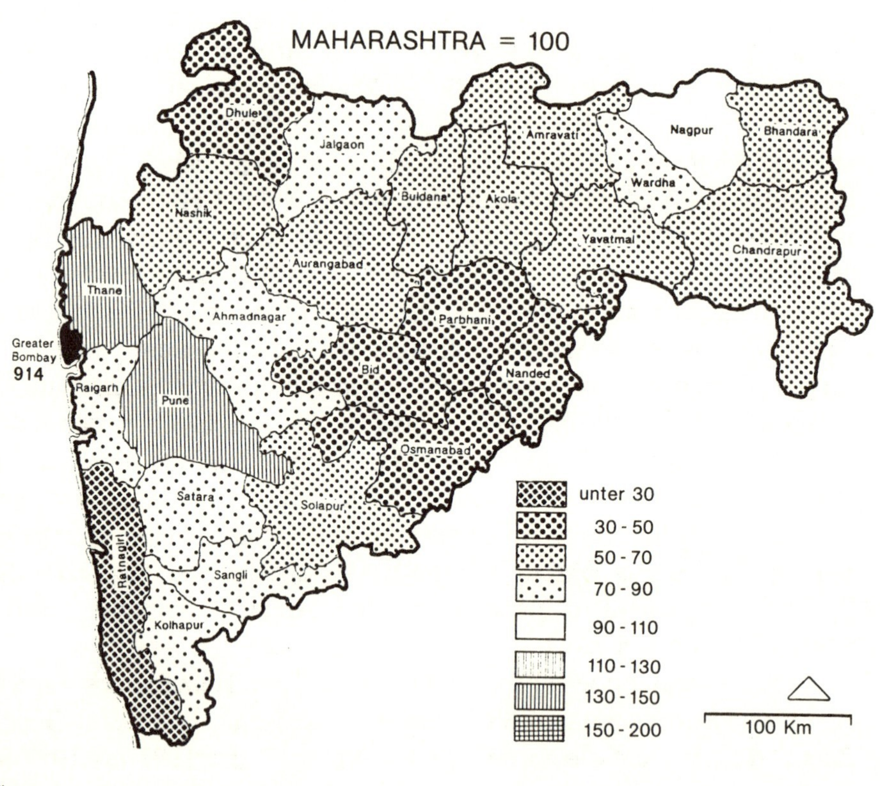

Quelle:
Centre for Monitoring Indian Economy, Bombay 1987

Entwurf: D. Bronger, Kartographie: W. Gebhardt

Fragt man bei der Ursachenforschung nach der Rolle des Staates, so muß für dieses unbefriedigende Ergebnis die einseitige Industrialisierungspolitik mit verantwortlich gemacht werden. Es zeigt sich (wieder einmal), daß bei einem niedrigen Gesamtentwicklungsstand eines Landes die Einbeziehung des volkswirtschaftlich wichtigsten, des agraren Sektors in das Gesamtentwicklungsprogramm unabdingbar ist. Und da rangiert die Landwirtschaft Maharashtras hinsichtlich wichtiger Produktionsvoraussetzungen, Produktion pro Kopf und Produktivität weit unter dem gesamtindischen Durchschnitt. Hier kann und hier muß noch viel - auch und gerade von seiten des Staates - getan werden.

Diese Negativbilanz allein einer fehlerhaften staatlichen Wirtschaftspolitik zuzuschreiben, wäre jedoch zu einseitig. Eine tiefere Ursachenforschung offen-

Indicator	(Weight (%) For all districts other than 10 districts indicated in the next column	For 10 districts with with urban population of 72% or more
I Agriculture	35	0
1. Per capita value of output of 26 major crops:Average of 1982-83 to 1984-85	25	0
2. Per capita bank credit for agriculture: June 1983	10	0
II Mining and Manufacturing	25	30
3. Number of mining and factory workers per lakh of population: 1984	10	12
4. Number of household manufacturing workers per lakh of population: 1981	5	6
5. Per capita bank credit for manufacturing sector: June 1983	10	12
III Service Sector	40	70
6. Per capita bank deposit: June 1983	15	26
7. Per capita bank credit to services: June 1983	15	26
8. Literacy (%) 1981	4	7
9. Urbanisation (%) 1981	6	11
Total	100	100

Note: The ten districts are: Great Bombay, Calcutta, Delhi, Madras, Hyderabad, Ahmedabad, Bhopal, Srinagar, Chandigarth and Yanam in Pondicherry.

bart eine Reihe von mehrfachen Dilemmata, denen sich gerade dieser spezifische Regionaltyp wie Maharashtra mit der erdrückenden funktionalen Primacy einer einzigen Großmetropole gegenübersieht. Noch immer sind in der metropolitanen Region Bombay die infrastrukturellen Voraussetzungen gerade auch für private Investoren trotz bestehender Agglomerationsnachteile (Landpreise, Luftverschmutzung, Verkehrsbelastung) unvergleichlich günstiger, während umgekehrt fast alle übrigen Regionen nach wie vor mit bislang nicht behobenen (und auf absehbare Zeit nicht leicht zu behebenden) Strukturschwächen behaftet sind. Zu diesen Schwachpunkten, typisch für eine industrielle Aufbauphase, zählt insbesondere der Personalbereich. Sie liegen in erster Linie in den Unzulänglichkeiten der bestehenden Berufsausbildung mit ihrem qualitativ nach wie vor unzureichenden Ausbildungsstand, besonders für Facharbeiter und leitende Positionen praktisch aller Betriebssparten. Weitere Hemmnisse sind in der Verfügbarkeit von Produktionsmitteln, der Kenntnis zweckmäßiger Produktionsverfahren, ferner in der Produktqualität und im Marketing, schließlich auch im mangelhaften Zustand der Telefonverbindungen erkennbar. Alle diese Schwachstellen konnten in sämtlichen, d.h. auch in den größeren Entwicklungszentren wie Nagpur, Sholapur, Nasik und Aurangabad festgestellt werden.

Diese Schwierigkeiten bestehen im Raum Bombay mit seinen gewachsenen Strukturen und somit Standortvorteilen nur in geringem Maße. Zwar ist, wie nachfolgende Zusammenstellung (Tab. 3) zeigt, relativ gesehen ein Abbau der funktionalen Primacy in fast allen Bereichen erfolgt. Dies ist zweifellos als Erfolg zu werten. Dennoch verdeckt eine solche statistische Zusammenstellung einen erheblichen Teil der Wirklichkeit. So sollte der Abbau der Primacy im kleinindustriellen Sektor nicht überbewertet werden, umfaßt er doch nur die registrierten Betriebe. Da die Lizenzerteilung zur Errichtung eines Industriebetriebes nach den Förderungsrichtlinien hier sehr erschwert ist, hat sich seit 1980 zusätzlich eine große Anzahl „illegaler“ Kleinbetriebe in Bombay angesiedelt. Ein Anteil von 30-40% dürfte der Wirklichkeit in etwa entsprechen. Insgesamt ist die Dominanz der Großmetropole gerade bei den Wachstumsbranchen im mittel- und großindustriellen Sektor erdrückend. Diese Realität betrifft nicht zuletzt auch die qualitative Seite vieler Einrichtungen; dazu gehört die Ausstattung der Krankenhäuser und Bildungseinrichtungen ebenso wie die Handhabung(smöglichkeit) des Telefonnetzes - auf allen Gebieten hat die Megastadt noch einen überdeutlichen Entwicklungsvorsprung. Darüberhinaus geben die Daten kaum eine Vorstellung von den umfangreichen strukturellen Defiziten, mit denen sämtliche außermetropolitanen, und das heißt 26 der 30 Distrikte, noch immer belastet sind. Während in puncto Energieversorgung große Fortschritte erzielt wurden - hierin ist Maharashtra nach dem Punjab am weitesten entwickelt - sind bis heute Mängel in der Wasserversorgung, der Verkehrsanbindung, der Verfügbarkeit qualifizierter Arbeitskräfte und bei der Kommunikation in nahezu allen Landesteilen in mehr oder minder starkem Ausmaß vorhanden (vgl. dazu auch: Tab. 3). Zieht man den Indikator 'Telefonanschlüsse' als wichtiges Barometer für die Leistungsfähigkeit des Handels- und Dienstleistungssektors heran, so läßt sein unvermindert hoher, von 1971 bis 1984 sogar noch kontinuierlich angestiegener Anteil zusammen mit dem fast ungebremsten Bevölkerungswachstum nur den Schluß zu, daß ein „polarization reversal“ (Richardson 1980) selbst mittelfristig nicht in Sicht ist. Für die bis heute ungebrochene Stellung Bombays als der überragenden Wirtschaftsmetropole des gesamten Subkontinentalstaates spricht, daß sich ihr Indexwert nach den Berechnungen des oben genannten Instituts auf das 11fache des indischen und das 9fache des Wertes von Maharashtra (1985) beläuft.

Tab. 3.: Großmetropole Bombay: Dynamik der Primacy

LEBENSBEREICH/ Indikator	Jahr	Anteil von Maharashtra (%) GB[2]	GBU.A.[3]	BMR[4]	Anteil von Indien (%) GB[2]	GBU.A.[3]	BMR[4]
I BEVÖLKERUNG	1951	[5]	[5]	[5]	0,8	0,9	0,9
	1961	10,5	11,6	14,0	0,9	1,0	1,0
	1971	11,8	13,3	15,5	1,1	1,2	1,2
	1981	13,1	15,4	17,1	1,2	1,4	1,4
	1991	12,6	16,0	18,6	1,1	1,5	1,6
II INDUSTRIE							
- Kleinindustrie: Anzahl der Betriebe	1961	71,4		76,1			
	1971	39,7		42,6			
	1980	22,8		31,9			
	1990	14,5		[6]			
- Mittel- u. Großindustrie: Anzahl der Beschäftigten	1962	66,9		71,9			
	1974	56,6	68,4				
	1980	52,3		63,8[7]			
	1989	41,8		52,2[7]			
- Mittel- u. Großindustrie: Investiertes Kapital/Kopf[1]	1961	657		537[7]			
	1985	350		317[7]			
- Mittel- u. Großindustrie: Produktionswert/Kopf[1]	1961	694		548[7]			
	1985	410		360[7]			
III ENERGIEVERSORGUNG							
- Stromverbrauch/Kopf[1]	1958	667		615[7]			
	1987	290		291[7]			
- Stromverbrauch/Kopf: Industrie[1]	1960	646		620[7]			
	1987	264		288[7]			
IV VERKEHR							
- Hafenumschlag: Übersee	1961				46,7		
	1971				25,1		
	1981				21,0		
	1987				21,0		
V KOMMUNIKATION							
- Telefonanschlüsse	1961	81,0					
	1971	76,3					
	1980	76,9					
	1988	73,5					
VI BILDUNG							
- Universitätsstudenten	1973	30,4					
	1982	40,3					
	1984	46,3					
VII GESUNDHEIT							
- Krankenhausbetten/Kopf[1]	1965	366		321[7]			
	1987	199		172[7]			

[1] Maharashtra = 100; [2] Greater Bombay (603 km²); [3] Greater Bombay Urban Agglomeration (1.132 km² - s. Abb.1); [4] Bombay Metropolitan Region (4.350 km² - s. Abb.1); [5] der Bundesstaat Maharashtra wurde erst 1960 gegründet; [6] liegen bislang keine Daten vor; [7] Bombay & Thane.

Quellen: COI 1951, 1961, 1971, 1981, 1991;
GOM 1964, 1965, 1974, 1984; GOM 1967; GOM 1989/1; GOM 1991; GOM 1989/3; GOM 1990/1;
SICOM 1989/2; MSFC 1989; GOM 1988; ESCAP 1982; IPTD (different years); GOI-ES (different years).

Zusammengefaßt befindet sich die Industrieförderung aber auch der Aufbau eines leistungsfähigen Dienstleistungssektors einschließlich der dafür erforderlichen Infrastruktur in den metropolitan-fernen Gebieten im Hinblick auf den Abbau der regionalen Disparitäten somit in einem grundsätzlichen Dilemma (Bronger 1986:84): Kurzfristig rasche Erfolge sind nur in den infrastrukturell gut ausgestatteten Regionen, in erster Linie in Bombay sowie im benachbarten Pune zu erreichen. In Anbetracht der begrenzten Finanzmittel erscheint damit volkswirtschaftlich ihre Weiterentwicklung sinnvoll und geboten. Dem für die Gesamtentwicklung des Bundesstaates notwendigen Abbau des regionalen Entwicklungsgefälles, zumal bei der peripheren Lage Bombays und der Größe des Bundesstaates, kommt man dadurch nicht näher.

Bei den begrenzten finanziellen Mitteln auch eines vergleichsweise wohlhabenden indischen Bundesstaates wie Maharashtra erscheint eine umfassende, dazu räumlich gleichgewichtige Entwicklung aller Landesteile mittelfristig nicht möglich. Die Mittelkonzentration in einer begrenzten Anzahl von „Growth Poles" erscheint somit als einzig möglicher Kompromiß zwischen dem sozialen Anspruch einer flächendeckenden Förderung aller rückständigen Landesteile und der wirtschaftlichen Notwendigkeit, mit den Finanzen hauszuhalten. Nur durch die Beschränkung auf wenige Zentren und eine gezielte Mittelallokation ist es möglich, daß die Standorte eine eigenständige Dynamik entwickeln können, durch die dann auch die Ansiedlung von Nachfolge- und Zulieferbetrieben, aber auch solchen des Handels- und Dienstleistungsbereichs lohnend wird. Das aber bedeutet: Selbst im Falle von Maharashtra hat sich gezeigt, daß bereits die Zahl von 18 Wachstumszentren, verteilt auf eine Fläche, die der Größe Italiens (mit zudem einer um fast 40% höheren Bevölkerung) entspricht, hinsichtlich der Förderungsmöglichkeiten als zu hoch erscheint. In der Praxis werden auch seitens der staatlichen Förderung die genannten vier Zentren vorrangig behandelt: Erst nach Erreichen eines sich selbst tragenden Wachstums können hier die staatlichen Subventionen zurückgefahren werden, um die frei werdenden Mittel auf andere Wachstumszentren umzuverteilen.

Das Fazit kann nur lauten: Die Anstrengungen zur koordinierten Entwicklung - und das bedeutet die Einbeziehung des agraren Sektors in das Gesamtentwicklungsprogramm - der außermetropolitanen Landesteile müssen intensiviert werden. Deutlicher: Allein ein multisektoraler und - funktionaler, die ländlichen Regionen integrierender Planungsansatz kann im Hinblick auf eine umfassende Entwicklung Erfolgsaussichten haben. Nur so erscheint es möglich, den Abbau der demographischen und vor allem der funktionalen Primacy der Großmetropole zu erreichen, aber auch das - durch die Anwendung des „Growth Pole"-Konzeptes - zum Teil neu entstandene Entwicklungsgefälle innerhalb der Distrikte nicht noch zu verschärfen und damit die überkommenen, für die Mehrzahl der Entwicklungsländer typischen Raumkonflikte zu überwinden.

Literatur

Hier sind nur die regierungsamtlichen Publikationen sowie Statistiken angeführt; die allgemeine und regionale Literatur befindet sich am Ende des Beitrags „Megastädte: 'Erste' Welt - 'Dritte' Welt".

Publikationen: Regierung, Institutionen, Statistiken, unveröffentlichte Unterlagen (* unveröffentlicht)

Census of India 1951, 1961, 1971, 1981, 1991:
verschiedene Veröffentlichungen (zitiert als: COI 1951, 1961, 1971, 1981, 1991)
Centre for Monitoring Indian Economy (Hg.): 1987
Index of Levels of Economic Development around 1985. Bombay
City and Industrial Development Corporation of Maharashtra (CIDCO): 1988
New Bombay - An Outline of Progress. Bombay (zitiert als: CIDCO 1988)
City and Industrial Development Corporation of Maharashtra (CIDCO): 1992
Two Decades of Planning and Development. Bombay (zitiert als: CIDCO 1992)
Chief Inspector of Factories: 1989
Number of Working Factories and average daily Employment 1987. Bombay * (zitiert als: CIF 1989)
Government of Maharashtra, Directorate of Economics and Statistics: 1964, 1965, 1974, 1984
Statistical Abstract of Maharashtra State 1960-61, 1961-62, 1970-71, 1980-81. Bombay (zitiert als: GOM 1964, 1965, 1974, 1984)
Government of Maharashtra, Directorate of Economics and Statistics: 1967
A Note on Industries in Divisions and Districts of Maharashtra State 1901. In: The Bulletin of Economics and Statistics, Jan.-March 1967, Bombay (zitiert als: GOM 1967)
Government of Maharashtra, Directorate of Economics and Statistics: verschiedene Jahrgänge
Statistical Abstract of Maharashtra State, Bombay (zitiert als: GOM)
Government of Maharashtra, Directorate of Economics and Statistics: 1989
Handbook of Basic Statistics of Maharashtra State 1988. Bombay (zitiert als: GOM 1988)
Government of Maharashtra, Directorate of Industry: 1989
Industrial Statistics of Maharashtra 1989. Bombay* (zitiert als: GOM 1989)
Government of Maharashtra, Directorate of Economics and Statistics: 1989/1
Selected Indicators for Districts in Maharashtra and States in India 1986-87. Bombay * (zitiert als: GOM 1989/1)
Government of Maharashtra, Directorate of Economics and Statistics: 1989/3
Annual Survey of Industry in Maharashtra 1985 (Provisional). Bombay * (zitiert als: GOM 1989/3)
Government of Maharashtra, Directorate of Economics and Statistics: 1991
Selected Indicators for Districts in Maharashtra 1988-89. Bombay (zitiert als: GOM 1991)

Gouvernment of Maharashtra, Directorate of Industry:
Statistical Branch: Statistics Regarding Small Scale Industry (MSI) in Maharashtra. Bombay* (zitiert als: MSI)
Indian Post & Telegraph Department, Ministry of Communication (Hg.):
Annual Report. Delhi (verschiedene Jahrgänge - zitiert als: IPTD)
MIDSC: 1976
Annual Report 1974-75. Bombay* (zitiert als: MIDC 1976)
MIDC: 1989/2
MIDC Diary for 1990. Bombay* (zitiert als: MIDC 1989/2)
MSFC: 1989
27th Annual Report 1988-89. Bombay* (zitiert als: MSFC 1989)
SICOM: 1989/2
Financial Assistance disbursed by SICOM. Bombay* (zitiert als: SICOM 1989/2)

Erich PILZ

Shanghai: Metropole über dem Meer

In der Diskussion um die Weltstädte und ihre Funktionen in der globalen Entwicklung stellen die Megastädte im Bereich der kommunistischen Welt eine gewisse Problematik dar. Die Kontrollmöglichkeiten und der Kontrollwille von regierenden kommunistischen Parteien gestalteten die Entwicklung von Megastädten in ihrem Einflußbereich so unterschiedlich von der in der übrigen nicht-kommunistischen Welt, daß eine vergleichende Betrachtung kaum stattfand. Weder Moskau noch Shanghai - um bei den naheliegendsten Beispielen zu bleiben - weisen die immer wieder als Wesensmerkmale von Weltstädten hervorgehobenen internationalen Verflechtungen auf, noch waren diese innerhalb des realen Einflusses der kommunistischen Ideologie denkbar: Hauptquartier transnationaler Konzerne, internationales Finanz- und Kapitalzentrum, globales Informations- und Kommunikationszentrum, Sitz internationaler bzw. überregionaler Dienstleistungen sowie internationaler Behörden höchsten Ranges; und die mit dieser Konzentration internationaler Organe verbundenen weltweit organisierten und kontrollierten Produktions- und Kapitalmärkte, die globale Steuerung von Produktionsprozessen und von Arbeitsteilung, die Entwicklung plurikultureller Ausdrucksformen und globaler Zivilisationsstandards, das Wachsen von Zentren, die sich eher nach internationalen Vorgaben richten und nicht die nationale Kultur repräsentieren usw. Diese Weltstädte stellen Konzentrationen internationaler wirtschaftlicher und politischer Macht dar, die einerseits den Rahmen nationaler Eigenständigkeit sprengen, andererseits aber das Versprechen in sich bergen, in der vordersten Front an der wirtschaftlichen, wissenschaftlichen und kulturellen Entwicklung teilzuhaben.

Die Volksrepublik China zählt nun zu den wenigen verbliebenen Staaten, in denen die kommunistische Partei weiterhin an der Macht ist und am Monopolanspruch wie auch an der kommunistischen Wirtschafts-, Gesellschafts- und Kulturgestaltung festhält. Andererseits hat aber der Wille zur ökonomischen Modernisierung - allerdings ohne gesellschaftlichen Pluralismus - einen derart dominierenden Einfluß gewonnen, daß selbst die Enttabuisierung der Mechanismen globaler marktwirtschaftlicher Steuerung denkbar erscheint. Kann es also in Zukunft auch in China „Weltstädte“ mit den entsprechenden globalen Funktionen geben? Was Shanghai betrifft, hat man inzwischen begonnen von einer zukünftigen „Weltstadt“ zu sprechen (Yeung/Hu 1992). Es wird für die Stadt über dem Meer auch bewußt eine Stellung in der Weltwirtschaft und -gesellschaft postuliert, in der z.B. wesentliche Funktionen, die zur Zeit Hongkong innehat, von Shanghai übernommen werden sollen (Yao Xitang 1990, Papers on Shanghai Studies = Papers 6:58-75). Die Bedeutung der Megastädt, darunter vor allem auch der Küstenstädte mit ihrer imperialistisch-internationalen Vergangenheit, wird für die Entwicklung des Landes in vollkommen neuem Licht gesehen : von ökonomisch parasitären, sozial ungerechtfertigt privilegierten und kulturell degenerierten Plätzen wurden sie zu Hoffnungsträgern der Modernisierung von Wirtschaft, Gesellschaft und Kultur des ganzen Landes.

Die nun folgende Untersuchung zu Shanghai geht also von der Frage aus, ob und in welcher Weise der Terminus „Weltstadt“, wie er in der heutigen Diskussion verwendet wird, für Shanghai Geltung haben kann. Oder anders gefragt: War Shanghai einmal eine Weltstadt und kann es innerhalb des Gesellschaftssystems der Volksrepublik China wieder zu einer globalen Metropole werden? Die Ausgangshypothese, die zugleich eine Dreiteilung der Behandlung des Themas vorgibt, lautet dabei etwa so:

a) In seiner ersten modernen Entwicklungsphase (Mitte des 19. bis Mitte des 20. Jahrhunderts) hat sich Shanghai bereits in den frühen Jahrzehnten unseres Jahrhunderts zu einer Art Weltstadt gewandelt.

b) Die Stadtpolitik der Volksrepublik China hat mehr als 30 Jahre lang Akzente gesetzt, durch die Shanghai alle Voraussetzungen für eine globale Vernetzung verloren gingen.

c) Seit Mitte der achtziger Jahre wird eine Diskussion geführt, die Shanghai für die Zukunft wieder globale Funktionen zubilligt und dafür eintritt, planerisch die Voraussetzungen für eine derartige Entwicklung bereitzustellen.

Das alte Shanghai: „Perle des Ostens“

Shanghai war in der ersten Hälfte unseres Jahrhunderts sechstgrößter Hafen der Welt, ein international führendes Finanzzentrum, das größte Industriezentrum Chinas und ein bedeutendes Presse- und Informationszentrum. Die „Perle des Ostens“, wie man die Stadt bewundernd nannte, war auch ein Ort enormer Gegensätze: Pracht, Luxus, außerordentliche Gewinnmöglichkeiten und pulsierendes Leben gingen mit der Notwendigkeit einher, jeden Morgen die über Nacht in den Straßen Verhungerten aufsammeln zu lassen. Shanghai war auch jener Ort, an dem sich, wie sonst nirgends in China, hybride, chinesisch-westliche Kulturformen herausbildeten. Die Metropole wies, mit anderen Worten, in den zwanziger und dreißiger Jahren unseres Jahrhunderts eine Reihe von zentralen Merkmalen einer Weltstadt auf (Bergère 1981, Pan 1984, Sergeant 1990).

Die überragende wirtschaftliche und finanzielle Bedeutung Shanghais in dieser Zeit schuf hier einen gewaltigen Arbeitsmarkt. Zugleich bot die internationale Niederlassung einen ausnehmend wirksamen Schutz vor den Auswirkungen von Rebellion und Krieg sowie vor politischer Verfolgung durch die chinesischen Behörden und vor dem Zugriff chinesischer Machthaber auf private Vermögen. Shanghai war aus diesen Gründen seit der Mitte des 19. Jahrhunderts primär eine Stadt, die von der enormen Zuwanderung aus einem riesigen Einzugsgebiet lebte. Neueste Studien zu den sogenannten „Landsmannschaften" und „Zünften" im Shanghai der zwanziger und dreißiger Jahre zeigen, wie komplex die Organisationsformen der Massen von Zuwanderern waren (Zhang Zhongli 1990, Fitzgerald 1989:72-93, Hu/He 1991, Goodman 1990, Wakeman/Yeh 1992:76-107 und 239-265). Sowohl die Arbeiterbewegung als auch die Geschichte der Studenten und der intellektuellen Linken im politischen wie im literarischen Bereich zeigen, daß in Shanghai die Zielsetzungen und Abläufe in besonders hohem Maße im internationalen Kontext gesehen werden müssen und nur aus ihm heraus verständlich werden.

Die Massen der chinesischen Bevölkerung, die in mehreren Wellen in die internationale Niederlassung strömten, versorgten also nicht nur den Hafen und die seit Beginn unseres Jahrhunderts rasch wachsende Industrie mit einem billigen Überangebot an Arbeitskräften; es strömte auch viel chinesisches Kapital sowie ein sehr großer Teil der gebildeten Elite - von der traditionellen bis zur revolutionären Variante - in diese Metropole.

Diese Entwicklung von Shanghai zu einer Weltmetropole hängt engstens mit der durch die Kanonenbootpolitik der imperialistischen Mächte erzwungenen Eingliederung der Stadt in den Welthandel und in die Weltwirtschaft zusammen. Schon bevor die Europäer und Amerikaner um die Mitte des vorigen Jahrhunderts mit Staunen die geradezu einmalige Lage von Shanghai für den regionalen, nationalen und internationalen Handel feststellten, hatte sich diese „Stadt über dem Meer" bereits zu Beginn des 19. Jahrhunderts zum bedeutendsten regionalen Handelszentrum am Yangzi entwickelt (Staiger in Shanghai 1989:27). Die ummauerte Stadt umfaßte etwa 2 km^2 (=3/4 der Wiener Innenstadt) und beherbergte etwa 100.000 Menschen, außerhalb der Mauern lebten noch einmal 200.000 (Englert/Reichert 1985:42). Shanghai war also wirklich kein Fischerdorf mehr, als die Europäer kamen.

Karte 1: Shanghai: Chinesische und ausländische Stadtteile

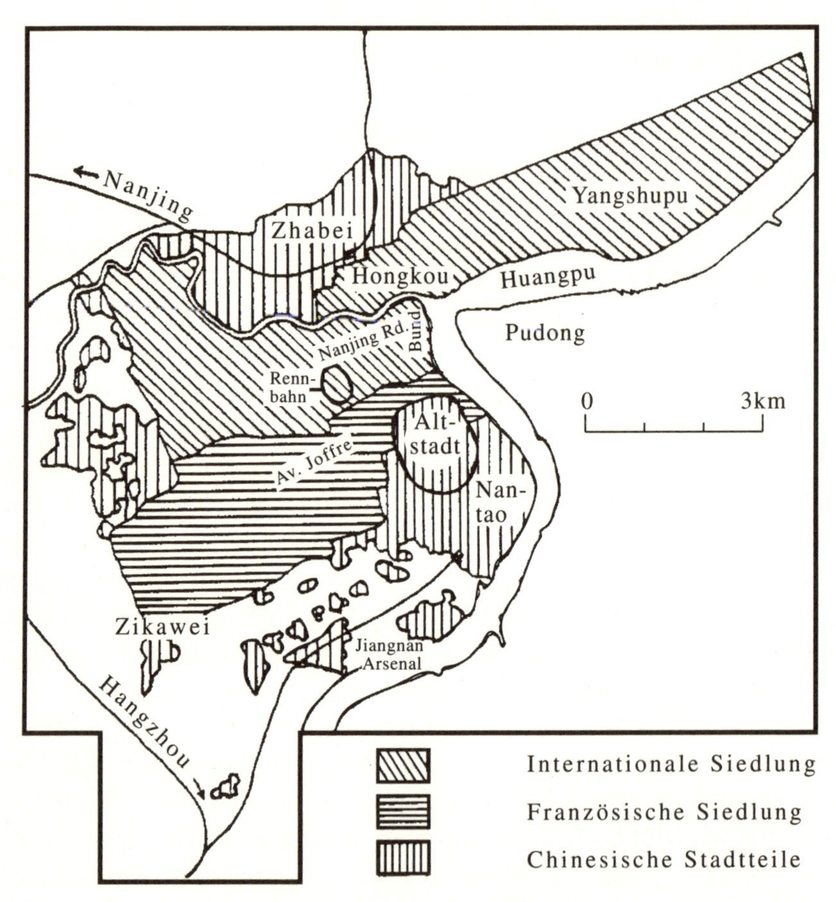

Shanghai 1930 (aus: E. Oberhummer, Shanghai. 1933)

Die Entwicklung, die die Stadt seit der Mitte des 19. Jahrhunderts nahm, rechtfertigt es aber trotzdem, von einem radikalen Neubeginn zu sprechen. Einige Zahlen und Daten sollen diese Position des „alten" Shanghai innerhalb der Weltwirtschaft beleuchten:

Shanghai wurde aufgrund der idealen Lage seines Hafens sehr schnell zum Umschlagplatz Nr. 1 in China. Die Stadt lag nicht nur an Chinas traditionell wichtigstem Verkehrsweg, dem „Langen Fluß" (Yangzi oder Chang Jiang), sie war auch durch etwa 800.000 km Wasserstraßen mit seinem Hinterland, der reichsten und fruchtbarsten Gegend von ganz China, verkehrstechnisch ideal verbunden. Es handelte sich hier wohl weltweit um das größte geschlossene Wasserstraßennetz der Welt.

Die Anbaugebiete für die zunächst wichtigsten Exportgüter lagen zum großen Teil in der Reichweite dieses gewaltigen Verkehrsnetzes: Seide, Baumwolle, Tee und schließlich Opium (1882 übertraf die einheimische Produktion von Opium die Einfuhr aus Indien schon bei weitem). Gerade das Opium trug wesentlich zur Kapitalakkumulation in Shanghai bei; allerdings ist die Frage schlecht erforscht, da bis 1950 ja wichtige Sektoren von Wirtschaft, Finanz und Politik in diesen Bereich involviert waren. Möglicherweise hat Opium für den Aufstieg Shanghais mehr beigetragen als Seide und Tee (Murphey 1953:102f, Fitzgerald 1989: 44-71). Als diese Produkte zu Beginn des 20. Jahrhunderts ihre führende Stelle im Handel verloren, war Shanghai als Umschlagplatz bereits so gefestigt, daß die nunmehr weitaus umfangreichere Palette von Handelsgütern weiterhin zum größten Teil über Shanghai verschifft wurde (Murphey 1953, 1953a, 1974).

Shanghai entwickelte sich darüber hinaus seit Beginn unseres Jahrhunderts zum wichtigsten Industriezentrum Chinas. 1932/33 kam bereits mehr als die Hälfte der industriellen Produktion Chinas aus Shanghai, 40% des industriellen Kapitals war in Shanghaier Unternehmen angelegt und 43% der in modernen Fabriken Arbeitenden waren hier beschäftigt (Englert/Reichert 1985:59). In einem anderen Vergleich: In den dreißiger Jahren leistete Shanghai 66% der Industrieproduktion der zwölf größten chinesischen Städte und brachte 60% des Kapitals dieser Städte auf (Zhang/Xiong 1991.4:28). Die chinesischen Unternehmer mußten mit Firmen aus Europa und Amerika konkurrieren wie auch mit den Japanern (Papers 3:179-215, Cochran 1980, Wakeman/Yeh 1992:35-75).

Aufgrund dieser Konzentration von Handel und Industrie begannen westliche und chinesische Banken, bereits seit Mitte des 19. Jahrhunderts ihren Hauptsitz in Shanghai und Zweigstellen in Hongkong einzurichten. In den dreißiger Jahren hatte Shanghai 21 große chinesische Banken, 14 große ausländische Banken, 203 traditionelle Geldstuben (Handke 1986:30, vgl. zu Shanghai als internationales Finanzzentrum auch Papers 3:337-362, Wakeman/Yeh 1992: 15-34).

Als Kultur- und Bildungszentrum war die Stadt über dem Meer bis in die Mitte des 19. Jahrhunderts in keiner Weise hervorgetreten. Mit dem Aufstieg zur internationalen Handels-, Wirtschafts- und Finanzmetropole entwickelten sich hier allerdings neue Kulturformen, die Shanghai nicht nur einen eigenständigen, sondern auch einen sehr bedeutenden Platz in der kulturellen Entwicklung Chinas sicherten. In Konkurrenz mit der vornehmlich durch Peking repräsentierten traditionellen und modernen chinesischen Hochkultur begann Shanghai nun seinen Beitrag zu leisten für eine deutliche Pluralität in der kulturellen Landschaft des modernen China.

An der Bedeutung der englischen Sprache in Shanghai in der ersten Hälfte unseres Jahrhunderts läßt sich die Eigenständigkeit der südlichen Metropole anschaulich machen. Es handelt sich hier um hybride Kulturformen, die sich direkt aus der gewaltsam durchgesetzten Einbeziehung dieser Stadt in das internationale Wirtschafts- und Finanzgeschehen herleiten lassen.

In einer Untersuchung zur 1863 in Shanghai gegründeten zweiten Schule für westliche Sprachen in China (die erste wurde 1862 in Beijing errichtet) stellt Xiong Yuezhi, Historiker an der Akademie für Sozialwissenschaften in Shanghai, fest, daß man sehr gut erklären kann, warum das Institut in Shanghai im Vergleich zu dem in Beijing Absolventen mit wesentlich höherer Qualifikation hervorbrachte: Der ständige Kontakt mit Ausländern, die vielen Schulen, die die Ausländer in Shanghai errichtet hatten, die vielen Job-Möglichkeiten bei den Ausländern, das alles machte das Erlernen einer westlichen Sprache für die Bildungselite und alle, die in diese Elite aufsteigen wollten, ausgesprochen reizvoll. Es gab so viele Bewerber, daß man sich von vornherein die besten aussuchen konnte (die Situation war in Beijing gerade umgekehrt). Außerdem, so Xiong, war das Klima in Shanghai für Fremdes, Neues, Ungewohntes wesentlich offener als in der Hauptstadt: Shanghai war nie Zentrum konfuzianischer Studien und Traditionen gewesen, die Abwehr gegen Fremdkulturelles war aus diesem Grund schwach, die Aufnahmebereitschaft relativ groß (Xiong Yuezhi 1988:197).

Dieser Trend läßt sich anhand des tertiären Bildungswesens in Shanghai noch deutlicher machen. Gewichtet man die Schulen nach dem Stellenwert, der der englischen Sprache, dem Umgang mit englischen Büchern, englischer Literatur und englischer Zivilisation beigemessen wurde, so stellt man einen deutlichen Unterschied zwischen Beijing und dem Süden fest. Während die Prestige-Schulen im Norden größten Wert auf Literatur und vergleichende Literatur sowie auf Grammatik und Übersetzung legten, war es in den Colleges in Shanghai vor allem der mühelose Umgang mit der gesprochenen englischen Sprache, der diese von Missionaren geleiteten Schulen auszeichnete (Yeh 1990:12). Hier unterrichteten native speakers Englisch und Amerikaner Soziologie, es blieb vergleichsweise kaum Zeit und Energie für die klassische chinesische Bildung, Geschichte und Philosophie (weniger als ein Fünftel belegte diese Fächer in den Missionsschulen, mehr als die Hälfte in den nördlichen Institutionen sowie in denen der Guomindang, der überaus dominierenden Regierungspartei der Republik China). „Because English in treaty-port Shanghai was the language of the Municipal Council, the Mixed Court, the financial institutions, the compradore bourgeoisie and the Concessions' high society, for young Chinese of affluent Concession background it was also the language of status and education. .... St. John's trained its Chinese pupils in the language, values, and manners of the Anglo-

American colonialists, and placed its graduates in a network of connections that drew together the „East" and the „West"." (Yeh 1990:67)

Die hybriden Kulturformen, die am Beispiel der Bedeutung der englischen Sprache in Shanghai deutlich werden, weisen auf mehrere interessante Phänomene hin. Im internationalen Vergleich ist die Stärke, Resistenz und Durchsetzungskraft der chinesischen Kultur und Zivilisation dadurch zum Ausdruck gekommen, daß die westliche Präsenz nicht in der Lage war, die Atmosphäre in den Häfen und die zivilisatorische Entwicklung des ganzen Landes entscheidend zu prägen - in ganz großem Unterschied etwa zu ihrem Einfluß auf die indischen Kolonialmetropolen. Einerseits hat man zwar davon gesprochen, daß Shanghai innerhalb eines Jahrzehnts nach der Öffnung ein Ebenbild Europas des 19. Jahrhunderts und dann eine Kopie Amerikas des 20. Jahrhunderts gewesen sein soll (Murphey 1953:3). Andererseits ist Shanghai aber im wesentlichen immer eine chinesische Stadt geblieben; die chinesischen Kaufleute, Journalisten und Intellektuellen sollen dort nie primär Nachahmer der Europäer und Amerikaner gewesen sein, sondern immer deren erfolgreiche Konkurrenten und zwar in allen Bereichen des geschäftlichen, kulturellen und intellektuellen Lebens (vgl. dazu vor allem Murphey 1977).

Shanghai bildet aber auch innerchinesisch einen deutlichen Sonderfall. Die traditionelle chinesische Kultur griff - nach der neuesten Darstellung eines Sozialwissenschaftlers aus Shanghai - so tief, sie hatte ein so starkes Beharrungsvermögen und ein so starkes Bestreben nach Ausschließlichkeit, daß alles, was von außen an China herantrat, seine ursprüngliche Gestalt verlor bzw. vollkommen entstellt wurde. Shanghai war hier ein Sonderfall. In Shanghai, so der nämliche Autor, begann sich tatsächlich etwas zu öffnen, hier wurde die Abschottung gegen Neues von außen aufgebrochen und von innen weiterbehandelt, hier fand eine Entwicklung statt, die im Bereich der Politik, der Wirtschaft, der Kultur bis hin zur Stadtverwaltung allem überlegen war, was die Qing, die Kriegsherrenregierung in Beijing, und die Guomindang im Süden und dann in Nanjing in die Wege geleitet hatten (Tang/Shen 1988:2-5). Dieses „etwas" liegt zwischen der Abschottung gegen außen auf der einen und unkritischer Übernahme fremdkultureller Formen auf der anderen Seite, es ist die kreative Synthese, die Internationalität positiv auszeichnet.

Der chinesische Nationalismus, der seit 1919 Shanghai wie das übrige China beherrschte und der sehr starke Tendenzen zum Ausschluß alles Fremden zeigte, entwickelte sich zur kosmopolitischen Atmosphäre von Shanghai komplementär weiter, was eine eskapistische Rückkehr in die Vergangenheit verhinderte. Hier wurde eine neue Vision des Platzes, den China in der Welt einnehmen würde, sowie des Platzes, den Ausländer in China einnehmen würden, hervorgebracht. Shanghai war nicht nur „ausländisch", wie es die Guomindang und die Kommunistische Partei Chinas ablehnend sahen, sonst wäre es durch diese Ablehnung hinweggefegt worden. Aber weder diese Ablehnung noch Depression, Krieg und Chaos konnten es auslöschen, auch nicht die massiven Eingriffe der Volksrepublik China (Bergère 1981:2f).

Weder nostalgische Verklärung des weltstädtischen Nimbus der alten Metropole über dem Meer noch die ausschließliche Konzentration auf die katastrophalen Auswirkungen von Armut, Gangsterunwesen, Prostitution und Ausbeutung in dieser Megastadt helfen, die Funktion Shanghais in China zu verstehen. Es gilt vielmehr zu bedenken, wie wichtig plurikulturelle, internationale und transsozietäre Prozesse in der Moderne geworden sind und welchen Stellenwert Shanghai in diesem Zusammenhang einnimmt.

Das maoistische Shanghai: Ziel und Opfer der Revolution

Die Stadtpolitik der Volksrepublik China war mehr als 30 Jahre lang darauf gerichtet, die konkreten Implikationen und Folgen jener Urbanisierung an der chinesischen Küste, wie sie sich im Zeitalter des Imperialismus bis zum Zweiten Weltkrieg entwickelt hatten, rückgängig zu machen, und zwar auf der Basis einer grundsätzlich „anti-urbanen“ Politik der Mao-Ära. Die kommunistische Führung war sich der Rolle der Städte als unentbehrliche Motoren von ökonomischem und technologischem Fortschritt sehr wohl bewußt. Ihre „anti-urbane“ Einstellung bedeutete aber den unbeugsamen Willen, die negativen Entwicklungen in den Großstädten, die Kristallisationspunkte vieler und gewaltiger sozialer Ungleichheiten und Ungerechtigkeiten geworden waren, auszuschalten. Ihr Problem bestand in dem Versuch, die Gans, die die goldenen Eier legte, zwar nicht umzubringen, aber zugleich in einen sozialistischen Schwan zu verwandeln (Whyte 1991:684).

Die negativen Folgen dieses Versuches einer radikalen Lösung des Megastadtproblems sind in Shanghai deutlich sichtbar. Die Stadt über dem Meer ist zwar die wichtigste chinesische Industriemetropole geblieben, die Abkoppelung vom internationalen Zusammenhang sowie die weitestgehende Ausschaltung kapitalistischen Wettbewerbs zeitigten aber gravierende Folgen. Einerseits ist die Produktionsstruktur veraltet: an die 50% der Ausrüstungen der Industriebetriebe stammen aus den dreißiger und vierziger Jahren, 34 % aus den fünfziger, nur 15% aus den sechziger und siebziger Jahren. Andererseits ist die Industriestruktur veraltet mit dem Resultat, daß z.B. von den zwischen 1979 und 1983 neu auf den Markt gebrachten Produkten nur 1,7% internationales Niveau erreichten und lediglich 12% den obersten technischen Stand in China. Weiters bestehen große Barrieren zwischen Forschung und Produktion: „Innovation“, also Überführung der Forschungsresultate in die Produktion, wurde in Shanghai klein geschrieben, die Forschungsergebnisse blieben weitgehend im Stadium des „Geschenks, des Musters und des Ausstellungsstücks". Darüber hinaus hat Shanghai durch die Politik des Vertrauens auf die eigene Kraft sowie des Stehens auf den eigenen Beinen den Ausstieg aus dem Informations- und Kommunikationsnetz, das die globale Kultur der Zentren der Weltstädte konstituiert, vollzogen und dadurch seine internationale Bedeutung weitestgehend verloren.

Was Shanghai als Finanzzentrum betrifft, so kann man heute in China wohl kaum von einem internationalen Finanzzentrum sprechen, wenn überhaupt, dann wäre es Beijing, wo die Hauptverwaltungen der staatlichen Banken liegen. Shanghai ist heute im globalen Zusammenhang gesehen nicht mehr als eine europäische Großstadt vor 50 Jahren (Handke 1986:30).

Was die internationale Atmosphäre anbelangt bzw. die Ansätze zur Entwicklung globaler Kulturformen, so bedarf der traurige Erfolg der Politik der Volksrepublik hier keines weiteren Kommentars. Die Abschottung gegen Information aus und Kommunikation mit der Außenwelt hat die Gesellschaft von Shanghai - von der Schule über das Kaffeehaus bis hin zu den höchstrangigen Forschungszentren - bis in die späten siebziger Jahre isoliert. Die Medienlandschaft ist - trotz einer Reihe von angesehenen und auflagenstarken chinesisch-sprachigen Tageszeitungen - bis heute vergleichsweise dürftig.

Im Fernmeldenetz wurde die Vermittlungskapazität von 1949 bis 1979 nur von 70.000 Anschlüssen auf 100.000 ausgeweitet, 1984 waren 150.000 erreicht. Während sich also die wirtschaftliche Leistung verzwanzigfachte, wurde der Umfang des Telephonnetzes nur verdoppelt.

Neben den Fehlleistungen, die der Versuch einer radikalen Lösung des Megastadtproblems hervorbrachte, haben aber die positiven Folgen dieser Politik über Jahrzehnte die Weltöffentlichkeit beeindruckt. Die Volksrepublik hat in hohem Maß und weithin anerkannt jene negativen Auswirkungen der uneingeschränkten und rasanten Urbanisierung in der Dritten Welt kontrollieren bzw. vermeiden können, die sich aufgrund der sogenannten „nicht-generativen" Natur der Städte eingestellt haben. Die These von der „Pseudo-Urbanisierung" oder auch „Subsistenzurbanisierung" von Dritte Welt-Ländern (Sit 1985:3) geht davon aus, daß das gigantische Bevölkerungswachstum vieler Städte der Dritten Welt die Strukturen und Mechanismen der Versorgung mit Nahrung, Arbeit und Wohnraum von vornherein hoffnungslos überforderte, weil es ohne entsprechende ökonomische Entwicklung (Industrialisierung) stattfand.

Es sind vor allem die folgenden Strategien, durch welche der Erfolg der chinesischen Stadtpolitik gegen diese „Subsistenzurbanisierung" begründet wird:

a) Die Volksrepublik hat erfolgreich eine bessere geographische Verteilung der großen Ballungszentren durchgeführt: von der Konzentration an der Küste und am Yangzi zu einer Streuung von Millionenstädten über alle Provinzen. Gab es 1953 neun Millionenstädte, die alle an der Küste bzw. am Yangzi gelegen waren, so gab es 1970 bereits weitere zwölf Millionenstädte, sieben davon nicht in den Küstenprovinzen, und 1981 waren weitere 13 Millionenstädte im Landesinneren dazugekommen.

b) Die Volksrepublik China hat gewaltige und erfolgreiche Anstrengungen gegen ein unkontrolliertes Wachstum der Großstädte (vor allem der Küstenstädte) unternommen, unter anderem durch eine gesetzliche Registrierpolitik, die zwischen Stadtbevölkerung und Landbevölkerung eine praktisch unüberwindbare Barriere aufbaute.

Seit den fünfziger Jahren besteht ein polizeiliches Meldesystem, dessen herausragendste Charakteristik in folgenden Bestimmungen besteht: Erstens wird für jede Person festgelegt, ob sie zur städtischen oder zur ländlichen Kategorie gehört, und zweitens ist diese Schranke - die „Berliner Mauer" innerhalb der chinesischen Gesellschaft - eine der unüberwindlichsten und starrsten Festlegungen für jeden Chinesen. Wohl kann jemand mit städtischer Registratur zum Landbewohner werden (sowohl freiwillig als auch im Sinne von Bestrafung), aber es ist äußerst schwierig, in den allermeisten Fällen völlig unmöglich, die ländliche Registratur in eine städtische umzuwandeln.

Städtische Registratur bedeutet einen Arbeitsplatz in einem Staatsbetrieb oder städtischen Kollektiv, d.h. einen sehr geschützten und relativ gut bezahlten Arbeitsplatz, Wohnungszuteilung, subventionierte Lebensmittel, Krankenversicherung, Altersversicherung usw.

Diese staatlichen Leistungen sind von größtem Wert für den chinesischen Stadtbewohner, sind für den Staat aber sehr kostspielig, und das ist einer der Gründe, warum die Ausweitung dieser Vergünstigungen auf die riesigen Massen der ländlichen Bevölkerung immer mit solcher Stringenz verhindert worden ist. Für die ländliche Bevölkerung gelten die entsprechenden Vergünstigungen nur in dem Ausmaß, in dem das einzelne Kollektiv auf Grund seines wirtschaftlichen Erfolges zur Leistung dieser Dienste in der Lage ist, und dies bedeutet in der Regel einen verschwindenden Bruchteil der Sozialleistungen, die dem Städter zustehen.

Zugleich ist dieses Gesetz aber auch die denkbar wirksamste Barriere gegen Landflucht bzw. gegen ein unkontrolliertes Wachstum der Großstädte: Es ist nicht nur verboten, ohne städtische Registratur in der Stadt zu leben, es war bis in die jüngste Vergangenheit ohne staatliche Zuteilung eines Arbeitsplatzes, einer Wohnung, von subventionierten Lebensmitteln und einer Versicherung auch völlig unmöglich (Potter 1983, Christiansen 1990).

Daß die Stadtbevölkerung in der Volksrepublik insgesamt besonders stark zunahm - zwischen 1960 und 1980 stieg sie um 128 Millionen Menschen, also eine Steigerung um 100% (Yeung 1990:28ff) - steht dazu nicht unbedingt im Widerspruch. Erstens ist dieses Wachstum vor allem auf die natürliche Entwicklung der städtischen Bevölkerung zurückzuführen, und zweitens hat man bei

Bedarf etwa für die Ausweitung der industriellen Produktion auch hunderttausenden ländlichen Arbeitskräften per Gesetz (bzw. per Ausnahmegenehmigung) die städtische Registratur verliehen.

Shanghai selbst ist das beste Beispiel für die Wirksamkeit des Meldesystems und anderer administrativer Maßnahmen (Aussiedlung großer Bevölkerungsteile aus der City nach Großshanghai, Landverschickung von Millionen Jugendlichen) für die Eindämmung des Großstadtwachstums. 1953 hatte die City 6,2 Millionen Einwohner, 1981 6,13 Millionen. Die Gesamtbevölkerung von Großshanghai wuchs allerdings zwischen 1949 und 1978 um mehr als 100% (inzwischen über 12 Millionen), wobei die Fläche der City ebenfalls um 100% auf 141 km^2 ausgedehnt wurde und Großshanghai inzwischen eine Fläche von 6.000 km^2 umfaßt (Yan Zhongmin 1985:94, Sit 1985:31). Der prozentuelle Anteil Shanghais an der gesamten Stadtbevölkerung Chinas nahm leicht ab, von 6% auf 5,9% (Yeung 1990:30).

Karte 2: Die City und der Stadtstaat Shanghai

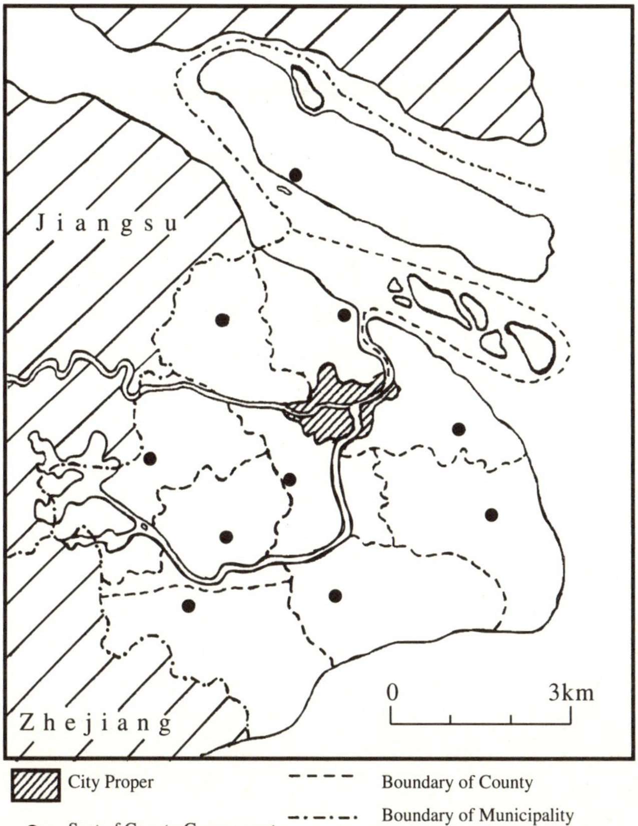

c) Die Volksrepublik China forcierte die Umstrukturierung der Städte vom Konsum zur Produktion mit den entsprechenden Folgen für Klassenstruktur, Beschäftigungspolitik, Serviceleistungen und Infrastruktur.

Diese Politik, deren Ziel es unter anderem war, den Unterschied zwischen Stadt und Land abzubauen, hat zu einer schwerwiegenden Vernachlässigung der Investitionen für die Lebensqualität der Stadtbewohner geführt. In Shanghai etwa war die Folge des absoluten Vorrangs der Produktion, daß 1980 der Wohnraum pro Kopf 4,3 m^2 betrug (kaum mehr als 1949) und der Stadtraum 24,6 m^2 pro Person; zwischen 1962 und 1980 wurden 15% des gesamten Wohnraumes für Fabriken verbaut, der Verkehrsstau hat die Durchschnittsgeschwindigkeit in der City von 30 km/h (1949) auf 15 km/h (1979) reduziert (Yeung 1990: 35). Die ökologischen Folgen sind ebenfalls gravierend.

Inzwischen tendiert die Stadtforschung teilweise dahin, die fortschreitende Urbanisierung in der Dritten Welt, konkret die weitere Entwicklung der Megastädte, unter einem positiven Aspekt zu betrachten. Sie sieht Urbanisierung und Entwicklung eng miteinander verbunden. Trotz der gigantischen wirtschaftlichen Probleme, der sozialen Ungleichheiten, außerordentlicher Unausgewogenheit zwischen der Zahl der Bevölkerung und den zur Verfügung stehenden Serviceleistungen usw. werden gerade Megastädte auch für den ostasiatischen Raum als Potentiale für Entwicklung gesehen (Yeung 1990a).

In diesem Zusammenhang wird daher die bisherige Strategie der Volksrepublik - der sogenannte Anti-Urbanismus maoistischer Prägung - neu und sehr kritisch bewertet. Die maoistische Politik habe das enorme Potential, das die Effizienz der Großstädte an der Küste für die ökonomische und soziale Entwicklung darstellt, nicht erkannt. Sie wird als pure Verschwendung dieser Möglichkeiten gesehen (Ginsburg 1990). Daher werden nun neue Strategien für die Entwicklung der Großstädte, vor allem auch der herausragenden Metropolen an der Küste, entworfen (Fan Chonglan 1990).

Shanghais Zukunft: Aufbruch aus dem tiefen Tal

Seit den achtziger Jahren gibt es in der Volksrepublik eine grundsätzlich neue entwicklungspolitische Konzeption: China versucht Anschluß zu gewinnen an die in der westlichen Welt seit den siebziger Jahren sich anbahnende neueste technologische Revolution, die Informationsgesellschaft. Dies äußert sich im wirtschaftlichen Bereich konkret in der Planung und Herausbildung eines Hochtechnologiesystems mit den Kernsektoren Mikroelektronik und Informationstechnik in den chinesischen Großstädten.

Obwohl seit 1949 in allen Fünfjahresplänen die Hochtechnologieentwicklung für Shanghai Vorrang hatte, konnte sich diese Tendenz nicht durchsetzen. Ein Grund dafür war sicher, daß von den 500 Milliarden Yuan, die Shanghai seit 1950 erwirtschaftet hatte, 400 Milliarden an den Staat abgeliefert worden waren, um die Entwicklung anderer Regionen zu fördern (Yao Xitang 1990:23). Shanghai war zwar auch Mitte der achtziger Jahre noch das größte Industriezentrum der Volksrepublik China (1984 erwirtschaftete es 10,6% des gesamten industriellen Produktionswertes), seit Beginn der achtziger Jahre betrugen aber seine jährlichen Wachstumsraten nur mehr 5% (im Vergleich zu 20% in Jiangsu), für das Jahr 1985 waren seine Wirtschaftsdaten zusammen mit Tibet (!) die schlechtesten in ganz China. Erst seit Mitte 1988 zeigt sich eine gewisse Erholung aus diesem „tiefen Tal".

„Durch die Verlagerung des ökonomischen Schwerpunktes von den traditionellen (arbeits- und kapitalintensiven) Zweigen auf technologie- und wissenschaftsintensive Branchen sowie den tertiären Sektor hofft die Shanghaier Führung, den in den letzten Jahren verlorengegangenen Boden zurückzugewinnen und die Stadt wieder zu Chinas führendem Technologie-, Handels- und Wirtschaftszentrum zu machen." (Rehn 1990:58)

Grundsätzlich hat Shanghai, trotz der Politik der Maoistischen Ära, bis heute aufgrund seines wirtschaftlichen und technologischen Eigengewichtes innerhalb Chinas weiterhin die besten Voraussetzungen für eine derartige Entwicklung gewahrt. Zusammen mit den Provinzen Jiangsu, Zhejiang, Anhui und Jiangxi hat es 517.000 km^2 (Frankreich hat 547.000 km^2) und fast 200 Millionen Einwohner, es erwirtschaftet ein Viertel des Produktionswertes des gesamten Landes, hat einen Lebensstandard, der doppelt so hoch ist wie der in Beijing und sechsmal so hoch wie der chinesische Durchschnitt; es stellt nach Bildungsstand, Technologiestand, wirtschaftlichem Entwicklungsstand und Lebensstandard ein Schwellenland dar (Handke 1986:16).

Die Zukunft von Shanghai wird daher einerseits sehr optimistisch gesehen. Dies zeigt sich vor allem bei den Entwicklungsplänen für Pudong, einem bisher vernachlässigten Gebiet von Großshanghai: „Shanghai wird sein altes Gesicht vollkommen verändern. Wir werden eine neue, moderne sozialistische Stadt aufbauen, offen, multifunktional, mit rationeller Produktionsstruktur, fortschrittlicher Technologie und hoher Zivilisation." (Zheng Zu'an 1988:405) Konkret bedeutet das für Pudong: Eine Uferstraße, Brücken über den Huangpu, Untertunnelung des Flusses, eigene Bereiche und Zentren für Finanz und Bankwesen, für Handel, Wissenschaft und Technik, Bildung, Information und Serviceleistungen, Errichtung eines Hochseehafens, von Serviceeinrichtungen für die Hochseeölbohrungen, eines zweiten internationalen Flughafens und eines neuen Industriezentrums (Ebenda). „Hier soll eine moderne, dem Weltmaßstab entsprechende Zone entstehen mit einer rationalen Entwicklungskonzeption, einem fortschrittlichen integrierten Verkehrssystem, perfekter städtischer Infrastruktur, einem bequemen Informationssystem und vorzüglichen Umweltbedingungen." (Yao Xitang 1990:4)

Die Zukunft von Shanghai wird aber nicht nur optimistisch, sondern auch „anders" gesehen. Chinesische und westliche Studien zu sozialen und ökonomischen Entwicklungen Chinas und Shanghais aus den letzten Jahren kommen nicht selten zu folgender Feststellung: Trotz der Öffnungspolitik, wie sie sich seit den achtziger Jahren vollzieht und wie sie für die Zukunft noch verstärkt geplant ist, wird die konkret nicht abschätzbare Entwicklung der Megastadt Shanghai in Bahnen verlaufen, die ihre deutlichste Prägung durch Elemente der nachmaoistisch durchorganisierten Gesellschaft und durchgeplanten Wirtschaft erhalten. Mit anderen Worten, wie immer die Entwicklung verlaufen wird, man kann davon ausgehen, daß sie in hohem Maße nicht den Bahnen folgen wird, wie wir sie aus der Metropolisierung der übrigen, nicht- sozialistischen Welt kennen. Was damit gemeint ist, läßt sich an Beispielen deutlich machen.

Die bereits angesprochene Barriere, die das Registriersystem seit den fünfziger Jahren zwischen Stadt und Land aufgerichtet hat, ist für die Entfaltung der sozialen Mobilität als Voraussetzung für die Belebung der Wirtschaft zu einem großen Problem geworden. Die Auflösung des Systems innerhalb eines kurzen Zeitraums scheint aber undenkbar. Der Verlust der Privilegien, die an die 205 Millionen städtische Registrierte durch die Abschaffung der Schranke treffen würde, müßte zu sozialen Unruhen unabschätzbaren Ausmaßes führen. Die Barriere wird natürlich inzwischen in einer Größenordnung durchbrochen, die schwer zu kalkulieren ist. Einerseits gibt es für Millionen Bauarbeiter zeitlich begrenzte Aufenthaltsgenehmigungen in den Großstädten, andererseits arbeiten aber inzwischen Millionen von Beschäftigten in den städtischen Privatbetrieben, und ihre Zahl ist sehr schwer zu kontrollieren, und drittens gibt es eine kaum abschätzbare Zahl von illegal in der Stadt lebenden und arbeitenden Personen. Dadurch, daß private Märkte erlaubt sind, kann jemand, der verdient, inzwischen ohne staatliche Zuteilung leben, und das macht eine totale Überwachung unmöglich. Für Kleinstädte ist in den letzten Jahren sogar eine neue Registrierkategorie eingeführt worden. Bauern dürfen sich auf Dauer in Kleinstädten niederlassen, vorausgesetzt, sie deklarieren sich als Selbstversorger (zili hukou); sie sind zwar Städter, können aber keine Ansprüche auf staatliche Zuweisungen stellen (Christiansen 1990:40).

Noch interessanter ist im vorliegenden Zusammenhang jedoch die Tatsache, daß Studien zur Beschäftigungspolitik der späten achtziger Jahre zu dem Schluß kommen, diese Nischen, in denen auch Millionen von Personen mit ländlicher Registratur halblegal oder illegal in der Stadt leben können, seien nicht zu dem

Zweck geschaffen worden, einen Auslöser für die Entwicklung eines in Zukunft dominierenden freien Arbeitsmarktes zu schaffen. Ganz im Gegenteil dienten sie dazu, die alten Strukturen, die auf strikter Reglementierung und staatlicher Zuteilung der Arbeitsplätze fußen, also Plan- und Kommandowirtschaft im besten Sinn des Wortes darstellen, auch für die Zukunft abzusichern. Der fragmentierte, marginale und von der Kommandowirtschaft abhängige Markt soll jenen Teil der nicht mehr ganz kontrollierbaren Arbeitskräfte in der Stadt in so hohem Maße auffangen, daß die Fortführung der bisher gehandhabten städtischen Arbeitsmarktpolitik nicht mehr gefährdet ist (Christiansen 1992). Dies würde darauf hindeuten, daß Bevölkerungsverschiebungen auch in Zukunft streng geregelt und kontrolliert verlaufen werden und daß damit die Hoffnung verbunden ist, die sozialen Probleme, die aus dem unkontrollierten Wachstum der Megastädte der Dritten Welt resultieren, von vornherein besser im Griff zu haben.

Auch die Frage einer eigenständigen kulturellen Entwicklung des zukünftigen Shanghai sowie aller chinesischen Großstädte, vor allem natürlich der Küstenstädte, ist ein zentrales Thema der Diskussion und der Forschung in den chinesischen Sozialwissenschaften geworden. Es sind vor allem die historischen Institute der Akademie für Sozialwissenschaften, die diese Frage in den letzten Jahren mit deutlich sichtbaren Resultaten aufgegriffen haben. Am weitesten fortgeschritten scheint die Stadtforschung in Shanghai zu sein. Hier hat sich, neben den Forschungen an der Akademie und an den Universitäten, eine eigene Organisation gebildet, die Institutionen übergreifend arbeitet: Das „Zentrum für Shanghai-Forschung". In der Publikationsreihe dieser Organisation sind bereits sieben Bände erschienen.

Wie sehr die Frage multikultureller Entwicklung die Diskussion beherrscht, geht aus den Publikationen und Plänen der erwähnten Forschungsgruppen hervor. In der Shanghaier Akademie für Sozialwissenschaften läuft zur Zeit ein Projekt über die Geschichte der fünf Küstenstädte, die nach dem ersten Opiumkrieg für den Handel und damit für die Ausländer geöffnet worden waren: Kanton, Xiamen, Fuzhou, Ningbo und Shanghai. Ein weiteres Projekt befaßt sich mit Shanghai als einem Migrationsziel in mehrfacher Hinsicht:

a) Die Migration der Chinesen aus den verschiedenen Provinzen nach Shanghai und die neuen kulturellen Formen, die sich aus dem Zusammenleben entwickelten.

b) Modelle des Kulturtransfers aus der Stadt zurück in die eigene Heimatgegend und umgekehrt.

c) Die kulturellen Formen, die durch den Zuzug der Ausländer in Shanghai entstanden sind. In den voluminösen „Forschungen zum Modernen Shanghai" aus dem Jahr 1990 beschäftigt sich der dritte Teil (Kultur) praktisch ausschließlich mit der Interaktion der verschiedenen Kulturen in Shanghai.

Gerade weil Shanghai wie keine andere Stadt in China historische Erfahrungen einer Weltstadt, der Interaktion verschiedenster Kulturen, der positiven Impulse wie auch der bedrückenden Schattenseiten einer Metropole aufweist, sind die Studien zur Geschichte von Shanghai für das Verständnis der gegenwärtigen und zukünftigen Entwicklung der Stadt über dem Meer besonders fruchtbar.

Es stellt sich daher zu guter Letzt nicht nur die Frage, wie weit Shanghai bereit ist, sich in Zukunft auf die Konsequenzen internationaler Arbeitsteilung, global gesteuerter Produktion und die Entstehung von Plurikultur, d.h. gesellschaftlicher und kultureller Fragmentation inklusive einer gewissen Abkoppelung von der sogenannten nationalen Kultur etc., einzulassen. Eine weitere Frage ist, ob auch die Welt Shanghai als zukünftiges Wirtschafts-, Finanz- und Informationszentrum will, das die Hauptsitze vieler internationaler Konzerne sowie viel internationales Kapital usw. anlockt. Im Shanghaier Fernsehen lief am 30. September 1992 eine lange Nachrichtensendung, die zum allergrößten Teil aus Wirtschaftsinformationen bestand und da wiederum aus einer schier endlosen Abfolge von Grundsteinlegungen und Enthüllungen von Plaketten von Joint Ventures und anderen großen neuen Investitionen, die am Tag vor dem Nationalfeiertag (1. Oktober) in Pudong - wo ja das neue Zentrum des wirklich weltstädtischen Shanghai entstehen soll - vorgenommen worden waren. Diese Sendung sollte ganz offensichtlich darauf hinweisen, daß auch die Welt bereits diese Chance, die Shanghai bietet, wahrgenommen hat.

Literaturempfehlung:

Zur Entstehung und Entwicklung des modernen Shanghai vgl. Shanghai. Chinas Tor zur Welt:1989 sowie Englert/Reichert:1985 mit Literaturangaben. Die Werke von Rhoads Murphey geben die beste Einführung in die idealen Startbedingungen von Shanghai in der Mitte des 19. Jahrhunderts. Neuere Studien zu Einzelthemen, die die wirtschaftliche, soziale und kulturelle Entwicklung der „Stadt über dem Meer“ - so eine mögliche Übersetzung von „Shanghai“ - betreffen, liegen vereinzelt in westlichen Sprachen vor (vgl. etwa Parks M. Coble: The Shanghai Capitalists and the Nationalist Government, 1927-1937. Harvard East Asian Monographs 94, Cambridge Mass./London: Harvard University Press 1986; Christian Henriot: Shanghai 1927-1937. Élites Locales et Modernisation dans la Chine Nationaliste. Paris: Éditions de L'École des Hautes Études en Sciences Sociales 1991; Thomas B. Stephens: Order and Discipline in China. The Shanghai Mixed Court 1911-1927. Seattle/London: University of Washington Press 1992; Wakeman/Yeh 1992). Auf chinesischer Seite werden diese Studien zur Zeit mit großer Intensität betrieben, vor allem in der Shanghai Akademie für Sozialwissenschaften und im „Zentrum für Shanghai-Forschung“.

Die Entwicklung von Shanghai nach 1949 ist kaum in Monographien behandelt worden, die Daten finden sich häufig in allgemeiner Literatur über die gesellschaftliche Entwicklung sowie über die Stadtgeschichte. Vgl. dazu John Wilson Lewis (Hg.): The City in Communist China. Stanford: Stanford University Press 1971; Howe 1981; Alfred Schinz: Cities in China. Urbanization of the Earth 7, Berlin/Stuttgart: Gebrüder Borntraeger 1989; David Buck: The Study of Urban History in the People's Republic of China. In: Urban History Yearbook, 1987. Leicester: University of Leicester Press:61- 75; Ders.: Achievements in the Study of Modern Chinese Urban History. In: Studies of Modern Chinese History. A Bibliographic Review 1928-1988, 2 Bde. Taipei: Institute of Modern History, Academia Sinica 1989, Bd. 2:555-598.

Literatur:

Bergère, Marie-Claire:1981
'The Other China': Shanghai from 1919 to 1949. In: Shanghai. Revolution and Development in an Asian Metropolis, Hg. Christopher Howe, Cambridge u.a.: Cambridge University Press
Christiansen, Flemming:1992
„Market Transition" in China. The Case of the Jiangsu Labor Market, 1978- 990. In: Modern China 18.1:72-93
Cochran, Sherman M. Jr.:1980
Big Business in China: Sino-Foreign Rivalry in the Cigarette Industry, 1890-1930. Cambridge, Mass.: Harvard University Press
Englert, Siegfried/ Reichert, Folker (Hg.):1985
Shanghai. Stadt über dem Meer. Heidelberger Bibliotheksschriften 17, Heidelberger Verlagsanstalt
Fan, Chonglan (Hg.):1991
Shijie zhijiao de chengshi jianshe - Tianjin shinian jianshe jishi (Städtebau an der Jahrhundertwende - Zehn Jahre Stadtaufbau in Tianjin). Beijing: Kexue Chubanshe
Fitzgerald, John (Hg.):1989
The Nationalists and Chinese Society 1923-1937: A Symposium. Melbourne: The History Department, University of Melbourne
Ginsburg, Norton:1990
The Urban Transition. Reflections on the American and Asian Experiences. Hong Kong: The Chinese University Press
Goodman, Bryna:1990
Urban Identity and the Question of a Public Sphere in Chinese Regional Cities: Regional Associations in 1930's Shanghai. Paper for the Center for Chinese Studies Regional Seminar, University of California, Berkeley, November 2-3
Handke, Werner:1986
Schanghai. Eine Weltstadt öffnet sich. Mitteilungen des Instituts für Asienkunde 154, Hamburg

Howe, Christopher (Hg.):1981
Shanghai. Revolution and Development in an Asian Metropolis. Cambridge u.a.: Cambridge University Press
Hu, Xunmin/He, Jian:1991
Shanghai banghui jianshi (Kurze Geschichte der Geheimgesellschaften in Shanghai). Shanghai: Renmin Chunbanshe
Murphey, Rhoads:1953
Shanghai: Key to Modern China. Cambridge Mass.: Harvard University Press
Murphey, Rhoads:1953a
The Economic Geography of Shanghai: The Role of Water Transport in the Growth of the City. PH.D. Harvard
Murphey, Rhoads:1974
The Treaty Ports and Shanghai's Modernization. In: The Chinese City between Two Worlds, Hg. Mark Elvin/G. William Skinner, Stanford, Stanford University Press:17-71
Murphey, Rhoads:1977
The Outsiders: The Western Experience in India and China. Ann Arbor: University of Michigan Press
Pan, Ling:1984
Old Shanghai. Gangsters in Paradise. Hong Kong u.a.: Heinemann Asia
Papers on Shanghai Studies (= Papers): 1988ff
Band 1 - 7. Shanghai: Shehuikexueyuan Chubanshe
Potter, Sulamith Heins:1983
The Position of Peasants in Modern China's Social Order. In: Modern China 9.4:465-499
Rehn, Detlef:1990
Shanghais Wirtschaft im Wandel: Mit Spitzentechnologien ins 21. Jahrhundert, Mitteilungen des Instituts für Asienkunde, Hamburg
Sergeant, Harriet:1990
Shanghai. Collision Point of Cultures 1918/1939. New York: Crown Publishing
Shanghai: 1989
Chinas Tor zur Welt. Landeszentrale für politische Bildung, Hamburg, Sonderauflage für Institut für Asienkunde, Hamburg
Sit, Victor F.S. (Hg.):1985
Chinese Cities. The Growth of the Metropolis since 1949. Oxford/New York/Hong Kong: Oxford University Press
Tang, Zhenchang/Shen, Hengchun (Hg.):1988
Shanghaishi yanjiu Bd.2 (Studien zu Schanghai). Shanghai: Xuelin Chubanshe
Wakeman, Frederic E./Yeh, Wenhsin (Hg.):1992
Shanghai Soujourners. China Research Monograph 40, Institut of East Asian Studies, University of California Berkeley
Whyte, Martin King:1991
Urban Life in the People's Republic. In: The Cambridge History of China, Bd. 15, Hg. Roderick MacFarquhar/John K. Fairbank, Cambridge u.a.: Cambridge University Press:682-742

Xiong, Yuezhi:1988
Shanghai Guangfangyanguan shilüe (Kurze Geschichte der Sprachenschule von Shanghai). In: Shanghaishi yanjiu Bd.2 (Studien zu Shanghai), Hg. Tang, Zhenchang/Shen, Hengchun, Shanghai, Xuelin Chubanshe:176-211.
Yan, Zhongmin:1985
Shanghai: The Growth and Shifting Emphasis of China's Largest City. In: Chinese Cities. The Growth of the Metropolis since 1949, Hg. Victor F.S. Sit, Oxford/New York/Hong Kong, Oxford University Press:94-127
Yao, Xitang (Hg.):1990
Shanghai Xianggang bijiao yanjiu (Vergleichende Studien zu Shanghai und Hong Kong). Shanghai: Renmin Chubanshe
Yeh, Wenhsin:1990
The Alienated Academy. Culture and Politics in Republican China. Cambridge Mass./ London: Harvard University Press
Yeung, Yue-man:1990
Changing Cities of Pacific Asia. A Scholarly Interpretation. Hong Kong: The Chinese University Press
Yeung, Yue-man:1990a
Introduction: Urbanization and Development. In: The Urban Transition. Reflections on the American and Asian Experiences, Hg. Norton Ginsburg, Hong Kong, The Chinese University Press:IX-XVI
Yeung, Yue-man/Hu, Xuwei (Hg.):1992
China's Coastal Cities. Catalysts for Modernization. Honolulu: University of Hawaii Press
Zhang, Zhongli (Hg.):1990
Jindai Shanghai chengshi yanjiu (Forschungen zum modernen Shanghai). Shanghai: Renmin Chubanshe
Zhang, Zhongli/Xiong, Yuezhi/Pan, Junxiang/Song, Yilei:1991
Jindai Shanghai chengshi de fazhan, tedian he yanjiu lilun (Das moderne Shanghai: Entwicklung, Besonderheiten und Forschungsproblematik). In: Jindaishi yanjiu 1991.4:19-38
Zheng, Zu'an:1988
„Pudong" lishi fazhan gaishuo (Abriß der historischen Entwicklung von Pudong). In: Shanghaishi yanjiu Bd.2 (Studien zu Shanghai), Hg. Tang, Zhenchang/Shen, Hengchun, Shanghai, Xuelin Chubanshe:397-406

Gerhard HATZ - Karl HUSA - Helmut WOHLSCHLÄGL

Bangkok Metropolis - eine Megastadt in Südostasien zwischen Boom und Krise

Neben dem raschen Bevölkerungswachstum ist heute vor allem das im Vergleich dazu noch wesentlich höhere Tempo des Urbanisierungsprozesses charakteristisch für große Teile der Dritten Welt. Zwischen 1950 und 1990 verfünffachte sich die Stadtbevölkerung in den Entwicklungsländern von 286 Millionen auf 1,51 Milliarden Menschen, die Gesamtbevölkerung nahm jedoch „nur" um weniger als das zweieinhalbfache zu (United Nations 1991). Während in den Industrieländern die in Millionenstädten lebende Bevölkerung in den vier Jahrzehnten zwischen 1940 und 1980 um das 3,4fache anwuchs, schnellte sie in der Dritten Welt um etwa das 15fache empor (Bronger 1984:139). Als Folge dieser Entwicklung werden um das Jahr 2000 von den 20 größten Stadtagglomerationen der Welt bereits 17 auf die Entwicklungsländer entfallen (1950 waren es erst sechs).

Die überdurchschnittliche Dynamik der Bevölkerungszunahme in den Städten ist auch für Südostasien, eine der nach wie vor - trotz des Vorhandenseins weltweit bekannter Megastädte wie Jakarta, Metro-Manila oder Bangkok - vergleichsweise wenig urbanisierten Regionen der Erde, charakteristisch: Zwischen 1980 und 1990 wuchs die städtische Bevölkerung jährlich um durchschnittlich 4,4 Prozent und damit mehr als doppelt so stark wie die Gesamtbevölkerung dieses Teilraums (2,1 Prozent) und mehr als dreimal schneller als die Landbevölkerung (1,3 Prozent).

Wie in vielen anderen Entwicklungsländern, so ist auch in Südostasien der Urbanisierungsprozeß in hohem Maße auf die großen Metropolen konzentriert. Diese sind neben dem überproportional wachsenden Bevölkerungsanteil durch eine zum Teil extreme Konzentration nicht nur der politischen und administrativen Funktionen, sondern ebenso der wirtschaftlichen, sozialen und kulturellen Aktivitäten (Bronger 1984:139), durch eine „Überzentralisierung" aller wichtigen

Daseinsfunktionen (Sandner 1978:6) gekennzeichnet. Sie drohen vielfach an ihrem eigenen Wachstum zu „ersticken", da das Tempo der durch anhaltenden Zuzug und hohe innerstädtische Geburtenüberschüsse bedingten Bevölkerungszunahme und die rasch fortschreitende - häufig ungeordnete und mit wuchernder Grundstücksspekulation verbundene - Bautätigkeit jeden Ausbau der städtischen Infrastruktur überrollen. Das Bevölkerungswachstum produziert zugleich eine ständig steigende Zahl von Arbeitssuchenden, Arbeitslosigkeit und ein hohes Maß an Unterbeschäftigung sowie eine große Nachfrage nach billigem Wohnraum, die von den in der Regel finanzschwachen Stadtverwaltungen, für die die ausufernden Städte weitgehend unüberschaubar und unregierbar geworden sind, vielfach nicht bewältigt werden kann.

Die Dynamik der Metropolisierung ist demgemäß ebenso wie die Folgewirkungen der zunehmenden Polarisierung zwischen der teilweise bereits zur Megastadt angewachsenen Metropole einerseits und den mehr oder weniger stagnierenden, ökonomisch schwachen Regionalzentren sowie den unterentwickelten ländlichen Räumen andererseits zu einem „gravierenden Entwicklungsproblem für die Länder der Dritten Welt" (Bronger 1984), zu einem kaum lösbaren Dilemma der Regionalentwicklungsplanung und -politik geworden.

Auch in Thailand - einem Entwicklungsland mit einer in den letzten Jahren bemerkenswert dynamischen Wirtschaftsentwicklung (siehe dazu u.a. Husa und Wohlschlägl 1991), in dem jedoch nach wie vor rund 70 Prozent der Bevölkerung im ländlichen Raum leben und rund zwei Drittel der Erwerbstätigen auf den Agrarsektor entfallen - konzentrieren sich die modernen urban-industriellen Aktivitäten und die Dynamik des Verstädterungsprozesses nahezu ausschließlich auf ein einziges Zentrum: Die Hauptstadt Bangkok weist eine - auch im internationalen Vergleich - extreme Primatstellung unter den Städten des Landes auf; ja, sie gilt vielfach sogar als die „primate city par excellence" (Rigg 1991), als der „Idealtyp einer Primate City schlechthin" (Thomlinson 1972).

Wies die Metropole bereits 1960 27mal mehr Einwohner auf als die an zweiter Stelle liegende Stadt Chiang Mai, so nahm dieser Abstand bis 1990 trotz einer Vergrößerung des Gebietsstandes der nordthailändischen Stadt im Jahr 1983 auf mehr als das 35fache zu. Auch in Relation zur derzeit - als Folge ausgedehnter Eingemeindungen - mit einer Bevölkerungszahl von knapp mehr als 200.000 Personen zweitgrößten Stadt des Landes, Nakhon Ratchasima, einem im Vergleich zur Hauptstadt nahezu kleinstädtisch wirkenden Regionalzentrum in Nordostthailand mit allerdings nun verhältnismäßig weiten Gemeindegrenzen, ist Bangkok mit rund 5,9 Millionen Einwohnern bei der letzten Volkszählung im Jahr 1990 28mal größer. Die Bevölkerungszahl von „Greater Bangkok", das ist Bangkok in seinen administrativen Grenzen plus jener Umlandgebiete, die vom ausufernden Wachstum des verbauten Stadtgebiets bereits miterfaßt worden sind, betrug 1990 rund 7,2 Millionen Menschen.

Zwischen 1947 und 1960 nahm die Einwohnerzahl der zehn größten Städte des Landes von unter 1 Million auf über 2 Millionen zu, aber 87 Prozent dieses Zuwachses verzeichnete Bangkok; zwischen 1960 und 1990 entfielen nach wie vor mehr als 60 Prozent der Bevölkerungszunahme im urbanen Raum Thailands allein auf die Hauptstadt und ihren vom Verstädterungsprozeß erfaßten Umlandbereich! Nach den Ergebnissen der jüngsten Volkszählung lebten 1990 rund 58 Prozent der städtischen Bevölkerung des Landes in der Hauptstadt, deren Bevölkerungszahl achtmal höher war als die der vier nächstgrößten Städte zusammen. 1989 entfielen 69 Prozent der Beschäftigten und 78 Prozent der Wertschöpfung der Verarbeitenden Industrie Thailands auf die sogenannte „Bangkok Metropolitan Region", die Hauptstadtregion (Bangkok und die fünf angrenzenden Umlandprovinzen, vgl. Abb. 1), in der auf nur 1,5 Prozent der Landesfläche bei einer Einwohnerzahl von etwa einem Sechstel der Gesamtbevölkerung (1990: 8,6 Millionen) rund die Hälfte des Bruttoregionalprodukts erwirtschaftet wurde (vgl. Husa und Wohlschlägl 1991).

Bangkok ist jedoch nicht nur bevölkerungsmäßig und wirtschaftlich, sondern auch politisch, finanziell und kulturell das alles überragende Zentrum von Thailand, die Stadt ist - wie Donner (1983) ausführt - „mehr als nur die Residenzstadt eines Königreichs, mehr als nur die Hauptstadt eines Staates, sie ist ‚Metropolis', d.h. ‚Mutterstadt' im ursprünglichen Sinn des Wortes und für viele Thais ist ihr Wachstum an Größe, Reichtum und Macht gleichbedeutend mit der Prosperität und Größe Thailands." In gleichem Sinne betont Rigg (1991) im Hinblick auf die politisch-gesellschaftlichen Strukturen Thailands, „the Thai state is very much a Bangkok-based state" und Jacobs (1971) bezeichnet Thailand mit Bezug auf dessen historische Entwicklung als „Capital-city-Staat".

Noch 1911 - am Vorabend der Krönung von König Rama VI. - beschrieb der junge italienische Adelige Salvatore Besso Bangkok träumerisch als „Stadt der Khlongs" (Kanäle), als „... Venice of the Far East - the capital still wrapped in mystery, in spite of the thousand efforts of modernism and its maze of canals ... ploughed by sampans, which the rowers guide standing as in Venice ... little bridges and tiny gardens ... which give one the impression of being in Venice ... a wild primitive Venice." (Besso 1911)

Heute, achtzig Jahre später, hat sich das Erscheinungsbild von Bangkok-Metropolis gravierend verändert und die Hauptstadt des Königreiches Thailand erinnert kaum mehr an die romantisierenden Beschreibungen der vergangenen Jahrzehnte. Vielmehr ist das heutige Bangkok d a s Musterbeispiel einer dynamisch wachsenden und wirtschaftlich „boomenden" Megastadt in Südostasien - mit vielen positiven Merkmalen, aber auch mit vielen Schattenseiten eines solchen rapide ablaufenden Entwicklungsprozesses: So treten zum ökonomischen Erfolg der Stadt, zur rasanten Bautätigkeit und zur ständig steigenden und auch sichtbaren Akkumulation von Wohlstand zunehmend gravierende Probleme in den Bereichen Infrastruktur, Wohnungsmarkt, Arbeitsmarkt und Umwelt, die langfristig die Regier- und Planbarkeit der Metropole zu gefährden scheinen und etwa Rehberg (1984) zur provokanten Frage veranlassen: „Bangkok - Stadt der Engel [in Anlehnung an den offiziellen Namen der Stadt, Krung Thep] oder Zivilisationskatastrophe?"

Einige wesentliche Entwicklungsprobleme dieser dynamisch wachsenden Megastadt „zwischen Boom und Krise" sollen im folgenden näher beleuchtet werden.

Vom „Venedig des Ostens" zur Megastadt - stadtgeographische und demographische Perspektiven der Stadtentwicklung

Die immense Vormachtstellung der Metropole auf allen Ebenen innerhalb Thailands fand ihren Niederschlag in einem ausgesprochen stürmischen Bevölkerungs- und Flächenwachstum während der letzten Jahrzehnte. Ursprünglich wurde Bangkok im Jahr 1782 von König Rama I., dem Gründer der heute noch amtierenden Chakri-Dynastie, am Ostufer des Chao Phraya Flusses angelegt, nachdem die alte, rund 40 km stromaufwärts gelegene Hauptstadt Ayutthaya von burmesischen Invasionstruppen 1767 eingenommen und vollständig zerstört worden war und nachdem der Vorgänger von Rama I., König Tak Sin, der den schwer geschlagenen Staat nach der Niederlage gegen die Burmesen wieder konsolidierte, für 15 Jahre das gegenüber am Westufer des Flusses gelegene Thon Buri als Hauptstadt etabliert hatte.

Ausschlaggebend für die Standortwahl der neuen Hauptstadt waren strategische Gründe: auf drei Seiten diente der Chao Phraya als Verteidigungslinie und die vierte, ungeschützte Seite konnte entlang eines Kanals durch Dämme und Mauern leicht befestigt werden. Die Stadt, die eine Fläche von nur 3,5 km^2 umschloß, über deren frühe Einwohnerzahl jedoch keine Angaben vorliegen (Rigg [1991] schätzt höchstens 50.000 Personen), erhielt einen befestigten Königspalast sowie etliche Tempel- oder Klosterkomplexe. Im Gegensatz zu vielen anderen Hauptstädten der Welt ist Bangkok also eine vergleichsweise junge Stadt, sie feierte 1982 die zweihundertste Wiederkehr ihrer Gründung. Ihre Rolle als unumstrittenes Zentrum Thailands wurde in den folgenden Jahren praktisch niemals in Frage gestellt, und vor einem rein agrarischen Hinterland von Reisbauern entwickelte sie sich zügig als „die Stadt" in Thailand schlechthin (Donner 1983:14).

Das Flächen- und Bevölkerungswachstum im 18. und 19. Jahrhundert dürfte zunächst noch eher moderat gewesen sein, beschleunigte sich aber dann vor allem ab der Jahrhundertwende und insbesondere ab den fünfziger Jahren dieses Jahrhunderts immer mehr bis zur geradezu explosionsartigen Entwicklung der vergangenen drei Jahrzehnte. Die verbaute Fläche, die im Jahr 1851 nach einer ersten Stadterweiterung 8 km^2 und 1900 erst 13 km^2 umfaßte, lag Mitte der dreißiger Jahre nach verschiedenen Schätzungen und Berechnungen bereits zwischen 30 und 40 km^2 und Ende der fünfziger Jahre schon bei nahezu 100 km^2. Anfang der siebziger Jahre erstreckte sich die urbanisierte Fläche in Bangkok und dem benachbarten Thon Buri bereits über mehr als 280 km^2, und die nunmehr - mittlerweile auch über die offiziellen Stadtgrenzen hinaus - vor allem entlang der großen Verkehrsachsen rasch ausufernde und von diesen aus in die landwirtschaftlichen Flächen im Weichbild der Stadt immer schneller hineinwuchernde Bau- und Aufschließungstätigkeit führte dazu, daß die „urbanized area" von „Greater Bangkok" 1979 - nach den Ergebnissen einer sehr gründlichen, mangels anderer Unterlagen unter anderem auch auf der genauen Auswertung von Luftbildern basierenden Erhebung (vgl. Kammeier 1984, 1986) - bereits 541 km^2 betrug (Abb. 1).

Für Anfang der achtziger Jahre wird die Fläche des verbauten Gebiets mit mehr als 600 km^2 angegeben, für 1990 mit etwa 730 km^2, und für das Jahr 2000 schätzt man, daß die urbanisierte Fläche im Raum von „Greater Bangkok", also in der Hauptstadt und in dem vom Verstädterungsprozeß erfaßten Umlandbereich, bereits rund 820 km^2 umfassen wird - das ist weit mehr als das 50fache der Ausdehnung des Stadtgebiets um 1900. Nach einer anderen Berechnung (vgl. Amin 1992) umfaßte der gesamte vom Urbanisierungsprozeß erfaßte Raum der Metropole (einschließlich des Aufschließungslandes und der sogenannten „empty pockets", noch leergebliebener Flächen zwischen den großen Verbauungsachsen), bereits 1988 einen Bereich von 1.100 km^2 (Zahlenangaben, soweit nicht anders angegeben, nach Sternstein 1982, Donner 1989).

Die Tatsache, daß die Hauptstadt auf (zum Teil sumpfigem) Schwemmland des Chao Phraya nur knapp über dem Grundwasserspiegel errichtet wurde, sowie das Vorhandensein ausreichender Landreserven für ein flächenhaftes Wachstum verhinderten lange Zeit die für andere Metropolen charakteristische Höhenentwicklung der Bausubstanz in Form von Hochhäusern. Erst in den letzten zwanzig, insbesondere aber in den letzten zehn Jahren kann auch in Bangkok aufgrund des außerordentlichen Wirtschaftsbooms und des damit verbundenen exorbitanten Anstiegs der Bodenpreise, durch den die Errichtung von Hochbauten - für die aus statischen Gründen Verankerungen in bis zu 60 m Tiefe, wo sich fester Untergrund befindet, getrieben werden müssen - für die Bauherren rentabel wurde, ein vertikales Wachstum, getragen von Bürotürmen, Kondominien und Großhotels beobachtet werden. Diese befinden sich vor allem entlang der Uferfront des Chao Phraya, im älteren und neueren CBD-Bereich samt seinen

Abb. 1: Bangkok - Das Flächenwachstum der Metropole 1900 bis 1990

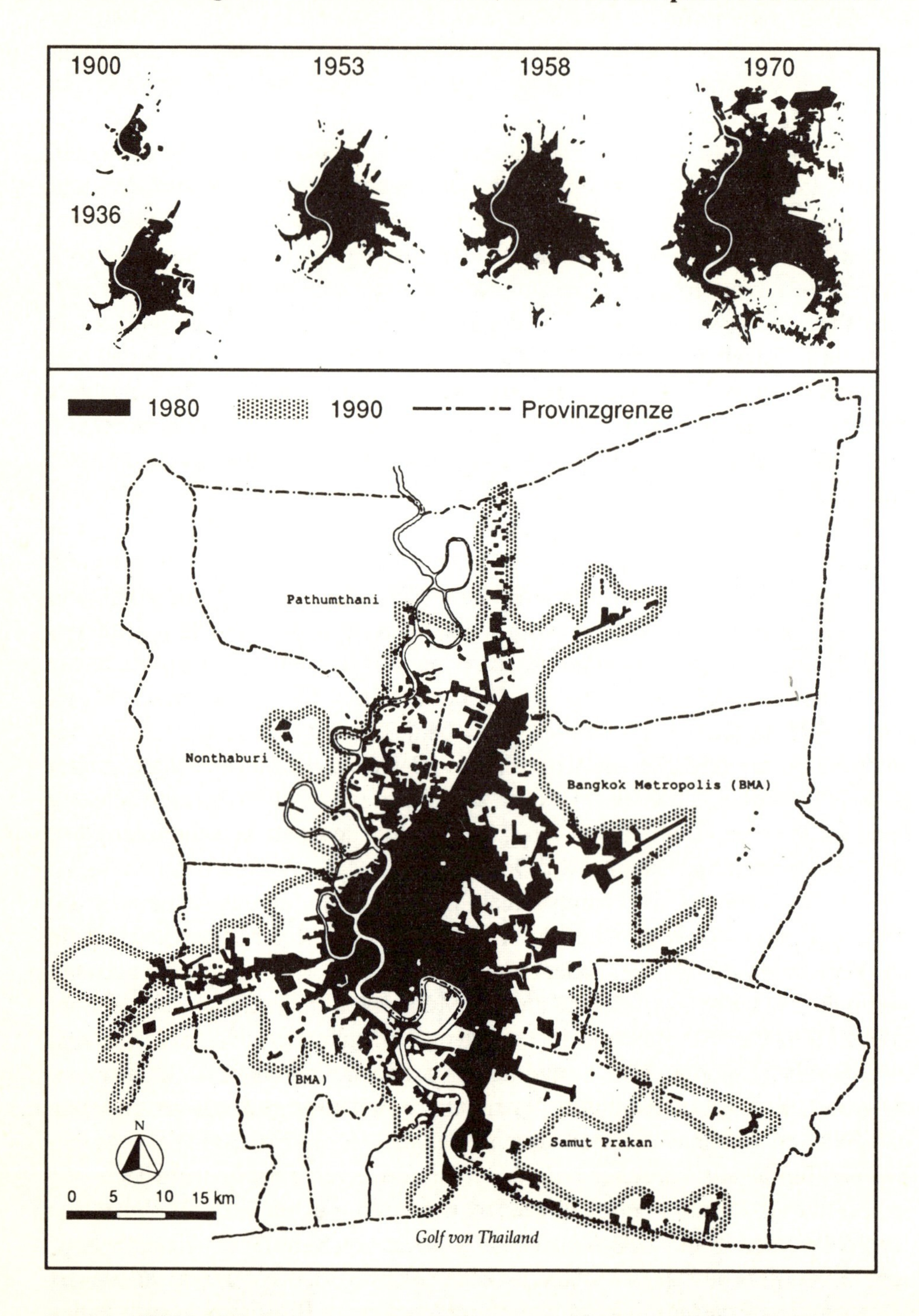

Quellen: 1900 bis 1970: Sternstein (1982); 1980: Kammeier (1986); 1990: Yap (1992) und eigene Erhebungen.

Erweiterungszonen und in randstädtischen „New Towns", „Shopping Centers" und „Office Buildings".

Das rapide Flächenwachstum Bangkoks hatte eine mehrmalige Erweiterung der administrativen Stadtgrenzen zur Folge. Bis Anfang der siebziger Jahre ist überdies zu unterscheiden zwischen der Provinz Bangkok („Phra Nakhon") und der Munizipalität bzw. Stadt Bangkok („Nakhon Krung Thep"), die nur einen Teil der Provinzfläche umfaßte. Im Jahr 1972 wurden - in erster Linie aus stadt- und regionalplanerischen Gründen zur besseren Bewältigung der Planungsprobleme im Hauptstadtbereich - die beiden bis dahin selbständigen Provinzen Phra Nakhon (Bangkok) am Ostufer des Chao Phraya und Thonburi auf dem gegenüberliegenden Flußufer zur Hauptstadt-Provinz Bangkok-Metropolis („Krung Thep Maha Nakhon") mit insgesamt rund 1.565 km^2 Fläche zusammengeschlossen und die Differenzierung zwischen Provinz und Munizipalität aufgehoben. Stattdessen wurde ein einheitliches - jedoch zum Teil gegenüber den Zentralstellen der thailändischen Regierung kompetenzarmes - Verwaltungsorgan, die „Bangkok Metropolitan Administration" (BMA), gebildet.

Ein Hauptnachteil dieser administrativen Neugliederung ist jedoch, daß sich einerseits innerhalb der Provinzgrenze (= nunmehr auch Stadtgrenze) auch beträchtliche, nach wie vor weitgehend ländliche und agrarisch genutzte Räume (im Nordosten und Südwesten der Provinz) befinden, andererseits jedoch wesentliche Teile des verstädterten Gebiets außerhalb der Stadtgrenzen - vor allem in den Nachbarprovinzen Samut Prakan im Süden und Nonthaburi und Pathum Thani im Norden - liegen (vgl. Kammeier 1984).

Vor diesem Hintergrund ist auch die im Vergleich zu anderen Metropolen nicht allzu hohe Bevölkerungsdichte von rund 3.800 Einwohnern pro Quadratkilometer (1990) in der Hauptstadt-Provinz zu beurteilen. In Teilen der dicht verbauten Innenstadt finden sich jedoch einzelne Stadtviertel, in denen bis zu 100.000 Menschen je km^2 zusammengeballt sind. 1972 hatte die engere Innenstadt (21 km^2) nach Angaben von Michael (1981) rund 40.000 und die innere Außenstadt (105 km^2) rund 20.000 Einwohner je Quadratkilometer. 1984 wiesen sieben der insgesamt 24 Stadtbezirke Bangkoks eine Wohndichte von mehr als 20.000 Personen pro Quadratkilometer auf - in diesen lebten auf einer Fläche von nur 55,6 km^2 1,75 der damals rund 5,17 Millionen Einwohner der Metropole. Nach Kammeier (1984) betrug 1979 die Bevölkerungsdichte in „Greater Bangkok", bezogen auf das tatsächlich verbaute Gebiet, 10.100 Personen pro Quadratkilometer.

Ähnlich dynamisch wie das Flächenwachstum verlief auch die Bevölkerungsentwicklung (vgl. Abb. 2). Nach Donner (1983, 1989) wird angenommen, daß bis zur Mitte des 19. Jahrhunderts ungefähr 350.000 bis 400.000 Menschen in und um Bangkok lebten. Mit dem Überwinden der neuen Stadtmauer, die unter König Rama IV. errichtet worden war, breitete sich die Stadt rasch weiter nach

Süden und Osten, später auch nach Norden aus, während das auf der anderen Seite des Flusses gelegene Thon Buri zu dieser Zeit und bis in die dreißiger Jahre unseres Jahrhunderts vom Wachstumsprozeß der Metropole zunächst noch weitgehend unberührt geblieben ist. Für 1900 wird die Bevölkerungszahl der Stadt mit 600.000 angegeben. Rigg (1991) weist jedoch darauf hin, daß Angaben über die Einwohnerzahl der Hauptstadt in früherer Zeit - mangels anderer Quellen in der Regel Schätzungen - seiner Meinung nach häufig überhöht und vielfach sogar als höchst unrealistisch einzustufen sind. Er selbst geht für 1900 von einer Einwohnerzahl von nur 200.000 Personen aus.

Abb. 2: Flächen- und Bevölkerungswachstum von Bangkok 1782 bis 1990 und Prognose bis 2000

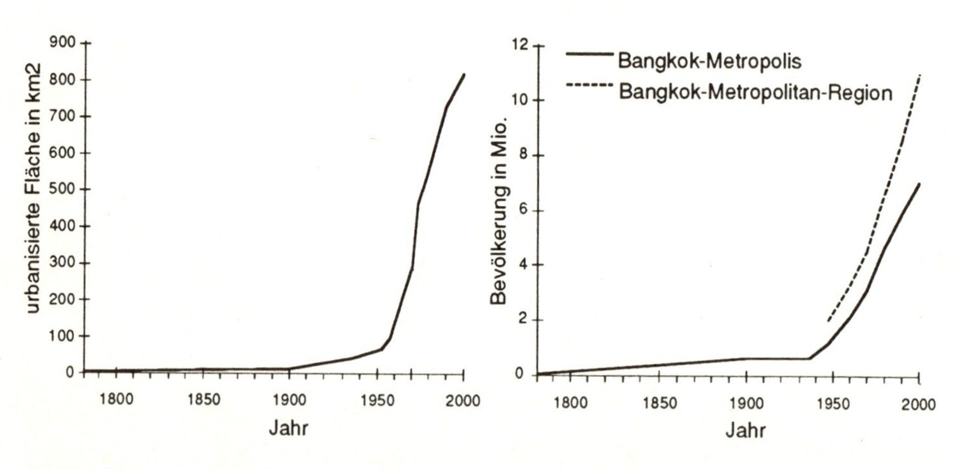

Quelle: Zusammengestellt und berechnet nach Daten und Zahlenangaben aus Thailand, National Statistical Office 1982, 1984, 1991, Sternstein 1982, Donner 1983, 1989, Kammeier 1984, 1986, Rigg 1991, United Nations 1991, Amin 1992.

Das Bevölkerungswachstum beschleunigte sich dann ab den dreißiger Jahren, vor allem aber ab 1950 zusehends. Der spektakuläre Aufschwung begann - parallel zu einer ersten wirtschaftlichen Wachstumsphase - mit dem Koreakrieg (1950 - 1953), wurde durch US-amerikanische und japanische Investitionen und Wirtschaftshilfe in das „Bollwerk des Westens“ gegen den in den Nachbarländern vordringenden Kommunismus verstärkt und erreichte einen ersten Höhepunkt während des Vietnamkrieges (1957 - 1973), als die Stadt am Chao Phraya ein amerikanischer Etappenort erster Güte war.

Anfang der fünfziger Jahre wurde bereits die Schwelle zur Millionenstadt überschritten, nur zehn Jahre später erreichte die Bevölkerungszahl 2 Millionen und die Volkszählung 1970 verzeichnete bereits 3,4 Millionen Einwohner - der Beginn der Entwicklung zur Megastadt war eingeleitet. Die siebziger Jahre sind mit einer Zunahme der Einwohnerzahl um jährlich rund 150.000 Personen das

Jahrzehnt mit dem stärksten jemals konstatierten Bevölkerungswachstum der Stadt. 1980 betrug die Bevölkerungszahl der Hauptstadt (innerhalb ihrer administrativen Grenzen) bereits rund 4,9 Millionen Menschen, zehn Jahre später 5,9 Millionen - was nahezu einer Verdreifachung der Einwohnerzahl in den dreißig Jahren zwischen 1960 und 1990 entspricht - und für die Jahrtausendwende wird mit rund 7 Millionen Einwohnern in Bangkok gerechnet. Die Bevölkerungszahl des gesamten Agglomerationsraumes von „Greater Bangkok" stieg von rund 5,4 Millionen 1979 auf 7,2 Millionen 1990.

An dieser Stelle ist anzumerken, daß bei der Interpretation der thailändischen Zensusergebnisse aufgrund von Erhebungsproblemen sowie der im Rahmen der Volkszählungen üblichen Zuordnung von Personen zu ihrem Wohnsitz (ein Problem vor allem bei Migranten, die sich als temporär deklarieren) gerade für die Hauptstadt von einer gewissen Untererfassung der „realen" Bevölkerungszahl auszugehen ist (vgl. zu dieser Problematik auch Wohlschlägl 1986). Überdies fluktuiert die Einwohnerzahl Bangkoks alljährlich auch dadurch, daß Landbewohner zwischen den Ernten in großer Zahl nach Bangkok strömen, um in der „reisbaulosen Zeit" etwas hinzuzuverdienen. Diese Menschen werden niemals registriert, sie kommen bei Verwandten, Freunden oder in Behelfsquartieren unter. Durch beide Sachverhalte kann die tatsächliche Einwohnerzahl der Metropolis aber sicherlich noch um einige hunderttausend Personen höher liegen als die vom Zensus ermittelte (vgl. dazu Husa 1988).

Als Folge der massiven Urbanisierungs- und Suburbanisierungstendenzen im Großraum Bangkok haben jedoch schon seit der Mitte der siebziger Jahre die Umlandprovinzen die Hauptstadt in der Wachstumsdynamik überholt. Dies zeigt sich nicht nur bei Betrachtung der Daten der laufenden Bevölkerungsregistrierung, sondern auch bei der Analyse der jüngsten Zensusergebnisse, denen zufolge die fünf gemeinsam mit der Metropole zur „Bangkok Metropolitan Region" zählenden Provinzen im Zeitraum von 1980 bis 1990 bereits die Region mit dem stärksten Bevölkerungswachstum innerhalb Thailands (stärker als die Kernstadt selbst) waren. Noch in den sechziger Jahren, als dieser Raum von den Agglomerationseffekten der Metropole und vom „urban sprawl" noch nicht erfaßt war, hatten sie eine deutlich unterdurchschnittliche Bevölkerungszunahme aufgewiesen (vgl. auch Abb. 3). Besonders dynamisch ist die Entwicklung zur Zeit in den Provinzen Nonthaburi und Samut Prakan, die mittlerweile bereits über den größten Teil ihrer Fläche voll vom Flächenwachstum der Metropole erfaßt worden sind. Aber auch nach Pathum Thani und Nakhon Pathom schiebt sich - ausgehend vom Stadtrand von Bangkok - immer weiter ein Ring von „New Towns", Mittelschicht-Reihenhaussiedlungen und Behelfshüttenquartieren ebenso wie von Einkaufszentren, „Industrial Estates" und bereits brachliegendem, nicht mehr unter Kultur befindlichem Spekulationsland hinein.

Abb. 3: Wachstumsdynamik der Bevölkerung in Bangkok-Metropolis und in den Umlandprovinzen 1960 bis 1990 und Prognose bis 2000

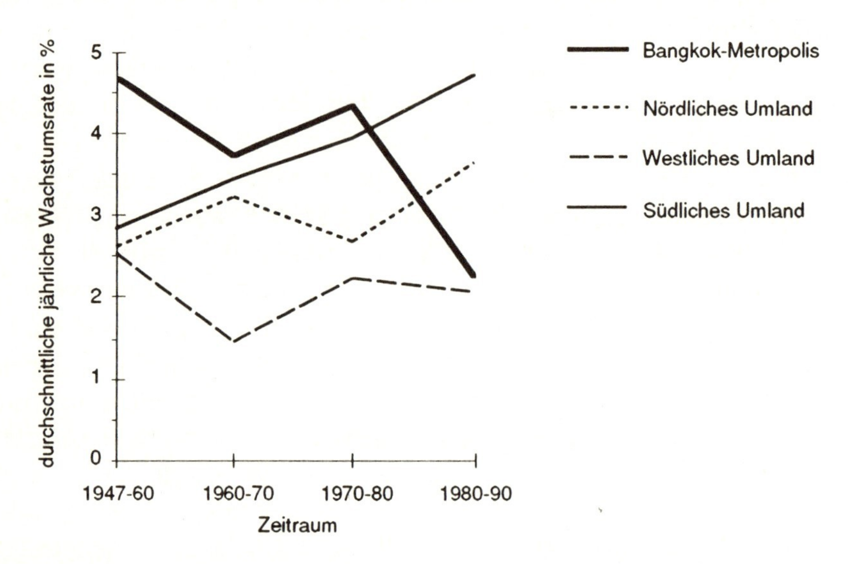

Quelle: Berechnet nach Daten aus Thailand, National Statistical Office 1982, 1984, 1991; United Nations 1987.

Zur besseren Berücksichtigung der funktionellen Verflechtungen zwischen Bangkok-Metropolis und den Nachbarprovinzen und des Ausuferns des Verstädterungsprozesses wurde zunächst die sogenannte „Greater Bangkok Metropolitan Area“ (GBMA) als Planungsregion eingerichtet, die im wesentlichen aus den Provinzen Bangkok-Metropolis, Nonthaburi, Pathum Thani und Samut Prakan besteht. Vor dem Hintergrund der dynamischen Entwicklung im Umland von Bangkok erwies sich jedoch auch diese Gliederung als unzulänglich, da nach wie vor nicht alle Nachbarprovinzen von Bangkok-Metropolis in einer planungsrelevanten Raumeinheit zusammengefaßt waren. Deshalb wurde 1986 im Zuge des „Sixth National Economic and Social Development Plan 1987 - 1991“ mit der sogenannten „Bangkok Metropolitan Region“ (BMR) eine Planungsregion geschaffen, die neben Bangkok und den drei genannten Provinzen noch die beiden westlichen Nachbarprovinzen der Hauptstadt Nakhon Pathom und Samut Sakhon beinhaltet. Die BMR stellt mit rund 7.700 km^2 Fläche, das sind 1,5 Prozent der Gesamtfläche Thailands, den ökonomischen Kernraum des Königreichs dar und sie ist unter dem Einfluß des von der Hauptstadt aus übergreifenden Urbanisierungsprozesses bereits großflächig einem tiefgreifenden Strukturwandel unterworfen. In ihr lebten 1990 bereits rund 8,6 Millionen

Menschen (1960 erst 3,3 Millionen) oder rund ein Sechstel der Gesamtbevölkerung Thailands, und für das Jahr 2000 gehen die Vorausschätzungen von einer Bevölkerungsballung von mehr als 11 Millionen Bewohnern aus.

Obwohl Bangkok natürlich - seiner dominierenden Stellung als außerordentliche „Primate City“ entsprechend - das einzige bedeutende Zuwanderungszentrum des Landes ist, wird die Rolle der Migration für die Bevölkerungszunahme oft überschätzt. Die Stadt wuchs und wächst - wie viele Städte in der Dritten Welt - in erster Linie durch den Geburtenüberschuß. Die Wanderungsgewinne tragen demgegenüber nur zu etwa 40 bis 45 Prozent zum Bevölkerungswachstum bei, sie sind jedoch dafür verantwortlich, daß die Metropole trotz mittlerweile deutlich unter dem Landesdurchschnitt liegender Fruchtbarkeitsraten (vgl. Wohlschlägl 1988) weiter ihre Bevölkerungszahl überdurchschnittlich stark erhöht; außerdem beeinflussen sie durch ihre selektive Wirkung die Altersstruktur und damit indirekt die Geburtenbilanz, da die Migranten tendenziell jünger sind und vielfach noch ein vergleichsweise traditionelleres, an einer größeren Kinderzahl orientiertes generatives Verhalten aufweisen.

„Booming Bangkok“ - Motor der Landesentwicklung oder „Parasitic City“

Es wurde schon eingangs darauf hingewiesen, daß Bangkok innerhalb Thailands politisch, wirtschaftlich und kulturell eine außerordentlich hohe Dominanz aufweist, die international ihresgleichen sucht, sodaß Rigg (1991: 157) sicherlich zuzustimmen ist, wenn er meint, „Bangkok is undoubtedly one of the world's best examples of a primate city“. Die Metropole ist nicht nur Sitz aller wichtigen Institutionen der staatlichen Administration und der Hauptverwaltungen der Privatwirtschaft, sondern auch Standort aller bedeutenden kulturellen Einrichtungen sowie von acht der elf thailändischen Universitäten. Alle wichtigen wirtschaftlichen Funktionen des Königreichs sind hier konzentriert oder werden von hier aus kontrolliert. 90 Prozent des Steueraufkommens des Landes werden hier ausgegeben und der weitaus größte Teil der privaten in- und ausländischen sowie der staatlichen Investitionstätigkeit in Industrie, Gewerbe und Infrastuktur hier getätigt. In der Hauptstadtregion wurden Ende der achtziger Jahre auf 1,5 Prozent der Fläche 78 Prozent der Wertschöpfung des Landes in der Verarbeitenden Industrie und rund 50 Prozent des Bruttoinlandsprodukts erwirtschaftet.

Auf Bangkok entfallen 62 Prozent des Stromverbrauchs, 68 Prozent der Telefon-Hauptanschlüsse und 69 Prozent der Leitungskapazität des thailändischen Telefonnetzes. 1988 waren 72 Prozent der in Thailand zugelassenen privaten Personenkraftwagen in Bangkok registriert. Einem Bevölkerungsanteil von rund 10,5 Prozent stand ein Anteil von 44 Prozent der Ärzte, 60 Prozent der Zahnärzte und 79 Prozent der Pharmazeuten Thailands gegenüber. Während die Analphabetenrate in Gesamtthailand 1980 noch 14,3 Prozent betrug, lag sie in der Hauptstadt bereits bei nur 1,7 Prozent. Andererseits entfielen 1985 fast 80 Prozent der graduierten Schulabsolventen auf die Metropole (Zahlenangaben nach Thailand, National Statistical Office 1982, 1988, 1989a, 1990; Donner 1989).

Die ausgeprägte demographische, ökonomische und politische Dominanz der Hauptstadt ist in Thailand zwar heute - sowohl was ihre Dimension betrifft als auch im Weltmaßstab betrachtet - besonders auffallend und viel diskutiert, in der Geschichte des südostasiatischen Königreichs jedoch grundsätzlich nicht neu. Stadtgründungen über die jeweilige Hauptstadt hinaus haben in der historischen Entwicklung des Landes keine wesentliche Rolle gespielt, und auch nachdem die früheren Hauptstädte Siams zu Ruinenstätten verfallen waren und Bangkok während der letzten zweihundert Jahre die Führungsrolle innehatte, blieben sekundäre Stadtzentren weit an Größe und Bedeutung zurück. Bangkok hat zudem nach Donner (1983:12) durch sein Übergewicht Stadtentwicklungen in Zentralthailand weitgehend verhindert. Während nämlich 1947 von den zehn größten Städten Thailands noch fünf zu diesem Landesteil gehörten, ist deren Rolle heute - unter anderem auch als Folge gezielter Planungsmaßnahmen zur Stärkung von Sekundärzentren im Zuge der Nationalen Entwicklungspläne - fast ausnahmslos auf Städte im Norden, Nordosten und Süden des Landes übergegangen.

Schon die traditionelle südostasiatische Hauptstadt des Festlands in der Zeit vor dem Beginn des europäischen Einflusses war in der Regel eine ausgeprägt parasitäre Stadt. Rehberg (1984) betont in Anlehnung an Birkholz und Bumke (1974), daß sie kein Zentrum der Produktion und des Austausches von Waren, von Handel und Geldgeschäften war, sondern Herrschaftsrolle und Residenzfunktion dominierten, wobei die städtische Bevölkerung überwiegend im Dienst der Hofhaltung stand und die ökonomische Basis in den Überschüssen des ländlichen Umlandes und in Tributen aus entfernteren Regionen lag. Die peripheren Zentren und Sekundärstädte dienten als Vertreter hauptstädtischer Interessen in erster Linie der finanziellen Ausbeutung des ländlichen Raumes, anstatt innovative Kultur- oder Handelszentren zu sein; sie entwickelten keine Eigeninitiative (Jacobs 1971:55ff; auch Donner 1989:250ff). Da die Sekundärstädte kaum wirtschaftliche Dynamik zeigten und andererseits die ländliche Bevölkerung tief in ihrem bäuerlichen Lebens- und Arbeitsstil verwurzelt war, zeigte Thailand bis weit in die 1960er Jahre hinein (und in abgeschwächter Form bis heute) das Bild eines sehr geringen Urbanisierungsgrades der Bevölkerung bei einem gleichzeitig sehr hohen Grad der Metropolisierung.

Mit dem Modernisierungsprozeß, der als Folge der Öffnung des Landes für die Europäer ab der Mitte des vorigen Jahrhunderts einsetzte, gelangte Bangkok dann immer stärker unter den Einfluß der Bedingungen der kapitalistischen Weltwirtschaft, während parallel dazu die neue Elite der aufstrebenden oberen Mittelschicht ihren ökonomischen und politischen Einfluß gegenüber der traditionellen Aristokratie durchsetzte und sich in der Hauptstadt als ihrem Wohnsitz und Steuerungszentrum durch Kleidung, Kultur und Wertvorstellungen von der übrigen traditionellen Bevölkerung zunehmend abzuheben begann.

Demgemäß wurden schon in der Vergangenheit die knappen finanziellen Mittel auf die Hauptstadt konzentriert (vgl. Rehberg 1984:33): Dort entstanden exportorientierte Reismühlen unter chinesischer Leitung, Teakholzsägewerke europäischer Firmen sowie Zementfabriken für den beginnenden Bauboom der expandierenden Stadt. Mit ausländischer Hilfe wurde das Eisenbahn- und Straßennetz derart ausgebaut, daß es die verkehrspolitische Bedeutung der Hauptstadt weiter stärkte. Mit der Industrialisierung und dem gleichzeitig als Folge der „Bevölkerungsexplosion" stark steigenden Bevölkerungsdruck in den ländlichen Regionen stiegen insbesondere ab den fünfziger Jahren die Zuwanderungsraten der Bevölkerung in die nunmehr rasch wachsende Metropole sprunghaft an.

Vor dem Hintergrund der fortdauernden außerordentlichen Vormachtstellung der Hauptstadt wird in den letzten Jahren zunehmend das Ausmaß der Benachteiligung der anderen Landesteile im Entwicklungsprozeß untersucht und gegenüber der optimistischen Einschätzung der Metropole als Motor der Landesentwicklung auch die „parasitäre" Stellung der „Primate City" gegenüber ihrem Hinterland diskutiert (vor allem London 1977; u.a. auch Donner 1989, Rigg 1991).

Nach Donner beutet Bangkok „in der Tat nicht nur die anderen Landesteile durch Steuern, Handelsgewinne und erzwungene Dienstleistungen zugunsten des hauptstädtischen Aufbaus aus"; ein zentralistisches, am französischen Departement-System orientiertes Verwaltungssystem verhindert überdies, daß sich die Provinzen eigenständig entwickeln und eine örtlich autonome Entscheidungsstruktur aufbauen können. „Während die Peripherie Leistungsströme in die Metropole schickte, kamen in umgekehrter Richtung Vorschriften und Bevormundung, zentralistische Entscheidungen auf jedem Gebiet und nur sehr wenig Unterstützung für lokale Projekte." Diese historisch gewachsene Situation ist zum Verständnis der mangelnden Erfolge der Dezentralisierungskonzepte in den Entwicklungsplänen der siebziger und achtziger Jahre sicherlich nicht unerheblich.

Auch heutzutage beschränken sich - wie schon am Beispiel einiger charakteristischer Kennziffern gezeigt wurde - wirtschaftliche Wachstumsdynamik und Industrialisierung innerhalb Thailands weitgehend auf den Großraum Bangkok. Als Folge dieser räumlichen Ballung ökonomischer Aktivitäten ist das Bruttoregionalprodukt pro Kopf in Bangkok-Metropolis viermal höher als im Landesdurchschnitt und zehnmal höher als im industriell nach wie vor wenig entwickelten, überwiegend agrarisch orientierten, mit rund 20 Millionen Menschen aber bevölkerungsreichen Nordostthailand! (vgl. Husa und Wohlschlägl 1991).

Auch wenn vielfach Kritik an der Verwendung des Bruttoinlandsprodukts oder Bruttoregionalprodukts als Indikator der wirtschaftlichen Leistungskraft eines Raumes geübt wird (vgl. u.a. Schätzl 1981, Hauser 1990), so zeigt eine Analyse der regionalen Unterschiede dieser Kennziffer in Thailand doch in außerordentlich deutlicher Weise die enormen Ungleichgewichte und die wachsenden räumlichen Disparitäten in der Wirtschaftsdynamik in diesem Land auf.

Die Analyse des Beitrags der verschiedenen Regionen Thailands zum Bruttoinlandsprodukt zeigt, daß im betrachteten Zeitraum zwischen 1961 und 1987 alle Regionen zum Teil erhebliche Einbußen zugunsten Bangkoks hinnehmen mußten. Der Anteil der Hauptstadt am gesamten im Königreich erwirtschafteten Bruttoinlandsprodukt stieg von rund 23 Prozent im Jahr 1961 kontinuierlich auf nahezu 40 Prozent 1987 an, während jener des Nordens, Nordostens und Südens von 47 Prozent auf rund ein Drittel fiel und selbst Zentralthailand, in dem - aus Gründen der Vergleichbarkeit älterer und neuerer Daten - auch die Umlandprovinzen Bangkoks miteingeschlossen sind, geringfügige Anteilsverluste verzeichnete.

Gleichzeitig nahmen auch die Unterschiede im Bruttoregionalprodukt pro Kopf beständig zu. War dieses Anfang der sechziger Jahre in der Hauptstadt nur rund fünfmal höher als in der ärmsten Region des Landes, so erreichte es in den siebziger Jahren schon das sechsfache, in der ersten Hälfte der achtziger Jahre das siebenfache und 1987 bereits das zehnfache Niveau (Tab.1). Insbesondere zwischen 1985 und 1987 läßt sich eine deutliche Verschärfung des wachsenden wirtschaftlichen Ungleichgewichts beobachten, die darauf zurückzuführen ist, daß der ökonomische Wachstumsprozeß in den vergleichsweise weniger dynamischen Jahren vor dem Einsetzen des Wirtschaftsbooms der späten achtziger Jahre wesentlich stärker als beispielsweise das Wirtschaftswachstum gegen Ende der siebziger und Anfang der achtziger Jahre - ganz im Sinne einer polarisierten Entwicklung - nur auf den ökonomischen Kernraum Thailands, die „Bangkok Metropolitan Region“, konzentriert war:

Weite Teile Thailands profitierten vom Wirtschaftswachstum fast nicht oder verzeichneten sogar einen Rückgang des Bruttoregionalprodukts, während die Hauptstadtregion mit einer wirtschaftlichen Wachstumsdynamik von rund 12 Prozent jährlich (!) praktisch allein den Wachstumsprozeß trug (vgl. Tab. 2) und daneben nur Südost- und Südthailand eine nennenswerte Zunahme des BRP verzeichnen konnten. Als Folge dieser Entwicklung mußten Nord-, Nordost- und Westthailand im betrachteten Zeitabschnitt sogar einen Rückgang des realen Pro-Kopf-Einkommens hinnehmen.

Tab. 1: Anteil Bangkoks am Bruttoinlandsprodukt und Veränderung der regionalen Disparitäten in Thailand 1961 bis 1987

Jahr	Anteil am Bruttoinlandsprodukt[a]) (in Prozent)	Bruttoregionalprodukt pro Kopf Index[b])	Bruttoregionalprodukt pro Kopf höchste Disparität[c])
1961	23	261	5,1 : 1
1966	25	260	4,9 : 1
1971	29	292	6,5 : 1
1976	30	266	6,0 : 1
1981	35	286	7,2 : 1
1984	36	287	7,0 : 1
1985	35,6	324	7,9 : 1
1986	37,6	340	8,9 : 1
1987	39,7	356	9,9 : 1

a) Beitrag von Bangkok-Metropolis zum gesamten Bruttoinlandsprodukt Thailands zu Marktpreisen.
b) Abweichung des Bruttoregionalprodukts pro Kopf von Bangkok-Metropolis vom Landesdurchschnitt Thailands (BIP pro Kopf in Gesamt-Thailand = 100).
c) Unterschied im BRP pro Kopf zwischen Bangkok-Metropolis und der ärmsten Region des Landes.
Quelle: Husa und Wohlschlägl (1991:65, gekürzt) und die dort angegebenen Quellenmaterialien.

Tab. 2: Regionale Unterschiede im Bruttoregionalprodukt und im Pro-Kopf-Einkommen innerhalb Thailands

Landesteil	Bruttoregionalprodukt 1987 (in Mrd. Baht)	Bruttoregionalprodukt jährl. Wachstum[a]) in % 1978/82	Bruttoregionalprodukt jährl. Wachstum[a]) in % 1985/87	Bruttoregionalprodukt pro Kopf 1987 (in Baht)	Bruttoregionalprodukt pro Kopf jährl. Wachstum[a]) in % 1978/82	Bruttoregionalprodukt pro Kopf jährl. Wachstum[a]) in % 1985/87
Bangkok Metropolitan Region	605,1	7,4	11,7	71.566	3,9	9,0
Bangkok	489,3	7,6	11,6	81.940	3,7	8,9
Umlandprovinzen	115,8	6,7	12,2	46.627	4,5	9,4
Zentralthailand	212,8	4,8	2,8	23.526	3,0	1,4
Nordthailand	138,3	3,9	1,3	13.185	2,1	-0,2
Nordostthailand	155,4	5,2	-0,1	8.343	2,9	-1,8
Südthailand	122,5	2,8	5,0	17.506	0,7	2,3
THAILAND	1.234,0	5,6	6,4	23.020	3,3	4,3

a) Reales Wachstum des Bruttoregionalprodukts (zu konstanten Preisen 1972).
Quelle: Husa und Wohlschlägl (1991:64, gekürzt). Berechnet aus Daten des National Economic and Social Development Board (NESDB), National Accounts Division: „Gross Regional Product, 1981-1982“ und „Gross Regional and Provincial Product, 1981-1987“ (Thailand, National Statistical Office 1984 und 1989a).

Wie dominant die Ansiedlung von Industriebetrieben in der Hauptstadt mit ihren Lage- und Agglomerationsvorteilen gegenüber den standortbenachteiligten peripheren Regionen ist, zeigen auch die Daten des „Board of Investment" (BOI). Von den in den 25 Jahren zwischen 1960 und 1986 vom BOI geförderten Investitionsprojekten zur Ansiedlung von Industriebetrieben befanden sich mehr als zwei Drittel in der „Bangkok Metropolitan Region" und weitere 16 Prozent in Zentralthailand, jedoch nur 2,5 Prozent in Nordostthailand, dem mit rund 20 Millionen Einwohnern bevölkerungsmäßig größten Landesteil. Thailands Entwicklung teilt mit den übrigen ASEAN-Staaten und auch mit vielen anderen Staaten der Dritten Welt ein wesentliches Merkmal: Sie begünstigt durchwegs die urbane Bevölkerung (vor allem im Bereich der Metropole Bangkok) - mit der Folge wachsender sozioökonomischer und räumlicher Ungleichgewichte.

Verschiedene Studien, die das Ausmaß der Ungleichheiten im Einkommen der Privathaushalte empirisch zu ermitteln suchten, kamen alle zu dem Schluß, daß diese seit Beginn der sechziger Jahre zugenommen haben. Vor dem Hintergrund der wachsenden Einkommensdisparitäten darf jedoch nicht übersehen werden, daß das durchschnittliche Haushaltseinkommen in den letzten beiden Jahrzehnten in allen Regionen gestiegen ist (zwischen 1975/76 und 1988 im Landesdurchschnitt nominal um mehr als 100 Prozent). Der Anstieg erfolgte allerdings in der Hauptstadtregion deutlich überdurchschnittlich, in der vergleichsweise wohlhabenden Zentralregion und im ärmlichen Nordostthailand sowie in Nordthailand jedoch unterdurchschnittlich, sodaß sich insgesamt - auf Regionsebene betrachtet - die räumlichen Einkommensdisparitäten verschärft haben.

1981 mußten „nur" 38 Prozent der Haushalte in Bangkok und den Umlandprovinzen mit einem monatlichen Pro-Kopf-Einkommen von weniger als 1.000 Baht (= ca. öS. 800,- nach dem damaligen Umrechnungskurs) auskommen, jedoch fast 90 Prozent der Haushalte im Nordosten des Landes. Bis 1988 war dieser Anteil in der Hauptstadtregion auf rund ein Sechstel abgesunken; im Nordosten betrug er jedoch noch immer 81 Prozent, was - würde man eine Umrechnung zu konstanten Preisen durchführen - praktisch einer Stagnation der Einkommensverhältnisse in dieser wirtschaftlichen Notstandsregion gleichkommt. Das durchschnittliche Pro-Kopf-Einkommen der Privathaushalte in Bangkok lag 1988 mit rund 2.440 Baht (etwa öS. 1.220,- nach dem Umrechnungskurs 1988) mehr als doppelt so hoch als in allen anderen Landesteilen und sogar rund viermal höher als in Nordostthailand (rund 680 Baht). Berücksichtigt man nur das monetäre Einkommen, so steigt die Einkommensdisparität sogar auf einen Wert von rund 1:5. Vor dem Hintergrund dieser Daten ist die ungebrochene Attraktivität der Metropole als Zuwanderungsziel natürlich verständlich.

Die im Vergleich zu den westlichen Industrieländern außerordentlich geringen, ja geradezu unvorstellbar niedrigen Einkommensverhältnisse eines beachtlichen Teils der thailändischen Bevölkerung führen uns zu der Frage, welches Ausmaß im „Wunderland des Wirtschaftswachstums" bzw. in der Megastadt Bangkok eigentlich die Armut der Menschen einnimmt. Die Betrachtung des vorliegenden Datenmaterials zeigt, daß der Armutsindex, das ist der Anteil der Bevölkerung mit einem Einkommen unterhalb der Armutsgrenze („poverty line"), in Thailand vom Beginn der sechziger Jahre bis in die Mitte der siebziger Jahre von mehr als 50 Prozent auf einen Wert von rund 30 Prozent gefallen ist, sich aber seither trotz der tendenziell günstigen wirtschaftlichen Entwicklung mit einigen Schwankungen auf einem Niveau zwischen 23 und 30 Prozent stabilisiert hat.

Eine genauere Analyse zeigt, daß - bei aller Vorsicht, die bei der Interpretation des Armutsindex anzuwenden ist (vgl. Husa und Wohlschlägl 1991) - Armut in Thailand immer mehr und immer ausgeprägter zu einem Problem der Armut in den Landgebieten wird, denn auch bei diesem Sachverhalt nehmen - so wie schon bei anderen sozioökonomischen Indikatoren aufgezeigt - die regionalen Disparitäten seit der Mitte der siebziger Jahre immer mehr zu. Seit diesem Zeitpunkt ist der Armutsindex in den städtischen Räumen und insbesondere im Großraum Bangkok kontinuierlich gesunken. Während 1986 in den Landgebieten der Nordostregion mehr als 50 Prozent der Bevölkerung unterhalb der Armutsgrenze lebten (1975/76 rund 49 Prozent), betrug dieser Anteil in Bangkok nur mehr rund 3 Prozent gegenüber noch rund 7 Prozent zehn Jahre zuvor (Tab. 3).

Tab. 3: Anteil der Bevölkerung unterhalb der Armutsgrenze (Armutsindex) in Bangkok 1975/76 bis 1988 vor dem Hintergrund ausgewählter Vergleichsdaten

Region / Teilraum	Armutsindex (in Prozent) 1975/76	1981	1986	1988
Bangkok Metropolitan Region	7,8	3,9	3,5	2,8
Bangkok - innerer Stadtbereich	6,9	3,7	3,1	2,4
Bangkok - Stadtrandbereich	6,0	2,6	2,5	1,6
Umlandprovinzen	12,0	9,2	8,8	6,3
Thailand insges.	30,0	23,0	29,5	25,2
Städtische Räume	12,5	7,5	5,9	4,8
Landgebiete	36,2	27,3	35,8	30,6
Nordostregion	44,9	35,9	48,2	42,6

Quelle: Husa und Wohlschlägl 1991:76, gekürzt, und die dort angegebenen Quellenmaterialien.

Die ausgeprägten Disparitäten im wirtschaftlichen Entwicklungsstand, im Lebensstandard, im Modernisierungsgrad und in der personellen Einkommensverteilung zwischen dem Großraum Bangkok und den restlichen Landesteilen, die sich - trotz des nunmehr bereits seit rund drei Jahrzehnten anhaltenden Wirtschaftsaufschwunges inklusive der Boom-Phase der letzten Jahre (vgl. dazu Husa und Wohlschlägl 1991) - nicht reduziert, sondern, wie viele meinen, sogar verstärkt haben und längerfristig erheblichen sozialen Zündstoff bieten können, sind in den letzten Jahren auch zunehmend in das Blickfeld der thailändischen Regierung und der zuständigen Planungsbehörden geraten, denn Bangkok-Metropolis erweist sich - wie die empirischen Befunde zeigen - zwar sehr wohl als Motor der Landesentwicklung, wenn man den gesamtwirtschaftlichen Wachstumsprozeß im Auge hat, nicht jedoch als Motor des Abbaus der regionalen Disparitäten im Lande.

Thailands Planung befindet sich dabei, wie Schätzl (1992:23) treffend ausdrückt, im „Zielkonflikt zwischen Metropolisierung und Dezentralisierung". Letztere wurde besonders im vierten und fünften Fünfjahresplan („National Economic and Social Development Plan") für den Zeitraum 1977 bis 1981 bzw. 1982 bis 1986 deutlich akzentuiert. Zur Förderung und zum Ausbau klein- und mittelstädtischer Zentren außerhalb des Großraumes Bangkok zu leistungsfähigen regionalen Entwicklungspolen im Rahmen einer stärker als bisher dezentralisierten Entwicklung wurde im Rahmen des vierten Planes das „Regional Cities Development Project" (RCDP) eingerichtet, um das enorme bevölkerungsmäßige und wirtschaftliche Übergewicht der Hauptstadtagglomeration abzubauen (siehe dazu Thailand, NESDB 1977, 1982; Rüland 1989).

Trotz dieser Bemühungen und beträchtlicher öffentlicher Investitionen in neugeschaffene „Investment Promotion Zones" in anderen Landesteilen konnte aber die private Investitionstätigkeit im Vergleich zum nach wie vor boomenden Bangkok nur sehr ungenügend angekurbelt werden, so daß das Dezentralisierungskonzept des fünften Plans letztlich kaum eine Verschiebung des dramatischen Ungleichgewichts zwischen der Metropole und den Klein- und Mittelstädten im Hinterland zugunsten der letzteren gebracht hat und die regionalökonomischen Disparitäten ebenso wie die Unterschiede in der Einkommensverteilung nicht abgebaut werden konnten.

Auf dem industriellen Sektor sollte eine Dezentralisierung der Produktion durch die Schaffung neuer Industriezonen außerhalb Bangkoks erreicht werden. Einen wichtigen Bestandteil der Planungen bildete in diesem Sinn das bis heute noch im Ausbau befindliche Vorhaben „Eastern Seabord Region" zum Bau einer Industriezone in den südöstlich von Bangkok am Golf von Thailand gelegenen Provinzen Chonburi und Rayong. Ziel des umfangreichen Programms ist es, durch Schaffung eines zweiten industriellen und urbanen Zentrums die Metropole Bangkok zu entlasten und die Industrialisierung voranzutreiben. In den beiden Provinzen wurde mit hohen Investitionskosten eine Reihe von Großprojekten errichtet, weitere sind im Bau oder in Planung. Dazu zählt der Bau der Tiefseehäfen von Laem Chabang und Mab Ta Phut, die Errichtung einer (seit 1985) fertiggestellten Gastrennungsanlage zur Aufbereitung der landeseigenen Erdgasvorkommen, die Aufschließung und Förderung mehrerer großer Industrieparks, von denen einige bereits a priori - nach dem Vorbild Malaysias oder der NIC's („Newly Industrializing Countries") - als „Export Processing Zones" deklariert sind, der weitere Ausbau des Fremdenverkehrszentrums Pattaya samt der Eröffnung eines nahegelegenen internationalen Flughafens und der Bau eines Großflughafens zwischen Chonburi und Bangkok um die Jahrhundertwende, wenn der derzeitige, eben erst erweiterte Flughafen Don Muang nördlich der Metropole bereits wieder zu klein sein wird.

Vor dem Hintergrund von Thailands exportorientierter industrieller Entwicklungsstrategie argumentierten jedoch führende Vertreter des „National Economic and Social Development Board" in jüngster Zeit auch, daß das Königreich - um international wettbewerbsfähig zu bleiben - seine Investitionstätigkeit in Räumen mit komparativen Standortvorteilen konzentrieren muß; und das sei unzweifelhaft die „Bangkok Metropolitan Region", die deshalb an der Spitze künftiger Entwicklungsanstrengungen stehen müsse. In einer nahezu vollständigen Umdrehung der im vierten und fünften Plan verfolgten regionalen Entwicklungspolitik wurde dazu vom Generalsekretär des NESDB, Phisit Pakkasem, einem der führenden Wirtschaftsexperten Thailands, festgestellt, „... that a large metropolis per se is desirable in the long run. ... it provides economies of scale and proximity that are conducive to the first phase of industrialization, allowing the primate city to absorb large numbers of people in manufacturing jobs, and allowing the government to build up modern infrastructure that requires large populations in order to operate effectively." (Pakkasem 1987)

Nach Rüland ist eine solche Sicht der Vorteile zentralisierter Entwicklung jedoch höchst diskussionswürdig. Auf seine kritischen Argumente kann an dieser Stelle nicht näher eingegangen werden (vgl. Rüland 1989:35f), es sei allerdings angemerkt, daß auch er das wirtschaftliche Entwicklungspotential der Regionalstädte in der Tat als begrenzt einschätzt.

Im sechsten Entwicklungsplan (für den Zeitraum von 1987 bis 1991) wird als Konzept zur Bewältigung der Wachstums- und Planungsprobleme der Megastadt Bangkok vor allem eine „Strategie der polyzentrischen Entwicklung der Hauptstadtregion" verfolgt, deren Durchsetzung auf Grund der großen Bedeutung der Hauptstadtregion für die nationale Wirtschaft eine hohe Priorität zuerkannt wird. Ihr Ziel liegt in einer Steigerung der Effizienz und Funktionsfähigkeit der „Bangkok Metropolitan Region". Der Auf- und Ausbau von Subzentren in der BMR in Verbindung mit Maßnahmen zur Verbesserung des „Urban Management" und erhöhte Investitionen in die städtische Infrastruktur sollen dazu beitragen, bestehende Entwicklungsengpässe (z.B. Verkehrsstaus, unzureichende Wasserversorgung, Umweltverschmutzung, Slumbildung, Überflutungen) zu überwinden (Schätzl 1992, vgl. dazu ausführlich Thailand, NESDB 1987, Schlörke 1991).

Solch eine Strategie ist dringend notwendig, denn die extreme Konzentration der Wirtschaftsaktivitäten auf den Großraum Bangkok ließ gerade während der letzten Boomjahre gravierende Engpässe deutlich zutage treten. Es besteht die Gefahr, daß völlig überforderte Infrastruktureinrichtungen und ein zunehmender Mangel an qualifizierten Arbeitskräften im Bereich der Hauptstadt potentielle ausländische Investoren veranlassen, statt in Thailand in anderen südostasiatischen Ländern wie Malaysia oder Indonesien zu investieren. Ein Bericht aus der Zeitung „The Sunday Times", übertitelt mit der bezeichnenden Überschrift „Will booming Bangkok go bust? The Thai capital's growth may soon be over if emerging problems are not nipped in the bud", verdeutlicht die Problematik, zeigt aber gleichzeitig auch auf, daß die thailändischen Provinzen für ausländische Investoren nach wie vor keine attraktive Standortalternative darstellen.

Während sich in Malaysia auf großräumiger Ebene die Disparitäten zwischen der Zentralregion und den übrigen Bundesstaaten in den siebziger und achtziger Jahren deutlich verringert haben und es diesem Nachbarland insgesamt gelang, „unter einer auf Weltmarktintegration ausgerichteten Entwicklungspolitik exportorientierte Industrien der internationalen Lohnveredelung in die Zielsetzung des Abbaus räumlicher und sozialer Gegensätze einzubinden, sie sogar zum Motor der industriellen Dispersion zu machen" (Koschatzky 1986:500) und somit eine Umkehr polarisierter Entwicklung, ein „Polarization Reversal" nach H. W. Richardson (1980), zu bewirken (vgl. dazu auch Schätzl 1986), können aus Thailand bis jetzt kaum Erfolge im Kampf gegen die räumlichen Konzentrationsprozesse vermeldet werden, ja die bisherige Wirtschaftspolitik begünstigte im Gegenteil eher die Herausbildung eines typisch peripher-kapitalistischen Wachstumsmusters (vgl. zu diesem auch Rauch 1985). Hier bedarf es noch massiver planerischer und regionalpolitischer Anstrengungen, um den Dezentralisierungsprozeß der Industrie zu verstärken und industrielle Entwicklungsstandorte außerhalb des Großraums Bangkok (einschließlich der nahegelegenen „Eastern Seabord Region"), insbesondere im Norden und Nordosten des Landes, auch für ausländische Investoren attraktiv zu machen.

Die kombinierten Effekte der dynamisch wachsenden „Bangkok Metropolitan Region" und der in starker Entwicklung befindlichen „Eastern Seabord Region" eröffnen demgegenüber eher das Szenario, daß nach der Jahrhundertwende der

Metropolisierungsprozeß in diesem Raum so weit fortgeschritten sein wird, daß eine ausufernde Mega-Konurbation „Bangkok - Eastern Seabord" (vgl. dazu auch Abb. 5) die regionalen Disparitäten zum zurückbleibenden Norden und Nordosten des Landes immer schneller verstärkt, während der vergleichsweise standortortbegünstigte und ressourcenreiche Süden des Landes - der schon jetzt durch Entwicklungsprojekte überdurchschnittlich gefördert wird - eine mittlere Entwicklungsdynamik einnehmen wird: Ein ausgeprägtes Nord-Süd-Gefälle wäre das Ergebnis derartiger regionaler Entwicklungsprozesse.

Schattenseiten des Booms - Krisen einer Megastadt

Die rapide Wirtschaftsentwicklung der Metropole während der letzten Jahre brachte für die Bevölkerung von Bangkok - neben der positiven Folge einer generellen Erhöhung der Realeinkommen und einem daraus resultierenden Anstieg der Kaufkraft, von dem allerdings die mittleren und höheren Einkommensgruppen stärker profitierten als die unteren Schichten - auch eine Reihe von gravierenden negativen Konsequenzen mit sich. Vor allem im Bereich der Verkehrsinfrastruktur und der Umweltsituation verschärften sich die schon traditionell bestehenden Entwicklungsengpässe in den letzten Jahren erheblich und nahmen zum Teil ein kaum mehr tolerierbares Ausmaß an. Aber auch in Bereichen wie dem Arbeits- und Wohnungsmarkt entstehen zunehmend neue Probleme, alte werden akzentuiert.

Engpässe auf dem Wohnungsmarkt

Bis vor kurzem funktionierte der Wohnungsmarkt in Bangkok im Vergleich zu anderen Metropolen der Dritten Welt relativ effizient, in den letzten Jahren zeichnen sich jedoch besonders im untersten Wohnungsmarktsegment zunehmend Engpässe in der Versorgung mit Wohnraum ab. Bis Mitte der sechziger Jahre erfolgte die Schaffung von neuem Wohnraum fast ausschließlich auf individueller Basis, indem private Grundeigentümer Aufträge an Baufirmen zur Errichtung von Häusern auf einzelnen Parzellen vergaben. Die ersten privaten Wohnbaugesellschaften wurden am Wohnungsmarkt Bangkoks erst 1968 aktiv und errichteten vorwiegend Einfamilienhäuser für die mittleren und gehobenen Einkommensgruppen. Um 1973 waren zum Beispiel 33 Wohnbauunternehmen in der Hauptstadt tätig, die auf einer Gesamtfläche von 800 Hektar rund 8.000 Häuser und Wohnungen zum Verkauf anboten. Erste staatliche Initiativen auf dem Wohnungsmarkt wurden erst 1973 mit der Etablierung der sog. „National Housing Authority" (NHA) gesetzt, die allerdings zunächst ihre Hauptaufgabe in der gesetzlichen Regulierung des Wohnbaus sah, während die tatsächliche Wohnbautätigkeit nach wie vor in den Händen der „private developers" lag.

In den späten siebziger und frühen achtziger Jahren verlagerte sich dann die private Wohnbautätigkeit aufgrund steigender Baumaterial- und Landpreise und eines höheren Zinsniveaus auf die Errichtung von Wohneinheiten mit geringeren Produktionskosten: an die Stelle von Einfamilienhäusern traten nun in zunehmendem Ausmaß Reihenhäuser, sog. „Shophouses“, und Kondominien für die gehobeneren Einkommensgruppen. Die heute für Bangkok so charakteristische sprunghafte Zunahme der Kondominien begann in großem Stil erst ab Oktober 1979 mit dem Erlaß des sog. „Condominium Act“, durch den diese Bauform explizit gefördert wurde.

Auch zwischen 1980 und 1986 blieb der Großteil der Wohnbautätigkeit in der Hand privater Wohnbauträger, die in der „Bangkok Metropolitan Region“ jährlich zwischen 10.000 und 20.000 Wohneinheiten errichteten. Auch der „Public sector developer“, die NHA, war aktiv, sie produzierte allerdings im selben Zeitraum im Durchschnitt nur rund 7.000 Wohneinheiten jährlich - die meisten davon im Rahmen sog. „Low Cost Housing“-Projekte für die unteren Einkommensgruppen. Mit dem Wirtschaftsaufschwung ab 1986 stieg auch - als Folge der erhöhten Kaufkraft der Bevölkerung - die Nachfrage nach Wohnraum dramatisch an. Die jährliche Anzahl der fertiggestellten Wohneinheiten erhöhte sich auf rund 30.000 1987, auf 45.000 1988 und auf rund 58.000 im Jahr 1989. Die „National Housing Authority“ verlagerte ihre Aktivitäten zur selben Zeit von der Produktion von Billigstwohneinheiten auf „Slum Upgrading“-Programme und stellte auf diese Weise keinerlei Konkurrenz für die privaten Wohnbauträger dar.

In den letzten Jahren erhöhte sich die Nachfrage nach Bauland explosionsartig, insbesondere für Hotels, Shopping Centers, Bürogebäude und Kondominien in verschiedenen Teilen der zentraleren Stadtbereiche und für Betriebsansiedlungen am Stadtrand. Resultat dieser Entwicklung war ein dramatisches Ansteigen der Grundstückspreise im gesamten Bereich der „Bangkok Metropolitan Region“: In manchen Stadtgebieten verdoppelten oder verdreifachten sich die Landpreise in mehreren aufeinanderfolgenden Jahren (Pornchokchai 1990), wobei das Fehlen jeglicher Kontrollmechanismen der Landnutzung und das enorme Ausmaß der Bodenspekulation die Engpässe auf dem Grundstücksmarkt noch weiter verschärften (Foo 1992).

Aktuelles Ergebnis dieser Entwicklung ist heute eine wesentlich angespanntere Situation auf dem Wohnungsmarkt als vor dem Einsetzen des großen Wirtschaftsbooms: vor allem für die finanzschwächsten Bevölkerungsgruppen wird es immer schwieriger, für sie erschwingliche Wohnmöglichkeiten bzw. Bauland im engeren und infrastrukturell zumindest halbwegs erschlossenen Stadtbereich zu finden, und auch die informellen Siedlungen der städtischen Armen, die Slums und Squatter-Siedlungen, werden schrittweise immer weiter in die städtische Außenzone abgedrängt (vgl. Tab. 4).

Tab. 4: Lage der Slum-Siedlungen in Bangkok[a]: Anzahl der Wohneinheiten nach der Distanz zum Stadtzentrum 1974, 1984 und 1988

Distanz zum Stadtzentrum	Anzahl der Wohneinheiten (in Prozent) 1974	1984	1988
0 - 5 km	50,1	43,7	37,5
6 - 10 km	30,4	28,7	23,8
11 - 20 km	16,6	22,8	28,0
21 - 30 km	2,8	4,0	9,0
über 30 km	0,1	0,8	1,7
Insgesamt	100,0	100,0	100,0
(Anzahl)	(139.326)	(160.145)	(170.638)
(Anteil in Prozent)[b]	23,8	16,0	13,0

a) Bangkok Metropolitan Region. b) Anteil am gesamten Wohnungsbestand der BMR.
Quelle: PADCO/LIF 1990:125.

Besonders betroffen von diesem Prozeß sind viele Beschäftigte in den informellen Klein- und Kleinstbetrieben des Gewerbes und des Dienstleistungssektors, die sich zum größten Teil im Stadtzentrum befinden. Die daraus resultierenden enormen Distanzen zwischen Unterkunft und Arbeitsplatz machen den Arbeitsweg zu einem höchst zeitaufwendigen Unterfangen. Gerade Zeitverlust und höhere Transportkosten sind aber Faktoren, die sich die städtischen Armen am wenigsten leisten können.

Verglichen mit der Wohnsituation in anderen Megastädten der Dritten Welt ist der Anteil jener Bevölkerung, die in sogenannten „Slums und Squatter-Siedlungen" lebt, in Bangkok mit rund 14 Prozent der Gesamtbevölkerung (das sind knapp mehr als 225.000 Haushalte bzw. 1,1 Millionen Menschen) eher gering; er zeigt auch schon seit längerem eine rückläufige Tendenz (Yap1992). Zwar ist die Zahl der Slums von 632 im Jahr 1974 auf 1.100 im Jahr 1988 und die der Squattersiedlungen von 108 auf 200 im selben Zeitraum angestiegen, der Prozentsatz dieser Wohnformen an der Gesamtzahl der Unterkünfte in Bangkok ist jedoch von 24 Prozent 1974 auf 16 Prozent 1984 und 13 Prozent 1988 kontinuierlich zurückgegangen (PADCO/LIF 1990:163).

Im Gegensatz zu der Situation in vielen anderen Großstädten der Dritten Welt sind die Slums und Squatter-Siedlungen in Bangkok selten illegal im eigentlichen Sinn. Nach dem Status der Landnutzung existieren zwei Haupttypen von Slumsiedlungen: Rund 80 Prozent aller Siedlungen sind sogenannte „Land Rental"-Slums, die semi-legalen Status aufweisen und temporär mit Einverständnis des Grundeigentümers genutzt werden. Squatters im eigentlichen Sinn, die das Land, das sie bewohnen, illegal okkupiert haben, spielen demgegenüber nur eine untergeordnete Rolle.

Die „National Housing Authority" unterscheidet je nach Landbesitzverhältnissen drei Typen von Slumsiedlungen: Slums auf privatem Land (63 Prozent), auf öffentlichem Land (25 Prozent) und Slums auf Land, das teilweise privaten Eigentümern, teilweise dem Staat gehört (11 Prozent); die verbleibenden restlichen ein Prozent der Slum-Unterkünfte befinden sich auf Land, dessen Besitzstatus ungeklärt ist (Yap 1992:32). Die größten öffentlichen Eigentümer von Slum-Land in Bangkok sind „Wats" (buddhistische Klöster) und das sogenannte „Crown Property Bureau", das die Liegenschaften im Besitz der Königsfamilie verwaltet.

Das „Land Rental"-System existiert in Bangkok schon seit langer Zeit; es hat einer großen Anzahl von einkommensschwachen Familien ermöglicht, zu finanziell erschwinglichen Unterkünften in halbwegs guter Lage nicht zu weit entfernt vom Stadtzentrum zu kommen. Sowohl private als auch öffentliche Grundbesitzer vermieten oder verpachten - oft auch nur aufgrund von mündlichen Übereinkommen - Parzellen an Interessenten, die darauf kleine, temporäre Unterkünfte errichten. Später versorgt dann der Grundeigentümer in den meisten Fällen die Grundstücke mit einer Basisinfrastruktur (z.B. Gehsteige, Wasser und Elektrizität), wofür dann noch eine zusätzliche Gebühr eingehoben wird. Die monatlichen Gesamtkosten für eine Parzelle sind im Regelfall niedrig; sie bewegten sich gegen Ende der achtziger Jahre in einer Größenordnung zwischen 17 und 23 US-Dollar (Angel und Pornchokchai 1989:138). Die Grundstücke bleiben dabei in vollem Eigentum des Besitzers und die temporären Bewohner haben im Regelfall keinerlei Rechtsanspruch auf die Nutzung: wird das Land vom Grundeigentümer für andere Zwecke benötigt, muß die Parzelle geräumt werden, was üblicherweise auch von den Bewohnern ohne Widerstand akzeptiert wird.

Interessanterweise sind nicht die Slumbewohner auf privatem Land, sondern jene auf öffentlichem Land am stärksten der Gefahr der Absiedlung ausgesetzt: so wohnten 1985 rund zwei Drittel aller Haushalte, deren Unterkünfte von der Räumung bedroht waren, auf öffentlichem Land (Angel und Boonyabancha 1988:110), was auch damit zusammenhängt, daß gerade in den zentraleren Stadtgebieten, auf denen ein starker Entwicklungsdruck lastet und in denen eine intensive Bautätigkeit herrscht, von Slumsiedlungen eingenommene Parzellen und von Squatters besiedeltes Land vielfach der öffentlichen Hand gehören.

Der „Slum Eviction Survey" der „National Housing Authority" aus dem Jahr 1987 zeigt die Dimension des Problems: Mitte der achtziger Jahre waren in Bangkok 258 Slumsiedlungen von der Räumung bedroht und jährlich verloren rund 3.000 Haushalte ihre Unterkunft durch (oft auch zwangsweise) Absiedlung. Die jährliche Abrißrate entspricht damit in etwa der Rate der Slum-Neugründungen pro Jahr und gleichzeitig auch ungefähr der Anzahl der Wohneinheiten, die von der „National Housing Authority" in einem durchschnittlichen Jahr produziert werden.

Problematisch ist diese Entwicklung vor allem deshalb, weil die Neuerrichtung von Slum-Wohneinheiten im Regelfall in wesentlich ungünstigeren und vom Zentrum weiter entfernten Lagen stattfindet und weil gerade das billigste Segment des Wohnungsmarktes abgerissen, jedoch meist nicht durch ähnlich preisgünstige neu gebaute Wohnungen ersetzt wird. Die Folge ist, daß in den letzten Jahren die Kosten für die Unterkunft gerade für die untersten Einkommensgruppen stark steigende Tendenz aufweisen.

Dies ist umso gravierender, als sich trotz der wirtschaftlichen Boomjahre und einer für eine Metropole eines Entwicklungslandes eher günstigen Arbeitsmarktsituation - die „offizielle" Arbeitslosenrate liegt in Bangkok-Metropolis gegenwärtig bei rund 4 Prozent, und auch wenn man berücksichtigt, daß in den meisten Millionenstädten der Dritten Welt nicht die offene Arbeitslosigkeit, sondern die verschiedenen Formen der Unterbeschäftigung das eigentliche Problem darstellen, klettert der Anteil der Unterbeschäftigten selbst bei der liberalsten Definition von Unterbeschäftigung, die alle Erwerbspersonen umfaßt, die durchschnittlich weniger als 40 Wochenstunden arbeiten, auf bloße 17,6 Prozent (vgl. Husa 1987) - in den letzten Jahren eine, wenngleich auch statistisch schwer dokumentierbare, relative Zunahme der „urban poor" und ein Anwachsen der sozialen Disparitäten innerhalb der Bevölkerung von Bangkok abzeichnet (Kaothien 1992). Die Ursache dieses Phänomens findet sich vor allem in dem ungebrochenen Zustrom von Migranten, die überwiegend aus peripheren ländlichen Räumen kommen.

Probleme auf dem Arbeitsmarkt: Prostitution und informeller Sektor

Der anhaltende Zuwanderungsdruck auf die Hauptstadt akzentuiert auch eine negative Erscheinung auf dem Arbeitsmarkt, die Bangkok international den zweifelhaften Ruf als eine der wichtigsten Drehscheiben des internationalen Sextourismus einbrachte. Neben dem Vorhandensein einer Vielzahl von Beschäftigungsmöglichkeiten, die die Metropole zum Beispiel in der Textilindustrie oder im Bereich des Hauspersonals in wohlhabenderen Haushalten bietet, liegt eine entscheidende Ursache für den überproportional starken Zuzug von jungen, ledigen Frauen auch in der berüchtigten Funktion der Hauptstadt als „Vergnügungszentrum Südostasiens" und im Zusammenhang damit in der Fülle von Arbeitsplätzen in Bars, Massagesalons u. ä. Betrachtet man die alters- und geschlechtsspezifische Selektivität der Zuwanderung nach Bangkok, so fällt besonders die Dominanz junger Mädchen und Frauen im Zuwandererstrom auf: Von allen im sogenannten „Survey of Migration into the Bangkok Metropolis 1988" (Thailand, National Statistical Office 1989c) erfaßten Migranten nach

Bangkok waren 62 Prozent weiblich; bei knapp einem Viertel (24 Prozent) aller zugewanderten Frauen handelte es sich um Mädchen im Alter von 15 bis 19 Jahren (vgl. Abb. 4).

Noch gegen Ende der fünfziger Jahre soll es in Thailand nur etwa 20.000 Prostituierte gegeben haben, die Hälfte davon in Bangkok (Skrobanek 1990). Der sprunghafte Anstieg der Prostitution begann erst mit der Stationierung von US-Truppen im Krieg gegen Vietnam zwischen 1962 und 1976. Gleichzeitig wurde Bangkok auch das wichtigste Urlaubsziel für GI's, die in anderen Ländern Indochinas stationiert waren und im Rahmen sogenannter „Rest and Recreation"-Flüge in die thailändische Hauptstadt gebracht wurden. Nach dem Abzug der US-Truppen aus Südostasien 1976 brach das „Sex-Business" jedoch keineswegs zusammen: Die ursprünglich für das US-Militär geschaffene diesbezügliche Infrastruktur wurde vom Sex-Tourismus aus Europa, Amerika, Japan und Australien übernommen, modifiziert und weiter ausgebaut. Die genaue Zahl der Prostituierten in Bangkok heute ist unbekannt; Schätzungen gehen jedoch davon aus, daß zwischen 7 und 10 Prozent der weiblichen Erwerbstätigen der Hauptstadt in diesem Sektor beschäftigt sein dürften (Tonguthai 1987).

Abb. 4: Alters- und Geschlechtsstruktur der Zuwanderer nach Bangkok-Metropolis 1988

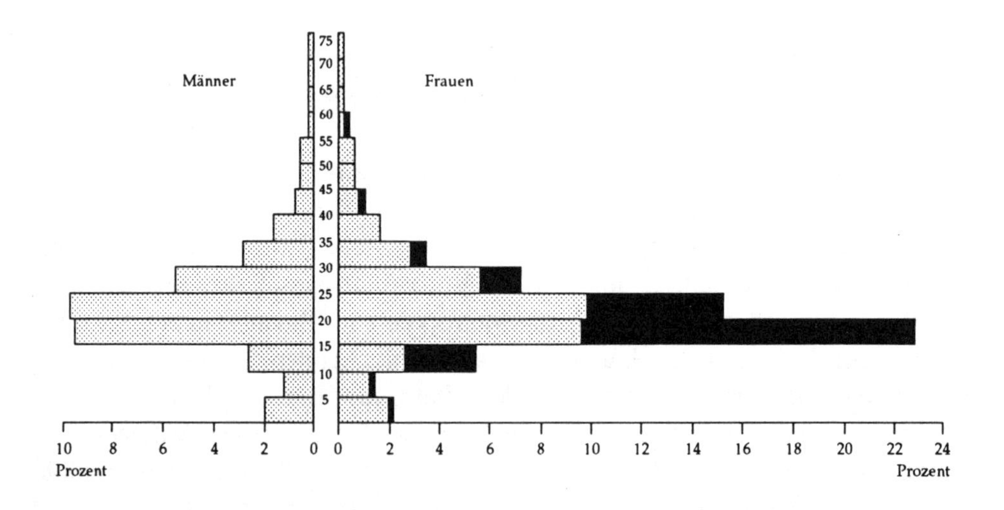

Quelle: Berechnet aus Daten des „Survey of Migration into the Bangkok Metropolis 1988" (Thailand, National Statistical Office 1989c).

Die Konsequenzen des Migrationsdrucks auf die Hauptstadt werden auch noch in einem weiteren, für Metropolen in der Dritten Welt besonders typischen Arbeitsmarktsegment spürbar. Hauptarbeitgeber der nach Bangkok zuwandernden Migranten - wie übrigens auch der schon länger in Bangkok ansässigen „urban poor" - ist der informelle Sektor der städtischen Wirtschaft. Diese „Ökonomie der Armen" absorbiert nahezu unbegrenzt neue Migranten vom Land und sichert das Überleben für einen Großteil der städtischen Armen, indem ein begrenzter Markt (zum Beispiel für einfache Dienstleistungen und billige Gebrauchsgüter) auf eine wachsende Zahl von Beschäftigten verteilt wird.

Die Bedeutung dieses Sektors wird vielfach unterschätzt, vor allem deshalb, weil die einzelnen Betriebe durch die Maschen der amtlichen Statistik schlüpfen: sie sind zu klein, nirgends registriert, häufig sind ökonomische Aktivitäten kaum von Haushaltsaktivitäten zu trennen und zum Teil findet eine ökonomische Tätigkeit nur saisonal statt und/oder ist nicht an einen festen Ort gebunden (Husa und Wohlschlägl 1986).

Selbst in einer vergleichsweise modernen Metropole wie Bangkok mit einer bereits seit Jahren „boomenden" Wirtschaft liegt der Anteil der Beschäftigten im informellen Sektor überraschend hoch: Je nach zugrunde gelegtem Schätzverfahren schwanken die Angaben (für 1988) zwischen 26 Prozent (enger gefaßte, offizielle, konservative Schätzvariante, tendenziell stark unterschätzend) und 58 Prozent (weiter gefaßte Schätzvariante, tendenziell leicht überschätzend), wobei der höhere Wert eher der Realität nahekommen dürfte und somit in etwa der Dimension des informellen Sektors in wirtschaftlich weit weniger erfolgreichen Metropolen wie Jakarta oder Metro-Manila entspricht (Amin 1992). Allerdings deuten sämtliche statistisch faßbaren Indikatoren darauf hin, daß der anhaltende Wirtschaftsboom in Thailand dazu beiträgt, die Größe des informellen Sektors schrumpfen zu lassen.

So nahm zwar die Gesamtzahl der Industrie-, Gewerbe- und Dienstleistungsbetriebe („Business Establishments") in Bangkok von rund 61.330 im Jahr 1988 auf 70.140 im Boomjahr 1989 zu (plus 14,4 Prozent innerhalb nur eines Jahres!) und die Anzahl der Beschäftigten erhöhte sich im selben Zeitraum um 18 Prozent von rund 1,33 Millionen auf 1,55 Millionen, der Anteil der Kleinstbetriebe zeigte jedoch einen rückläufigen Trend: Waren noch 1988 rund 73 Prozent aller „Business Establishments" in Bangkok Kleinstbetriebe mit weniger als zehn Beschäftigten, so sank der entsprechende Anteil 1989 auf unter 70 Prozent. Ebenso rückläufige Tendenz zeigen auch die Beschäftigtenanteile der sogenannten „Own Account Workers", also der Selbständigen ohne Angestellte, und der unbezahlten mithelfenden Familienangehörigen („Unpaid Family Workers"), die zusammen den harten Kern der im informellen Sektor Beschäftigten bilden (Amin 1992:14f). Noch 1985 betrug der Anteil dieser Gruppe 28,2 Prozent der Gesamtzahl der Beschäftigten in der Metropole, 1988 hingegen nur mehr knapp 26 Prozent (berechnet aus Daten der „Labour Force Surveys" 1985 und 1988; Thailand, National Statistical Office 1986, 1989b).

Der Schrumpfungsprozeß des informellen Sektors betrifft jedoch nicht alle diesbezüglichen wirtschaftlichen Aktivitäten gleichermaßen, wie die Ergebnisse einer jüngst durchgeführten empirischen Untersuchung über die Entwicklung dieses Sektors in Bangkok erkennen lassen. So geht zum Beispiel Amin (1992) von der Überlegung aus, daß sich für manche informelle Wirtschaftszweige in einer boomenden Wirtschaft wie jener Bangkoks eine breite Palette neuer Möglichkeiten ergeben müßte, wodurch zumindest ein Teil der Aktivitäten in diesem Sektor ebenfalls vom wirtschaftlichen Aufschwung profitieren müßte. Um diese Annahme zu belegen, wählte Amin vier Sub-Sektoren aus dem industriell-gewerblichen Bereich (Bekleidung, ausgenommen Schuhwerk; Leder, Lederprodukte und Schuhwerk; Holz und Holzwaren; Möbel und Einrichtungsgegenstände) und drei Bereiche aus dem Dienstleistungssektor (persönliche Dienstleistungen; Hauspersonal; Reparaturen) aus, von denen angenommen werden kann, daß ein Großteil der Betriebe dem informellen Sektor zuzurechnen ist. Tabelle 5 zeigt die jährliche Wachstumsrate der Wertschöpfung ausgewählter Sub-Sektoren in der Periode kontinuierlichen Wirtschaftswachstums 1970 bis 1979, in der Zeit gebremster Entwicklungsdynamik zwischen 1980 bis 1986 und in den Boomjahren von 1987 bis 1988.

Tab. 5: Informeller Sektor und gesamtwirtschaftliche Entwicklung - Jährliches Wachstum [a] ausgewählter Sub-Sektoren aus dem industriell- gewerblichen und aus dem Dienstleistungsbereich in Thailand in den siebziger und achtziger Jahren (in Prozent)

Sektor (Ausgewählter Sub-Sektor)	1970-1979 (Periode kontinuierlichen Wirtschaftswachstums)	1980-1986 (gebremste Entwicklungsdynamik Rezession)	1987-1988 (Wirtschaftsboom)
Industrie und Gewerbe			
Bekleidung (ohne Schuhwerk)	9,9	7,5	10,0
Leder, Lederwaren, Schuhe	6,5	10,5	17,6
Holz und Holzwaren	5,4	0,6	11,8
Möbel und Einrichtung	5,9	4,5	12,1
Dienstleistungen			
Persönliche Dienste	3,4	7,8	7,8
Hauspersonal	3,1	10,3	9,4
Reparaturen	9,5	5,6	6,4
Thailand - Wachstum des BIP [a]	9,9	4,8	13,2

a) Reales jährliches Wachstum des Bruttoproduktionswerts bzw. (für Gesamt-Thailand) des Bruttoinlandsprodukts zu Marktpreisen (BIP) in Prozent.
Quelle: Amin 1992:30; für die Daten über das BIP auch Husa und Wohlschlägl 1991.

Die aus anderen Studien gewonnene Erkenntnis (zum Beispiel Amin 1981 für Dhaka; House 1985 für Nairobi), daß der informelle Sektor keineswegs als ein homogener Wirtschaftsbereich betrachtet werden kann, bestätigt sich auch am Beispiel von Thailand: Wie Tabelle 5 erkennen läßt, zeigen die informellen Aktivitäten im gewerblichen Bereich dynamische Züge und ein zur gesamtwirtschaftlichen Entwicklung weitgehend paralleles Wachstum, während der breite Sektor der informellen Dienstleistungen vor allem in den Perioden starker gesamtwirtschaftlicher Wachstumsdynamik nur eine unterdurchschnittliche Entwicklung aufweist.

Außer Diskussion steht jedoch, daß selbst in einem Schwellenland mit dynamischer Wirtschaftsentwicklung, wie es Thailand darstellt, dem informellen Sektor insgesamt - und hier besonders in der Metropole - eine ungebrochen hohe Bedeutung zukommt, indem dieser in der Lage ist, einen Großteil der überschüssigen Arbeitskräfte aus dem ländlichen Raum aufzunehmen und so zumindest deren Überleben zu sichern.

Bangkok in der Infrastruktur- und Umweltkrise

Wesentlich schwerwiegender als die Probleme auf dem Wohnungs- und Arbeitsmarkt sind jedoch die Schwierigkeiten im Infrastruktur- und Umweltbereich. Obwohl Bangkok auch im Hinblick auf Infrastruktureinrichtungen und die Versorgung mit öffentlichen Diensten weitaus besser ausgestattet ist als der Rest des Landes, führte das dynamische Bevölkerungs- und Flächenwachstum der Metropole zunehmend zu Engpässen bzw. zu Überlastungserscheinungen im Bereich wichtiger Basisinfrastruktureinrichtungen sowie zu einer ständigen Verschlechterung der Umweltbedingungen.

So ist zum Beispiel die für die Wasserversorgung zuständige Behörde, die „Metropolitan Network Authority", gegenwärtig nur in der Lage, rund 2,8 Millionen Kubikmeter anstelle der täglich benötigten 3,2 Millionen Kubikmeter an Trinkwasser für Bangkok zur Verfügung zu stellen, was einem ungefähren Versorgungsgrad von rund 85 Prozent der Metropole entspricht. Die verbleibenden 15 Prozent müssen ihr Trinkwasser zum Teil aus Hausbrunnen, teilweise sogar aus den durch Abwässer und Abfälle aller Art stark verschmutzten „Khlongs" (Kanälen) beziehen. Dies ist umso problematischer, als auch nur knapp zwei Prozent der Haushalte Bangkoks an ein Kanalisationssystem angeschlossen sind und eine geregelte Müllabfuhr in weiten Stadtgebieten fehlt (Rigg 1991:149). Da alle bestehenden Pläne und Programme zu einer flächendeckenden Müll- und Abwasserentsorgung bislang an der Kostenfrage scheiterten, funktioniert die Entsorgung in Bangkok weitgehend über die Khlongs und vor allem über den Chao Phraya, der vermutlich in wenigen Jahren unterhalb der Hauptstadt ein biologisch gänzlich toter Fluß sein dürfte (vgl. „Bangkok Post" vom 15. April 1991).

Die ungenügende Wasserversorgung der Metropole und die daraus resultierende ansteigende Entnahme von Grundwasser, sowohl durch Privathaushalte als auch durch Industriebetriebe, führte in manchen Bereichen des Stadtgebietes zu einem langsamen Absinken des Untergrundes um jährlich rund fünf bis zehn Zentimeter: das sind Absenkungsraten, wie sie nicht einmal in Venedig zur schlimmsten Zeit gemessen worden sind (Kammeier 1984). Das untere Chao Phraya-Becken, in dem Bangkok gelegen ist, weist aber nur eine durchschnittliche Höhe von einem bis eineinhalb Meter über dem Meeresspiegel auf. Der Haupteffekt der kontinuierlichen Absenkung des Untergrundes wird vor allem in der zunehmenden Häufigkeit und Stärke von Überschwemmungen im südlichen und südöstlichen Teil des Stadtgebiets der Hauptstadt spürbar: Diese treten während der Monsunzeit auf, wenn die langsam abfließenden Niederschlagswässer monsunaler Starkregen mit der bis Bangkok reichenden, den Chao Phraya aufwärtsströmenden Flut aus dem nahegelegenen Golf von Thailand zusammentreffen. Verstärkt wurde das Problem der Überschwemmungen noch durch die weitgehende Zerstörung des „natürlichen" Drainagesystems, indem ein Großteil der ehemals bestehenden Khlongs und Bewässerungskanäle zugeschüttet wurde, entweder im Rahmen von Straßenbauten oder im Zuge von Programmen zur Bekämpfung der Malaria (United Nations 1987:30).

Das gegenwärtig dringlichste und für den Einwohner oder Besucher offensichtlichste Problem von Bangkok liegt jedoch im Bereich des Verkehrs und der Luftverschmutzung, oder wie Pendakur (1992:23) formuliert: „In large mega cities such as Bangkok ... urban travel has become the worst ordeal of the day". Die Verkehrsinfrastruktur der Metropole ist heute derart überlastet, daß deren zunehmende Ineffizienz längerfristig die weitere wirtschaftliche Entwicklung zu gefährden droht (Rigg 1991:151). Ein erstes Warnsignal in diese Richtung war die Entscheidung der Firma Canon im Jahr 1989, die in Bangkok geplante Errichtung eines Werkes zur Herstellung von Kameralinsen aus Gründen der Überlastung der Verkehrsinfrastruktur zu stoppen und statt dessen nach Malaysia zu gehen (Husa und Wohlschlägl 1991:55).

Tatsächlich zählt Bangkok-Metropolis heute - neben Mexico City und Lagos - zu jenen Mega-Städten der Welt, die die schlimmsten Werte im Hinblick auf Verkehrsstaus, die durchschnittliche „Fließgeschwindigkeit" des Verkehrs und die Luftqualität aufweisen. Betrug schon 1986 die durchschnittliche Verkehrsgeschwindigkeit in Bangkok nur 13 bis 15 km/h, so reduzierte sich diese auf gegenwärtig nur mehr 8 bis 10 km/h (Kaothien 1992:7)! Auch was die sogenannte „Crawl Rate" - also die Zahl der bei Verkehrsüberlastung durchschnittlich pro Stunde zurückgelegten Kilometer - während der Stoßzeiten betrifft, liegt Bangkok weltweit gesehen einsam an der Spitze: entlang mancher Hauptverkehrsstraßen wie zum Beispiel der Rama IX-Road oder der Asoke-

Dindaeng- Road beträgt sie zu Spitzenzeiten nur 1,2 km/h (vgl. Tab. 6), während selbst in Tokio, das für seine Verkehrsprobleme bekannt ist, der entsprechende Vergleichswert rund 4 Stundenkilometer beträgt (Pendakur 1992:13)!

Tab. 6: Bangkok Metropolis - Einige Eckdaten zum Ausmaß des Verkehrsproblems

a) Entwicklung des Kraftfahrzeugbestandes 1978 bis 1991

Kraftfahrzeuge (in Mio.)	1978	1983	1988	1991	Veränderung 1978-91 (in %)
Privat-PKW	0,25	0,41	0,79	1,11	+ 344
Motorräder u.ä.	0,15	0,39	0,77	1,27	+ 746
Sonstige Kraftfahrzeuge	0,10	0,14	0,20	0,24	+ 140
Insgesamt	0,50	0,94	1,76	2,62	+ 424

b) Ausgewählte Kennzahlen zum „Verkehrsfluß“

Durchschnittliche Fließgeschwindigkeit des Verkehrs zur Stoßzeit, zentraler Stadtbereich .... 18 km/h

Durchschnittliche Fließgeschwindigkeit des Verkehrs zur Stoßzeit, „Central Business District“ .... 6 - 10 km/h

Fließgeschwindigkeit des Verkehrs zur Stoßzeit bei Verkehrsüberlastung,zentraler Stadtbereich .... 1 - 2 km/h

Fließgeschwindigkeit des Verkehrs zur Stoßzeit bei Verkehrsüberlastung, suburbaner Stadtbereich .... 15 km/h

Quelle: Pendakur 1992:15

Die heutigen Verkehrsprobleme Bangkoks sind das Resultat mehrerer zusammenwirkender Faktoren. Weite Bereiche des Stadtgebietes bestehen aus sogenannten „Superblocks“: Zwischen den Hauptverkehrsadern finden sich große Areale, die im inneren Stadtbereich vielfach dicht verbaut, jedoch nur durch schmale Stichstraßen erschlossen sind, so daß der Durchzugsverkehr auf vergleichsweise wenige und dadurch entsprechend überlastete Straßenzüge zwischen den „blocks“ konzentriert wird; im äußeren Stadtbereich bestehen sie häufig auch aus großen, noch ungenutzten Landflächen, die straßenmäßig nicht oder kaum aufgeschlossen sind und zum Großteil Spekulationsland im Privatbesitz darstellen, das zum Teil jedoch dringend von der Stadtverwaltung für die Errichtung von Verbindungs- oder Umfahrungsstraßen benötigt würde. Aufgrund der in Thailand herrschenden Gesetzgebung, die Privateigentum weitestgehend schützt und Enteignungen kaum zuläßt, ist es der „Bangkok Metropolitan Administration“ in vielen Fällen nicht möglich, das Wegerecht auf Parzellen zu erhalten, für die zur Verbesserung des übergeordneten Straßennetzes großer

Bedarf besteht. Das privat errichtete Straßennetz zweiter und dritter Ordnung hingegen entstand im Laufe der Jahre meist ohne jede Planung und besteht im wesentlichen aus engen, gewundenen und miteinander oft unverbundenen Straßen oder Sackgassen innerhalb der „Superblocks".

Erschwert wird die Verkehrsplanung in Bangkok noch durch die Tatsache, daß die Kompetenzen dafür zumindest auf fünf Behörden verteilt sind. Zusätzlich sind die Ausgaben der öffentlichen Hand für den Straßenbau gering. Bangkok hat demgemäß einen der geringsten Anteile von Straßenflächen an der Gesamtfläche unter allen Großstädten der Welt (Bangkok 1980: 9 Prozent, London 22 Prozent und New York 24 Prozent; vgl. Rigg 1991:151).

Ein weiterer Faktor, der wesentlich zur dramatischen Verkehrssituation in Bangkok beiträgt, ist die große Anzahl privater Kraftfahrzeuge, die seit den siebziger Jahren - nicht zuletzt auf Grund niedriger Treibstoffpreise und geringer Autosteuern - enorme Zuwachsraten zeigt (vgl. Tab. 6). So ist zum Beispiel die Zahl der Personenautos von rund 250.000 im Jahr 1978 auf 1,1 Millionen 1991 angestiegen und die Zahl der Motorräder im selben Zeitraum von 150.000 auf 1,27 Millionen!

Trotz des vergleichsweise hohen Motorisierungsgrades der Bangkoker Bevölkerung entfallen rund zwei Drittel aller täglich unternommenen Fahrten auf die öffentlichen Transportsysteme, deren Kapazität und Zustand allerdings sehr zu wünschen übrig läßt. Bangkok zählt zum Beispiel - sieht man einmal von den Millionenstädten in der Volksrepublik China ab - zu den wenigen großen Metropolen der Welt, in denen es kein vom Straßenverkehr getrenntes Massentransportmittel (Untergrund- oder Schnellbahn u.ä.) gibt, obwohl dieser Zustand in den nächsten Jahren durch eine Reihe gigantischer Projekte rasch geändert werden soll. So stehen zum Beispiel zwei Mega-Massentransport-Projekte unmittelbar vor der Realisierung: das sogenannte kombinierte „Hopewell Overhead Rail and Road System" und der „Bangkok Skytrain", ein innerstädtisches Hochbahnsystem. Ein drittes großes Verkehrsprojekt, das baumäßig schon weiter fortgeschritten ist, ist der „Don Muang Tollway": Dabei handelt es sich um eine neue, auf Stelzen über der alten Flughafenautobahn errichtete Mautautobahn, die Bangkok mit seinem Flughafen gleichen Namens verbinden wird.

Bis zur Fertigstellung dieser Großprojekte bleibt allerdings die „Bangkok Metropolitan Transport Authority" (BMTA) mit ihrer aus rund 5.000 alten und schlecht gewarteten Bussen bestehenden Flotte der Hauptträger des öffentlichen Verkehrs. Zusätzlich zu der Busflotte der BMTA existieren noch rund 4.500 legale und an die 5.000 bis 10.000 illegale Minibusse (Fahrzeugzulassung ist in Thailand zwar gesetzlich vorgeschrieben, wird jedoch nur wenig kontrolliert), sowie seit einigen Jahren eine rasch zunehmende Anzahl von sogenannten „Motorrad-Taxis" (nicht zu verwechseln mit den schon traditionell bekannten

Motor-Dreirad-Taxis, „Tuk Tuk“ genannt). Um das öffentliche Bussystem effizienter zu gestalten und die Stehzeiten im Verkehrsstau zu minimieren, haben die Behörden in Bangkok über 100 km eigene Busspuren eingerichtet. Als effizient haben sich in der Praxis allerdings nur die entgegen der Fahrtrichtung angelegten Busspuren erwiesen, jene in Fahrtrichtung bleiben wegen der andauernden Behinderung durch auf die Busspuren ausweichende Kraftfahrzeuge und mangels Kontrolle weitgehend ineffektiv.

Ein Nebeneffekt der chaotischen Verkehrssituation in Bangkok ist das enorme Ausmaß der Luftverschmutzung, die zu 70 Prozent von Kraftfahrzeugen verursacht wird. Vor allem die Kohlenmonoxyd- und Ozonwerte sowie das Ausmaß der Staub- und Schwebstoffe in der Luft sind äußerst hoch und überschreiten die tolerierbaren Obergrenzen der Weltgesundheitsorganisation (WHO) um ein Vielfaches.

Unter all den genannten Problemen der Metropole wird von seiten der Behörden gegenwärtig dem Verkehrsproblem höchste Priorität zugemessen, wie auch die gigantischen Planungen, die innerhalb der nächsten 10 Jahre realisiert werden sollen und nach dem gegenwärtigen Planungsstand rund 15 Milliarden US-Dollar verschlingen dürften, anzeigen. Letztlich hängt allerdings auch die Fertigstellung dieser Großvorhaben von der Tatsache ab, ob es den Behörden gelingt, das dafür nötige Bauland zu akquirieren und - in einer zweiten Phase - die einzelnen Großprojekte durch ein ausreichendes Netz an Sekundär- und Zubringerstraßen miteinander zu verbinden.

Stadtplanung in der Megastadt Bangkok - eine Mega-Aufgabe

„The main objective was to study the growth process of Bangkok, a city of four million people, with neither an approved plan nor a land use control. One often wonders how Bangkok has survived, and since it has, so far, survived the various problems, one sometimes questions the benefits of urban planning theories.“ (Vichit-Vadakan u.a. 1976:3)

Auch heute, nahezu zwei Jahrzehnte später, hat dieses von einer thailändischen Forschergruppe Mitte der siebziger Jahre formulierte Statement bezüglich der Stadtplanungsprobleme der Metropole nichts an Aktualität eingebüßt. Nach wie vor ist die Stadtplanung in Bangkok vor allem durch enorme Kompetenz- und Koordinationsprobleme gekennzeichnet, obwohl bereits 1972 - als Bangkok und Thonburi zu Bangkok-Metropolis zusammengelegt wurden - die „Bangkok Metropolitan Administration“ (BMA) als autonomer Regierungskörper der neuen Hauptstadtprovinz etabliert wurde.

Die Kompetenzen der BMA erstrecken sich aber seit ihrer Gründung auf nur wenige Bereiche: nur Müllentsorgung, Straßenbau und -erhaltung, Drainage, öffentliches Gesundheitswesen und Grundschulwesen fallen in ihre unmittelbare Verantwortung. Die restlichen wichtigen städtischen Dienstleistungen befinden sich im Kompetenzbereich einer Reihe der Zentralregierung unterstellter staatlicher Unternehmen oder Agenturen, wie etwa der „Metropolitan Water Works Authority“, der „National Housing Authority“, der „Bangkok Mass Transit Authority“, der „Expressway and Rapid Transit Authority“, der „Industrial Estates Authority“ sowie verschiedener Staatsministerien. Die Rolle der BMA wird zusätzlich noch dadurch eingeschränkt, daß sie über keine Kompetenz verfügt, Planungskonzepte für die Stadtregion zu entwerfen: Dies ist Aufgabe einer anderen Behörde, nämlich des sogenannten „Town and Country Planning Department“ des Ministeriums für Inneres. Auch fehlt der BMA die Autorität, die Investitionen der öffentlichen Hand im Rahmen von städtischen Entwicklungsplänen zu koordinieren bzw. zu kontrollieren.

Um dieser unbefriedigenden Situation Abhilfe zu schaffen, wurde im Rahmen des „Sixth National Economic and Social Development Plan“ (1987 - 1991) ein nationales Komitee ins Leben gerufen, dessen Aufgabe es war, die Projekte und Investitionen der verschiedenenen Institutionen und Agenturen aufeinander abzustimmen. Wie die Fakten zeigen, blieb der Erfolg dieser Maßnahme bislang aus: Auch heute sind die Kompetenzen und Verantwortlichkeiten in den Bereichen Planung, Finanzierung und Durchführung von Entwicklungsprojekten in den Sektoren Verkehr, Wasserversorgung und Wohnungswesen auf mehr als 50 Institutionen verteilt.

Das institutionelle Chaos findet seinen Niederschlag auch in der Geschichte der Stadtplanung von Bangkok, die mit der Formulierung des ersten „Greater Bangkok Plan“ (auch als „Litchfield Plan“ bezeichnet) durch ein amerikanisch-thailändisches Expertenteam im Jahr 1960 begann. Bis 1990 wurde dieser „Greater Bangkok Plan“ mehrfachen Revisionen unterzogen, allerdings wurde keine der existierenden Varianten bislang auch nur in Ansätzen konkret umgesetzt.

Konsequenz dieser Entwicklung ist, daß heute nach wie vor ein bindender Flächennutzungsplan und somit effiziente Kontrollmechanismen der Landnutzung fehlen, wodurch es privaten „developers“ möglich ist, Flächen an nahezu jeder Stelle der Stadt jeder beliebigen Nutzung zuzuführen. Im kürzlich in Kraft getretenen „Seventh National Economic and Social Development Plan“ (1992 bis 1996) werden daher auch die Verbesserung des „Urban Management“ und die Einrichtung wirksamer Koordinations- und Kontrollmechanismen als dringlichste Vorbedingungen für eine künftig effizientere Stadtplanung explizit betont.

Auch aus dem gegenwärtig aktuellen siebenten Nationalen Entwicklungsplan lassen sich nur grobe Leitlinien für die künftige Stadtentwicklung entnehmen. Die großräumigen generellen Entwicklungsziele für die Stadtregion Bangkok wurden im sogenannten ”Bangkok Metropolitan Region Structural Plan“ wie folgt formuliert:

Durch eine bessere Integration und Anbindung der „Bangkok Metropolitan Region" mit der schon erwähnten „Eastern Seabord Region" im Südosten und der nördlich von Bangkok gelegenen, gerade im Entstehen begriffenen sogenannten „Newly Proposed Industrial Zone of the Upper Central Region" um Saraburi soll eine „Mega Urban Region Bangkok" geschaffen werden, die als neues internationales Zentrum vor allem in den Bereichen Finanzwesen, Tourismus, Flugverkehr und Telekommunikation und als Konzentrationsraum wachstumsintensiver und zukunftsorientierter Wirtschaftssektoren innerhalb Süd–ostasiens fungieren und auf diese Weise die internationale Wettbewerbsfähigkeit der thailändischen Wirtschaft auch künftig gewährleisten bzw. verstärken soll (vgl. Abb. 5).

Durch die Auslagerung der industriellen Aktivitäten aus der Stadt und ihrem engeren Einzugsbereich in die „Eastern Seabord Region" und in die neu zu schaffende nördliche Industriezone um Saraburi sollen gleichzeitig auch Gegenpole zum traditionellen Ballungszentrum Bangkok geschaffen werden, um dieses vom künftigen Entwicklungsdruck zu entlasten.

Um diese hochgesteckten Ziele realisieren zu können, müssen vor allem verstärkt Anreize für private Investoren gesetzt werden, Betriebe im Bereich der „Mega Urban Region Bangkok" anzusiedeln. Die Attraktivität des Großraums Bangkok als Industriestandort wird aber nur dann gewährleistet bleiben, wenn es gelingt, die Verkehrs- und Umweltprobleme im Bereich der Metropole weitgehend zu entschärfen. Die hohen finanziellen Mittel, die allein zur Verbesserung der Infrastruktur im Bereich der Trinkwasserversorgung, der Abfall- bzw. Abwasserentsorgung und der verbesserten Anbindung von Brachflächen zwischen den Hauptverkehrsadern - zum Beispiel durch ein Netz von Zufahrtsstraßen - nötig sind, übersteigen jedoch bei weitem die finanziellen Möglichkeiten der öffentlichen Hand, sieht man einmal von den exorbitanten Finanzmitteln, die für die Realisierung der verschiedenen „Rapid Mass Transit System"-Großprojekte bereitgestellt werden müßten, ganz ab. Aus diesem Grund wäre auch im Infrastruktur- und Umweltbereich dringend die Beteiligung privater Investoren gefragt; tatsächlich existiert aber erst ein Vertrag im Bereich der Abfallentsorgung, den die BMA mit einer Reihe von Privatunternehmen abgeschlossen hat.

Letztlich bedeutet das im siebenten Plan formulierte Konzept einer „Mega Urban Region Bangkok", in der allerdings verstärkt eine polyzentrische Entwicklung aufgebaut werden soll, gewissermaßen auch eine Abkehr von den idealistischen Konzepten des sechsten Entwicklungsplans, in dem noch Investitionen in die peripheren Regionen des Königreichs und der Abbau der Vormachtstellung der Hauptstadt höchste Priorität genossen. Realistischerweise ist deshalb davon auszugehen, daß es auch weiterhin zu einer weitgehenden Konzentration der zur Verfügung stehenden öffentlichen Mittel auf den schon

Abb. 5: Struktur und Entwicklungsleitlinien einer künftigen „Greater Bangkok - Eastern Seabord Conurbation" als Mega-Agglomeration Thailands

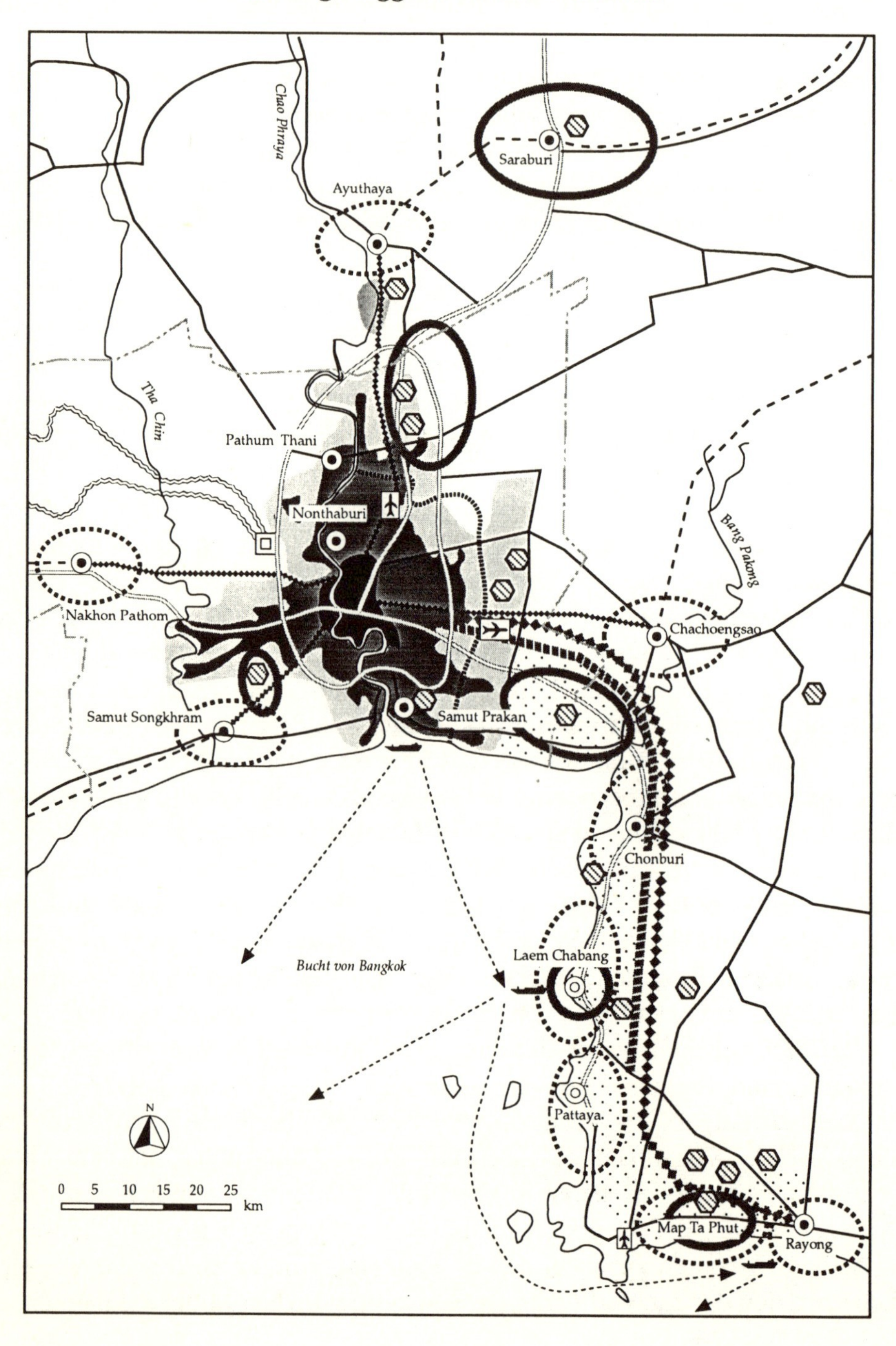

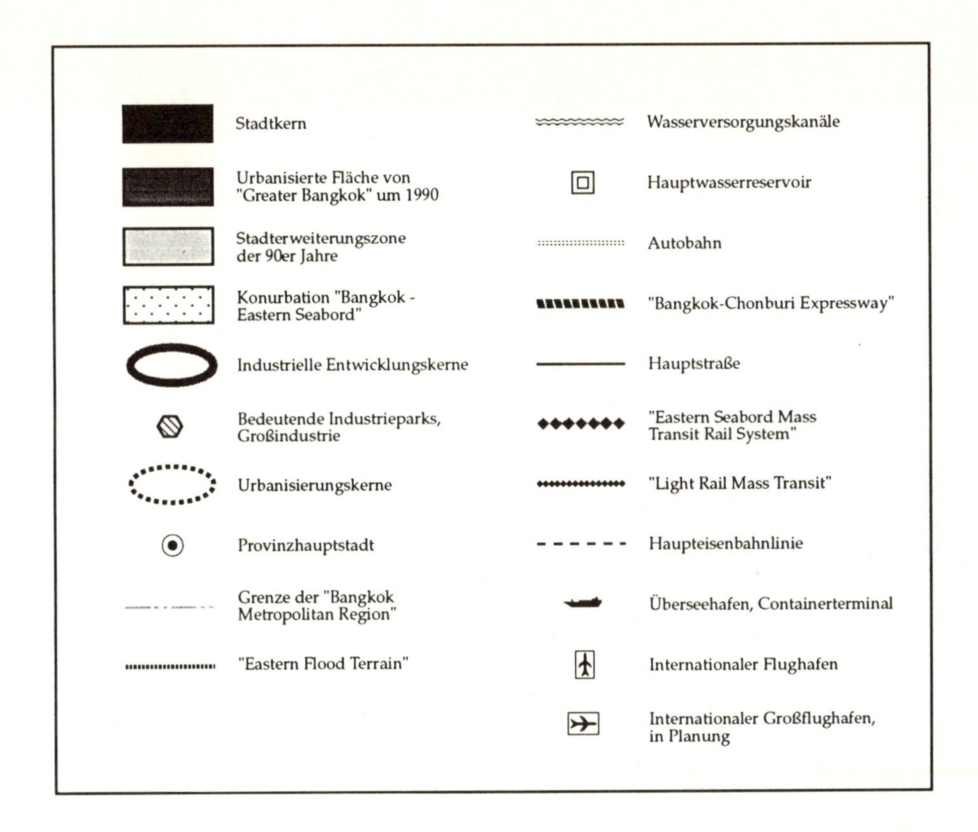

Quelle: Entwurf nach Thailand, NESDB (1992) und Kaothien (1992), modifiziert und erweitert

traditionell alles überragenden Wachstumspol des Königreichs, die Hauptstadtregion, kommen wird. Zweifellos wird es jedoch von der Lösung der großen anstehenden Probleme im Infrastruktur- und Umweltbereich abhängen, ob Bangkok seine wichtige Rolle als Motor der thailändischen Wirtschaft und somit des steigenden Wohlstands der Nation auch in Zukunft erfüllen können wird.

Literatur

Amin, N.: 1981
Marginalisation vs. Dynamism: A Study of the Informal Sector in Dhaka City. In: Bangladesh Development Studies 9.4: 77-112
Amin, N.: 1992
Economics of Megaurbanization: Employment Structure Changes in the Selected ASEAN Countries. Paper Prepared for the International Conference on „Managing the Mega-Urban Regions of ASEAN Countries: Policy Challenges and Responses“. Bangkok: mimeo

Angel, S./ Boonyabancha S.: 1988
Land Sharing as an Alternative to Eviction: the Bangkok Experience. In: Third World Planning Review 10.2: 107-126
Angel, S./ Pornchokchai S.: 1989
Bangkok Slum Lands: Policy Implications of Recent Findings. In: Cities 6.2: 136-146
Besso, S.: 1911
Siam and China. London
Bronger, D.: 1984
Metropolisierung als Entwicklungsproblem in den Ländern der Dritten Welt. Ein Beitrag zur Begriffsbestimmung. In: Geographische Zeitschrift 72.3: 138-158
Donner, W.: 1983
Lebensraum Thailand. Bonn: Deutsch-Thailändische Gesellschaft
Donner, W.: 1989
Thailand - Räumliche Strukturen und Entwicklung. Darmstadt: Wissenschaftliche Buchgesellschaft (= Wissenschaftliche Länderkunden 31)
Foo, T.S.: 1992
The Provision of Low-cost Housing by Private Developers in Bangkok, 1987-89: The Result of an Efficient Market? In: Urban Studies 29.7: 1137-1146
Hauser, J.: 1990
Bevölkerungs- und Umweltprobleme der Dritten Welt. Band 1. Stuttgart: Haupt (= Uni-Taschenbücher 1568)
House, W.J.: 1985
Nairobi's Informal Sector: Dynamic Entrepreneurs or Surplus Labour? In: Economic Development and Cultural Change 32.2: 276-302
Husa, K.: 1987
Beschäftigungsprobleme in Entwicklungsländern. Das Beispiel Thailand. In: Gesellschaft - Wirtschaft - Raum. Beiträge zur modernen Wirtschafts- und Sozialgeographie, Hg. M. Fischer und M. Sauberer, Wien: Arbeitskreis für Neue Methoden in der Regionalforschung: 230-254 (= Mitteilungen des Arbeitskreises für Neue Methoden in der Regionalforschung 17)
Husa, K.: 1988
Räumliche Mobilitätsprozesse in Entwicklungsländern als komplexes Phänomen: das Beispiel Thailand. Habil.Schrift, Universität Wien
Husa, K./ Wohlschlägl H.: 1986
Armut in Großstädten der Dritten Welt. Das Wohnungs- und Einkommenselend der städtischen Armen am Beispiel von Bangkok, Thailand. In: Beiträge zur Didaktik der Geographie, Hg. K. Husa, C. Vielhaber und H. Wohlschlägl, Wien: F. Hirt: 247-288 (= Abhandlungen zur Geographie und Regionalforschung 2)
Husa, K./ Wohlschlägl H.: 1991
Regionale Disparitäten in einem asiatischen Entwicklungsland mit dynamischer Wirtschaftsentwicklung - Das Beispiel Thailand. In: Geographischer Jahresbericht aus Österreich 48 (1989): 41-99
Jacobs, N.: 1971
Modernization Without Development. Thailand as an Asian Case Study. New York

Kammeier, H.D.: 1984
A Review of the Development and Land Use Problems in Bangkok. Bangkok: Asian Institute of Technology, Division of Human Settlements Development (= HSD Working Paper 13)
Kammeier, H.D.: 1986
Thailand's Small Towns: Exploring Facts and Figures Beyond the Population Statistics. In: Beiträge zur Bevölkerungsforschung, Hg. K. Husa, C. Vielhaber und H. Wohlschlägl, Wien: F. Hirt: 299-320 (= Abhandlungen zur Geographie und Regionalforschung 1)
Kaothien, U.: 1992
Bangkok Metropolitan Region: Policies and Issues in the 7th Plan. Paper Prepared for the International Conference on „Managing the Mega-Urban Regions of ASEAN Countries: Policy Challenges and Responses". Bangkok: mimeo
Koschatzky, K.: 1986
Malaysia. Exportorientierte Industrialisierung und Raumentwicklung. In: Geographische Rundschau 38: 495-500
London, B.: 1977
Is the Primate City Parasitic? The Regional Implication of National Decision Making in Thailand. In: The Journal of Development Areas 12: 49-67
Michael, R.: 1981
Bangkok, Jakarta and Singapore. A Comparative Analysis of Plans and Problems. In: Ekistics 45.266: 4-12
Planning and Development Collaborative International (PADCO) und Land Institute Foundation (LIF): 1990
Bangkok Land and Housing Market Assessment. Bangkok
Pakkasem, Ph.: 1989
Decentralization Is Not the Answer. In: The Nation Review, Ausgabe vom 5. Juli 1987, Bangkok: 10
Pendakur, V.S.: 1992
Gridlock in the Slopopolis. Congestion Management and Sustainable Development. Paper Prepared for the International Conference on „Managing the Mega-Urban Regions of ASEAN Countries: Policy Challenges and Responses". Bangkok: mimeo
Pornchokchai, S.: 1990
Urban Shift on the Right Track. In: Bangkok Post, Ausgabe vom 18. Juni 1990. Bangkok
Rauch, Th.: 1985
Peripher-kapitalistisches Wachstumsmuster und regionale Entwicklung. Ein akkumulationstheoretischer Ansatz zur Erklärung räumlicher Aspekte von Unterentwicklung. In: Entwicklungsländer. Beiträge der Geographie zur Entwicklungs-Forschung, Hg. F. Scholz, Darmstadt: Wissenschaftliche Buchgesellschaft: 163-191 (= Wege der Forschung 553)
Rehberg, Ch.: 1984
Bangkok - „Stadt der Engel" oder Zivilisationskatastrophe. In: Praxis Geographie 14.5: 33-42

Richardson, H.W.: 1980
Polarization Reversal in Developing Countries. In: Papers of the Regional Science Association 45: 67-85
Rigg, J.: 1991
Southeast Asia. A Region in Transition. A thematic Human Geography of the ASEAN Region. London: Unwin Hyman
Rüland, J.: 1989
Another Asian Miracle Economy in the Making? Thailand's Prospects for Becoming a NIC in the Nineties. Freiburg: Arnold-Bergsträsser-Institut (= Aktuelle Informations-Papiere zu Entwicklung und Politik 14)
Sandner, G.: 1973
Der Verstädterungsprozeß. In: Lateinamerika, Hg. G. Sandner und H.A. Steger, Frankfurt: Fischer (= Fischer Länderkunde 7)
Schätzl, L.: 1981
Wirtschaftsgeographie 2 - Empirie. Paderborn: Schöningh (= Uni-Taschenbücher 1052)
Schätzl, L.: 1986
Wirtschaftsgeographie 3 - Politik. Paderborn: Schöningh (= Uni-Taschenbücher 1383)
Schätzl, L.: 1992
Raumwirtschaftspolitische Ansätze in den Wachstumsländern Ost-/Südostasiens. In: Geographische Rundschau 44.1: 18-24
Schlörke, S.: 1991
Regionalentwicklung und Dezentralisierungspolitik in Thailand. Eine regional-ökonomische Analyse. Diss., Universität Hannover
Sternstein, L.: 1982
Portrait of Bangkok. Essays in Honour of the Bicentennial of the Capital of Thailand. Bangkok: Bangkok Metropolitan Administration
Skrobanek, S.: 1990
Der Traum vom reichen Prinzen. Patpong - Pattaya - Phuket. In: Thailand. Ein Reisebuch, Hg. J. Dauth, Hamburg: VSA-Verlag: 48-53
Thailand, National Economic and Social Development Board (NESDB): 1977
The Fourth National Economic and Social Development Plan (1977 - 1981). Bangkok
Thailand, National Economic and Social Development Board (NESDB): 1982
The Fifth National Economic and Social Development Plan (1982 - 1986). Bangkok
Thailand, National Economic and Social Development Board (NESDB): 1987
The Sixth National Economic and Social Development Plan (1987 - 1991). Bangkok
Thailand, National Economic and Social Development Board (NESDB): 1992
The Seventh National Economic and Social Development Plan (1992 - 1996)
Thailand, National Statistical Office: 1982ff
1980 Population and Housing Census: Whole Kingdom; Regions; Changwats. 77 Bände. Bangkok
Thailand, National Statistical Office: 1984
Statistical Yearbook of Thailand, No. 33 (1981 - 1984). Bangkok
Thailand, National Statistical Office: 1986
Report of the Labor Force Survey 1985. Whole Kingdom. 3 Bände. Bangkok

Thailand, National Statistical Office: 1988
Key Statistics of Thailand 1988. Bangkok
Thailand, National Statistical Office: 1989a
Statistical Yearbook Thailand, No. 36 (1988-89). Bangkok
Thailand, National Statistical Office: 1989b
Report of the Labor Force Survey 1988. Whole Kingdom. 3 Bände. Bangkok
Thailand, National Statistical Office: 1989c
The Survey of Migration into the Bangkok Metropolis 1988. Bangkok
Thailand, National Statistical Office: 1990
Statistical Yearbook Thailand, No. 37 (1990). Bangkok
Thailand, National Statistical Office: 1991
Preliminary Report. 1990 Population and Housing Census. Bangkok
Thomlinson, R.: 1972
Bangkok: „Beau Ideal" of a Primate City. In: Population Review 16: 32-38
Tonguthai, P.: 1987
Women and Work in Thailand and the Philippines. In: Women's Economic Participation in Asia and the Pacific. Hg. United Nations - ESCAP, Bangkok: Economic Commission for Asia and the Pacific Region: 191-219
United Nations, Department of International Economic and Social Affairs: 1987
Population Growth and Policies in Mega-Cities. Bangkok. New York (= United Nations, Population Policy Paper 10)
United Nations, Department of International Economic and Social Affairs: 1991
World Urbanization Prospects 1990. Estimates and Projections of Urban and Rural Populations and of Urban Agglomerations. New York
Vichit-Vadakan, J. u.a. (Hg.): 1976
Urbanization in the Bangkok Central Region. Bangkok: Thai University Association
Wohlschlägl, H.: 1986
Bevölkerungswachstum und Fruchtbarkeitsrückgang in Thailand. In: Beiträge zur Bevölkerungsforschung, Hg. K. Husa, C. Vielhaber und H. Wohlschlägl, Wien: F. Hirt: 355-384 (= Abhandlungen zur Geographie und Regionalforschung 1)
Wohlschlägl, H.: 1988
Verlauf, räumliche Differenzierung und Bestimmungsgründe des Rückgangs der Geburtenhäufigkeit in Thailand - eine bevölkerungsgeographische Fallstudie vor dem Hintergrund theoretischer Konzepte und empirischer Befunde zum Wandel des generativen Verhaltens in der Dritten Welt. Habil. Schrift, Universität Wien
Yap, K.S. (Hg.): 1992
Low-Income Housing in Bangkok. A Review of Some Housing Sub-markets. Bangkok: Asian Institute of Technology, Division of Human Settlements Development (= HSD Monograph 25)

Irene STACHER

Nairobi: Eine afrikanische Metropole

„Städte gleichen Transformatoren: Sie erhöhen die Spannung, beschleunigen den Austausch und bringen unablässig Bewegung in das Leben der Menschen.“ (Braudel 1985:523)

Nairobi zählt mit rund 2 Millionen Einwohnern zu jenen Megastädten Afrikas, die derzeit noch nicht aufgrund der absoluten Größe, sondern vielmehr wegen der Rasanz des demographischen und räumlichen Wachstums sowie der Konzentration aller erstrangigen politischen, ökonomischen, gesellschaftlichen und kulturellen Einrichtungen des Nationalstaates und der Integration in die Weltgesellschaft aufmerksam machen. Die globale Bedeutung und die nationale Vormachtstellung korrelieren mit einem regionalen Entwicklungsgefälle, das wiederum für die stets steigende Immigrationsrate mitverantwortlich ist. Seit den fünfziger Jahren erfährt die Stadt enorme Bevölkerungszuwächse; in knapp 30 Jahren (von 1950 bis 1979) ist Nairobi um 600% gewachsen. 1965 betrug die Gesamturbanisierungsrate (mit auffallender demographischer Dominanz Nairobis) in Kenya noch ca. 9%, 1990 schon 23,6% und nach Berechnung der UNO wird sie im Jahr 2025 bei 51,5% liegen. Mehr als ein Viertel der gesamten städtischen Bevölkerung konzentriert sich derzeit in der Hauptstadt (UN 1991, World Urbanization Prospects 1990, Weltbank 1990). Die zweitgrößte Stadt Kenyas, Mombasa mit 350.000 Einwohnern, verdankt ihr Wachstum dem regional bedeutendsten Hafen und der Tourismusindustrie, die sich auf die Küstenregion konzentriert. Weitere Großstädte mit regionaler Bedeutung sind Kisumu mit 160.000 Einwohnern und Nakuru mit einer Bevölkerungszahl von rund 100.000.

Nairobi ist eine junge Stadt und war noch in den ersten Jahrzehnten dieses Jahrhunderts ein überschaubares koloniales Verwaltungs- und Dienstleistungszentrum für weiße Siedler mit einem wachsenden Anteil an asiatischen Händlern und Arbeitern sowie afrikanischen Dienstboten, Bau- und Eisenbahnarbeitern. Erst nach dem Zweiten Weltkrieg entwickelte sich die typische Kolonialstadt zum wichtigsten Verkehrsknotenpunkt und bedeutendsten Standort für Industrieinvestitionen des ausländischen Kapitals in ganz Ostafrika. Heute ist Nairobi nicht nur die Hauptstadt Kenyas, und in dieser Funktion auch nationales Macht- und Entscheidungszentrum sowie zentraler Knotenpunkt der nationalen und globalen Funktionen, sondern entwickelt sich infolge der Zentralisierung der wichtigsten internationalen Organisationen auch deutlich zu einem afrikanischen Koordinationszentrum der Informationsflüsse und Entwicklungsaktivitäten. Nairobi ist aber gleichzeitig Anlaufstelle für Tausende von Arbeitsuchenden aus dem agrarischen Hinterland und den regionalen Krisengebieten. Bei einem natürlichen Bevölkerungswachstum von rund 4% pro Jahr bewirken die Zuwanderer ein kontinuierliches Anwachsen Nairobis (5,8% pro Jahr) und stellen die Stadt vor Probleme wie Massenarbeitslosigkeit, Slumbildung, Kriminalität, Ressourcenknappheit und Verkehrschaos. Daß diese typischen Problemlagen der Hauptstadt Nairobi nur vordergründig auf die rasanten Bevölkerungszuwächse zurückzuführen und viel eher als Konsequenzen der fehlgelenkten Produktivkraftentwicklung und der ungleichen Ressourcenverteilung zu deuten sind, wird noch zu zeigen sein.

Das Bild der Megastadt wird durch das Oszillieren zwischen zwei Polen geprägt. Auf der einen Seite die internationale Großstadt, die frappante Ähnlichkeiten mit Metropolen anderer Kontinente aufweist, das wirtschaftliche und kulturelle Zentrum mit modernsten Hochhäusern, Sitzen von namhaften Banken, nationalen und transnationalen Konzernen, ausländischen Vertretungen, internationalen Organisationen, mit Universitäten, modernen Bildungs- und Kultureinrichtungen, mit mondänen Einkaufsstraßen, Luxushotels und Restaurants sowie breiten Boulevards, deren pulsierendes Leben eine Völker- und Einkommensvielfalt verrät, während auf der anderen Seite, unweit der City, die Begegnung mit den Kontrasten stattfindet. Ein Großteil der Stadtbewohner Nairobis lebt und arbeitet außerhalb der City in den angrenzenden Stadtteilen, wo andere Normen und Gesetze das Leben bestimmen. Mindestens ein Viertel der rund 2 Millionen Einwohner Nairobis lebt in Slums, und bedeutend höher ist die Zahl jener Arbeitsfähigen und -willigen, die keine Beschäftigung im formellen Sektor finden. Diese Phänomene, die als gleichzeitiges Auftreten von unterschiedlichen sozioökonomischen und räumlichen Organisations- und Produktionsstrukturen verstanden werden, charakterisieren den kenyanischen Verstädterungsprozeß.

Nairobi ist eine Megastadt der Gegensätze und Interferenzen zugleich und entwickelt sich zum Symbol des geistigen und wirtschaftlichen Fortschritts für die einen und der Abhängigkeit, der Armut und des unkontrollierten Wachstums für die anderen. So werden auch die Fragen nach den Ursachen und Folgen des Verstädterungsprozesses und dem Entwicklungspotential der Megastädte in Entwicklungsländern von Wirtschafts- und Sozialwissenschaftern nach wie vor kontroversiell diskutiert. Hoselitz hat schon 1954 mit einem bipolaren ökonomischen Konzept „Generative and Parasitic Cities" diese Frage auch für Megastädte der Dritt-Welt-Länder aufgegriffen. Als generativ definiert Hoselitz Städte mit einer positiven Wirkung auf Wirtschaftswachstum und Entwicklung des Nationalstaates - das sind im wesentlichen die Städte des industrialisierten Nordens -, während den Großstädten des Südens ein hemmender Einfluß auf die Entwicklung des Hinterlandes zugeschrieben wird (Hoselitz 1954:279ff). Mit dem Anwachsen der Städte in Entwicklungsländern und der entstandenen Dynamik im nationalen und globalen Raum ist eine Reihe von Konzepten entstanden, die Verstädterungsprozesse im Rahmen des Kolonialismus und der dadurch bedingten Integration in die kapitalistische Weltwirtschaft diskutieren. Obwohl sich diese Ansätze nie mit dem Prozeß der Urbanisierung in den weniger entwickelten Ländern befaßt haben, sondern vielmehr mit der Herausbildung von Entwicklungschancen, hat die stadtspezifische Fragestellung den Paradigmenwechsel der entwicklungspolitischen Ansätze der letzten Jahrzehnte mitvollzogen. Nachdem seit Mitte der siebziger Jahre die Grenzen der Modernisierungs- und Dependenztheorien erkannt wurden, beherrschen nun Weltsystemansätze, Debatten über Produktionsstrukturen und die Internationalisierung des Kapitals die theoretische Auseinandersetzung. Seit kurzem wird auch das Phänomen des sogenannten informellen Sektors in den Megastädten der Dritten Welt in die theoretische Diskussion miteinbezogen und als mögliches Entwicklungspotential analysiert (King 1990:13, Wallerstein 1979, Cooper 1987, Cohen 1987).

Nairobi kann nur im Kontext der Dynamik der nationalen Gesellschafts- und Wirtschaftsstrukturen und der internationalen Arbeitsteilung verstanden werden. Es ist folglich davon auszugehen, daß die ursächlichen Zusammenhänge für diese spezifische Urbanisierungsform sowohl lokale als auch globale Komponenten aufweisen. Die Verstädterungsraten und die heterogenen Organisationsformen sind Ausdruck neuer territorialer Spezialisationsmuster als Folge ungleicher Entwicklungsprozesse im ländlichen und städtischen Bereich, oft begleitet von einem krassen Land-Stadt-Gefälle der Arbeitsproduktivität und der Einkommens- und Infrastrukturstandards. Megastädte existieren jedoch nicht nur als nationale und lokale Produktions- und Austauschzentren von Waren, Arbeitskraft und Kultur, sondern spielen eine Schlüsselrolle als Verbindungsglied zwischen globalen und nationalen Aktivitäten. Entwicklungsländer sind zumindest seit der frühen Handels- und Kolonialzeit in das Weltwirtschaftssystem eingebunden und somit Teil der globalen Gesellschaft.

Mit einer Analyse der urbanen Wirtschafts- und Sozialentwicklung im Rahmen der nationalstaatlichen Politiken und der Vielfalt der räumlichen und gesellschaftlichen Organisationsformen sollen die Auswirkungen des kolonialen Erbes und die Einflüsse der globalen Gesellschaft sowie der internationalen Arbeitsteilung auf die Stadtentwicklung untersucht werden.

Nairobi: Vom kolonialen Siedlerzentrum zur internationalen Großstadt

Die europäische Expansion vor rund 500 Jahren unterbrach die oft sehr dynamische Entwicklung alter afrikanischer Handels- und Machtzentren und ließ neue Formen urbaner Zentren entstehen, die eher den Bedürfnissen und Zielen der Kolonialmacht als der lokalen Bevölkerung entsprachen. Im heutigen Kenya waren davon vorerst nur die Küstenregionen betroffen. Beim Besuch Vasco da Gamas (1498) waren Mombasa, Kilwa, Lamu und Malindi bereits städtische Zentren, sogenannte Swahilistädte, mit bedeutenden Handelsbeziehungen und Kontakten mit der Außenwelt (Coquery-Vidrovitch 1991:25). Ende des 16. Jahrhunderts gelang es den Portugiesen nach langen Kämpfen, die Herrschaft über Mombasa zu sichern und Handelsbeziehungen mit dem Landesinneren auszubauen. Nach Ankunft der Briten (1895) war Mombasa für einige Jahre Verwaltungszentrum des Protektorats Ostafrika, bis dann mit der Gründung kolonialer Städte entlang der Eisenbahnlinie die Küstenstädte etwas an Bedeutung verloren.

Nairobi entstand erst mit dem Eisenbahnbau Ende des vergangenen Jahrhunderts. Oralen Quellen zufolge soll sich an der Stelle der heutigen Hauptstadt eine Viehtränke für Maasai-Rinder befunden haben, die unter dem Namen Enkare Nairobi (Kaltes Wasser) bekannt war (Hake 1977:22).

1896 errichteten die Ingenieure der Uganda Railway Company das erste Materiallager in Nairobi. Dieser Standort auf 1660 Meter Seehöhe erwies sich als klimatisch und logistisch günstig, befand sich auf drei Fünftel der Strecke zwischen dem Hafen von Mombasa und dem angestrebten Ziel am Viktoriasee. Bereits 1899 wurde Nairobi zum Hauptquartier des Bahnbaus (Picon/Loizillon 1988:94). 1901 wurde der Stadt nach langen Verhandlungen zwischen der Kolonialregierung und der Railway Company der Status einer autonomen Stadtgemeinde zuerkannt. Erst die politische Entscheidung (1903), aus dem klimatisch günstigen Hinterland Nairobis, den sogenannten Highlands, Siedlungsgebiet für Europäer zu machen, beschleunigte die Verlegung des Sitzes der Kolonialregierung von Mombasa nach Nairobi. Damit war Nairobi 1905 Hauptstadt des Protektorats Ostafrika (ab 1920 Kolonie Kenya), Hauptsitz der Uganda Railway Company, Warenumschlagplatz für Import- und Exportgüter, Versorgungszentrum für die umliegenden weißen Siedler und bildete somit den politischen und wirtschaftlichen Mittelpunkt der britischen Einflußsphäre in Ostafrika. Mombasa blieb aber dank seiner Position als wichtigste Hafenstadt und Warenumschlagplatz am Indischen Ozean bis heute die zweitwichtigste Stadt Kenyas.

Obwohl die Stadtgründung Nairobis ausschließlich kolonialen Interessen dienen sollte, war die Ansiedlung von afrikanischen und asiatischen Arbeitern eine logische Folge des inganggesetzten Arbeitsteilungsprinzips, das nicht zuletzt auf billiger Arbeitskraft beruht. Bereits mit dem Eisenbahnbau kamen erste indische, arabische, Swahili- und Somali-Arbeiter und Händler nach Nairobi. Zum Teil etablierten sie sich mit weiteren zuwandernden Afrikanern im neuen Zentrum, zum Teil zogen sie mit der Bahnbaumannschaft weiter. Der rasche Zuwachs an nichtweißer Bevölkerung überstieg nach Ansicht der Stadtverantwortlichen den Bedarf an Arbeitskräften bei weitem, zumal eine unübersichtliche Menge sowohl die Sicherheit als auch das öffentliche Gesundheitswesen außer Kontrolle geraten lassen könnte; 1902 war die städtische Bevölkerung schon auf 4.300 angestiegen, davon waren 100 europäischer Herkunft, während sich die restlichen 4.200 Bewohner aus asiatischen und afrikanischen Händlern, Handwerkern, Hausgehilfen und Angehörigen unterschiedlichster Dienstleistungsbranchen, wie Frisöre, Schneider, Prostituierte etc. zusammensetzten (Ferraro 1978-79:1, Hake 1977:24f).

Um die Sicherheit und Distanz für die weiße Minderheit zu gewährleisten, wurden unmittelbar nach der Jahrhundertwende raumplanerische Maßnahmen getroffen, die nicht nur zukunftsweisend den Grundstein für die räumlichen und sozialen Strukturen, sondern auch für die bewußte Trennung der sozialen und ökonomischen Sphären der Europäer und Nichteuropäer legten. Die damals festgesetzten „functional zones" prägen bis heute das Stadtbild; sie bestanden aus 1) Bahnhofzone, 2) Indischem Basar, 3) europäischer Geschäfts-und Verwaltungszone, 4) Unterkünften für Bahnbedienstete, 5) Unterkünften für Hausangestellte, 6) Residenzen für Europäer (am Stadtrand) und 7) Militärbaracken (Tiwari 1981:128). Ein Stadtplan von 1903 (Hake 1977:25) zeigt die Raumordnung, die der heutigen im wesentlichen entspricht; im Zentrum befinden sich die Verwaltungs- und Geschäftsgebäude sowie der Markt für Europäer (heute für die obere Einkommensschicht), im Nordosten bzw. Osten liegen indische und afrikanische Handels- und Marktzentren (in den ersten Jahren auch Wohngebiet für Inder), im feuchten, ungesunden Nordosten afrikanische Wohnviertel, im grünen, hügeligen Norden und Westen die Villenviertel für die Europäer (heute für die Oberschicht).

Die räumliche Segregation ging mit der getrennten sozialen und wirtschaftlichen Entwicklung und einer politischen Diskriminierung der afrikanischen und - bedingt - auch der asiatischen Bevölkerung parallel. Erst 1946 zog das erste Mitglied der afrikanischen Bevölkerung in den Stadtrat ein, obwohl der Anteil der Europäer an der Stadtbevölkerung nie die 10%-Marke überschritten hatte (Werlin 1982:196).

Nairobi wurde als Stadt für Weiße konzipiert und von Weißen (mit einem geringen Anteil an Asiaten) administriert. Erst nach zähen Verhandlungen zwischen Befürwortern und Gegnern aus den Reihen der Europäer konnte das am südafrikanischen Vorbild orientierte Projekt einer nach Rassen getrennten Entwicklung verhindert werden. Die Crown Land Ordinance von 1902 regelte erstmals den Erwerb von Grundstücken, der bis 1954 nur Weißen und Asiaten vorbehalten blieb und den Kauf oder eine Pachtmöglichkeit zwischen 25 und 99 Jahren vorsah (Picon/Loizillon 1988:95). Um die Zuwanderung von Afrikanern und Asiaten zu reglementieren, entstand unter dem Vorwand unzumutbarer Hygiene- und Sicherheitsverhältnisse eine Verordnung (Vagrancy Ordinance 1902, Paßgesetz 1918), die den Besitz eines Personalausweises vorschrieb und die sofortige Ausweisung aus der Stadt durch Sicherheitskräfte ermöglichte, falls weder Unterkunft noch Beschäftigung nachgewiesen werden konnten (Zeleza 1989:64, Hake 1977:36). Erste gewaltsame Räumungen und Delogierungen von Straßenhändlern fanden schon in den ersten Jahren der Stadtentwicklung statt. Nach dem Ausbruch der Pest 1901 und 1904 ließ die Stadtverwaltung als Vorsichtsmaßnahme das ganze Basarviertel abbrennen, und aus Angst vor der Verbreitung von Seuchen wurden ähnliche Aktionen 1911, 1912 und 1913 wiederholt. Diese Tradition wird in unterschiedlichen Zeitabständen sowie mit einer Vielfalt von Argumenten und Vorwänden bis heute aufrechterhalten. Sogenannte Slumclearingaktionen sind in Nairobi bis heute an der Tagesordnung und demonstrieren eher die Ohnmacht der Stadtverwaltung gegenüber Problemen der Massenarmut und Wohnungsnot als entwicklungspolitische Strategien zur räumlichen Verteilung der Massen.

Mit der Entwicklung der Siedlerökonomie in den „White Highlands" und dem definitiven Beschluß von 1906, den Ausbau der Hauptstadt an dem nach Ansicht von Gesundheitsexperten ungesunden Ort Nairobi zu belassen, stand dem wirtschaftlichen und räumlich-demographischen Wachstum nichts mehr entgegen. Die ersten Dekaden der Stadtentwicklung werden nach europäischen Zeitzeugen- und Kolonialberichten noch unterschiedlich bewertet. Nairobi wird von den einen als unwirtliche, schmutzige oder gefährliche Blechdachsiedlung beschrieben, während von optimistischer Seite die aufstrebende Stadt mit den von Rickshaws, Pferde-und Ochsengespannen und ab 1902 ersten Autos belebten Straßen, der vortrefflichen Infrastruktur und der Lage an dem Mobilität fördernden Eisenbahnnetz gelobt wird (Hake 1977:26ff). Tatsächlich waren die ersten Jahre Nairobis noch von einem relativ unkontrollierten Wachstum geprägt. Ungeachtet der restriktiven Zuwanderungs- und Arbeitsmarktpolitik für die afrikanische und asiatische Bevölkerung geriet die Balance zwischen Arbeitsplätzen und Unterkünften einerseits und dem Bevölkerungszuwachs andererseits außer Kontrolle. Schon in den ersten Jahrzehnten nach der Stadtgründung und der Etablierung kolonialer Strukturen entstanden als Folge des deformierten Entwicklungsprozesses, der keine funktionale Arbeitsteilung zwischen Stadt und Land vorsah, massive Armut, Arbeitslosigkeit, Kleinkriminalität und eine Zunahme der illegalen Wohngebiete sowie ein enormer Anstieg der Bevölkerungsdichte in den legalen Afrikanersiedlungen im Osten des Zentrums (Mombasa, Maskini, Kariokor, Pumwani, Shauri Moyo etc.), samt den damit verbundenen sozialen Problemen. Diese überbevölkerten Dörfer, im kolonialen Sprachgebrauch als „native localities/villages“ bekannt, bestanden meist aus Lehm- oder Steinbauten mit Ein-Zimmer Wohneinheiten mit unzureichender Wasserversorgung und ebenso mangelhaften sanitären Anlagen. Ihre Entstehung geht auf eine Stadtplanungsinitiative der zwanziger Jahre zurück, deren Hauptanliegen es war, die fünf illegalen und unkontrollierbaren Afrikanersiedlungen der Stadtgründungszeit zu räumen und die einheimische Bevölkerung in legalen Dörfern zu konzentrieren, wo sie in der Zwischenkriegszeit von der Stadtverwaltung zum Bau ihrer eigenen Unterkunft ermuntert wurden.

Wenn hier von afrikanischen Dörfern oder Estates, wie sie später genannt wurden, gesprochen wird, ist darunter keineswegs eine ethnisch/sprachlich und sozial homogene Bevölkerungsstruktur zu verstehen, da sich die afrikanischen Zuwanderer aus einer Vielzahl von Bevölkerungsgruppen mit unterschiedlicher ethnischer, kultureller und sprachlicher Herkunft zusammensetzten. In einigen Estates zeichnete sich allerdings schon während der Kolonialzeit die Konzentration oder zumindest die Überproportionalität einer Bevölkerungsgruppe ab. Dieses Phänomen ist nicht auf Regulierungsmaßnahmen zurückzuführen, sondern auf spontane Zuwanderung von Verwandten und Bekannten aus der Herkunftsgegend. Als Umgangssprache setzte sich in afrikanischen Gemeinschaften früh das Swahili - vermischt mit den verschiedenen Vernaculärsprachen - durch, während Englisch bis heute die Sprache der globalen Gesellschaft ist. Da in Kenya mindestens 40 Vernaculärsprachen gesprochen werden, ist das Swahili als sogenannte Stadtsprache und überethnisches Kommunikationsmittel nicht wegzudenken. Die Bevölkerungsgruppe der Kikuyu, die aus dem angrenzenden Umland kam, war schon während der Kolonialzeit und ist bis heute die zahlenmäßig größte Gruppe, gefolgt von Luos, Abaluhyas und Kambas.

Der Überhang an männlichen Migranten, oft im Verhältnis 8:1, wurde durch die städtische Wohn- und Einkommenssituation, die für alleinstehende männliche Arbeitskräfte konzipiert war, begünstigt (Hake 1977:51). Laut Native Affairs Report lebten und arbeiteten 1938 25.886 Männer und 3.356 Frauen in Nairobi. Für Luise White sind die verschiedenen Formen der Prostitution nicht nur eine logische Konsequenz dieses Befundes, sondern eine Dienstleistung, die als Beitrag zur Reproduktion der männlichen Arbeitskraft verstanden werden muß und in diesem Zeitraum weder kriminalisiert noch geahndet wurde (White 1983:76, 1990:103). Vor diesem Hintergrund gelang es Frauen, durch Prostitution, besonders die sogenannte Malayaprostitution, die Frühstück und persönliche Betreuung beinhaltete, Kapital zu akkumulieren, das in der Regel in Hausbau investiert wurde. In den vierziger Jahren waren über 40% der Hausbesitzer und Vermieter von Pumwani weiblichen Geschlechts (White 1983:70).

Trotz minimalen Einkommen, Wohnungsknappheit und Diskriminierung durch verwehrten Zugang zu den öffentlichen Sozial- und Infrastruktureinrichtungen der Stadt stieg die Zahl der Arbeitsuchenden ständig an, wenn auch in Wellen, die von staatlichen Politiken und der - weitgehend von Weltmarkt und britischer Nachfrage konditionierten - Konjunktur abhängig waren. So hatte zum Beispiel die für die afrikanische und asiatische Bevölkerung verhängte Steuererhöhung von 1919 zum Ziel, die Bauern zur Lohnarbeit in die momentan prosperierenden Plantagen und Farmen zu zwingen, erreichte jedoch den Nebeneffekt, Nairobi eine neue Zuwanderungswelle zu bescheren, da in der Stadt mit einem höheren Bruttolohn gerechnet werden konnte. 1929, kurz vor den spürbaren Auswirkungen der Weltwirtschaftskrise, zählte man in Nairobi 32.000 Afrikaner, während die Rezessionsfolgen die afrikanische Einwohnerzahl auf 23.000 im Jahr 1933 sinken ließen, dies bei einer Gesamteinwohnerzahl von 41.000. 1939 waren in Nairobi von 41.000 afrikanischen Einwohnern 23.000 als beschäftigt registriert (Hake 1977:51). Auf das massive Überangebot an afrikanischen Arbeitskräften reagierte die Stadtverwaltung mit dem im Gesetz verankerten Aufenthaltsverbot in der Stadt, das aber trotz neuer und strenger Formulierung während der Unabhängigkeitsrevolten nicht effizient durchgesetzt werden konnte, da die mittlerweile bewaffnete afrikanische Bevölkerung massiv Widerstand leistete. Als Reaktion auf die schlechten Lebens- und Wohnbedingungen sowie die sinkenden Reallöhne kam es 1950 in Nairobi zu einem Generalstreik. In der Folge war es nicht weiter verwunderlich, daß Nairobi einer der bedeutenden Schauplätze des antikolonialen Widerstandes wurde ein Widerstand, der schlußendlich in der blutigen Mau Mau Revolte gipfelte (Throup 1987:171ff). Strategien zur Verbesserung der sozialen und wirtschaftlichen Situation der städtischen Massen waren nicht Bestandteil kolonialer Wirtschafts- und Sozialpolitik, die ausschließlich am Faktor Arbeitskraft interessiert war und möglichst billige Lohnarbeiter forderte. Die öffentliche Hilfestellung reduzierte sich im wesentlichen auf eine kosmetische Sozialpolitik, die auf die Vermeidung von sozialen Konflikten abzielte. Die ersten Krankenstationen und Schulen für die afrikanische Bevölkerung sind ab den zwanziger Jahren auf Initiative engagierter Briten und Missionare errichtet worden.

Erst der wirtschaftliche Aufschwung, ausgelöst durch den Zweiten Weltkrieg und die neue politische Konstellation nach der Mau Mau Revolte, veränderten den Verstädterungsprozeß radikal. Die Stadtbevölkerung stieg von 49.600 im Jahr 1939 auf 119.000 knapp vor Kriegsende 1944 und auf 222.000 nach den Mau Mau Kämpfen 1957. Kurz vor der politischen Unabhängigkeit betrug die

Einwohnerzahl Nairobis bereits 266.794 und stieg mit der Aufhebung der Paßgesetze 1963 weiter an (Hake 1977:53, 56, 62f, Ferraro 1978-79:1).

Als Kontrast zu der beschriebenen Stadtentwicklung im östlichen Teil entstand im Zentrum und im Westen das Nairobi der Weißen im britischen Stil. In ausgesuchter Lage in den westlichen Hügelvororten Muthaiga, Lavington, Upper Parklands, Karen und Langata, errichtete die weiße Bevölkerungsgruppe ihre Villen in wunderschönen Parkanlagen, die heute von der in- und ausländischen Oberschicht bewohnt werden. Die Eingemeindung dieser Villenviertel vollzog sich durch Erweiterung der Stadtgrenzen 1928 und 1963 (ILO = International Labour Organisation 1972:101). Die City von Nairobi wuchs in kurzer Zeit zum bedeutendsten Zentrum Ostafrikas und wichtigsten Gesprächspartner für die Metropole London heran. Die erste Telegraphenverbindung zwischen London und Nairobi verringerte ab 1899 die enorme Distanz vorerst für Informationsflüsse, schon ab 1927 verkehrten die ersten Flugzeuge und verkürzten die Reise nach Großbritannien, die früher mit Bahn und Schiff zurückgelegt werden mußte, wesentlich. Das großzügige Stadtwesen mit moderner Infrastruktur, öffentlichen und privaten Bauten im britischen Kolonialstil, Hotels und Freizeiteinrichtungen zog ab der Zwischenkriegszeit und verstärkt nach dem Zweiten Weltkrieg nicht nur Verwaltungsbeamte, Siedler, Touristen und Spekulanten an, sondern auch Vertreter des ausländischen Kapitals, das unter staatlicher Ägide zur Entstehung einer Leichtindustrie in Kenya beitrug. Die Entscheidung für den Standort der Industriebetriebe fiel aufgrund der infrastrukturellen Vorteile auf Nairobi, wo im Südosten der Stadt ein Industriegelände errichtet wurde, das bis heute landesweit zum bedeutendsten industriellen Produktionszentrum gehört. Die britische Industrie- und Handelspolitik der Nachkriegsjahre förderte den Integrationskurs Kenyas in den Weltmarkt, zum einen durch die Steigerung des kenyanischen Exportvolumens, dessen Hauptanteil agrarische Rohstoffe und verarbeitete landwirtschaftliche Produkte waren, zum anderen durch die Investitionstätigkeit ausländischer Unternehmen. Nairobi entwickelte sich ab den fünfziger Jahren von der Siedlerstadt zur internationalen Großstadt mit spezifischem Bau- und Lebensstil, verbunden mit einer Zunahme der ausländischen Firmen- und Bankensitze, die wiederum ein Anwachsen der afrikanischen Arbeitskraft im Dienstleistungs- und Industriesektor zur Folge hatte.

Die Integration des kolonialen und postkolonialen Nairobi in die Weltwirtschaft

Das vorkoloniale Kenya kann nicht als nationale Einheit verstanden werden, sondern vielmehr als Verband von wirtschaftlich und kulturell sehr heterogenen Gesellschaftsgruppen. Vor der Ankunft der Briten waren die Produktionsstrukturen im wesentlichen von der vorkapitalistischen Subsistenzökonomie und regional unterschiedlich ausgeprägten Handelsaktivitäten bestimmt.

Noch zur Jahrhundertwende war das Interesse Großbritanniens an Ostafrika eher von geostrategischer Bedeutung. Durch den Bahnbau zum Viktoriasee und die Erschließung der Nilquellen war ein Teilziel erreicht, das jedoch durch die verursachten Kosten in der Höhe von 5,5 Millionen Pfund die bedeutsame Frage nach der Nutzung der fruchtbaren Gegenden entlang der Bahn aufwarf. Es sei dahin gestellt, ob die Entscheidung für die agrarische Exportwirtschaft durch europäische Siedler vorrangig von der Eisenbahngesellschaft, die zur Kostensenkung der Bahn einen Güterverkehr befürwortete, oder von Wirtschaftsinteressen Großbritanniens, die für die Erschließung neuer geschützter Märkte und Rohstoffquellen plädierten, getragen war. Unbestritten ist jedenfalls, daß damit die Eingliederung Kenyas in ein umfassendes Austauschsystem und die Integration in das kapitalistische Weltsystem eingeleitet wurden.

Die koloniale Entscheidung aus rund einem Viertel der landwirtschaftlichen Nutzfläche Kenyas „weißes Siedlungsgebiet" für die Exportwirtschaft zu machen, war mit nachhaltigen Eingriffen in die afrikanischen Produktions- und Reproduktionsformen verbunden. Ohne die traditionellen Landnutzungsrechte der afrikanischen Bevölkerung zu berücksichtigen, veranlaßte die Kolonialmacht die Umsiedlung eines Teils der einheimischen Bauern in Reservate, andere Betroffene der Enteignungsmaßnahmen waren gezwungen, als Pächter oder Lohnarbeiter im wirtschaftlichen Umfeld der weißen Siedler zu überleben. Während der ganzen Kolonialzeit gelang es dem Staat per Gesetz oder Verordnung, billige männliche Arbeitskräfte aus den kleinbäuerlichen afrikanischen Haushalten abzuziehen, sobald sich im Farmen-, Plantagen- und später auch im Industriebereich ein Mangel an Arbeitskräften abzeichnete. Ebenso dirigistisch wurden die afrikanischen Agrarprodukte vom Exportmarkt verdrängt. So kam es, daß durch massive Erhöhungen der Transportkosten für afrikanische Güter staatliche Stützungen der Siedlerprodukte und ein den einheimischen Bauern auferlegtes Anbauverbot von lukrativen Cash-Crop-Produkten (bis in die vierziger Jahre) der Anteil an afrikanischen Exportprodukten ständig rückläufig war und von 70% 1913 auf 20% im Jahre 1928 sank (Brett 1973:192, Leys 1975:33). Der Rückgang der Produktionskapazität der afrikanischen Landwirtschaft, deren unmittelbare Ursachen die Landverknappung in den Reservaten und der erschwerte Zugang zur Marktproduktion waren, ging parallel mit einer steigenden Bereitschaft zur Abwanderung in die Städte und Plantagen. Nicht zuletzt erzwang auch die Einführung der Kopf- und Hüttensteuer für Einheimische eine Monetarisierung der Wirtschaftsabläufe. Eine stark fluktuierende Arbeiterschaft und die von der Kolonialregierung gestützte Erhaltung der agrarischen Familienproduktion verhinderten weitgehend eine Proletarisierung. Somit konnten Arbeitslose, Kranke und alle jene, die nur befristete Lohnarbeit suchten, um die Steuern zu bezahlen, jederzeit in die meist von Frauen aufrechterhaltenen Familienbetriebe in ländlichen Gegenden abgeschoben werden oder freiwillig zurückgehen. Bis nach dem Zweiten Weltkrieg kann man noch kaum von einer stabilen städtischen Bevölkerung mit festem Wohnsitz und Arbeitsplatz sprechen. Eine Ausnahme bildete die Muslimbevölkerung, die seit der Stadtgründung in Pangani und nach 1923 in Pumwani seßhaft war.

Die Siedlerökonomie der ersten Dekaden war alles andere als erfolgreich. Ohne staatliche Interventionen und Kapitalzuschüsse war sie nicht überlebensfähig und weit davon entfernt, als Entwicklungsimpuls zu fungieren. Ansätze für eine Ansiedlung von Manufakturen mit asiatischem Kapital wurden von der Kolonialregierung bis in die dreißiger Jahre zum Schutz der britischen Wirtschaft noch abgewiesen (Swainson 1980:157f). Erst der Zweite Weltkrieg und seine Folgen zwangen Großbritannien eine differenziertere Wirtschaftspolitik auf. Durch den Verlust der erstrangigen Weltmachtposition und die dadurch hervorgerufene Abhängigkeit von USA-Märkten sowie durch Kapitalzuflüsse von den USA drängte sich ein Paradigmenwechsel in der Kolonialpolitik mit einer intensiveren Einbeziehung der Kolonien auf. Um die angestrebte Unabhängigkeit vom „Dollarbereich" zu erreichen, mußten der Ausbau produktiver Industrien sowie die Rohstoffproduktion in den Kolonien gefördert und die US-Expansion in den britischen Einflußbereich verhindert werden. Dieser von außen induzierte Prozeß bewirkte in Kenya eine Intensivierung der Exportlandwirtschaft unter Einbeziehung der afrikanischen Bauern und die Entstehung einer Leichtindustrie mit staatlichem und transnationalem Kapital.

Ende der vierziger Jahre entstand im östlichen Teil Nairobis ein Industriepark, der zu einer weiteren Zentralisierung der politischen, administrativen und produktiven Aktivitäten im Raum Nairobi beitrug. Die Ansiedlung von ausländischen Betrieben löste eine aktive Bautätigkeit und eine enorme Zunahme der afrikanischen Lohnarbeiter aus. Zwischen 1941 und 1945 verdreifachte sich die Zahl der städtischen Arbeiter von rund 20.000 auf 60.457 (Stichter 1982:112). Unter den in ausländischer Hand befindlichen Industriebetrieben waren Bata Shoe, Kenya Orchards, E.A. Breweries, Pepsi Cola, Schweppes Ltd., E.A. Tobacco, ABC Foods, Lyons Maid, Robbialac Paints etc. Sie hatten sich größtenteils verbraucherorientiert und verkehrsgünstig in Nairobi niedergelassen (Swainson 1976:51).

Bereits während der Kolonialzeit machten sich die entscheidenden Entwicklungshemmnisse durch den Peripherisierungsdruck bemerkbar. Die koloniale Wirtschaftspolitik der fünfziger Jahre orientierte sich an den Zielen der britischen Ökonomie und der transnationalen Konzerne mit Sitz in der Metropole. Kenya lieferte verarbeitete oder unverarbeitete landwirtschaftliche Produkte und bezog vom Mutterland, zu dessen Gunsten auch der Wertschöpfungs- und Ressourcentransfer stattfand, Maschinen, Technologie, Luxusgüter und „Know how". Der Aufbau einer kenyanischen Grundstoff- und Ausrüstungsindustrie mit lokalen Rohstoffen und vor Ort entwickelter Technologie wurde durch die Einbindung in ein System einseitiger Arbeitsteilung verhindert und konnte bis heute nicht nachgeholt werden. Es ist unbestritten, daß durch die kolonial-imperialistische Wirtschafts- und Gesellschaftspolitik eine funktionale Vernetzung von Agrar- und Industriesektor verzögert wurde und wird. Dadurch wird die Abwanderung der ländlichen Bevölkerung mitbestimmt. Der Großraum Nairobi erwies sich schon in den frühen sechziger Jahren als größter Arbeitsmarkt Ostafrikas und als einziger Wachstumspol in Kenya (Pfister 1976:65).

Die Präsenz des ausländischen Kapitals führte zu einer politischen und ökonomischen Schwächung der Siedlergemeinschaft, die durch die Unabhängigkeitsbestrebungen der mittlerweile politisch motivierten und organisierten afrikanischen Bevölkerung ihren Tiefpunkt erreichte. Auf afrikanischer Seite hatte hingegen schon seit den zwanziger Jahren ein von Siedlern und Staat verhinderter und seit den fünfziger Jahren von offizieller Seite geförderter Differenzierungsprozeß eingesetzt. Es war vor allem der Zugang zu Bildung, politischen und administrativen Funktionen, Landbesitz und nicht zuletzt zu hochwertigen agrarischen Exportproduktionen (Kaffee und Tee ab den vierziger bzw. fünfziger Jahren), der eine afrikanische Oberschicht entstehen ließ, die bei der Unabhängigkeit Teile der britischen Ämter und Funktionen übernehmen konnte. Der Großhandel, der seit Jahrzehnten in indischen Händen war, wurde in der ersten Afrikanisierungswelle nach der Unabhängigkeit im Dezember 1963 afrikanischen Anwärtern übergeben und führte zu einem massiven Kapitalabfluß, der erst in den sechziger Jahren mit internationalen Investitionen wettgemacht werden konnte.

Die nachkoloniale Entwicklung Nairobis zur internationalen Großstadt

Mit der Erlangung der Unabhängigkeit 1963 leitete die neue politische Führung, die sich zum Großteil aus der afrikanischen Bildungsschicht und der - unter der Kolonialregierung noch unterdrückten - aufstrebenden Bauernschaft und Händlerschicht rekrutierte, die Afrikanisierung aller politischen und sozioökonomischen Bereiche ein. Neben den Eigentumsänderungen im Agrarsektor wurden die bislang von britischen Funktionären besetzten Posten in Politik und Administration von Afrikanern beansprucht. In den von Indern dominierten Bereichen Handwerk, Transportwesen und Handel fand gleichzeitig eine sogenannte Kenianisierung statt. Dabei wurde Nairobi als zentrale Verwaltungsstelle sowie als wichtigstes politisches und wirtschaftliches Entscheidungszentrum nicht nur aufrechterhalten, sondern sukzessiv ausgebaut. Unverändert blieb auch das hierarchische Gefüge zwischen den einflußreichen Spitzenpositionen und geringeren Positionen; geändert hatte sich lediglich die Nationalität der Inhaber. Die Mehrheit der afrikanischen Elite orientierte sich in ihren wirtschaftlichen und persönlichen Erwartungen damals wie heute an westlich-kapitalistischen Vorbildern, die das anspruchsvolle Konsumverhalten und das westliche Kulturverständnis bis in die Gegenwart prägen.

Die knappen privaten Kapitalreserven der postkolonialen Phase veranlaßten die politische Führung, ausländische Investoren anzuziehen, um die Weiterführung und den Ausbau des Industrialisierungsprogramms zu verwirklichen. Die politische und wirtschaftliche Unsicherheit der Unabhängigkeitsperiode verlangsamte vorübergehend die Investitionstätigkeit des transnationalen Kapitals. Erst die Gewähr, daß die von der zurücktretenden Kolonialmacht - durch entsprechende Besetzung der politischen und administrativen Führungspositionen - sorgfältig eingeleitete Kontinuität des politischen Systems und der Wirtschaftsordnung realisierbar war, entspannte den eingebrochenen Kapitalmarkt. Der kenyanische Staat unter Führung des langjährigen Präsidenten Jomo Kenyatta (1963-78) hielt am etablierten Wirtschaftskonzept fest. Im Vordergrund stand die Weiterführung der importsubstituierenden Industrialisierung und der exportorientierten Landwirtschaft mit afrikanischen Agrarproduzenten. Bereits nach der Einführung des Swinnertonplans 1954, der produktive afrikanische Bauern zur Exportproduktion zuließ, wurde eine Steigerung der Agrarproduktion verzeichnet, die durch den Verkauf von fruchtbarem Land an afrikanische Familien ab 1963 und eine Bodenreform im Rahmen von Settlement-Schemes weiter zunahm. Schon Ende der sechziger Jahre kam ein Großteil der vermarkteten Agrarerzeugnisse von Klein- und Mittelbetrieben. Im Gegensatz zu den in ausländischem Besitz befindlichen Plantagen konnten die Großfarmen, die bei der Unabhängigkeit fast unverändert in die Hände der afrikanischen Elite übergingen, ihre Produktion kaum steigern, da die neuen Besitzer in den Städten Funktionen in Politik und Wirtschaft inne hatten und die Farmen als Sicherheit und Geldanlage betrachteten. Ebensowenig konnten in den sechziger Jahren jene rund 27% Kleinstbauern mit weniger als einem Hektar Grund eine Steigerung ihrer Produktion erzielen. Ihre Erträge reichten kaum zur Deckung der Eigenversorgung und zwangen Familienmitglieder zur Abwanderung in Plantagen und Städte (Pfister 1976:73, Kitching 1980:372).

Der demographische Druck in agrarischen Gebieten geht aufgrund eines enormen Bevölkerungswachstums (zwischen 3,4% und 4% pro Jahr) seit der Unabhängigkeit unvermindert weiter. 35% der Bevölkerung Kenyas, davon 45% Kleinbauern, leben unter der offiziellen Armutsgrenze (Bergschlosser/Siegler 1988:61). Sie sind aufgrund der fehlenden Ressourcen wie Ackerland und Kapital zur Modernisierung der Agrarwirtschaft die potentiellen Abwanderer in die Städte. Seither hat sich die Situation der Agrargesellschaft weiter verschlechtert. Bei sinkenden Weltmarktpreisen für Agrarprodukte, gleichzeitig steigenden Inputkosten und massiven Verschlechterungen der ländlichen Infrastruktureinrichtungen ist das Abwandern in die Großstadt oft die einzige Option, zumal das Lohngefälle zwischen Stadt und Land nach wie vor von Bedeutung ist.

Der Anstieg des Bruttoinlandsprodukts von durchschnittlich 6% pro Jahr in den 10 Jahren nach der Unabhängigkeit ist sowohl der afrikanischen Agrarproduktion aus mittelgroßen Betrieben als auch der Industrialisierung zu verdanken (Kitching 1980:331f, Langdon 1981:22,28). Der wachsende Umfang ausländischer Investitionen im Industriesektor wurde von staatlicher Seite begrüßt und mit besonders günstigen Konditionen bedacht. Die Regierung bot ausländischen Investoren attraktive Steuervergünstigungen, Marktprivilegien und billiges und gut erschlossenes Industriegelände. Diese Voraussetzungen, die politische Stabilität und das angenehme Klima zogen multinationale Konzerne an, die vor allem in Nairobi und Mombasa investierten und für die rasant ansteigende Zuwandererzahl Arbeitsplätze schafften. Dadurch ergab sich eine starke regionale Konzentration der Arbeitsplätze im Industrie- und Dienstleistungssektor. Zwischen 1962 und 1969 verdoppelte sich die Einwohnerzahl Nairobis von 266.794 auf 509.286 bei gleichzeitiger Verschiebung des proportionalen Anteils der verschiedenen Bevölkerungsgruppen. 1962 waren nur 59% der Bevölkerung Nairobis Afrikaner, 1969 war ihr Anteil aufgrund der massiven Emigration von Asiaten und Europäern und Immigration von Afrikanern auf 83% angestiegen (Ferraro 1978:2).

Schon 1972 machte die ILO auf die Stadtentwicklung und die Parallelen mit lateinamerikanischen Megastädten aufmerksam: „Nairobi's position is even more dominant than before. From 1962 to 1969, there was a dramatic rise in Nairobi's rate of population growth (even allowing for boundary changes), slight increases in Mombasa and Kisumu and declines in other towns. In terms of output and employment Nairobi, with 5 per cent of the nation's population, now generates more than half of national output in manufacturing, electricity and commerce, two-fifths in transport and services and two-thirds in construction. With half the urban population of the country it accounts for two-thirds of the urban wage bill." (ILO 1972:101) Dieser Trend hat sich bis in die neunziger Jahre fortgesetzt. Nairobi ist das wirtschaftliche, politische und kulturelle Zentrum Ostafrikas mit all jenen Problemlagen, die Megastädte der Dritten Welt kennzeichnen. Mehr als ein Drittel aller formellen Arbeitsplätze konzentrierten sich 1985 in der Hauptstadt, die auch mehr als 60% zur industriellen Wertschöpfung beiträgt (Kenya 1986:Tab. 215). Nach inoffiziellen Quellen steht Nairobi aber auch für drei Viertel aller Einkommensmöglichkeiten im informellen Sektor.

Das nachkoloniale Nairobi hat seinen Anspruch auf Internationalität und regionale Dominanz nicht eingebüßt. Diese spezifische Weiterentwicklung ist zu einem Teil der afrikanischen Oberschicht, die als Staatsklasse und Unternehmerschicht sowohl dem internationalen Kapital als auch den nationalen Interessen verpflichtet ist, zu verdanken. Die Dynamik des Nationalisierungsprozesses einiger zentraler Bereiche wie Banken und Energieversorgung und die durch die Ndegwa Kommission 1971 allen Staatsangestellten ermöglichte Beteiligung an wirtschaftlichen Aktivitäten in der Privatindustrie bewirkte einen beträchtlichen staatlichen Einfluß. Halbstaatliche Unternehmen agieren mit staatlichem und internationalem Kapital in zentralen Branchen der Verarbeitung und Vermarktung, des Tourismus, des Versicherungs- und Finanzierungswesens, wodurch der Staat eine Lenkungsfunktion wahrnehmen kann. Dadurch ergab sich eine enge Kooperation zwischen der lokalen Funktionärsschicht mit dem internationalen Kapital in der Form von privaten Beteiligungen an ausländischen Unternehmen und Besetzung von Managerposten durch Kenyaner. Seit den siebziger Jahren ist die lokale Kapitalbildung und Kenyanisierung kleiner und mittlerer Unternehmen gestiegen, jedoch ohne die multinationale Präsenz zu verdrängen. Unter staatlicher Führung wird die importsubstituierende, kapitalintensive Industrialisierung betrieben, was eine weitere Abhängigkeit von Know-How- und Grundstoffindustrieimporten bedeutet, aber gleichzeitig den Markt für moderne Gebrauchsgüter im ostafrikanischen Raum ausbaut. Andererseits bewirkt die Konzentration der modernen Industrieanlagen im Raum Nairobi durch die besser bezahlten Arbeitsplätze und die Infrastrukturinvestitionen eine Verschärfung des regionalen Ungleichgewichts. Diesen scheinbaren Anreizen folgen Zuwanderungsströme, die in keiner Relation zur Beschaffungsmöglichkeiten von Arbeitsplätzen, Unterkünften und Infrastruktureinrichtungen stehen (Bergschlosser/ Siegler 1988:54f, Swainson 1980:234).

Räumliche und sozioökonomische Segregationsprozesse in Nairobi

Der postkoloniale Urbanisierungsprozeß im Rahmen des kapitalistischen Weltsystems hat viele Facetten. Eine der auffälligsten ist der räumliche und sozioökonomische Segregationsprozeß. Der Entstehung einer global integrierten Gesellschaft, die sowohl die politische als auch die wirtschaftliche Macht für sich beansprucht, steht die Herausbildung einer national/lokal orientierten Gesellschaft mit einer Vielzahl von Organisationsformen und Überlebensmustern gegenüber. Die Auflösung der urbanen Zentren in „globale" und „lokale" Bereiche ist ein Phänomen, das sowohl in den hochentwickelten Weltstädten als auch in den rasant wachsenden Megastädten der Dritten Welt präsent ist. Dabei entsteht eine global integrierte Weltgesellschaft, die zwar die urbanen Massen von Bodenmarkt, Kapitalmarkt und teuren Infrastruktureinrichtungen verdrängt, aber von ihrer billigen Arbeitskraft für den ausgedehnten Dienstleistungssektor und die industrielle Produktion abhängig ist (Korff 1991:364, Sassen 1992:317, Feagin/Smith 1990:5).

Die Sozialstruktur Nairobis korreliert mit dem besprochenen Differenzierungsmuster. Zur globalen Gesellschaft zählen einerseits die internationalen Beamten und Manager transnationaler Unternehmen, größtenteils aus westlichen Ländern, andererseits die kleine kenyanische Oberschicht, die sich aus Politikern, einflußreichen Beamten, Intellektuellen und Großunternehmern zusammensetzt. Die zahlenmäßig etwas bedeutendere lokale Mittelschicht rekrutiert sich aus asiatischen und afrikanischen Kleinunternehmern, Angestellten im Dienstleistungssektor, Handwerkern und Händlern. Sie haben durch die Rezession der achtziger Jahre und die Schuldenkrise deutliche Einkommenseinbußen hinnehmen müssen und nehmen nur bedingt am Leben der Weltgesellschaft teil. Mehr als die Hälfte der Stadtbevölkerung ist den Armen und Ärmsten zuzurechnen; sie lebt in über 50 afrikanischen „Dörfern" im Nordosten und Südwesten der Stadt.

In Nairobi geht die räumliche und gesellschaftliche Trennung - wie bereits erwähnt - auf koloniale Urbanisierungsmuster zurück. Wie kaum in einer anderen afrikanischen Stadt sind die Wohngebiete der städtischen Armen bis heute vom Lebensbereich der Reichen getrennt. Parallel mit der räumlichen Verdrängung, der oft spekulative Bodenpreise und hohe Mieten zugrunde liegen, bleibt einem Teil der ständig steigenden Bevölkerung der Zugang zum Arbeitsmarkt verwehrt, da sich die Aufnahmekapazitäten des formellen Sektors nicht entsprechend der Nachfrage am Arbeitsmarkt entwickelt haben. Obwohl sich über 50% aller Industriearbeitsplätze und mehr als ein Drittel der gesamten Arbeitsplätze in Nairobi konzentrieren (davon entfallen rund 10% auf Europäer und 20% auf Asiaten), ist mindestens die Hälfte der arbeitswilligen Bevölkerung gezwungen, eine Subsistenzmöglichkeit im informellen Sektor zu finden (ILO 1972:53, Simon 1992:95). Trotz staatlicher Bemühungen, neue Arbeitsplätze und Unterkünfte für Tausende von Anwärtern zu schaffen, blieb die Anstrengung weit hinter dem dringenden Bedarf zurück. Die urbane Wohnbaupolitik orientierte sich an entwicklungspolitischen Konzepten von Weltbank und Internationalem Währungsfonds. In den sechziger Jahren wurde die Bereitstellung von öffentlichen Wohnsiedlungen durch staatliche Planungs- und Implementierungsstellen gefördert. Da sich dieses Projekt als zu teuer und insuffizient im Verhältnis zum enormen Bevölkerungszuwachs zeigte, empfahl die Weltbank ab 1972 die Unterstützung von „Site and Service Schemes", die den untersten Einkommensschichten den Hausbau in Eigenarbeit mit günstigen Krediten und Infrastruktureinrichtungen ermöglichten. Mit diesem Programm konnte die angesprochene Zielgruppe jedoch nur teilweise erreicht werden, da letztendlich zahlungskräftigere Interessenten aus der Mittel- und Oberschicht zu Hausherren wurden. Seit Mitte der achtziger Jahre wird für eine marktorientierte privatwirtschaftliche Wohnungspolitik plädiert, die zwar der Spekulation Tür und Tor öffnet, aber möglicherweise auch die Baubranche ankurbelt. Nach Schätzungen lebt in Nairobi mehr als eine Million Menschen in illegalen Siedlungen, ein Großteil davon in Slums, desolaten Unterkünften oder in überbelegten Wohneinheiten (Amis/Lloyd 1990:19ff).

Auf den Mangel an Arbeitsplätzen in der modernen Volkswirtschaft reagieren die Arbeitsuchenden mit situationsangepaßten Tätigkeiten im informellen Sektor als Handwerker, Händler und im Dienstleistungssektor. Der erschwerte Zugang zu Kapital, Rohstoffen, Märkten und moderner Technologie kennzeichnet den informellen Sektor. Dieser Sektor erweist sich in Kenya als äußerst heterogen in Bezug auf Produktionsformen, Betriebsgröße, Einkommen, Ressourcenzugang und Innovationsgeist. Der Begriff „informeller Sektor" ist folglich problematisch und kann nur eine deskriptive Funktion haben, da die verschiedenen Aktivitäten wie Dienstleistungen legaler und illegaler Art (Schuhputzer, Frisöre, Prostituierte, Schenkenwirte, Taschendiebe etc.), Handel, selbständiges Handwerk nicht zwingend einem Sektor subsumiert werden können. Für Kenya hat die ILO 1972 erstmals mit empirischen Daten auf die Dichotomie des städtischen Arbeitsmarktes und das Potential des informellen Sektors hinsichtlich Arbeitsplatzbeschaffung, handwerklichen Fertigkeiten und der Ausbaufähigkeit hingewiesen (ILO 1972). Der bis vor einigen Jahren noch als unmodern geächtete und oft durch unbegründete Verbote gestörte Wirtschaftszweig wird seit kurzem von Politikern mit Krediten und Arbeitsgenehmigungen unterstützt. Diese wohlwollende Haltung bezieht sich allerdings nur auf die Handwerksbetriebe, die in Nairobi inzwischen als wirtschaftlich und gesellschaftlich wichtiger Faktor ernst genommen werden.

Stadtverwalter und Planer haben es bis heute verabsäumt, für die unteren Einkommensschichten angemessene Unterkunftsstandards und Einkommensmöglichkeiten bereitzustellen. Nach Cooper sind beide Faktoren Voraussetzung für eine stabile Stadtbevölkerung und Arbeiterschaft, die ihre Sicherheit nicht wie zum gegebenen Zeitpunkt im ländlichen Raum durch Aufrechterhaltung der Agrarwirtschaft durch Familienmitglieder suchen muß. Die enge Beziehung zum Herkunftsort kann folglich nicht mit irrationalen Ursachen begründet werden, sie erwächst vielmehr einem ökonomischen Kalkül (Cooper 1983:248, 251). Die räumliche und wirtschaftliche Marginalisierung der Unterschichten korreliert mit unzureichenden Sozialleistungen wie Kranken- und Altersvorsorge. Elwert/Evers/Wilkens sprechen von der Schicht der Ungesicherten, die gezwungen ist, ihr Überleben durch wechselnde ökonomische Aktivitäten sowie kooperative und korporative Netzwerke zu sichern (Elwert/Evers/Wilkens 1983:284). Die Handlungsstrategien zielen auf Sicherheit sowie materielle und soziale Besserstellung ab und zeigen unterschiedliche Organisationsmuster. In Nairobi ist eine Vielzahl von Beziehungs- und Identifikationsformen zu finden, die von der traditionellen Solidarität über kirchliche, politische, ethnische, nachbarschaftliche Gruppierungen reicht. Diese oft spontanen Netzwerke zielen auf eine gegenseitige Hilfe und gemeinsame Artikulierung der Probleme ab. Die Selbsthilfeansätze zeichnen sich durch erstaunlich gute Organisation und effiziente Handlungsweisen aus und tragen insgesamt zur Verbesserung des Alltags der Unterschichten bei (Bujra 1978/79, Nelson 1978, Hake 1977, Neubert 1986).

Nairobi als überregionales Zentrum oder als Weltstadt im Kontext der globalen Stadtentwicklung

Bis zum Zusammenbruch der Ostafrikanischen Gemeinschaft 1977 wirkte nicht nur der nationale, sondern auch der große regionale Markt stimulierend für die industrielle Entwicklung der Hauptstadt Kenyas und bekräftigte deren regionale Dominanz. Nairobi galt schon Ende der sechziger Jahre als Knotenpunkt des Verkehrs- und Kommunikationsnetzes und als modernes Bindeglied zwischen Kenya und Europa oder anderen afrikanischen Staaten. 78% der gemeldeten Fernsehgeräte stehen in Nairobi, wo sich auch der Sitz des 1959 gegründeten Rundfunks „Kenya Broadcasting Service“ und der seit 1964 unter staatlicher Kontrolle stehenden „Voice of Kenya“ (V.O.K.) befindet. 60% der Englischsprachigen und 27% der Swahili Zeitungen werden in Nairobi verteilt. Nairobi verbucht 47% des Postverkehrs, die höchste Dichte im Straßenverkehr und ist aktivstes Eisenbahnzentrum ganz Kenyas (Ferraro 1978:3). Die Einführung von Telefax und Telex machten Nairobi zum wichtigsten Informationszentrum Afrikas. 1970 standen in Nairobi 135 der 315 Telexmöglichkeiten von ganz Ostafrika (Hake 1977:32).

Durch die Tourismusindustrie, den wichtigsten Devisenbringer Kenyas, weist Nairobi eine erstklassige Hotellerie- und Restauranttradition auf. Die Anzahl der Hotelnächtigungen verdreifachte sich zwischen 1965 und 1974, ist aber seit der Verbreitung von AIDS ab Mitte der achtziger Jahre vor allem in Touristenregionen stagnierend bis rückläufig. Obwohl die Küstenregion am

Indischen Ozean und die Tierparks die angestrebten Ziele sind, steht Nairobi mit 27% aller Nächtigungen an zweiter Stelle auf der Übernachtungsskala. Mit 20.400 Anflügen im Jahr 1988 lag der Flugplatz Nairobi nach Johannesburg, Kairo und Lagos an vierter Stelle in ganz Afrika (Simon 1992:86).

Kenya galt in den siebziger Jahren als afrikanisches Musterbeispiel kapitalistischer Entwicklung im Sinne der orthodoxen Weltbank- und IWF-Strategien. Dieser Status hat internationales Kapital angezogen und eine angeregte Investitionstätigkeit von ausländischen Firmen, die Niederlassung von bedeutenden Banken, ausländischen Vertretungen, Internationalen Organisationen und nicht zuletzt die Entstehung eines bedeutenden Dienstleistungssektors für internationale Unternehmen induziert. Nairobi profitierte weit mehr von diesem Entwicklungsimpuls als die nächstgrößeren Städte Mombasa, Kisumu und Nakuru. Der Sitz zweier Hauptquartiere von UN-Programmen bewirkte außerdem zumindest eine diplomatische - wenn auch nicht wirtschaftliche - internationale Aufwertung und Anerkennung. Diese Faktoren wirken stimulierend für transnationale Flüsse von Kapital, Arbeitskraft, Know-How, Kultur und Informationen und bestimmen die spezifische Integration in das Weltsystem mit. Die Attraktivität Nairobis beruht aber nicht nur auf der von außen beeinflußten Öffnung, sondern die Stadt hat auch günstige klimatische Bedingungen sowie einen hohen Freizeitwert zu bieten. Außerdem verfügt Nairobi trotz einer stetigen Verschlechterung noch immer über relativ hohe Sicherheitsstandards im Vergleich zu Lagos und anderen Großstädten. Nairobi ist mit renommierten internationalen Schulen, diversen Kulturzentren, zahlreichen Kinos, Theater und guter moderner medizinischer Versorgung ausgestattet und besitzt hervorragende Infrastruktur-, Verkehrs- und Kommunikationsnetze. Über ausländische Printmedien und einen Anteil von über 50% importierter Fernsehprogramme ist eine weitere Verknüpfung zur globalen Gesellschaft und Kultur gegeben.

D. Simon hat in einer Studie das Potential schwarzafrikanischer Städte bezüglich Weltstadtanwärterschaft analysiert. Nairobi kam dabei den geforderten Kriterien am nächsten, obwohl Lagos betreffend Größe und Wirtschaftspotential Nairobi weit übertrifft (Johannesburg wurde bewußt als Spezialfall behandelt und nicht in die Diskussion einbezogen). Als Maß für Nairobis Bedeutung auf dem afrikanischen Kontinent und für die Integration in die Weltgesellschaft nennt D. Simon das hohe Niveau ausländischer diplomatischer Vertretungen und Büros internationaler Organisationen. 1989 waren von den 94 ausländischen Missionen 81 durch Botschaften und 13 durch Repräsentanzen vertreten. Nicht weniger Bedeutung für Nairobis internationalen Status mißt der Autor den Vertretungen Internationaler Organisationen, insbesondere den hochrangigen UNO-Vertretungen bei, deren Präsenz mit 105 im Vergleich zu Lagos mit 31, Harare mit 22, Bangkok mit 91 und New York mit 282 relativ hoch ist. Die Entscheidung, die Hauptsitze des United Nations Environment Program (UNEP) und des UN Centre for Human Settlement (HABITAT) in Nairobi zu installieren, hat Kenyas Hauptstadt nicht nur den Ruf der „World Capital of the Environment" eingebracht, sondern auch hochrangige Fachkräfte und modernste Dienstleistungsstrukturen (Banken, Kommunikationstechnologie etc.) in Nairobi konzentriert (Simon 1992:84). Als Nebenprodukt entstehen anspruchsvolle Konsum- und Immobilienmärkte, Infrastrukturverbesserungen und kulturelle Einrichtungen bei gleichzeitiger Verdrängung der nicht globalintegrierten Gesellschaft. Modernste Bürohochhäuser aus Beton und Glas verkörpern die Globalisierung der kapitalistischen Welt und die zunehmende Integration von Städten wie Nairobi in ein internationales Zirkulationssystem.

Nairobi ist zwar global integriert, kann aber meiner Ansicht nach aufgrund der abhängigen Stellung im internationalen Arbeitsteilungsprozeß nicht als Weltstadt nach den Friedmann'schen Kriterien definiert werden, die nur höchstrangige Machtzentren auf dem Finanz-, Produktions- und Innovationssektor einschließen (Friedmann 1986, Sassen 1992), sondern vielmehr als regionales Zentrum mit Schaltstellenfunktion. Auch wenn Nairobi auf internationaler Ebene bzw. auf Ebene der Megastädte „nur" von sekundärer Bedeutung ist, sollte die lokal-kontinentale Stellung und Bedeutsamkeit nicht unterschätzt werden. Auf die Rolle, welche hier vor allem den hochrangigen internationalen Vertretungen zukommt, wurde bereits hingewiesen. Demnach entfalteten sich die Impulse vor allem in zwei Richtungen. Einerseits läßt sich aufgrund von UN-Organisationen etc. eine lokale Verdichtung der Informations- und Kommunikationsökonomie feststellen; und andererseits wurde dadurch die globale Vernetzung zusätzlich akzentuiert, wenn nicht gar die supranationale Rolle Nairobis erst konstituiert (Simon 1992:84,89).

Die wirtschaftliche Entwicklung Kenyas, die noch Ende der siebziger Jahre zu Hoffnungen Anlaß gab, stagniert seit einigen Jahren, bedingt vor allem durch strukturelle Faktoren, wie sinkende Weltmarktpreise für Kenyas wichtigste Exportgüter (Kaffee 26%, Tee 20%), Dürrekatastrophen, die Schuldenkrise der achtziger Jahre, aber auch durch die globalen Ölkrisen und Rezessionen. Das reale Bruttoinlandsprodukt zeigt seit 1983 keine Steigerung mehr und der ausländische Kapitalzufluß verlangsamt sich (Kenya 1986:Tab.39, Simon 1992:59f,93). Zahlungsbilanz- und Haushaltsdefizite werden durch hohe Schuldendienste zusätzlich belastet. Die wirtschaftliche Unsicherheit wird durch die politische Instabilität verstärkt. Präsident Moi hatte 1978 den ersten Staatschef Jomo Kenyatta abgelöst und dessen Politik ohne größere Veränderungen fortgeführt. Nach dem ersten Putschversuch 1982 und verschiedenen Protestaktionen gegen politische Willkür und soziale Mißstände griff der Präsident zu immer repressiveren Maßnahmen, um die Stabilität zu garantieren. Unter dem

Druck ausländischer Geldgeber mußte er sich im Herbst 1991 dem Willen der Bevölkerung beugen und mit der Zulassung von Oppositionsparteien der Einparteienherrschaft der Kenya African National Union (KANU) ein Ende machen. Obwohl Kenya noch immer zu den Gunstländern des Internationalen Währungsfonds zählt, macht sich unter internationalen und einheimischen Investoren eine gewisse Vorsicht bemerkbar, die von einer weitverbreiteten Arbeitslosigkeit, sinkenden Realeinkommen und einer Verschlechterung der Infrastruktur begleitet ist.

Gleichzeitig mit den wirtschaftspolitischen Schwierigkeiten haben sich die Gegensätze zwischen internationalem Stadtzentrum, afrikanischem Lebensraum und agrarischem Umland verschärft. Nairobi hat sich nicht nur in zwei Räume geteilt, vielmehr hat sich die Auflösung der städtischen Strukturen in sozioökonomisch und kulturell segregierte Räume und Organisationsformen gefestigt. Die Tatsache, daß weder der Staat noch das Kapital fähig oder willens sind, den deformierten Entwicklungsprozeß durch Maßnahmen zur Entwicklung der Arbeitsproduktivität und Einkommensverteilung radikal zu verbessern, läßt erwarten, daß sich der hier beschriebene Trend der Stadtentwicklung fortsetzen wird. Die Zuwanderung wird die Stadtverwaltung auch weiterhin vor ernste Probleme stellen, da vor allem nicht angenommen werden kann, daß die Migranten vom bestehenden Arbeitsmarkt absorbiert werden können. Massenarbeitslosigkeit, Wohnungsnot, Armut, Infrastruktur- und Sozialleistungsdefizite und Kriminalität stellen einen sensiblen Problembereich dar.

Für Nairobi ist dieses Szenario, wie in diesem Beitrag dargestellt wurde, nicht neu. Bemerkenswert allerdings ist, wie der Großteil der städtischen Armen bislang auf diese eher triste Situation geantwortet hat. Anstatt mit Aggressivität auf die Untätigkeit bzw. Unfähigkeit der Regierung zu reagieren oder in ein lethargisches Verharren zu verfallen, lassen sich Tendenzen feststellen, die am besten als „Problemlösungsansätze von unten“ beschrieben werden können. Basierend auf neuen Beziehungs- und Identifikationsmustern entstehen neue Formen der Gruppensolidarität, die Defizite der Sozialpolitik zumindest graduell kompensieren und damit in gewisser Hinsicht sogar soziale Sicherheit suggerieren. Auch wenn der schon erwähnte Begriff des informellen Sektors in der Literatur nicht unumstritten ist, so muß dennoch festgehalten werden, daß er einen Wirtschaftsbereich darstellt, der nicht länger unberücksichtigt bleiben darf. Konkret bedeutet das für Nairobi, daß rund die Hälfte der städtischen Arbeitswilligen ihr Einkommen in diesem Bereich - in Swahili "Jua Kali“ (Heiße Sonne) genannt - erwirtschaftet; man rechnet mit ungefähr 600.000 Personen. Ein Arbeitsplatz im informellen Sektor benötigt fünfzig Mal weniger Startkapital als ein solcher im formellen Sektor; gleichzeitig konstituieren die hier angebotenen Güter, Dienst- und Sachleistungen gerade für die einkommensschwachen

Schichten einen Markt, der selbst von volkswirtschaftlicher Relevanz ist. Wie immer auch die Beurteilung des informellen Sektors ausfallen mag, es steht jedenfalls fest, daß hier ein wesentlicher Beitrag zum nationalen Volkseinkommen geleistet wird. Über den Bereich der Wirtschaft hinaus kommt dem informellen Sektor auch im sozialen Bereich eine stabilisierende Rolle zu. Wie oben bereits angedeutet wurde, können die Strategien der Selbsthilfe auch dämpfend auf sozialpolitisch brisante Defizite wirken. Zumindest war es bislang noch möglich, Chaos oder groß angelegte Revolten zu verhindern.

Der Verstädterungsprozeß Nairobis, der in dieser Form nie geplant war und gegenwärtig eine schwer steuerbare und kaum überschaubare Dynamik erreicht hat, stellt nicht nur die Politik vor ständig neue Probleme, sondern wirft auch für die zukünftige Forschung interessante Fragen auf. Da die Entwicklungsimpulse der modernen kapitalistischen Wirtschaftsbranche weit hinter den Erwartungen zurückgeblieben sind, hat die Bedeutung der informellen Ökonomie eine Aufwertung erfahren. Nach anfänglicher Skepsis ist der informelle Sektor auch für die Wissenschaft und Entwicklungspolitik zu einem ernstzunehmenden ökonomischen und gesellschaftspolitischen Faktor geworden, der allerdings aufgrund der begrenzten historischen Erfahrung derzeit keine verallgemeinerbare Beurteilung zuläßt und noch eine Reihe von Forschungsfragen betreffend Produktivitätssteigerung, Organisationsgrad der Arbeiter und Klassenbildung, Stadtentwicklung, Sozialpolitik und Effekte auf landwirtschaftliche Entwicklung offen läßt. Ein weiterer interessanter Aspekt ist die Frage nach möglichen Entwicklungsimpulsen, die der aktiven Wechselbeziehung zwischen dem formellen und dem informellen Sektor erwachsen und nicht nur dem Verstädterungsprozeß, sondern auch der Ökonomie eine neue Dynamik geben könnten.

Schlußfolgerung

Zusammenfassend kann festgehalten werden, daß das Stadtwachstum Nairobis einer anderen Dynamik gehorcht, als wir es von den klassischen Megastädten Europas, der USA oder Japans her kennen. Anders als in Europa, wo das kontinuierliche Stadtwachstum grundsätzlich aus der zunehmenden Arbeitsteilung zwischen Stadt und Land und einer Diversifizierung der Produktionsstruktur resultiert, ist die Urbanisierung in Kenya auf die Initiative der Kolonialstaaten zurückzuführen. Dementsprechend bescheiden muß auch das von Braudel für Europa diagnostizierte Transformationspotential Nairobis beurteilt werden. Trotz der internationalen Aufwertung, die Nairobi durch die Ansiedlung renommierter UN-Vertretungen und transnationaler Unternehmungen erfahren hat, fehlt die nationale wirtschaftliche Integration. Ein Indikator dafür ist die kontinuierliche Land-Stadt Migration. Da mit dem Wachstum Nairobis keine

Ausweitung der industriellen Produktion korrespondierte, blieb die Entwicklung des Arbeitsmarktes weit hinter dem Angebot an Arbeitskräften zurück. Auch wenn für viele der Migranten der sogenannte informelle Sektor eine Alternative zum Überleben in der „gesicherten“, formellen Ökonomie darstellt, so bleibt das Gleichgewicht Nairobis doch ein sehr labiles. Auch wenn der informelle Sektor zu hoffnungsvollen Spekulationen Anlaß gibt, kann nicht erwartet werden, daß er in absehbarer Zeit die Rolle des Kapitals übernehmen kann.

Literaturempfehlung:

Die wirtschafts- und sozialhistorische Literatur zum kenyanischen Verstädterungsprozeß ist bis Ende der siebziger Jahre relativ umfangreich. Neuere spezifische Literatur zu Nairobi gibt es kaum.

In der Sonderausgabe von „African Urban Studies“ Nr. 3, 1978/79 wurden sieben Artikel publiziert, die alle Nairobi als sozialen Lebensraum thematisieren. Neben der einführenden sozialhistorischen Analyse der Entwicklung Nairobis von G. R. Ferraro (1-5) geben die Studien von V. Thadani und N. Nelson (85-104) Auskunft über die Überlebensstrategien der Frauen im urbanen Milieu. D. Clarks (33-48) und L. J. Kamaus (105-24) Untersuchungen konzentrieren sich auf räumlich-hierarchische Probleme und Gruppenbildungsprozesse in diversen Stadtvierteln. Ursachen und Folgen der Aufrechterhaltung der intensiven Beziehung zur Herkunftsgesellschaft analysiert J. L. Moock (15-32). Besondere Aufmerksamkeit verdient der Artikel von J. Bujra (47-66) „Proletarization and the Informal Economy: A Case Study from Nairobi“, ein bemerkenswerter theoretischer Beitrag zu Klassenbildungsprozessen im Zusammenhang mit dem „informellen Sektor“.

Ergänzend zu den Nairobi-Studien sei Frederick Coopers (1983) Sammelband: „Struggle for the City: Migrant Labor, Capital, and the State in Urban Africa“ Beverly Hills: Sage, genannt. Die Einführung ist ein exzellenter Einstieg in die Urbanisierungsdebatte. Dort diskutiert Cooper relevante Fragen im Umfeld der Verstädterungsproblematik, aber auch die Brauchbarkeit theoretischer Ansätze für Urbanisierungsprozesse im afrikanischen Raum. In den weiteren Aufsätzen werden die Imperative kapitalistischer Produktionsformen und deren Auswirkungen auf soziale Prozesse im städtischen Umfeld analysiert.

Literatur

Bergschlosser, D./Siegler, R.:1988
Politische Stabilität und Entwicklung. Eine vergleichende Analyse der Bestimmungsfaktoren und Interaktionsmuster in Kenya, Tansania und Uganda. Köln: Weltforum Verlag
Braudel, Fernand:1985
Sozialgeschichte des 15.-18. Jahrhunderts. Der Alltag. München: Kindler

Brett, E.A.:1973
Colonialism and Underdevelopment in East Africa. The Politics of Economic Change 1919-39. London: Heinemann
Bujra, Janet:1975
Women „Entrepreneurs" of Early Nairobi. In: Canadian Journal of African Studies 2:213-234
Castells, Manuel:1977
The Urban Question: A Marxist Approach. Cambridge: MIT (Massachusets Institute of Technology) Press
Chana, Tara:1981
The Urban Dwelling Environments in Nairobi. In: Obudho R. A. (Hg.) 1981. Nairobi: Kenya Literature Bureau:149-160
Cohen, Robin:1987
The new Helots. Migrants in the International Division of Labor. London: Avebury
Cooper, Frederick:1987
On the African Waterfront: Urban Disorder and the Transformation of Work in Mombasa. New Haven: Yale University Press
Coquery-Vidrovitch Catherine (Hg.):1988
Processus d'Urbanisation en Afrique (2 Bände). Paris: L'Harmattan
Coquery-Vidrovitch Catherine:1991
The Process of Urbanization in Africa. In: African Studies Review 34/1:1-98
Elwert, G./Evers, H.D./Wilkens, W.(Hg.):1983
Die Suche nach Sicherheit: Kombinierte Produktionsformen im sogenannten Informellen Sektor. In: Zeitschrift für Soziologie 12/4:281-96
Feagin, J.R./Smith, M.P.:1987
The Capitalist City: Global Restructuring and Community Politics. Oxford: Basil Blackwell
Ferraro, Gary P.:1978-79
Nairobi: Overview of an East African City. In: African Urban Studies 3:1-13
Friedmann, John:1986
The World-City Hypothesis. In: Development and Change 17:69-84
Hake, Andrew:1977
African Metropolis. Nairobi's Self-Help City. London: Chatto and Company
Hoselitz, B.F.:1954
Generative and Parasitic Cities. In: Economic Development and Cultural Change 3:278-294
ILO (International Labour Organisation):1972
Employment, Incomes and Equality. A Strategy for Increasing Productive Employment in Kenya. Genf: ILO
Kenya:1974
Development Plan 1974-78. Nairobi: Government Printer
Kenya:1983
Development Plan 1984-88. Nairobi: Government Printer
Kenya:1986
Statistical Abstract. Nairobi: Government Printer

King, Anthony:1990
Urbanism, Colonialism, and the World Economy. London: Routledge
Kitching, Gavin:1980
Class and Economic Change in Kenya: The Making of an African Petite Bourgeoisie, 1905-1970. New Haven: Yale University Press
Korff, Rüdiger:1991
Die Weltgesellschaft zwischen globaler Gesellschaft und Lokalitäten. In: Zeitschrift für Soziologie 20/5:357-368
Langdon, Steven:1981
Multinational Corporations in the Political Economy of Kenya. London: Macmillan
Leys, Colin:1975
Underdevelopment in Kenya. The Political Economy of Neocolonialism 1964-1971. London: Heinemann
Neubert, Dieter:1986
Sozialpolitik in Kenya. Soziologie Bd. 8. Münster: LIT.
Obudho, R.A. (Hg):1981
Urbanisation and Development Planning in Kenya. Nairobi: Kenya Literature Bureau
O'Connor, Anthony:1983
The African City. London: Hutchinson
Pfister, Gerhard:1976
Unterentwicklung, Planung, Politische Macht. Kenya und Tanzania nach der Kolonisation. Univ.Diss. Zürich: Universität
Portes, A./Castells, M./Benton, L.:1989
The Informal Economy. London: The John Hopkins Press
Ross, Marc:1975
Grassroots in an African City: Political Behaviour in Nairobi. Cambridge: MIT
Sassen, Saskia:1991
The Global City. New York/London/Tokio/Princeton: Princeton University Press
Simon, David:1992
Cities, Capital and Development. African Cities in the World Economy. London: Belhaven Press
Stichter, Sharon:1982
Migrant Labour in Kenya: Capitalism and African Response, 1895-1975. London: Longman
Swainson, Nicola:1976
The Role of the State in the Postwar Industrialization. Working Paper No 275. Nairobi: IDS (Institute for Development Studies)
Swainson, Nicola:1980
The Development of Corporate Capitalism in Kenya 1918-1977. London: Heinemann
Throup, David:1987
Economic and Social Origins of Mau Mau, 1945-1953. London: James Currey
Tiwari, R.C.:1981
The Origin, Growth and the Functional Structure of the Central Business Districts of Nairobi. In: Obudho R.A. (Hg) 1981. Nairobi: Kenya Literature Bureau:123-148

United Nations:1990
1988 Demographic Yearbook. New York: United Nations
United Nations:1991
World Urbanization Prospects 1990. New York: United Nations
Wallerstein, Immanuel:1979
The Capitalist World-Economy. Cambridge: Cambridge University Press
Weltbank:1990
World Development Report 1990. Washington: World Bank
Werlin, Herbert:1973
Nairobi's Politics of Housing. In: The African Review 3/4:611-629
White, Luise:1972
The Roles of African Women: Past, Present and Future. In: Canadian Journal of African Studies 6:143-147
White, Luise:1990
The Comforts of Home. Prostitution in Colonial Nairobi. Chicago: University Press
Zeleza, Tiyambee:1988
Women and the Labour Process in Kenya since Independence. In: Transafrican Journal of History 17: 69-108

Wolfgang Clima

Kairo - "Mutter der Welt"

Kairo bringt dreifach Welt über einen, man weiß nicht, wie man alles leisten soll, da ist eine weite, rücksichtslos ausgebreitete Großstadt, da ist das ganze, bis zur Trübe dichte arabische Leben, und dahinter stehen immerfort, abhaltend und mahnend, diese unerbittlich großen Dinge Ägyptens.
(Rainer Maria Rilke, 1911)

Die enge Verknüpfung mit seiner spannenden Vergangenheit unterscheidet Kairo von anderen Ballungszentren der Dritten Welt. Seine strategisch günstige Lage am Schnittpunkt dreier Kontinente sowie am Beginn der Verzweigung des Nil zum Nildelta hat seit tausenden Jahren immer wieder Eroberer angezogen. Das moderne Kairo tritt die Nachfolge einer langen Reihe von Städten an, von deren bewegter Vergangenheit auch heute noch Tausende von alten Baudenkmälern zeugen.

Die Entstehung und Ausweitung der Stadt Kairo - kurzer historischer Überblick

Etwa um 3100 v. Chr. wurden Unter- und Oberägypten unter der Herrschaft von König Menes vereint. Die neugegründete Hauptstadt des Reiches lag nur 24 km südlich der heutigen Innenstadt von Kairo. Sie erhielt den Namen der Königsresidenz, „Die weißen Mauern". Tausend Jahre später wurde der Name eines ihrer Vororte - „Mennofer" - zur Bezeichnung für die ganze Stadt. Erst die Griechen nannten sie Memphis.

Im ältesten Teil des heutigen Kairo lag Cheri-aha, der Ort des Kampfes, wo nach der Legende das feindliche Brüderpaar Horus und Seth gegeneinander gekämpft haben soll. Die Griechen nannten die Siedlung Babylon. Das von den

Römern dort angelegte Kastell wurde 641 n. Chr. von einem Heer von 13.000 Soldaten unter der Führung von ´Amr Ibn al-´As, dem Feldherrn des Kalifen ´Umar, eingenommen. Anschließend belagerte er Alexandrien. Als der Großteil Ägyptens fest in seiner Hand war, gründete er ein Militärlager namens al-Fustat unmittelbar vor den Mauern der römischen Festung Babylon. Es diente ihm als islamische Hochburg am Nil und als Stützpunkt für weitere Eroberungszüge nach Nordafrika. Seinen arabischen Soldaten wurden Gebiete rund um die neuerbaute Gemeindemoschee zugewiesen. Bald folgten diesen ersten islamischen Siedlern ihre Familien sowie weitere Sippen aus Arabien nach.

Nur 15 Jahre nach der Gründung als Militärlager war das gesamte abgesteckte Stammesquartier besiedelt, und die Stadt dehnte sich weiter nach Norden aus. Al-Fustat sprengte allmählich seinen Status als einfache Garnisonsstadt. Nach wenigen Generationen hatte es sich zum Zentrum von Handel und Kultur entwickelt, bewohnt von mehreren tausend Menschen. Sie nannten ihre Stadt Misr, das arabische Wort für Ägypten, und so wurde der Regierungssitz des Reiches seither von den Ägyptern bezeichnet (Lyster 1992:37).

Nachdem al-Fustat beim Sturz der Omaijaden im Jahre 750 bis auf die große Moschee abgebrannt war, legten die abbasidischen Statthalter weiter nördlich al-´Askar als neuen Stadtteil an. Ein Jahrhundert später gründete Ahmad Ibn Tulun (868-883) das Viertel al-Qata´i, welches sich mit Regierungsbauten, Marktplätzen und einer groß angelegten Pferderennbahn über zwei Quadratkilometer erstreckte. Im Jahre 905 wurde jedoch al-Qata´i in Schutt und Asche gelegt, lediglich die Ibn-Tulun-Moschee ließ man stehen.

Das heutige Kairo verdankt seinen Ursprung Gohar, dem Feldherrn des Fatimiden Mu´izz, der 969 Ägypten eroberte und die Kalifenresidenz nördlich von al-Qata´i anlegte. Am Tag der Grundsteinlegung querte der Planet Mars (al-qahir) den Meridian, worauf man der neuen Stadt den Namen al-Qahira, „die Siegreiche", gab (Brunner-Traut 1978:346).

1176 begann der Gründer des Aiyubidischen Reiches, Saladin, mit dem Bau der Zitadelle, und die prachtliebenden Sultane der Folgezeit machten aus Kairo im 14. Jahrhundert die legendenumwobene, glanzvolle Stadt, die Orientalen wie Europäer gleichermaßen anzog und von der es in „1001 Nacht" heißt: „Wer Kairo noch nicht sah, der sah die Welt noch nicht."

Die Eroberung durch die Türken im Jahre 1517 degradierte Kairo zur Provinzhauptstadt. Es blieb eine prunkvolle Stadt, aber der frühere Reichtum war vom Verfall gekennzeichnet: „Die Eleganz der arabischen Architektur ist wohl noch vorhanden, aber die Häuser sind oft schon am Zerfallen; die Gewänder haben wohl noch malerischen Reiz, aber Wohlstand zeigt sich nicht mehr daran. Elend unter Turban und Schleier liegt allenthalben den Blicken offen. Die Seite der ´Tausend und eine Nacht´ Geschichten ist verschmutzt und zerrissen." (J.J.Ampère:1844 in: Beyer 1983:177)

Städtebauliche Veränderungen im 19. und 20. Jahrhundert

Drei Großepochen haben den baulichen Charakter der Stadt Kairo geprägt:
- die Zeit vor etwa 1860, d.h. vor der Regierung des Khediven Isma´il
- die Epoche des klassischen Kolonialismus, die bis in die Vierzigerjahre unseres Jahrhunderts reicht
- die Jahre nach dem Zweiten Weltkrieg mit ihren rasanten, objektiv schwer überschaubaren Veränderungen.

Kairos Aufstieg zur Hauptstadt des Fatimidenreiches und Abstieg zur Provinzhauptstadt im Osmanischen Reich

Der Großraum des Nahen Ostens, ein Teil der hellenistisch-römisch beeinflußten Alten Welt, wird seit dem 7. Jahrhundert vom Islam geprägt. Bei der Gründung Kairos im 10. Jahrhundert wandten die Fatimiden das antike Schema des quadratischen Grundrisses mit zwei sich kreuzenden Straßenachsen, vier Quadraten und vier Toren an. Die zwei Hauptachsen, die die Stadttore miteinander verbanden, begünstigten die Entstehung von Märkten in ihrem Bereich. An diesen zwei Hauptachsen, hauptsächlich an der Nord-Süd-Straße, errichtete man Moscheen und Schulen. Zusammen mit den Geschäften bildeten sie den Basar, dessen Charakteristik die durchgehende Ladenstraße als öffentlicher Raum ist (Scharabi 1989:181).

Während die Durchgangsstraßen den Straßengrundriß innerhalb des Handelsbezirkes bestimmen, prägen Sackgassen das Bild der Wohnquartiere. Eine oder mehrere Sackgassen zusammen bilden ein Stadtquartier bzw. ein Wohnviertel (Hara). Basar und Wohnquartier stellen im Großen dar, was das nahöstliche Wohnhaus mit seiner Trennung in einen öffentlichen (Salamlik) und einen privaten Teil (Haramlik) im Kleinen repräsentiert - die dem islamischen Kulturraum eigene städtische Lebensform.

Von Muhammed Abu Hamed ist eine anschauliche Beschreibung der Stadt zur Zeit der Mameluckenherrschaft überliefert: „Ich aber sage, daß Kairo nicht eine Stadt, sondern eine Sammlung von Städten ist, denn jede Straße und jedes Stadtviertel in ihm hat Häuser und Gassen, Bazare, Moscheen und Hochschulen, die eine Stadt bilden könnten. Sogar jedes Mietshaus enthält so viele Einwohner, daß es eine Ortschaft bilden könnte." (Beyer 1983:30) Auch nach dem Bild, das Anton Prokesch 1826 von Kairo entwirft, ist die damals noch relativ intakte traditionelle Aufteilung gut vorstellbar: „Jedes Stadtviertel hat seine besonderen Thore, die Nachts geschlossen werden, und macht eine Stadt in der Stadt. Die Straßen sind enge, finster und nach dem Schlosse zu aufsteigend; die Bazars reich, ausgedehnt und bedeckt; die Bäder zahlreich, die Armenanstalten reich und stattlich; die Moscheen von vollendeter maurischer Pracht ..." (Beyer 1983:98)

Jedes Stadtquartier hatte einen eigenen Delegierten, der die Interessen der Quartierbewohner inner- und außerhalb des Quartiers vertreten durfte. Zur Zeit der französischen Eroberung bestanden 53 Harat. Die traditionell kleinteilige Stadtorganisation hatte es möglich gemacht, eine Art Basisdemokratie zu etablieren. Die Vertreter dieser kleinen städtischen Gemeinden waren keine anonymen Personen, sondern stammten selbst aus jenen Stadtquartieren. Sie kannten ihre Bewohner, vertraten sie gegenüber der Obrigkeit und konnten - weil sie mit ihren Problemen vertraut waren - vor allem in Streitfällen schlichten, anstatt kurzsichtig irgendwelche Vorschriften anzuwenden.

Der französische und der englische Einfluß

Als Napoleon 1798 Ägypten eroberte, ordnete er an, die alte Stadtgliederung der Harat nach französischem Muster in eine neue der „Arrondissements" umzuwandeln. Die 53 Harat faßte er in acht Arrondissements zusammen. Diese wurden von anonymen Beamten, von Polizeioffizieren, geleitet, die nunmehr die von der Regierung ausgegebenen Befehle in ihrem Machtbereich mit Hilfe von Soldaten ausführten. Von der ägyptischen Obrigkeit, vornehmlich von Muhammad ´Ali, dem Herrscher Ägyptens in der ersten Hälfte des 19. Jahrhunderts, wurde die neue Einteilung gern angenommen und auch nach dem Sieg über die Franzosen beibehalten. Sie bekam einen arabischen Namen, Taqsim, und blieb bis in unsere Tage genauso erhalten, wie sie von den Franzosen eingeführt worden war (Scharabi 1989:183).

Es versteht sich, daß durch die Aufhebung der traditionellen Organisation das Mitbestimmungsrecht der Bevölkerung verloren ging. Dieser Prozeß fand allerdings nicht plötzlich, sondern langsam und unmerklich statt. Zwar haben die Wohnviertel vielerorts auch heute noch ihre Vertreter, doch ihre Funktion besteht hauptsächlich darin, die Stadtbewohner im Sinne der Stadtverwaltung noch besser als früher zu kontrollieren.

Muhammad ´Ali sah in Europa und der Europäisierung Ägyptens die Rettung aus dem zunehmenden Verfall des Osmanischen Reiches. Doch seine Maßnahmen zur Veränderung der Stadtstruktur wirkten sich entgegen seinen Absichten nur lokal, nicht überregional aus.

Der Khedive Isma´il, der vierte auf Muhammad ´Ali nachfolgende Herrscher Ägyptens und Erbauer des Suezkanals, gab es schließlich auf, die Altstadt modernisieren zu wollen. Er entschloß sich, neben der alten eine neue Stadt zu bauen, die sich völlig an europäischen Mustern orientieren sollte. Sie wurde Isma´iliyya genannt und lag unmittelbar westlich von Altkairo. Isma´il plante, die Parzellen der neuen Stadt an wohlhabende Ägypter zu verschenken, mit der Auflage, dort Villen nach europäischem Muster zu errichten. Es ging ihm dabei vor allem um Repräsentationsbauten, Wohnprobleme gab es damals noch keine. Die Mehrzahl der wohlhabenden Ägypter aber zog es vor, in der Altstadt zu bleiben, sodaß gegen Ende der Regierungszeit Isma'ils lediglich 200 Häuser in seinem neuen Kairo standen, die überdies nur zum Teil Ägyptern gehörten.

Durch die großangelegten Um- und Neubauvorhaben wurde das Staatsbudget Ägyptens erheblich belastet. Weder die inzwischen angelegte Eisenbahnlinie noch die Eröffnung des Suezkanals konnten dazu beitragen, den erhofften wirtschaftlichen Aufschwung Ägyptens zu erreichen. Das Land war bald total verschuldet, und 1876 wurde der ägyptische Staatsbankrott erklärt.

Im Jahre 1879 mußte Isma'il abdanken, und mit der Eroberung und Kolonialisierung Ägyptens durch die Engländer (1882) begann ein neues Kapitel für die Entwicklung Kairos. Die Agrarwirtschaft Ägyptens florierte, Landflucht gab es damals kaum. Die Einwohnerzahl der Stadt wuchs regelmäßig. Innerhalb von zwei Generationen verdoppelte sich die Zahl der ägyptischen Einwohner Kairos. Die Zahl der Europäer hingegen, die nunmehr das politische und wirtschaftliche Leben lenkten, vervielfachte sich. Sie distanzierten sich bewußt von den Kairinern. Auf dem von Isma'il, aber auch von seinem Nachfolger Taufiq geplanten neuen Stadtgelände, westlich des alten Kairo, kam es zu reger Bautätigkeit. Diese Entwicklung war von einem verstärkten Import von historistischen Architekturformen begleitet (Scharabi 1989:184).

Den großen Aufschwung für das Baugewerbe in Kairo brachte erst der Anfang des 20. Jahrhunderts. Die vielen Entwürfe und Bauten aus den ersten 15 Jahren unseres Jahrhunderts, die oft von Spätklassizismus und Jugendstil geprägt sind, verdeutlichen dies. Während des Ersten Weltkriegs schwächte sich der Aufschwung naturgemäß ab, er verstärkte sich dafür umso mehr in den zwanziger Jahren. Zahllose Beispiele von Bauten von Schülern der Pariser Ecole des Beaux-Arts im Stile der Neo-Renaissance, des Neubarock, des Neoklassizismus, aber auch Bauten von Vertretern der spätklassizistischen und rationalistischen Architektur italienischer Prägung schufen eine neue und einmalige Stadt im Nahen Osten. Es gab auch einige ägyptische Architekten, die sich dem nationalen Anspruch stellen wollten. Sie praktizierten eine national-romantische, pseudoislamische Architektur.

In der Neustadt liegt der Bahnhof, stehen die großen Hotels, die Kaufhäuser und Banken. Hier hatten überwiegend Europäer ihre Wohnungen und Niederlassungen. Die ansässigen Kairiner wollten bis in die vierziger Jahre hinein in der Regel nicht in der neuen Stadt wohnen. Als sich die wohlhabenden Familien wegen der unterentwickelten Infrastruktur der Altstadt nach Alternativen umschauen mußten, zogen sie es vor, nicht nach al-Isma'iliyya oder nach at-

Taufiqiyya zu ziehen, sondern in die Garden-Cities und neugegründeten Satellitenstädte, beispielsweise nach Heliopolis im Norden der Stadt (Scharabi 1989:186).

Die Zeit nach dem Zweiten Weltkrieg

Die dritte Großepoche der Stadtbaugeschichte Kairos beginnt Ende der vierziger und insbesondere Anfang der fünfziger Jahre. Obwohl Ägypten um diese Zeit die langersehnte politische Unabhängigkeit erlangte, blieb der westliche Einfluß weiterhin wirksam. Der einmal in Gang gesetzte Ablösungsprozeß der städtischen Bevölkerung von ihrer angestammten Weltordnung und Tradition konnte nicht mehr rückgängig gemacht werden. Zwischen zwei Welten - der westlich modernen und der traditionell islamischen - hin- und hergerissen stehen die Kairiner Problemen gegenüber, die vom einzelnen nicht zu bewältigen sind.

Der massiven Zunahme der Einwohnerzahl in den letzten Jahrzehnten versuchte man mit Hilfe einer Vereinfachung der Bauform und des architektonischen Ausdrucks Herr zu werden. Der sogenannte Internationale Stil und die Tendenz zu immer höherem Bauen, die Anlage langer und breiter Straßen und der Import von neuesten Autobussen jedoch half und hilft nicht, die chaotischen Zustände von Kairo zu meistern.

Die Bevölkerungsexplosion der letzten Jahrzehnte

Ägypten gehört, trotz seines ausgedehnten Staatsterritoriums, das allerdings zu 96% aus Wüstenland besteht, zu den am dichtest besiedelten Ländern der Erde. Anfang 1991 betrug die Zahl der Einwohner, die sich auf engstem Raum zusammendrängten, 56 Millionen (Büttner 1991:13). Seit 1846 hat sich die Bevölkerung Ägyptens mehrmals verdoppelt. Die erste Verdoppelung (von 4,8 Millionen auf 9,8 Millionen 1897) dauerte rund 51 Jahre, die zweite (von 9,8 Millionen auf 19,2 Millionen 1947) ebenfalls rund 50 Jahre. Die dritte Verdoppelung (von 19,2 Millionen auf 39,0 Millionen 1976) dauerte nur mehr 29 Jahre, und die nächste Verdoppelung wird voraussichtlich noch weniger Zeit in Anspruch nehmen (Morad 1989:18). Der derzeitige Bevölkerungszuwachs beträgt alle acht Monate etwa eine Million (Büttner 1991:13).

Vor allem religiöse und kulturelle Vorurteile haben bis jetzt alle Bemühungen vereitelt, dieser Entwicklung entgegenzuwirken. Die zuständige und oberste Behörde für Glaubensfragen hat entschieden, daß Geburtenkontrolle mit Ketzerei gleichzusetzen sei. Alles deutet darauf hin, daß das Bevölkerungswachstum in nächster Zeit sogar noch zunehmen und sich die Lage folglich weiter verschärfen wird. Über die zukünftige Bevölkerungsentwicklung Ägyptens liegen voneinander stark abweichende Schätzungen vor. Auf der Grundlage von einer mittleren jährlichen Zuwachsrate von 2,8%, wie sie zwischen 1960 und 1976 gültig war, ergibt sich, daß die Gesamtbevölkerung bis zum Jahr 2000 auf ca. 70 Millionen Einwohner anwachsen wird.

In Kairo wohnen heute mindestens 25% der Gesamtbevölkerung Ägyptens, vor hundert Jahren waren es höchstens 10%. Die Metropole Groß-Kairo bietet ein typisches Bild der Probleme in den Millionenstädten der Entwicklungsländer, denn der rasche und praktisch unkontrollierte Bevölkerungszuwachs von etwa 3,1% jährlich beeinflußt in erheblichem Maße die Lebensweise der Bewohner. Die Wohndichte ist in den meisten Stadtteilen sehr hoch und liegt in den alten Stadtgebieten um 1.000 Einwohner pro Hektar (Morad 1989:3). Eine Untersuchung im Jahre 1969 ergab z.B. für den Bezirk Giza, daß eine Wohnfläche von 2 m^2 pro Person durchaus im üblichen Rahmen lag (Wikan 1989:128).

Alle städtischen Aktivitäten wie Verwaltung, Kaufhäuser, Banken, Hotels und andere kommerzielle Einrichtungen sind im Stadtzentrum konzentriert. Der größte Teil der Stadtrandgebiete ist ungeordnet und planlos gewachsen und ohne eine Spur städtischer Infrastruktur.

Die Gründe für das schnelle Bevölkerungswachstum in Groß-Kairo liegen nur zum Teil in den stetig steigenden Geburtenzahlen. In beträchtlichem Ausmaß tragen dazu auch Landflucht und Umsiedlung von Bewohnern anderer Städte nach Kairo bei. Es sind viele Faktoren, die - neben der historisch bedingten und allgemein verbreiteten Glorifizierung der „Mutter der Welt", Kairo, - das Leben in dieser Stadt so anziehend erscheinen lassen und wünschenswert machen:

Bei der steigenden Bevölkerungszahl Ägyptens werden Lebensraum und Arbeitsmöglichkeiten in den ländlichen Gebieten aufgrund der extremen geographischen Gegebenheiten immer mehr eingeschränkt. Das Einkommen der in der Landwirtschaft Tätigen ist äußerst niedrig. Die Zentralisierung der Verwaltung und eine verfehlte Agrarpolitik führten zu ungleichmäßiger Investitionsverteilung und vernachlässigter Strukturplanung in den ländlichen Gebieten.

Die Universitäten und Fachschulen sind in den Großstädten konzentriert, vor allem in Kairo und Alexandrien. Daher kommt es jährlich zu einer Wanderungsbewegung von fast 250.000 Studenten in die Städte. Nach Beendigung des Studiums versuchen die an die Vorzüge des Stadtlebens gewöhnten Absolventen, sich am Studienort niederzulassen.

Eine wichtige Rolle für die Migration in die Stadt spielen soziale Gründe. Ägypter sind besonders familienorientiert. Lebt ein Familienangehöriger einmal in der Stadt, so folgen ihm häufig Brüder, Eltern und Verwandte nach. Zu den besonders liebenswerten Zügen des ägyptischen Volkes gehören eine oft selbstlose Gastfreundschaft und enorme Großzügigkeit. Aufgrund des Platzmangels führt dies jedoch dazu, daß in den ärmeren Bezirken ein Bett von zwei oder mehr Personen benützt wird, in manchen Fällen wird nicht nur auf, sondern auch unter dem Bett geschlafen (Wikan 1989:128).

Ein weiterer Faktor für die verstärkte Binnenwanderung ist der Militärdienst, bei dem viele Bauernsöhne erstmals das Stadtleben kennenlernen. In Kairo werden sie mit dem weit höheren Lebensstandard der städtischen Oberschicht konfrontiert, die für sie die städtische Bevölkerung schlechthin verkörpert. Das Leben auf dem Lande, bestimmt von strenger traditioneller Moral, empfinden die meisten Militärdienstabsolventen danach als unerträglich. Also wollen sehr viele von ihnen mit der praktischen Tätigkeit, die sie gelernt haben, in der großen Stadt ihr Glück versuchen, etwa als Koch oder Kraftfahrer.

Selbst die einfachste Schulbildung vermittelt in vielen Entwicklungsländern aufgrund des angebotenen Lehrstoffes ein Gefühl der Überlegenheit über die Umwelt. Auch in Ägypten mit einer Analphabetenrate von mindestens 50% (bei Frauen sogar 70%) ist sich ein Schulabsolvent „zu schade" für eine Tätigkeit in der Landwirtschaft (Büttner 1991:123).

Nach einer Untersuchung des „Nationalen Forschungsinstituts für soziale Studien" in Kairo wurde Anfang der siebziger Jahre festgestellt, daß sich die Motivation für die Binnenwanderung wie folgt aufteilt: 50% Arbeitssuche, 18% Arbeitsplatzwechsel, 18% Heirat, 2,5% Ausbildung und 11,5% unbekannt (Morad 1989:27).

Die Wohnsituation

Die Wohnqualität in Kairo unterscheidet sich sehr von einem Bezirk zum anderen. Trotz der äußerst regen offiziellen und illegalen Bautätigkeit deckt der Bau von neuen Wohnungen nur einen sehr geringen Anteil des gesamten Bedarfs. Nicht nur den jungen Ehepaaren und Zuwanderern fehlen Wohnungen, sondern auch den schon seit längerer Zeit bestehenden Haushalten. Viele Menschen leben bei Verwandten, in nicht mehr bewohnbaren Häusern, in historischen Gebäuden oder auf den Friedhöfen. Schätzungsweise 300.000 Familien leben in Grabstätten, d.h., jede achte Familie lebt auf einem Friedhof. Als Notunterkünfte dienen auch Blechhütten auf den Flachdächern vieler Häuser in den älteren Bezirken. Menschen leben dort neben Haustieren, Hühnern, Schafen und Ziegen. Durch internationale Hilfsprogramme bekannt geworden sind weiters die menschenunwürdigen Behausungen der „Müllmenschen" von Kairo.

Die 1948 eingeschlagene Regierungspolitik der eingefrorenen Mieten zum Zwecke einer Stützung der ärmeren Bevölkerungsschichten hat teilweise negative Begleitumstände. Sie führt zu einer Immobilisierung der eingesessenen

Bevölkerung, zur Praxis des Ablöseunwesens, aber auch zu weit gefährlicheren Phänomenen. Das Bewohnen baufälliger Häuser etwa stellt ein ebenso aktuelles wie schwerwiegendes Problem dar, denn nicht selten werden Menschen beim Einsturz verletzt oder kommen in den Trümmern um (Wikan 1989:130). „Baufälliges Haus krachte in sich zusammen" lautete eine Schlagzeile im Chronikteil der Salzburger Nachrichten vom 30. Jänner 1993. Beim Einsturz eines sechsstöckigen Wohnhauses im Stadtteil Heliopolis hatte es sechs Tote und 15 Verletzte gegeben. Angeblich hatten die Behörden die selbst dort lebende Hausbesitzerin seit 1990 dreimal aufgefordert, das Haus räumen oder sanieren zu lassen.

Die Haushalte verteilen sich nach der Wohngröße folgendermaßen: 26,2% der Haushalte verfügen über ein Zimmer, 9,2% über zwei Zimmer, 13,2% über drei Zimmer, 18,4% über vier Zimmer und 33% über fünf Zimmer. Das bedeutet, daß ca. 50% der Haushalte auf eine Ein- bis Dreizimmerwohnung angewiesen sind. Dieser Mittelwert schwankt von einem Wohnbezirk zum anderen. So gibt es zum Beispiel im Bezirk Bulaq für 42% der Haushalte eine Einzimmerwohnung, für den Bezirk Asser an-Nil dagegen für 84% der Haushalte Vierzimmerwohnungen, und das bei etwa gleicher Haushaltsgröße mit 4,85 Personen in Bulaq und 4,15 Personen in Asser an-Nil. Die durchschnittliche Größe der Haushalte betrug bei der Volkszählung im Jahre 1982 5,4 Personen. Damals betrug die mittlere Einwohnerdichte Kairos ca. 460 Einwohner pro Hektar, das sind etwa 20.000 Einwohner pro km^2 (Morad 1989: 30; zum Vergleich die Stadt Hamburg mit 840 Einwohnern pro km^2).

Neue Siedlungen zur Entlastung Kairos

Nachdem sich die Probleme hinsichtlich der Versorgung mit Wohnraum und Arbeitsplätzen, aber auch hinsichtlich des Verkehrs im Laufe der sechziger Jahre verstärkt hatten, überlegte man schon damals, ob vielleicht der Gedanke „Hinaus in die Wüste", den noch der 1981 ermordete Präsident Sadat propagiert hatte, helfen könnte. Es ist ein naheliegender Gedanke, wenn man bedenkt, daß Ägypten bei über einer Million km^2 Staatsgebiet nur 36.000 km^2 Ackerland besitzt.

Im Jahre 1970 wurde die „Greater Cairo Planning Commission" (GCPC) mit dem Auftrag gegründet, einen Stadtentwicklungsplan für Kairo bis zum Jahre 1990 zu entwerfen. Für die Stadtregion Kairo wurden daraufhin zwei Prognosen erstellt: 12,5 Millionen Einwohner (wenn Zuzüge gestoppt werden können) und 14,7 Millionen Einwohner (wenn Zuzüge berücksichtigt werden müssen). Bis zum Jahr 2000 wird die Stadtregion Kairo nach Schätzungen auf 16,5 Millionen anwachsen, sodaß in den nächsten Jahren in Kairo mehr als 6 Millionen Einwohner zusätzlich mit Wohnungen sowie mit technischer und sozialer Infrastruktur zu versorgen sind. Im Jahre 1979 wurde die „New Urban Settlement Organisation" (NSO) gegründet, die dem Büro des Premierministers zugeordnet ist. Das „New Town"-Gesetz gibt der NSO eine rechtliche Vorrangstellung über lokale Verwaltungen. Die NSO hat das Recht, Land in Besitz zu nehmen, zu verkaufen und zu enteignen, und sie darf alle Projekte im Umfeld einer neuen Stadt im Radius von fünf Kilometern einem Prüf- und Genehmigungsverfahren unterziehen.

Die neugegründeten Siedlungen um Kairo treten in drei Formen auf: Solitärstädte, Satellitenstädte und Stadterweiterungen.

Eine Solitärstadt ist eine Siedlung, mit deren Gründung der planungspolitische Anspruch der Errichtung eines regional bedeutsamen Zentrums außerhalb des bestehenden Siedlungsraumes erhoben wird. Solche Neugründungen sind Tenth of Ramadan City, As-Sadat City, Al-Amal City, Al-Badr City und King Khaled City.

Satellitenstädte sind Neugründungen, in denen zwar einige Arbeitsplätze vorgesehen werden, die aber als Teil des Urbanisierungsprozesses der Stadtregion Kairo zu betrachten sind. Dazu gehören Sixth of October und Al-Obour.

Stadterweiterungen lehnen sich an bestehende Siedlungen und an große Arbeitsplatzzentren an. Als Stadterweiterung bezeichnet man z.B. Fifteenth of May.

Die neuen Siedlungen sind für etwa 3,100.000 Menschen konzipiert. Seit Beginn der achtziger Jahre konnten nun viele Ex-Kairiner die Wohltaten der Wüstenlage - klare Luft und ungestörte Nachtruhe - gegen die Nachteile einer Randlage, wie Trennung von den Verwandten, Langeweile und mühsame Anfahrt zur Arbeitsstätte, abwägen. Solange sich die Verkehrssituation nicht bessert, bedeutet diese Wohnlösung jedenfalls keine Entlastung für das tägliche Leben.

Außerdem ergab eine Berechnung der Kosten der Städte As-Sadat City, Tenth of Ramadan, Sixth of October und Fifteenth of May, daß diese bis zu ihrer Fertigstellung 30% bis 35% der monetären Mittel in Anspruch nehmen werden, die für die gesamte Stadtregion Kairo in den nächsten zwanzig Jahren für Infrastrukturinvestitionen zur Verfügung stehen, jedoch nur maximal 15% - 20% des Bevölkerungszuwachses desselben Zeitraumes aufnehmen können (Morad 1989:35-38).

Die Wirtschafts- und Sozialstruktur

Ägypten ist in erster Linie Agrarland, obwohl der westlich orientierte Muhammad ´Ali mit seinen Modernisierungsbestrebungen bereits zu Beginn des 19. Jahrhunderts den Grundstein für eine Industrietradition legte. Basis der neuen Industrie war die Textilproduktion aus Baumwolle. Verstärkte Industrialisierung brachten die sechziger Jahre unseres Jahrhunderts. In den siebziger Jahren wurde eine wirtschaftliche Öffnungspolitik eingeleitet, bis 1994 soll die Wirtschaftsreform zur Einführung der freien Marktwirtschaft durchgeführt sein. Heute ist die ägyptische Wirtschaft zum Großteil von Öleinkünften, Überweisungen ägyptischer Gastarbeiter in den Golfstaaten, Suezkanal-Gebühren und vom Fremdenverkehr abhängig (Mostyn 1988:322f). Ägypten gehört zwar zu den Öl fördernden Staaten, wurde aber aufgrund seiner begrenzten Reserven früh zur industriellen Diversifikation gezwungen (Mostyn 1988:101). Die Produktpalette reicht daher von Textilien über Zucker-, chemische und pharmazeutische Erzeugnisse, Baumaterial, Reifen, Düngemittel, petrochemische Erzeugnisse und Lebensmittel bis zu Eisen- und Stahlprodukten.

Während der Golfkrise erwies sich Ägypten als das stabilste Land der Region. Die Ertragsbilanz wies im Finanzjahr 1991/92 einen Überschuß von 1,5 Milliarden US$ und die Devisenbilanz einen solchen von über 5 Milliarden US$ auf. Im Finanzjahr 1990/91 standen den Einfuhren in Höhe von 11,4 Milliarden US$ Ausfuhren in Höhe von 3,9 Milliarden US$ gegenüber. Schwerpunkte der Wirtschaftspolitik liegen im Ausbau der Infrastruktur Telekommunikation, Wasseraufbereitung, Umweltschutz und Energiewesen (Gewinn 1993/2:14).

Ein großer Teil der Industriebetriebe hat sich in und um Kairo angesiedelt, in dessen neuen Satellitenstädten in der Wüste zoll- und steuerfreie Zonen geschaffen wurden, um die Privatwirtschaft anzukurbeln.

Insgesamt wurden zum Zeitpunkt der Volkszählung 1980 etwa 2,771 Millionen Berufstätige in Groß-Kairo registriert. Der Anteil der Erwerbspersonen an der Gesamtbevölkerung ist im Vergleich zu europäischen Verhältnissen sehr niedrig. Im Jahre 1976 waren 28,6% der Einwohner erwerbstätig (in der BRD waren es 46%). Dieser niedrige Prozentsatz an Erwerbspersonen liegt an der sehr geringen Erwerbsquote bei den Frauen, an der relativ hohen Kinderzahl (der Anteil der Kairiner mit unter 15 Jahren beträgt 41%, mit unter 20 Jahren 52,3%) und am hohen Analphabetenanteil. Die Menschen, die vom Land in die Metropole Kairo gezogen sind, haben oft Schwierigkeiten, sich an die neue städtische Umgebung und an die Wirtschaftsform anzupassen (Morad 1989:43).

Der größte Teil der Einwohner Kairos ist - wie in den meisten Großstädten - im Dienstleistungsbereich, in der Industrie und im Handel beschäftigt. So sind in Kairo 32% im tertiären Sektor, ca. 28% in der Industrie und rund 17%

im Handel tätig. Der internationale Maßstab für erwerbstätige Personen liegt zwischen 15 und 65 Jahren. Nach dem Gesetz Nr. 81 vom April 1959 wurde die Beschäftigung von Kindern unter 12 Jahren verboten, wodurch für Kairo die Gruppe zwischen 12 und 65 Jahren relevant ist (Ismail 1976:85). In der Realität jedoch stellen Kinder in Ägypten über 10% aller regelmäßig Beschäftigten. Sie sind vor allem in städtischen Kleinbetrieben, im Baugewerbe und in der Landwirtschaft tätig. Die durch die hohe Inflationsrate von ca. 20% bedingte schwierige Einkommenssituation zwingt viele Kairiner dazu, sich neben ihrer Hauptanstellung eine zweite, oft auch eine dritte Beschäftigung zu suchen. So kann es vorkommen, daß etwa Beamte sich zusätzlich als Taxifahrer oder Hilfskellner verdingen (Büttner 1991:123).

74,6% der verfügbaren Arbeitskräfte sind Lohnempfänger. Die männlichen Lohnempfänger machen 64,5% der gesamten männlichen Erwerbstätigen aus, die weiblichen Lohnempfänger entsprechen 10,1% der gesamten verfügbaren Arbeitskräfte und 84,6% der verfügbaren weiblichen Arbeitskräfte. Lehrlinge in einem Betrieb erhalten keinen Lohn, sondern eine Entschädigung, die im Lehrvertrag vereinbart wird. Dieser Vertrag muß von den Eltern, dem Arbeitsamt und dem Arbeitgeber unterfertigt sein (Ismail 1976:89).

Den größten Anteil an den verfügbaren Arbeitskräften halten die 30-40jährigen mit 24,5%. Die starken Schwankungen in der Gruppe der 20-25jährigen Männer sind wahrscheinlich einerseits auf die Nichtverfügbarkeit eines Teils der Arbeitskräfte während des Militärdienstes und andererseits auf die große Gruppe der Studenten, die ebenfalls nicht als Arbeitskräfte registriert sind, zurückzuführen. Die Zahl der verfügbaren weiblichen Arbeitskräfte steigt bis zur Altersstufe von 25 Jahren und sinkt in den nächsten Altersgruppen von 23,6% auf nur 1% bei den 60-65jährigen (Ismail 1976:92).

Der Kern des Stadtzentrums enthält mehr als 25% der gesamten Arbeitsplätze, 80% davon in der Verwaltung, in den Banken und in Geschäften. Das Stadtzentrum bietet ca. 380.000 Arbeitsplätze. Die gegenwärtige Entwicklung zeigt, daß immer noch Arbeitsplätze in diesem Bereich geschaffen werden, was ein von Tag zu Tag höheres Verkehrsaufkommen mit der Zielrichtung Stadtzentrum bedingt. Außerhalb des Stadtzentrums verteilen sich die Arbeitsplätze auf kleine verstreute Geschäfte und kleine Fabriken. Der neue Trend geht dahin, daß man Industrieanlagen am Stadtrand errichtet. Im Süden von Kairo (Heluan) und im Norden (Schubra al-Cheima) liegen zwei große Industriezentren (Morad 1989:40).

Das Industriegebiet Heluan in Südkairo ist ca. 28 km vom Stadtzentrum entfernt. Das Gebiet hat eine Fläche von 8.571 ha, davon beanspruchen Industrieanlagen und Betriebe ca. 16%. Etwa 32 große Fabriken boten im Jahr 1975 ca. 96.576 Arbeitsplätze und im Jahr 1985 ca. 102.550 Arbeitsplätze. Dort befindet sich Schwerindustrie wie z.B. Rüstungs-, Flugzeug-, Elektro-, Auto-, Zement- und Baustoffindustrie.

Das Industriegebiet von Schubra al-Cheima in Nordkairo hat im Vergleich zu Heluan wesentlich kleinere Betriebe. Es bietet 55.000 Arbeitsplätze in ca. 340 Betrieben und Fabriken. Hier befindet sich die Textil-, Metall- und chemische Industrie. Ca. 56% der Beschäftigten wohnen außerhalb des Industriegebietes in verschiedenen Stadtbezirken. Sie müssen öffentliche Verkehrsmittel oder Verkehrsmittel der Industriebetriebe benutzen (Morad 1989:43).

Infrastruktur und Verkehrssituation

Die Infrastruktur

Die Entwicklung von Kairos Infrastruktur hat mit dem explosiven Bevölkerungsanstieg nicht Schritt gehalten. Straßen, Plätze, Kanalisation und Stromversorgung wurden in den dreißiger Jahren für höchstens zwei bis drei Millionen Einwohner konzipiert. Heute ist das Stromnetz überlastet, Defekte im Kanalnetz werden immer häufiger, die Müllabfuhr kommt mit der Abfallbeseitigung nicht mehr nach und das Telefonnetz bricht häufig zusammen (Schweizer 1987:150).

Die Stadt hat 13 Wasserstationen, von denen neun Filterstationen sind, die das Wasser durch Pumpen aus dem Nil hochziehen. Das Wasser fließt dann durch mehrere Reinigungsbecken, von denen jedes mit speziellen Filtern ausgestattet ist. Die anderen vier Stationen sind Grundwasserpumpen. Alle Wasserstationen und das Wasserleitungsnetz sind überlastet und nicht ausreichend. Das Stadtgebiet wird zu 63% durch das öffentliche Wasserleitungsnetz versorgt, die restlichen 37% müssen das Wasser selbst pumpen. Probleme beim öffentlichen Netz treten vor allem im Sommer auf, wenn der Druck für die oberen Stockwerke und Hochhäuser nicht mehr ausreicht oder das Wasserreservoir überhaupt zu gering wird, um die erforderlichen Mengen zu liefern. Nach einer Untersuchung des Planungskomitees für den Großraum Kairo werden aber auch 20% des Wassers verschwendet (Ismail 1976:121).

Das alte Kanalnetz mit einer Jahreskapazität von 48.000 m^3/Tag wurde 1960 den wachsenden Anforderungen entsprechend auf eine Kapazität von 520.000 m^3 pro Tag erhöht und 1964 auf eine Leistung von 750.000m^3/Tag erweitert. Trotzdem war das Kanalnetz ständig überlastet, was zu häufigen Rohrbrüchen führte. Es wurde eine Pumpstation gebaut, die die Kapazität auf 980.000m^3/Tag erweiterte. Auch diese Leistung genügte der steigenden Einwohnerzahl nicht, sodaß sie im Jahr 1975 auf 1,250.000 m^3/Tag und in den darauffolgenden Jahren wiederum erweitert werden mußte.

Das Kanalnetz umfaßt vier verschiedene Teilsysteme: das Sekundärnetz, das Hauptkanalnetz, die sekundären Pumpstationen und die Hauptpumpstationen. Der zügige Transport der Abwässer in die Sediment- und Trockengebiete ist also trotz häufiger Überlastung des Kanalnetzes gewährleistet. Aus den Rückständen wurden z.B. 1970/71 27.530m^3 Düngemittel produziert (Ismail 1976:125).

Obwohl es im Bereich des Gesundheitswesens kaum genaue Angaben gibt, steht fest, daß die Zahl der Ärzte, Spitäler und Schwestern nicht ausreicht. Die Bettenanzahl betrug 1968/69 20.866, wobei hier Militär- und Schulkrankenhäuser nicht mitgezählt sind. Umgerechnet auf die Bevölkerung ergibt sich eine Quote von vier Betten pro 1.000 Einwohner. Dabei ist unberücksichtigt, daß aus der Umgebung von Kairo ein starker Zustrom gegeben ist, denn die Landbevölkerung geht zur ärztlichen Versorgung meistens in die Stadt. Diese 20.866 Betten wurden 1969 von 1.209 Ärzten, 182 Apothekern, 26 Analytikern und 4.920 Krankenschwestern betreut. Die Zahl der privaten Apotheken betrug 660. Über die Privatordinationen in Kairo gibt es keine konkreten Angaben (Ismail 1976:141).

Die Stadt Kairo besaß 1970 zwölf Telefonzentralen, deren Kapazität 168.800 Direktleitungen, d.h. für rund 30 Personen eine Direktleitung, betrug. Weiters gab es 87 Telefon- und Telegraphenämter, d.h. für ca. 95.000 Personen ein Amt. Schließlich gab es 143 Postämter, d.h. ein Postamt für 36.000 Personen. Diese Ziffern besagen deutlich, daß die gegebenen Einrichtungen ihre Funktion nicht voll erfüllen können (Ismail 1976:142). Die Schwerpunktlegung der Stadtplaner auf den Ausbau des Telekommunikationsnetzes hat in den letzten Jahren eine leichte Verbesserung der Situation gebracht.

Das Verkehrsproblem

Der Verkehr in der Metropole Groß-Kairo bietet das typische Bild der Millionenstädte in den Entwicklungsländern. Das Verkehrschaos stellt sich als ein Dauerproblem dar, welches zu einem der wichtigsten Diskussionsthemen von ägyptischen Fachleuten geworden ist. Neue Hochstraßen und Nilbrücken sowie die 1987 eingeweihte Untergrundbahn haben die Situation nicht wesentlich verbessern können.

Als Folge der starken Konzentration sowohl der Arbeitsplätze als auch der Versorgungseinrichtungen im Stadtzentrum sind die Einwohner zu langen Fahrten gezwungen und immer mehr auf motorisierte Verkehrsmittel angewiesen. Die Mehrzahl muß die öffentlichen Verkehrsmittel benutzen. Dem steht ein veraltetes und dem Verkehrsbedarf nicht mehr gewachsenes Verkehrssystem gegenüber. Die Hauptlast des Bedarfs an öffentlichen Verkehrsmitteln tragen die Busse. Diese reichen jedoch zahlenmäßig nicht aus und werden überdies durch den Individualverkehr stark behindert, sodaß sie nur eine geringe Transportleistung bieten. Obwohl der Motorisierungsgrad der Bevölkerung relativ gering ist, ist die Verkehrsdichte jedoch erheblich (Morad 1989:4).

Bei einer Verkehrserhebung im Jahre 1972, bei der nur die mehr als 1 km langen Fahrten berücksichtigt wurden, kam das Ergebnis von 0,8 Fahrten/Einwohner/Tag zustande. Den größten Teil der Fahrten machen die morgendlichen und abendlichen Hin- und Rückfahrten zur und von der Arbeitsstätte aus. 3% der Befragten legen eine Fahrt pro Tag zurück, 82% zwei Fahrten, 3% drei Fahrten, 10% vier Fahrten und 2% fünf Fahrten pro Tag.

Im Vergleich mit anderen Großstädten der Welt ist die Wegehäufigkeit von 0,8 Fahrten/Einwohner/Tag in Kairo niedrig. Der durchschnittliche Wert in der BRD etwa beträgt 2,95 Fahrten/Einwohner/Tag. Diese relativ niedrige Mobilität der Bevölkerung wird bedingt durch den hohen Anteil an Kindern, durch die niedrige Berufstätigkeitsrate bei Frauen, durch das niedrige Einkommen vieler Einwohner, durch die hohe Zahl der Analphabeten und durch das unzureichende Angebot an öffentlichen Verkehrsmitteln (Morad 1989:65).

Für den täglichen Personenverkehr ergaben sich folgende Verteilungen:
- Fast alle Wege, nämlich 96% aller beobachteten Fußwege und Fahrten, führen von zu Hause weg oder nach Hause.
- 4% der beobachteten Fußwege und Fahrten sind entsprechend nicht wohnungsbezogen.
- Wichtigster Anlaß für das Verkehrsaufkommen an Werktagen ist die Arbeit, mit einem Anteil von 51% ist fast jeder zweite Weg ein Arbeitsweg.
- Gut 1/7 aller Fußwege und Fahrten an Werktagen resultiert aus der Ausbildung.
- 23% aller Fußwege und Fahrten resultieren aus wohnungsbezogenen privaten Anlässen (Einkauf, Besorgung, Freizeit, der Besuch von Verwandten oder die Fahrt ins Kino).
- Rund jeder zwölfte Weg an Werktagen ist geschäftlich motiviert.
- Von der Gesamtheit der hier untersuchten Wege entfallen rund 25% auf Fußwege und entsprechend 75% auf Fahrten mit motorisierten Verkehrsmitteln und mit dem Fahrrad.

In Anbetracht der Einkommensverhältnisse ist ein PKW in Kairo bzw. Ägypten ein Luxus. Aufgrund fehlender Einkommensangaben der verschiedenen Einwohnergruppen kann man die Wohnverhältnisse zum Vergleich heranziehen, zumal Größe und Art der Wohnung die Einkommensverhältnisse widerspiegeln. Danach teilte sich der PKW-Bestand folgendermaßen auf :
1 PKW/1.000 EW, die in einem ländlichen Haus leben
8 PKW/1.000 EW, die in einem mehrgeschossigen Haus leben
36 PKW/1.000 EW, die in einem Einfamilienhaus leben.

Diese Zahlen sind im Vergleich zu westeuropäischen Großstädten sehr gering: Auf 1.000 Einwohner entfielen 1975 in Rom ca. 500 PKW, in der BRD ca. 300 PKW, in Österreich ca. 250 PKW und in Kairo 12,8 PKW im Jahre 1977. Allerdings nimmt - da das Auto in hohem Maße ein Prestigeobjekt verkörpert - der PKW-Bestand in Kairo so rasant zu, daß im Jahre 1981 bereits 19,3 PKW auf 1.000 Einwohner entfielen. Die Zahl der privaten PKW stieg in Kairo innerhalb von 11 Jahren (1970-1981) um 300%, von 65.273 auf 175.807 PKW.

Eine weit höhere Zuwachsrate weist der Taxi-Bestand auf. Gerade dieses Verkehrsmittel beansprucht naturgemäß das Straßennetz in besonders hohem Maße. Während sich ein privater PKW in Kairo im Durchschnitt täglich ein bis zwei Stunden im fließenden Verkehr befindet, was einer Strecke von ca. 30 km entspricht, legt ein Taxi bis zu 300 km zurück. Der Taxi-Bestand in Kairo nahm zwischen 1960 und 1970 um ca. 100% zu, und zwischen 1970 und 1981 um ca. 500%. Während im Jahre 1970 der Anteil der Taxis am gesamten PKW-Bestand bei ca. 11,7% lag, war im Jahre 1981 jeder vierte registrierte PKW ein Taxi. Die Taxis verursachen insgesamt 25% des Verkehrsvolumens, sie bewältigen aber nur ca. 5% des Verkehrsaufkommens, und in bezug auf die Beseitigung der Arbeitslosigkeit ist der Beitrag in gesamtwirtschaftlicher Hinsicht sehr gering, denn bei den Taxifahrern handelt es sich nur zum Teil um hauptberuflich Tätige (Morad 1989:108-111).

Die Verkehrsdichte wird noch durch einen weiteren Faktor erhöht: Viele Büro- und Geschäftsbauten an ohnehin überlasteten Straßen werden ohne ausreichenden Parkraum gebaut. Dadurch werden die bereits überbeanspruchten Straßen zusätzlich durch die Parkplatzsuche belastet. Bei einer Fläche des Stadtkerns von ca. 15,5 km^2 ergibt sich eine Stellplatzdichte von rund 690 Stellplätzen pro km^2 (Morad 1989:115; zum Vergleich: 1973 hatte die Innenstadt von Hamburg 14. 000 Stellplätze pro km^2).

So kommt es also in Kairo ständig zum Verkehrsstau, was allerdings den Ägypter weniger stört als den Europäer. Eine Untersuchung, die im Jahre 1972 in Ägypten durchgeführt wurde, ergab, daß ca. 50% der Befragten verspätet zu ihren Verabredungen kommen, ca. 25% der Befragten nicht erscheinen und nur ca. 15% ihre Verabredungen einhalten (der Rest bleibt ungeklärt). In Ägypten verabredet man sich auch nicht für eine bestimmte Stunde, sondern beispielsweise für den Abend oder für den Sonntag (Morad 1989:125).

Im übrigen fahren die Ägypter relativ langsam, was kein Nachteil ist, wenn man bedenkt, daß das Verhältnis der Verkehrstoten pro 1.000 KFZ in Ägypten verglichen mit dem in der BRD oder in Österreich mehr als das Zehnfache beträgt (Morad 1989:127).

Das Schul- und Ausbildungswesen

Die Überwindung des Analphabetentums ist eine der vordringlichsten Aufgaben, die sich die ägyptische Regierung in ihrer Erziehungspolitik stellt. In Ägypten besteht Schulpflicht vom 6. bis zum 12. Lebensjahr. In der Praxis zeigt sich jedoch, daß nicht genügend Schulplätze zur Verfügung stehen, und es gibt auch keine Kontrolle, ob die Schulpflicht tatsächlich eingehalten wird. In der Grundschule gibt es nur zwei Prüfungen, jeweils am Ende der 4. und der 6. Klasse, was zu einem relativ niedrigen Ausbildungsniveau führt. An die drei Schulstufen, Grund-, Mittel und Oberstufe, kann sich ein Hochschulstudium anschließen.

Kairo ist als Hauptstadt das wichtigste Zentrum für Schulen und Universitäten. Im Schuljahr 1976/77 gab es in Kairo:
1.120 Grundschulen mit 16.320 Klassen und 682.860 Schülern,
325 Mittelschulen mit 7.379 Klassen und 287.860 Schülern,
120 Oberschulen mit 2.770 Klassen und 112.070 Schülern.
In Groß-Kairo gibt es fünf Universitäten, die im folgenden angeführt sind (Die Studentenzahlen stammen aus dem Jahre 1974/75):
Die Kairo-Universität im Stadtbezirk von al-Giza, 94.793 Studenten
Die ´Ain Schams-Universität im Stadtbezirk al-Waili, 80.975 Studenten
Die Universität al-Azhar in ad-Darb al-´Ahmaṛ und in Madinat Nasr, 40.278 Studenten
Die Heluan-Universität im Stadtteil Heluan und in Zamalek (Zahlenangaben fehlen)
Die amerikanische Universität im Stadtbezirk Asser an-Nil (geringe Studentenzahl aufgrund begrenzter Aufnahmekapazität)

Eine Sonderstellung hat die al-´Azhar Universität als traditionelles Zentrum der islamischen Bildung. Sie ist die älteste, bis heute bestehende Universität der Welt und gilt als Autorität in Fragen der Islamwissenschaft, übt aber auch wichtigen Einfluß auf das gesamte Kulturleben Ägyptens und des arabischen Raums aus. 1961 wurde der Lehrplan der al-´Azhar Universität völlig umgestaltet, sodaß von da an neben theologischen Studien auch die Mehrzahl der an weltlichen Universitäten gelehrten Studienfächer angeboten werden.

Bei einer Gleichsetzung der Studentenzahl im Hochschuljahr 1967/68 mit 100% ergibt sich für das Studienjahr 1974/75 ein Anstieg auf 220%, d.h. innerhalb von sieben Jahren hat sich die Studentenzahl um 120% erhöht (Morad 1989:53).

Aber nicht nur der Schulplatzmangel, sondern auch der Lehrermangel stellt ein großes Problem in Ägypten dar. Die Zahl der ausgebildeten Personen wäre ausreichend, wenn nicht ein großer Teil von ihnen in andere arabische Länder abwanderte, weil sie dort bis zum Zehnfachen ihres ägyptischen Gehalts verdienen können.

Religionszugehörigkeit der Bevölkerung Kairos

Wie in allen islamischen Ländern hat die Religion auch in Ägypten im allgemeinen eine große Bedeutung im Leben des einzelnen. Zu den Gebetszeiten gehen viele in die Moschee oder unterbrechen ihre Tätigkeit, um das Gebet zu verrichten.

Im Jahre 1960 gab es in Kairo 87,6% Muslime, 12,2% Christen, 0,8% Juden und 0,03% Personen mit unbekanntem oder anderem religiösen Bekenntnis. Die Höhe des entsprechenden Anteils in den einzelnen Bezirken hängt einerseits mit der historischen Entwicklung zusammen, andererseits mit dem unterschiedlichen Ausländeranteil, der allerdings in den letzten Jahren aus politischen, sozialen und wirtschaftlichen Gründen stark gesunken ist (Ismail 1976:105).

Die Diskussion zwischen Muslimen und Anhängern anderer Religionen wird in Ägypten sehr einseitig geführt, da Präsident Sadat ein Missionierungsverbot für alle Nichtmuslime erließ. Gelingt es beispielsweise einem Christen, einen Muslim zum Religionswechsel zu überreden, so hat er nach ägyptischem Recht sein Leben verwirkt (Konzelmann 1988:344). Die Todesstrafe ist in Ägypten keineswegs aufgehoben. In diesem Punkt handelte Präsident Sadat ganz im Sinne derer, die ihn schließlich ermordeten.

In letzter Zeit hörte man immer häufiger von den Aktivitäten der 1928 vom Ägypter Hasan al-Banna´ gegründeten Muslimbrüder. Al-Banna´, der 1949 ermordet wurde, vertrat folgende Ansicht:

„Das klassische Kriterium islamischer Legitimität für Staat und Gesellschaft ist die religiöse Motivation. Solange Staat und Gesellschaft sich als Garanten der Religion begreifen, sind sie islamisch legitimiert. Für die politische Organisation, den Staat, bedeutet dies, daß er sich als Instrument des Glaubens zu verstehen hat. Wahrung des Glaubens heißt konkret die Durchsetzung des göttlichen Gesetzes, der Schari´a; Ausbreitung des Glaubens heißt Dschihad bis zum Endziel, also der Islamisierung des gesamten Erdkreises. Versagt der Staat in diesem ihn legitimierenden Auftrag, so ist er unislamisch." (Antes 1982:78)

Während Präsident Sadat die Bildung islamischer Verbände förderte, mit dem Ziel, den Kommunismus zu bekämpfen, ist Präsident Mubarak gegen die Bildung solcher Vereinigungen:

„Den islamischen Politikern geht es nur um die Macht. Sobald sie im Sattel sitzen, ist es mit den demokratischen Freiheiten vorbei. Dulden wir eine islamische Partei, folgt wenig später eine Partei der Christen. Die Religion wird zweckentfremdet, und Muslime und Christen liegen sich in den Haaren. In Ägypten lassen wir deshalb keine Religionsparteien zu." (Der Spiegel 4/1993:131)

Kultur und Freizeitgestaltung

Die Stadt hat kaum Grünanlagen, die als Frei- und Erholungsflächen bezeichnet werden können. Pro Einwohner gibt es nur 0,17 m² Freifläche, die zudem sehr unzureichend ausgestattet ist. Die 100 ha große, attraktivste Freizone von Kairo befindet sich auf der Insel Al-Gazira in der Nähe des Stadtzentrums. In den Altstadtbezirken sind freie, unbebaute Flächen äußerst selten.. In den vornehmen Stadtteilen, wie Ad-Duqqi und Al-Giza, dienen die Grünflächen als Spielflächen oder sind von verschiedenen Klubs und Vereinen besetzt. Viele dieser Vereine sind nach Sportarten und schichtspezifischen Gesichtspunkten getrennt, also nicht jedem zugänglich. Der Mangel an Erholungs-, Sport- und Spielflächen wirkt sich negativ auf den gesundheitlichen und seelischen Zustand der Kairiner aus.

Kino- und Theaterbesuche gelten als beliebte Möglichkeiten der Freizeitgestaltung. Kairo verfügt über eines der produktivsten Filmstudios der Welt, und der ägyptische Film (mit der für ihn charakteristischen Musikkomponente) ist zu einem wichtigen Exportartikel geworden, der sich im gesamten arabischen und darüber hinaus im gesamten islamischen Raum großer Popularität erfreut.

Das Theater in Kairo hat seit der strikten Einführung der Zensur durch Sadat im Februar 1973 einiges von seinem politischen Biß verloren, kann aber weiterhin das bedeutendste im arabischen Raum genannt werden (Mostyn 1988:255f).

Ägypten, mit Kairo als Zentrum, ist heute der größte Buchproduzent im arabischen Raum. Über 50 Verlage produzieren in Kairo, vor allem im Stadtzentrum und in der Umgebung der al-´Azhar Universität (Shaban 1984:357). In Kairo erscheinen um die elf Tageszeitungen, darunter einige fremdsprachige, und über 40 Wochen- und Monatszeitschriften (Mostyn 1988:150).

Gern besuchte Freizeitorte für Männer sind Cafés und Gaststätten. Dort trifft man sich, spielt Karten, Schach, Backgammon, trinkt Tee, raucht die Wasserpfeife und beobachtet das geschäftige Treiben auf der Straße.

In den Wohnbezirken spielen die Kinder Fußball, Handball oder sonstiges auf der Straße. Die Erwachsenen machen ihre Spaziergänge mit Freunden durch die Geschäftsstraßen, die bis in die Nacht hinein überfüllt sind mit Fußgängern.

Der Sport beansprucht den größten Zeitanteil aller Freizeitaktivitäten der Männer. Die Mehrheit der Einwohner verbringt ihre Freizeit in der Nähe der Wohnung. Frauen, vor allem ältere, verbringen viel mehr Zeit in ihrer Wohnung als Männer (Morad 1989:60).

Regionale und globale Bedeutung der Stadt Kairo

Kairo ist die wichtigste Handels-, Industrie- und Kulturstadt Ägyptens, sie ist Sitz der ägyptischen Regierung und Sitz der Arabischen Liga. Der Mythos vom Mittelpunkt der arabischen Welt, von Reichtum und Fortschritt, mit dem der ägyptische Volksmund die Stadt Kairo umgibt, mag hochgestochen klingen, entbehrt aber nicht realer Grundlagen. Kairo ist eine Stadt der Gegensätze, die fasziniert und erschreckt zugleich. Prachtbauten islamischer Architektur stehen neben verfallenen Häusern und Elendsvierteln. Das bunte, bewegte Treiben in den Basars im Zentrum wird vom eintönigen Grau der neuen Fertigteil-Wohnviertel kontrastiert. Kairo bietet dem Zuwanderer vielfältige Möglichkeiten in jeder Hinsicht, die es anderswo nicht gibt - und es ist zugleich Wohnstätte für Millionen, die am Rande des Existenzminimums leben.

Literatur

Antes, Peter:1982
Ethik und Politik im Islam. Stuttgart: Kohlhammer
Beyer, Ursula (Hg.):1983
Kairo. Frankfurt a.M.: Insel TB
Brunner-Traut, Emma:1982
Ägypten. Stuttgart: Kohlhammer
Büttner, Friedemann / Klostermeier, Inge:1991
Ägypten. München: Beck´sche Reihe
Heuer, Hans: 1975
Sozioökonomische Bestimmungsfaktoren der Stadtentwicklung. Schriften des Deutschen Instituts für Urbanistik 50
Ismail, Mahmoud Mohamed:1976
Kairo: Historische und aktuelle Aspekte der Stadtentwicklung. Wien: Diplomarbeit Wirtschaftsuniversität Wien
Konzelmann, Gerhard:1988
Die islamische Herausforderung. München: Deutscher Taschenbuch Verlag
Meadows, Danella H.:1992
Die neuen Grenzen des Wachstums, die Lage der Menschheit: Bedrohung und Zukunftschancen. Stuttgart: Deutsche Verlagsanstalt
Morad, Monis Mechil:1989
Die städtische Verkehrsproblematik in den Entwicklungsländern am Beispiel Kairo - Ansätze zu einer verbesserten Verkehrsplanung. Wien: Dissertation Technische Univ.
Mostyn, Trevor (Hg.):1988
The Cambridge Encyclopedia of The Middle East and North Africa. Cambridge usw.: Cambridge University Press

Rodenbeck, John:1992
Kairo. Berlin: APA City Guides/RV Reise- und Verkehrsverlag
Scharabi, Mohamed:1989
Kairo: Stadt und Architektur im Zeitalter des europäischen Kolonialismus. Tübingen: Ernst Wasmuth
Schweizer, Gerhard:1987
Zeitbombe Stadt: Die weltweite Krise der Ballungszentren. Stuttgart: Klett-Cotta
Shaban, A.Khalifa: 1984
Publishing Industry in Egypt. In: The Infrastructure of an Information Society: Proceedings of the First International Information Conference in Egypt, Cairo, 13-15 December, Hg. Bahaa El-Hadidy, North-Holland: 355-359
Toynbee, Arnold:1970
Städte der Entscheidung: Metropolen im Brennpunkt des Weltgeschehens. Wien/München: Anton Schroll & Co.
Wald, Peter:1982
Kairo. Köln: Du Mont
Wikan, Unni:1990
Changing housing strategies and patterns among the Cairo poor, 1950-85. In: Housing Africa´s urban poor, Hg. Philip Amis/Peter Lloyd, Manchester/New York.: Manchester University Press:123-139

Peter FELDBAUER - Patricia MAR VELASCO

Megalopolis Mexiko

„Wie andernorts Fische im verseuchten Wasser bauchoben schwimmen, so fallen in Mexiko-Stadt Vögel aus der verpesteten Luft. Das Grundwasser versiegt und ist von Industriemüll verseucht; Trinkwasser- und Stromausfälle gehören zum Alltag. Während der Regenzeit wälzt sich in den Außenstädten ein knöcheltiefer Schlick aus Wasser, Lehm, Kot und Müll durch die Straßen und in die Häuser. Die überfüllte Metro kann die U-Bahn-Station nur verlassen, weil der Fahrer die automatische Sicherung abgeschaltet hält. Industrieunfälle und Gasexplosionen werden mit dem Fatalismus von Naturereignissen hingenommen - die zweite Natur hat sich zur unbeherrschbaren ersten Natur verkehrt. Die Katastrophe ist zum Normalzustand, die Stadt zum Monstrum geworden." (Evers 1990:27)

Katastrophenschilderungen über die rasch wachsenden Megastädte Lateinamerikas und insbesondere über Mexiko, das viele um die Mitte der achtziger Jahre für die größte Metropole der Welt hielten, sind längst ein Standardthema in den Medien der Industriestaaten des reichen Nordens geworden. Auch viele sozialwissenschaftliche Analysen der historischen Entwicklung und der gegenwärtigen Strukturen der Stadt Mexiko rücken Katastrophenszenarios immer stärker in den Vordergrund. Sogar in den großen Tageszeitungen und kulturpolitischen Journalen der mexikanischen Hauptstadt, deren Artikel zu Problemen und Perspektiven der Stadtentwicklung bis in die siebziger Jahre noch zwischen Fortschrittsoptimismus und Krisenbeschwörung oszilliert haben, greift inzwischen radikaler Pessimismus um sich.

Ohne die enormen sozialen und ökologischen Probleme, die sich in Mexiko wie in fast allen Megastädten der Peripherieländer des Südens bündeln, verharmlosen zu wollen, wird in der Folge weder eine Schilderung städtischen Massenelends, politischer Unterdrückung und wirtschaftlicher Ausbeutung bzw. der dagegen ankämpfenden Bewegungen, noch eine Vision des - keineswegs unwahrscheinlichen - ökologischen Kollapses der gesamten metropolitanen Region im Vordergrund stehen. Das Ziel ist vielmehr, die wichtigsten Ursachen und Determinanten des rasanten Stadtwachstums Mexikos im 20. Jahrhundert vorzustellen, die Position der Metropole im Rahmen nationaler - gegebenenfalls auch internationaler - Ökonomie und Politik zu beleuchten, sowie auf einige Problembereiche und möglicherweise auch Entwicklungschancen zu verweisen, die mit metropolitaner Expansion und Hyperkonzentration im konkreten Fall verbunden sind.

Historische Wurzeln

Schon in vorkolonialer Zeit war Mexiko, d.h. die Metropole des Aztekenreiches Tenochtitlán, nach Einwohnerzahl - diese soll am Vorabend der spanischen Eroberung zwischen 50.000 und 150.000 betragen haben - und Infrastruktur im globalen Vergleich eine ausgesprochene Großstadt. Die von den Konquistadoren wegen ihrer Größe, Organisation und Pracht bestaunte Stadt im zentralen Hochland von Mexiko lag in einem Ökosystem mit vielen Vorteilen - fruchtbare Böden, stabiles Wasserangebot, günstige Durchschnittstemperaturen -, war Zentralort eines leistungsfähigen Wirtschaftssystems und politisch-religiöser Machtmittelpunkt eines der größten Imperien der vorkolonialen Welt.

Tenochtitlán wurde 1521 im Zuge der spanischen Belagerung nahezu komplett zerstört. Herman Cortés als erster Gouverneur des von ihm eroberten Vizekönigreichs Neuspanien ging aber fast umgehend daran, auf den Trümmern der aztekischen Hauptstadt die neue Kolonialmetropole Mexiko zu errichten. Zentrale Lage und günstiges Klima mögen diese Entscheidung begünstigt haben, wichtiger war aber sicherlich die Absicht, möglichst bruchlos an das aztekische Herrschafts- und Administrationssystem anzuschließen. Darüber hinaus galt es, den Sieg der neuen spanischen Herren über die einheimischen Fürsten, den Triumph der christlichen Kirchen über die aztekischen Tempel, augenfällig und dauerhaft zu demonstrieren.

Das von spanischen Städtebautraditionen bestimmte Zentrum der neuen Hauptstadt entstand im wesentlichen innerhalb eines Vierteljahrhunderts und erhielt im Jahr 1548 den Namen „La Muy Noble, Insigne y Muy Leal e Imperial Ciudad de México“. Die Neugründung soll etwa 30.000 Einwohner, also nur einen Bruchteil der Bevölkerung von Tenochtitlán, beherbergt haben. Parallel zur demographischen Katastrophe der indigenen Bevölkerung des Vizekönigreichs soll diese bescheidene Zahl, trotz ständiger Zuwanderung aus Spanien, bis Ende des Jahrhunderts sogar etwas geschrumpft sein; erst im 17. Jahrhundert war wieder eine Zunahme zu verzeichnen. Von etwa 56.000 Einwohnern im Jahr

1650, über 113.000 im Jahr 1793, stieg die Bevölkerung auf rund 180.000 im Jahr 1810 an. Das Wachstum Mexikos in der Kolonialära verlief demnach wenig spektakulär, vollzog sich auf einer Fläche von weniger als 10 km^2 und blieb phasenweise sogar hinter dem Bevölkerungsanstieg im gesamten Königreich zurück. Bezeichnenderweise war zu Beginn des 19. Jahrhunderts der Abstand zu anderen Großstädten Neuspaniens, etwa Puebla, weder nach der Bevölkerungszahl noch gemessen an der territorialen Ausdehnung, so ausgeprägt, wie man heute zu denken geneigt ist.

Das nach europäisch-asiatischem Maßstab überaus bescheidene Stadtwachstum sollte allerdings nicht den Blick für das hohe Maß an politischer, wirtschaftlicher und gesellschaftlicher Macht verstellen, das sich infolge der zentralistischen Kolonialverwaltung in Mexiko konzentrierte. Um den eindrucksvollen Hauptplatz gruppierten sich die Hauptgebäude der Kolonialregierung, Bischofssitz und Kathedrale, während die spanische Hocharistokratie ihre Paläste in den nahegelegenen Straßen nach Osten und Norden errichtete. Von diesen Schaltstellen weltlicher und kirchlicher Macht wurde das riesige Vizekönigtum relativ effizient administriert und hierher floß ein erheblicher Anteil der geförderten Edelmetalle, der abgepreßten Tribute und Steuern sowie der steigenden Handelsgewinne. Der städtebaulich-architektonische Ausdruck der Macht und des Reichtums der Kolonialeliten der Hauptstadt beeindruckte Alexander von Humboldt so sehr, daß er im Jahre 1803 von Mexiko als einer der schönsten Städte schrieb, die die Europäer in den beiden Hemisphären jemals gegründet hätten.

Infolge der Befreiungskriege und der 1821 erlangten politischen Unabhängigkeit verließen viele Spanier das Land, sodaß die Bevölkerung der Hauptstadt um mindestens 10% abnahm. Obwohl das Konzept zentralistischer Herrschaft auch im souveränen Staat Mexiko beibehalten wurde, was sich unter anderem in der Umwandlung der Stadt Mexiko zu einem regierungsunmittelbaren 'Distrito Federal' ausdrückte - der Begriff bezieht sich heute auf die 1928 geschaffene politische Einheit des keinem Bundesstaat eingegliederten Gebiets der Hauptstadt - brachte das erste halbe Jahrhundert der Unabhängigkeit im Gefolge von politischer Instabilität und ökonomischer Stagnation eine zunehmende Relativierung der Dominanz der Hauptstadt über die Provinzen. Als Sitz selbsternannter Herrscher ohne viel Legitimität, die bei den Generälen der nahezu autonom agierenden Provinzarmeen ebensowenig Autorität besaßen wie der an der Spitze eines französischen Expeditionskorps ins Land gekommene Habsburger-Kaiser Maximilian, verlor Mexiko einen Teil seines politischen und ökonomischen Gewichts. Die Folge davon war ein äußerst geringes Bevölkerungs- und Flächenwachstum bis in die siebziger Jahre des 19. Jahrhunderts, wiewohl die Bautätigkeit Kaiser Maximilians einige nicht unwichtige Akzente für den Ausbau der

'Paseo de la Reforma' als Prunkstraße vom Stadtzentrum zum Schloß von Chapultepec setzte (Riding 1985:266, Bataillon/Panabière 1988:9ff, Ward 1990:30).

Die Restauration der mexikanischen Republik unter dem liberalen Präsidenten Benito Juarez und vor allem die jahrzehntelange Entwicklungsdiktatur des Generals Porfirio Diaz (1876-1911) ermöglichten ökonomischen Aufschwung, politische Stabilisierung und einen erneuten Zentralisierungsschub. Erstmals seit Erringung der Unabhängigkeit wurden wieder alle landesweit relevanten Entscheidungen im Nationalpalast gefällt. Mittels einer exportorientierten Wirtschaftspolitik wurde Auslandskapital ins Land gezogen, der Eisenbahnbau forciert und eine erste Phase industriellen Wachstums eingeleitet. Die Hauptstadt, nunmehr durch Bahnlinien mit dem Atlantikhafen Veracruz sowie den Bergbaugebieten in den Provinzen des Nordens eng verknüpft, bezog aus dem allgemeinen Wandel starke Wachstumsimpulse und begann alle anderen mexikanischen Großstädte immer stärker in den politischen, kulturellen und allmählich auch wirtschaftlichen Hintergrund zu drängen. Erstmals wies der 'Distrito Federal' eine raschere Bevölkerungszunahme auf als der Rest des Landes. Zu Beginn des 20. Jahrhunderts dürfte die Hauptstadt bereits knapp 350.000 Einwohner gezählt haben (Garza/Damián 1991:23).

Trotz zunehmender Krisenanfälligkeit der Wirtschaft und wachsender politischer Spannungen setzte sich dieser Trend im Jahrzehnt vor Ausbruch der Revolution weiter fort, sodaß die Einwohnerzahl auf etwa eine halbe Million im Jahre 1910 kletterte. Der 'Distrito Federal' war zu diesem Zeitpunkt immer noch eine eher ruhige, von Palästen, Kirchen und pittoresken Vororten maßgeblich geprägte Kolonialmetropole. Das Revolutionsjahrzehnt brachte auch für die Hauptstadt Stagnation.

Während Teile der Bevölkerung aus der wiederholt vom Kriegsgeschehen gestreiften Stadt flohen oder sich einer der konkurrierenden Revolutionsarmeen anschlossen, zogen andererseits Bauern und reiche Landbesitzer aus umkämpften Regionen in die prinzipiell doch etwas sicherere Hauptstadt, was bis 1921 einen Migrationsgewinn auf etwa 600.000 Einwohner ergab. Zu diesem Zeitpunkt war die innere Stabilität soweit wiederhergestellt, daß der Großteil der Flüchtlinge bereits zurückgekehrt war. Parallel zur Überwindung des Traumas der Revolution, der Stabilisierung innerer Sicherheit und der Rückgewinnung wirtschaftlicher Prosperität setzte ein bislang unbekanntes Wachstum Mexikos ein. Und dies, obwohl eines der Hauptziele der 'bürgerlichen' Revolutionäre des Nordens der Kampf gegen die Dominanz der Hauptstadt mit ihren politischen Eliten über die Provinzen gewesen war. Ganz im Gegensatz zu diesen ursprünglichen Zielen begann sich unter der Herrschaft der siegreichen Revolutionsgeneräle die politische und wirtschaftliche Kluft zwischen 'Distrito Federal' und Hinterland rapide zu vertiefen. In weniger als einem Jahrzehnt wuchs die Bevölkerung der Hauptstadt auf über eine Million, die Ballung politisch-administrativer Macht erfuhr mit der Gründung der staatstragenden nationalen Revolutionspartei einen neuen Höhepunkt, und die Konzentration ökonomischer Potenz schritt insbesondere dadurch voran, daß sich das unbestrittene Finanz- und Handelszentrum der Republik nun auch als wichtigstes Industriezentrum etablierte (Bataillon/Panabière 1988:2ff, Kandell 1988:448).

Trotz der wechselhaften politischen und wirtschaftlichen Entwicklung läßt sich die Zeit von der Jahrhundertwende bis zum Jahr 1930, das ganz im Zeichen der Weltwirtschaftskrise und innenpolitischer Schwierigkeiten stand, als erste Etappe der Metropolisierung begreifen. In drei Jahrzehnten hatte sich die Bevölkerung etwa verdreifacht, sodaß um 1930 der traditionelle Stadtbereich - heute die zentralen Bezirke des 'Distrito Federal' - die Zuwanderer aus den umliegenden Provinzen nicht mehr zu fassen vermochte. Im Gefolge des Zustroms ländlicher Unterschichten setzte jener rasante Prozeß räumlicher Ausdehnung ein, der bis in die Gegenwart ungebrochen anhält. Während die Armen vielfach in alten, zu Mietsquartieren abgesunkenen Gebäuden zusammengepfercht wurden, entstanden an der westlichen und südlichen Peripherie neue Luxusviertel. Noch im Jahr 1921 hatte die gesamte Bevölkerung Mexikos in den zwölf alten zentralen Bezirken Platz gefunden. Im Jahr 1930 wohnten zwar erst 2% außerhalb dieses Bereiches, die Expansion schritt aber rasch in Richtung der späteren Delegazionen (Bezirke) Coyoacán und Azcapotzalco voran und begann immer mehr kleine Kolonialstädte der Umgebung in die städtische Agglomeration des 'Distrito Federal' einzubeziehen. Ein erster Schritt zur Megastadt der Zukunft war damit getan, ließ sich aber, trotz der Armut eines wachsenden Bevölkerungsanteils, hinter dem Glanz großstädtischer Modernität und dem Luxus der neuen Eliten, wohl kaum in seiner Tragweite erkennen (Kandell 1988:48f, Garza/Damián 1921:23ff).

Industrialisierung und Stadtwachstum

Die bereits in der Kolonialära grundgelegte, unter Porfirio Diaz wiedergewonnene und schließlich von den siegreichen Revolutionsführern schrittweise verstärkte Konzentration politischer Macht in der Hauptstadt erfuhr paradoxerweise unter dem linkspopulistischen Reformpräsidenten Lázaro Cárdenas (1934-1940) eine weitere, bis heute behauptete, ganz außergewöhnliche Steigerung. Während seiner Regierung entstand der enorm integrationsfähige, starke und zentralistische Staat und als Konsequenz davon die bereits sprichwörtlich gewordene politische Dominanz von Mexico-City gegenüber den nördlichen und südlichen Landesteilen. Diese politische Dominanz bewirkte zusammen mit der parallel einsetzenden, beschleunigten Industrialisierung ein geradezu explosives Bevölkerungs- und Stadtwachstum, das ein halbes Jahrhundert anhielt und sich erst in den letzten Jahren etwas zu verlangsamen beginnt.

Nach ersten Industrialisierungsansätzen in den dreißiger Jahren des 19. Jahrhunderts, die sich im wesentlichen auf Textilmanufakturen im Raum Puebla beschränkten und ohne dauerhaften Erfolg blieben, sowie in der Ära des Porfiriats setzte eine im wesentlichen importsubstituierende Industrialisierung in der Wiederaufbauphase nach der Revolution ein. Das Wachstum der gewerblich-industriellen Produktion verlief bis zum Ausbruch der Weltwirtschaftskrise in relativ bescheidenen Bahnen, schuf aber doch wesentliche Voraussetzungen des seit den dreißiger und dann vor allem seit den vierziger Jahren beschleunigten Industrialisierungsprogramms (Cárdenas 1987). Dieses wies gut ein Vierteljahrhundert lang derart beeindruckende Wachstumsraten auf und verlief nach Ansicht vieler auswärtiger Beobachter so erfolgreich, daß sie gerne vom ´Mexikanischen Wunder´ sprachen.

Während in den dreißiger Jahren unter Präsident Lázaro Cárdenas ein umfassendes Landreformprogramm die zunehmend auf die Hauptstadt und ihr Umland konzentrierte Importsubstitutions-Industrialisierung flankierte und die Zuwanderung aus ärmlichen Agrarzonen bremste, begann in den vierziger Jahren der Versuch einer Industrialisierung um jeden Preis und damit das enorme, selbst im Weltmaßstab außergewöhnliche, Wachstum von Mexico-City. Die Regierung subventionierte Dienstleistungen für Unternehmen, um die Kapitalbildung zu erleichtern, schützte die heimische Industrieproduktion durch hohe Einfuhrzölle gegen ausländische Konkurrenz, gewährte großzügige Kredite, stimulierte den Zustrom von Auslandskapital und förderte nach Kräften Fabriksansiedlungen im Bereich der Hauptstadt (Garza 1990:39). Indem man den Kleinbauern die staatliche Unterstützung sukzessive wieder entzog, wurde ein umfassender Migrationsprozeß in die Städte begünstigt. Zum Hauptziel wurde selbstverständlich der ´Distrito Federal´, der als weitaus größtes Konsumzentrum des Landes und infolge der intensiven öffentlichen Förderung den Großteil der neuen Industrien beherbergte und somit den stärksten Zuwachs an Arbeitsplätzen aufwies. Daß der metropolitane Arbeitsmarkt die zuströmenden ländlichen Massen nur zu einem Bruchteil absorbierte, störte die Planungsstäbe in Partei und Ministerien vorerst wenig. Das im Dienste rascher Industrialisierungserfolge angestrebte Überangebot billiger Arbeitskraft ließ sich offenbar ohne allzugroße politische Spannungen und schwere Sozialkonflikte gewährleisten und dürfte erheblich zur Attraktivität des mexikanischen Modells hauptstadtzentrierten Industrie- und Wirtschaftswachstums beigetragen haben, das bald in die Entwicklungsstrategie anderer Peripherieländer aufgenommen wurde (Aguilera 1986:359f, Kandell 1988:493ff).

Die Globaldaten zur Industrieentwicklung in Staat und Stadt Mexiko sind bis etwa 1975 tatsächlich eindrucksvoll. Die jährlichen Wachstumsraten des Bruttonationalproduktes lagen seit 1940 im Durchschnitt über 6%, wobei sich der Anteil der Hauptstadt an der nationalen Wertschöpfung von 33,5% im Jahr 1940 mit Schwankungen bis auf 37,8% im Jahr 1980 steigerte, anschließend aber zu sinken begann. Die im Stadtbereich angesiedelten Industriebetriebe wuchsen von knapp 3.200 im Jahre 1930 auf mehr als 34.500 im Jahr 1975, ihr zahlenmässiger Anteil an der nationalen Gewerbe- und Industriebranche stieg nach diesem Maßstab von 3,8% auf 29%. Bezogen auf das Produktionsvolumen steigerte sich die Quote der Hauptstadt in diesem Zeitabschnitt sogar von 29% auf 45,4%, erreichte im Jahr 1980 gar 46,6%, um seit Einsetzen der schweren Wirtschafts- und Schuldenkrise bis zum Jahr 1985 wieder auf 44% zurückzugehen. In einigen Branchen ist das Übergewicht der Industrieproduktion der metropolitanen Zone erdrückend: hier werden 92% der Präzisionsgeräte, 85% der pharmazeutischen Produkte, 81% der Elektrowaren oder gar 95% aller Bücher und Schallplatten hergestellt (Bataillon/Panabière 1988:36, Schteingart 1988:269, Garza 1990:40ff).

Infolge der gezielten zentralistischen Förderungsmaßnahmen machte sich das Industriewachstum in der Hauptstadt überproportional bemerkbar. Ihr aus der Konzentration von Handel, privaten und staatlichen Dienstleistungen resultierendes, traditionelles ökonomisches Übergewicht wurde dadurch zusätzlich verstärkt. In aller Regel waren nicht nur die Wachstums-, sondern auch die Profitraten in den hauptstädtischen Industriebetrieben höher als im Staatsdurchschnitt. Es war unter solchen Umständen nur konsequent, daß große Teile des 'Distrito Federal' von der Industrialisierung erfaßt wurden. Kleine Betriebe setzten sich nicht selten unweit des Stadtzentrums fest, die großen Industriekomplexe konzentrierten sich allerdings weiter nördlich in Azcapotzalco und Tlalnepantla, um entlang der Ausfallstraßen nach Pachuca und Queretaro immer weiter nach Norden zu wachsen. Die darin zum Ausdruck kommende enorme Konzentration der nationalen Industrieproduktion führte schon bald auch zu Nachteilen für die Bevölkerung der Hauptstadt - lange Arbeitswege, Luftverschmutzung - und verstärkte die ohnehin problematischen regionalen Disparitäten. Solange sich das Wirtschaftswachstum fortsetzte, galt Mexiko aber weiterhin als Beispiel erfolgreicher großstadtzentrierter Entwicklungspolitik (Garza 1985:133ff).

Obwohl sich die soziale Ungleichheit in der Hauptstadt parallel zu den Industrialisierungserfolgen weiter verschärfte und obwohl sich schon früh schwere ökologische Probleme abzeichneten, die freilich noch kaum ins öffentliche Bewußtsein drangen, waren die Jahrzehnte radikaler Transformation im Anschluß an die Präsidentschaft von Cárdenas für viele das goldene Zeitalter von Mexico-City. Aus der vom spanischen Architekturerbe geprägten Kolonialstadt war eine moderne, pulsierende Landesmetropole geworden, die wegen der offenbar möglichen Kombination von industriekapitalistischem Fortschritt und Bewahrung des aztekischen bzw. kolonialen Erbes Weltruf genoß. Die rasche Expansion innerstädtischer Armenviertel würde später als beklagenswerte Begleiterscheinung forcierter Modernisierung und ungebremsten Stadtwachstums gelten. Vorerst aber weckte die eklektische Architektur sowohl bei den Bewohnern der ´guten´ Viertel als auch bei ausländischen Besuchern Bewunderung. Wolkenkratzer aus Stahl und Glas im Stadtzentrum, der ´Paseo de la Reforma´ als vornehmer Boulevard im Stil von Paris, spanisch-koloniale Paläste und Kirchen um den Zócala und immer mehr Nobelquartiere in den traditionsreichen, behaglichen Vororten der südlichen Peripherie galten im Verein mit den Industriekomplexen des Nordens und den Bank- und Handelshäusern der zentralen Geschäftsstraßen sowohl als Symbole der Überwindung von Unterentwicklung und neoimperialistischer Abhängigkeit als auch als berechtigter Anlaß für Nationalstolz (Kandell 1988:485). Für maßgebliche Teile der mexikanischen Eliten war spätestens um 1970 eine Weltstadt geboren und dadurch der Beweis erfolgreicher Modernisierung und steigender Weltgeltung erbracht.

Daß man vereinzelt schon zu diesem Zeitpunkt die teilweise gravierenden Probleme des ungezügelten Industrie- und Bevölkerungswachstums ernstzunehmen begann, geht zweifellos aus einem von Präsident Echeverría 1972 erlassenen Dezentralisierungsdekret hervor, das zum einen die Förderung strukturschwacher Landesteile durch Industrieansiedlung anpeilte und zum anderen den außer Kontrolle geratenen Konzentrations- und Wachstumsprozeß im metropolitanen Zentrum bremsen sollte. Die Maßnahme kam aber möglicherweise schon zu spät, wurde offenbar gar nicht ernsthaft in Angriff genommen und diente vielleicht lediglich propagandistischen Zwecken. Wie dem auch gewesen sein mag: zwischen 1971 und 1975 etablierten sich zwei Drittel aller neuen Industriebetriebe im Bereich der Stadt Mexiko (Bataillon/Panabière 1988:36).

Der Traum vom Industriefortschritt währte allerdings nicht lange. Nach ersten ökonomischen Schwierigkeiten in den siebziger Jahren schlitterte Mexiko seit 1982 in die nach Dauer, strukturellen Folgen und Sozialkosten schwerste Wirtschaftskrise des Jahrhunderts. Zwischen 1983 und 1988 sank das Bruttoinlandsprodukt jährlich um 0,2%, die Industrie schrumpfte durchschnittlich sogar doppelt so stark. Die relativ diversifizierte, in mehreren Branchen - Autoherstellung, pharmazeutische Betriebe, etc. - relativ hohe Anteile von Auslandskapital aufweisende Industrie der Hauptstadt litt, entgegen allen Erwartungen, sogar noch mehr unter der Rezession als die gewerblich-industrielle Produktion anderer Landesteile. Erstmals seit 1930 kam es zu einer Reduktion der im Bereich der Stadtagglomeration angesiedelten Betriebe von 38.400 auf 33.100. Deren Gesamtzahl an Beschäftigten schrumpfte sogar noch stärker von etwa 1,1 auf rund 0,84 Millionen, also um fast ein Viertel. Natürlich verbergen sich hinter diesen Zahlen - die vorerst leider noch nicht durch Produktionsziffern ergänzt werden können -, auch Konzentrationsprozesse und das Wachstum des tertiären Sektors. Der Bedeutungsverlust der metropolitanen Industrien äußerte sich in massenhafter Arbeitslosigkeit und Marginalisierung, aber auch in wachsenden Staatszuschüssen für den 'Distrito Federal' bzw. steigenden Budgetdefiziten der angelagerten Industriekommunen - die zwar im dichtverbauten Stadtgebiet liegen, verwaltungstechnisch aber zum 'Estado de México' zählen. Außerdem zog die negative ökonomische Entwicklung vielfältige und gravierende Auswirkungen für die Entwicklung der Megastadt Mexiko nach sich, die von der Vernachlässigung der Infrastruktur bis zum Ausbleiben von Umweltschutz - Investitionen reichen (Garza 1990:41ff).

Eine der möglichen, infolge der vorläufig noch widersprüchlichen Datenlage aber sehr schwer einzuschätzenden Konsequenzen, wäre die von der momentan im Amt befindlichen Regierung Salinas de Gortari behauptete massive Verlangsamung des Bevölkerungswachstums in der Hauptstadt. Von 1940 bis 1970 hatten der 'Distrito Federal' und die der metropolitanen Agglomeration zuwachsenden äußeren Bezirke jährliche Wachstumsraten von über 5% aufgewiesen, ein Durchschnitt, der sich zwischen 1970 und 1980 nur geringfügig auf 4,8% reduzierte. Die Einwohnerzahl war im gesamten Zeitraum von 1,7 Millionen auf etwa 13 Millionen emporgeschnellt, wobei festzuhalten ist, daß die Zensusdaten des Jahres 1980, die 12,6 Millionen Einwohner ausweisen, von vielen Demographen und Stadtforschern nach oben bereinigt wurden. Die wahrscheinliche Bevölkerungszahl wurde meist zwischen 13 und 14 Millionen angesetzt und, im Zuge von Prognosen, für das Jahr 1990 auf 18 bis 22 Millionen hochgerechnet. Nach den vorläufigen Ergebnissen der letzten Volkszählung soll die Gesamtbevölkerung zu diesem Zeitpunkt aber noch knapp unter der 15-Millionen-Grenze gelegen sein. Mag diese Zahl auch zu tief liegen, so dürfte sie doch jene Prognosen relativieren, die für Mexiko bis zur Jahrtausendwende einen Anstieg der Bevölkerung auf 25-30 Millionen und damit die Spitzenposition unter allen Megastädten der Welt errechneten (Schteingart 1988:269f, Garza/Damián 1991:23ff, Legorreta 1991:46f).

Bevölkerungsentwicklung 1930-1990 (in Millionen)

	1930	1940	1950	1960	1970	1980	1990
Innere Stadt	1,03	1,45	2,25	2,83	3,00	2,95	1,94
Distrito Federal	1,22	1,76	3,24	5,18	7,33	10,03	8,26
Agglomeration	1,05	1,56	2,87	4,91	8,36	12,64	14,84

Die Daten sind aus Garza/Damián 1991:24 gerundet übernommen. Die Innere Stadt umfaßt die vier zentralen Delegazionen, unter Agglomeration fällt der sich ausdehnende, schließlich die Grenzen des 'Distrito Federal' sprengende, dichtverbaute Stadtbereich.

Zu den Folgen der Rezession für die Stadt Mexiko könnte auch eine Modifikation der Migrationsströme zählen, da die im Verlauf der 'verlorenen Dekade' stark sinkende Absorbtionskapazität des metropolitanen Arbeitsmarktes die Anziehungskraft des Landeszentrums höchstwahrscheinlich doch etwas verringerte. Manches spricht dafür, daß Millionen von Mexikanern vor der Armut auf dem Land lieber als 'Chicanos' in die USA flüchten, statt als Slumbewohner nach Mexiko zu ziehen. Seit den siebziger Jahren und verstärkt nach 1982 hat das natürliche Binnenwachstum die externe Zuwanderung jedenfalls in steigendem Maß überholt. Von 1940 bis 1970 waren mehr als drei Millionen Menschen vom Land oder aus kleinen Städten in die Metropole gezogen - dies entspricht etwa der Hälfte der gesamten innermexikanischen Migration in die größeren Städte - und hatten maßgeblich zu deren explosivem Bevölkerungswachstum beigetragen. Aus ihren Reihen wurde ein Teil der für Gewerbe, Industrie und Dienstleistungen erwünschten spottbilligen Arbeitskräfte rekrutiert. Vor allem aber stellten und stellen sie jenes Heer von instabil und informell Beschäftigten, ohne die Ökonomie und Alltag der Stadt längst unvorstellbar sind. Zuwanderer aus dem Ausland, die seit der Zwischenkriegszeit immer wieder, insbesondere aus politischen Gründen, ins liberale Asylland Mexiko kamen, fielen zahlenmäßig wenig ins Gewicht und bewirkten in der Hauptstadt, wohin sie größtenteils zogen und in deren Kultur-, Wissenschafts- und Wirtschaftsleben sie eine erhebliche Rolle spielten, weder ethnische Barrieren noch einen zusätzlichen Bevölkerungs- und Expansionsdruck. Für diesen sorgt seit 1970 an erster Stelle das natürliche Bevölkerungswachstum und auch weiterhin die Migration. Noch immer treffen täglich etwa tausend Personen auf der Suche nach Arbeit von anderen Teilen Mexikos in der inzwischen unüberschaubaren Hauptstadt ein und viele bleiben trotz enormer Schwierigkeiten. Daß diese, nur proportional an Bedeutung verlierende, Wanderungsbewegung noch immer anhält, ist nicht Ausdruck von Irrationalität, sondern Beweis der hoffnungslosen Situation auf dem Lande. Das Elend in der Megastadt ist zwar nicht unbedingt geringer oder leichter erträglich, aber hier bietet sich in aller Regel doch mehr als nur eine Chance (Partida 1987:124ff, Schteingart 1988:271, Ward 1990:33ff).

Räumliche Expansion und Segregation

Die Phase nachrevolutionärer Stabilisierung und erneuter politischer Zentralisierung nach 1930 sowie das Einsetzen der forcierten Industrialisierung bewirkten in der Stadt Mexiko in Einklang mit dem sprunghaften Ansteigen der Bevölkerung auch eine rasante Beschleunigung der räumlichen Expansion. Hatte das dichtverbaute Gebiet um 1930 erstmals über den inneren Stadtbereich hinausgegriffen, so begannen sich in den folgenden Jahrzehnten die freien Räume innerhalb des 'Distrito Federal' rasch mit Häusern, Straßenzügen und neuen Delegazionen zu füllen. Dies führte zunehmend zur Integration alter Vororte, was sich unter anderem daran erkennen läßt, daß die Bevölkerungszahl der städtischen Agglomeration allmählich jener des 'Distrito Federal' nahekam und sie im Verlauf der sechziger Jahre schließlich übertraf. Besonders ausgeprägt verlief die territoriale Expansion im Süden entlang der neu ausgebauten Hauptstraßen Insurgentes und Calzada Tlalpan. Das periphere Wachstum vollzog sich aber nach allen Richtungen, was zum einen erstmals zur Verlagerung von Handels- und Dienstleistungsbetrieben aus der inneren Stadt führte und zum anderen bewirkte, daß die Agglomeration um 1950 die Grenzen des 'Distrito Federal' zu sprengen und die angrenzenden Kommunen des 'Estado de México' zu erfassen begann. Eine zweite, beschleunigte Etappe des Stadtwachstums war damit abgeschlossen (Delgado 1990:242, Ward 1990:37ff, Garza/Damián 1991:25).

Die dritte Etappe von etwa 1950 bis 1970/80 darf wohl als die entscheidende Phase der Transformation zur Megastadt gelten. Die Metropole Mexiko begann nun insbesondere im Norden und bald auch im Osten auf das Gebiet des gleichnamigen Bundesstaates auszugreifen. Während Familien der Mittelklasse in neu gebaute, moderne Satellitenstädte zogen - 'Ciudad Satelite' existiert seit dem Jahr 1957 -, begannen die ärmeren Schichten die kargen Regionen des ausgetrockneten Texcoco-Sees zu besiedeln. Der Einbeziehung einer ersten Kommune des 'Estado de México' in die Zone der metropolitanen Agglomeration folgte in den nächsten Jahrzehnten die Inkorporation immer weiterer, außerhalb der Grenzen des 'Distrito Federal' liegenden Gemeinden. Ihr Bevölkerungs- und Flächenwachstum begann seit den siebziger Jahren jenes der Delegazionen des eigentlichen Hauptstadtgebietes zu übersteigen. Im Jahr 1980 umfaßte die städtische Agglomeration neben den 16 Bezirken des 'Distrito Federal' bereits 17 Kommunen, die verwaltungstechnisch zum 'Estado' zählten, was für Stadtplanung und Stadtverwaltung naturgemäß erhebliche Probleme aufwarf. Die Gesamtfläche dichtverbauten Gebietes hatte sich von 1940 bis 1970 von knapp 120 km² auf nahezu 750 km² mehr als versechsfacht und dehnte sich bis 1980 auf über 1.000 km² aus. Einige der rapid wachsenden, einen hohen Anteil illegaler

Siedlungen aufweisenden Peripheriekommunen hatten zu diesem Zeitpunkt bereits die Dimensionen von Haupt- und Großstädten mexikanischer Teilstaaten erreicht. Ihr gemeinsamer Anteil an der Gesamtbevölkerung lag nach den konservativsten Angaben bereits über 20%, nach Meinung vieler Fachleute aber wesentlich höher, zwischen 30 und 35%. Das berühmteste Beispiel unter den peripheren Wachstumszonen ist vermutlich die im Osten des 'Distrito Federal' gelegene Unterschichtsiedlung Netzahualcóyotl. Erst Mitte der fünfziger Jahre begann hier die Siedlungstätigkeit einkommensschwacher Familien, die entweder aus dem Stadtzentrum abgedrängt worden waren oder aus den umliegenden Teilstaaten zuzogen. Im Jahr 1970 sollen in Netzahualcóyotl bereits mehr als 600.000 und zwei Jahrzehnte später sogar zwischen 1,5 und 2 Millionen Einwohner gelebt haben (Delgado 1990:242ff, ders. 1991:94f, Ward 1990:40).

Zwischen 1970 und 1980 hatte Mexiko den traditionellen Rhythmus und die einigermaßen vertrauten Muster des Großstadtwachstums verlassen und war zur gigantischen, alle überschaubaren Strukturen, Dimensionen und Grenzen verwischenden Megastadt geworden. Trotz leicht gebremsten Bevölkerungswachstums setzte sich dieser Trend zur Megalopolis völlig neuer Größenordnung und Qualität nach 1980 fort. Nicht nur, daß sich das dichtverbaute Stadtgebiet erneut gigantisch ausdehnte und derzeit schon mehr als 1.250 km^2 umfaßt. Auch der Prozeß der Ausbildung metropolitaner Subzentren und Subsysteme sowie die Einbeziehung immer neuer Regionen, nun schon in mehreren benachbarten Teilstaaten der Republik, hat rasant seinen Fortgang genommen (Ward 1990:40).

„Gegen Ende des Jahrhunderts haben die Systeme der räumlichen Organisation eine relevante Veränderung erfahren, die durch die Suburbanisation wichtiger Gebiete und die intensive Integration vorher isolierter urbaner Kerne charakterisiert wird. Es entstehen auf diese Weise polizentrische metropolitane Stadtgewebe, die komplexere Strukturen und Sozialbeziehungen in sich konzentrieren und echte Subsysteme weitgehend integrierter Städte darstellen. Man bezeichnet mit 'Megalopolis' die am stärksten fortgeschrittene städtische Vernetzung dieses Typs, die aus der Vereinigung oder Überlappung von zwei oder mehreren metropolitanen Zonen entsteht." (Garza/Damián 1991:27)

Die bislang mittels der Parameter Industrialisierung, Bevölkerungswachstum und räumliche Ausdehnung beschriebene Metropolisierung Mexikos war, wie kaum anders zu erwarten, auch durch einen Prozeß zunehmender sozialer Segregation gekennzeichnet, der in seinen Einzelheiten kompliziert, vielschichtig und teilweise widersprüchlich verlief. Selbstverständlich wies schon die vorrevolutionäre, vorindustrielle Hauptstadt ein erhebliches Maß an sozialer Segregation auf. Die Entwicklung nach 1930 schuf diesbezüglich aber radikal veränderte Verhältnisse, die die gesellschaftlichen Gegensätze in völlig neue regionale und räumliche Muster zwängten und die Stadtregierung vor äußerst

Karte 1: Metropolitane Zone von Mexiko-Stadt

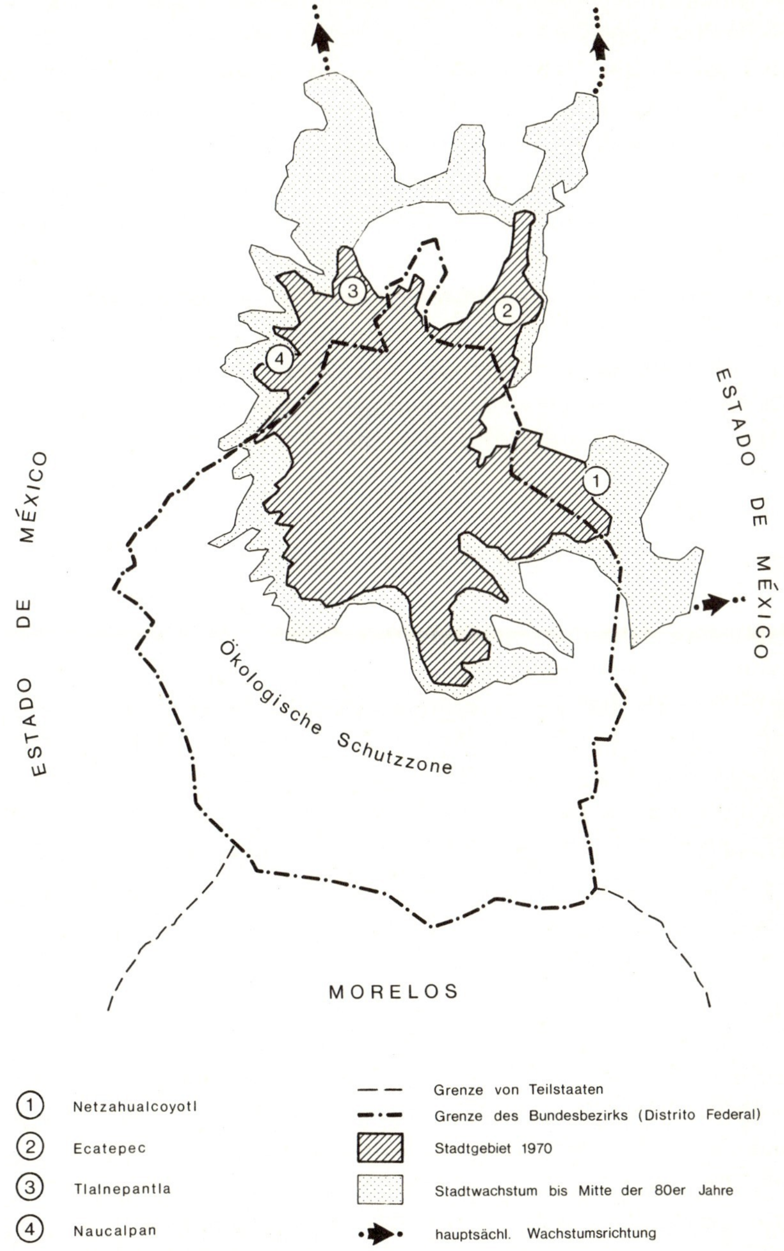

ESTADO DE MÉXICO

ESTADO DE MÉXICO

Ökologische Schutzzone

MORELOS

① Netzahualcoyotl

② Ecatepec

③ Tlalnepantla

④ Naucalpan

Grenze von Teilstaaten

Grenze des Bundesbezirks (Distrito Federal)

Stadtgebiet 1970

Stadtwachstum bis Mitte der 80er Jahre

hauptsächl. Wachstumsrichtung

Quelle: Sanchez de Carmona 1986:377
Ward 1990:18

delikate, nahezu unlösbare Probleme stellten (Delgado 1990:248ff, Ward 1990:56ff).

In unserem Zusammenhang muß der Hinweis genügen, daß im 'Distrito Federal' die traditionellen Unterschichtquartiere der zentralen Bezirke zwar seit langem einem starken Verdrängungsdruck unterliegen, aber noch längst nicht verschwunden sind und relativ viele Stadtviertel ein erhebliches Maß an sozialer Durchmischung aufweisen; daß neben dem Gegensatz zwischen Industrie- und Unterschichtbezirken im Norden und den wohlhabenden Gegenden im Süden auch ein spezifisches West-Ost-Gefälle existiert, das aus der geographischen Lage im Hochtal zwischen bewaldeten Berghängen im Westen und vegetationsfeindlichen, trockengelegten Salzseen im Osten resultiert; und daß sich daher die staatliche Praxis gegenüber illegalen Siedlungen schon seit etwa 60 Jahren im Westen und Süden der Stadt im wesentlichen auf brutale Unterdrückung beschränkt, im Norden und Osten dagegen auch rasche rechtliche Anerkennung und sogar infrastrukturelle Hilfe beinhaltet (Meffert 1990:63).

Nationale Dominanz und semiperiphere Abhängigkeit

Unabhängig davon, ob man Mexiko als die größte Stadt der Welt oder lediglich als eine der weltweit größten Stadtagglomerationen einstuft, stellt sich im Anschluß an die Beschreibung des fulminanten Bevölkerungs-, Flächen- und Wirtschaftswachstums während der letzten fünfzig Jahre fast automatisch die Frage nach dem nationalen, überregionalen und globalen Stellenwert der mexikanischen Metropole.

An der im internationalen Vergleich nicht unbedingt einmaligen, aber zweifellos außergewöhnlichen ökonomischen und politischen Dominanz im Staatsrahmen besteht wohl kein Zweifel. Obwohl das mexikanische Modell importsubstituierender und gleichzeitig hauptstadtzentrierter, nachholender Industrialisierung seit dem Einsetzen der schweren Wirtschafts- und Schuldenkrise seinen Glanz verloren hat und bei Wirtschaftswissenschaftlern wie auch Politikern als gescheitert gilt, hat sich das wirtschaftliche Übergewicht der metropolitanen Zone gegenüber den anderen Landesteilen bislang noch kaum verringert. Die relativ spärlichen Daten für die frühen neunziger Jahre signalisieren im Vergleich mit 1980 bzw. 1970 diesbezüglich nur eine unwesentliche Verringerung der zwischen dem Republikzentrum und den Bundesstaaten bestehenden Ungleichgewichte. Die staatlichen Zuschüsse für den krisengeplagten 'Distrito Federal', der der gleichsam institutionalisierten Regierungspartei seit den letzten Wahlen zu entgleiten droht, dürften sogar noch immer im Steigen begriffen sein.

Karte 2: Stadtwachstum und soziale Segregation

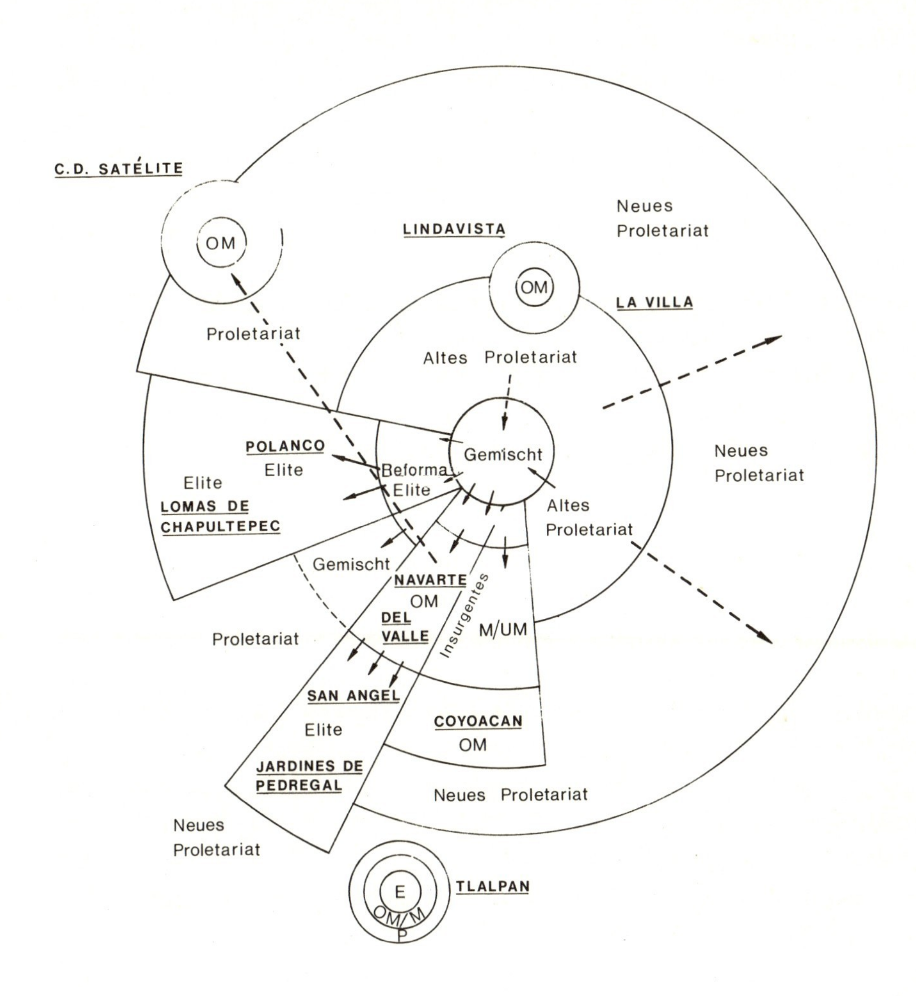

E	Elite
OM	Obere Mittelschicht
M	Mittelschicht
UM	Untere Mittelschicht
P	Proletariat
POLANCO	Stadtviertel
Insurgentes	Hauptstraßen

Quelle: Ward 1990:61

Der enge Zusammenhang zwischen staatlich geplanter forcierter Industrialisierung und überproportionalem Bedeutungsgewinn der metropolitanen Ökonomie ist plausibel und unbestritten. Er erklärt sich aber nicht bloß aus der Geschwindigkeit des Wachstumsprozesses, sondern insbesondere aus dem spezifischen Industrialisierungsmodell. Während ein exportorientiertes Industrialisierungskonzept verkehrsgünstig gelegene Grenz- und Hafenstädte sowie ressourcenreiche Produktionsstandorte, d.h. nur selten eine einzige Region oder Stadt begünstigt, konzentriert sich eine vorrangig auf den Binnenmarkt ausgerichtete importsubstituierende Industrieförderung selbstverständlich in hohem Maß auf die Zentren der Nachfrage bzw. der Kaufkraft. In mehr oder weniger zentralistischen Staatsgebilden sind dies vor allem die Mittel- und Oberschichten der Hauptstadt, deren Konsumwünsche es übrigens auch aus politischen Gründen zu befriedigen gilt. Wenig Wunder, daß Buenos Aires, Mexiko und Sao Paulo - letzteres hat als Provinz-und Regionalmetropole nahezu Hauptstadtrang - etwa 25% der gesamten Industrieproduktion Lateinamerikas beherbergen (Zepeda 1991:77ff).

Im Fall von Mexiko-Stadt führte die einseitige wirtschaftspolitische Förderung zu der schon beschriebenen, völlig überproportionalen Konzentration ökonomischer Aktivitäten, die sich nicht nur in extrem hohen Anteilen an Bruttonationalprodukt und Industrieproduktion, sondern auch in der überdurchschnittlichen Höhe der Investitionen, in der Stärke des Finanz- und Kapitalmarktes und in vielen anderen wirtschaftlichen Kennzahlen niederschlägt. Schon im Jahr 1958 lagen die staatlichen Investitionen im 'Distrito Federal' pro Kopf der Bevölkerung etwa fünfmal so hoch wie in den großen Handels- und Industriestädten Guadalajara oder Monterrey. Zwanzig Jahre später flossen dem 'Distrito Federal' über 30% aller staatlichen Investitionen zu. Von 1960 bis 1970 hatte sich der Anteil der in die Stadt Mexiko dirigierten öffentlichen Gelder von etwa 19% auf fast 30% erhöht. Nach einer Spitze von 34% im Jahr 1973 fiel diese Quote bis 1980 auf knapp 25%, kletterte in der folgenden Dekade aber wieder über 30%. Sowohl 1980 als auch 1990 entfiel der Löwenanteil auf den 'Distrito Federal'. Für die im 'Estado de México' liegenden Kommunen der metropolitanen Peripherie fielen nur 3,5% bzw. 4,6%, also jeweils ca. ein Siebtel, ab. Zu Beginn der achtziger Jahre konzentrierten sich nahezu 70% des Bankvermögens in der Stadt Mexiko, über 40% der kurzfristigen Spareinlagen waren hier versammelt und von den längerfristigen Anlagen waren hier gar 93% konzentriert. Dieser enormen Dominanz im Finanzsektor entspricht die Ballung an großen Immobilien- und Versicherungsgesellschaften, wie überhaupt an gehobenen Dienstleistungsbetrieben nationalen Zuschnitts (Riding 1985:268, Bataillon/Panabière 1988:23ff, Schteingart 1988:272, Garza/Damián 1991:28f).

Daß im Jahr 1975 von den 516.000 Staatsbediensteten rund 191.000 in der

Stadt Mexiko ihren Dienst versahen, verweist bereits auf die Tatsache, daß die Konzentration politisch-administrativer Macht jener an ökonomischer Stärke keineswegs nachsteht. Von politischer Zentralität als kolonialem Erbe sowie immer neuen Zentralisierungsschüben seit Porfiriat und Revolution war bereits die Rede. Wenn auch heute noch keine politische Karriere an der Metropole mit ihrem Heer an Staatsdienern - momentan etwa 35% aller Staatsangestellten, aber über 90% der höchsten Funktionäre -, mit ihrer Fülle höchstrangiger Ministerien, Behörden und Ämter sowie mit ihren machtvollen Partei- und Gewerkschaftszentralen, vorbeiführt, heißt dies, daß der Trend zu immer größerer Machtkonzentration und Zentralisierung ungebrochen ist. Indirekt wird dies auch immer wieder durch jene oppositionellen Massendemonstrationen bestätigt, die den Zócolo, den alten kolonialen Hauptplatz der Stadt, anpeilen, um dort im Zentrum politischer Öffentlichkeit, symbolischer Macht und tatsächlicher Staatsgewalt ihren regionalen, nationalen oder auch internationalen Anliegen Ausdruck zu verleihen (Schteingart 1988:272, Terrazas 1988:98).

Die vergleichsweise gut ausgebaute Kommunikations- und Verkehrsinfrastruktur sowie die weit über dem nationalen Durchschnitt liegende medizinische Versorgung - all dies freilich nur innerhalb der Grenzen des 'Distrito Federal' - bestätigen die absolute Dominanz der Hauptstadt im Staatsverband. Daß diese auch der unbestrittene Mittelpunkt von Kultur, Wissenschaft und Unterhaltung, der Medienlandschaft und sogar des religiösen Lebens ist, kann kaum überraschen. Die wichtigsten Tageszeitungen und Journale erscheinen im 'Distrito Federal', von hier werden die meisten Fernsehprogramme ausgestrahlt und in seinen Universitäten - teilautonomen Städten in der Stadt - studieren mehr als die Hälfte der mexikanischen Studentinnen und Studenten (Riding 1985:268, Programa General 1987).

Mit der außergewöhnlichen wirtschaftlichen, soziopolitischen und kulturellen Dominanz der Stadt Mexiko im nationalen Rahmen sowie mit der Spitzenposition unter den bevölkerungsreichsten Megastädten der Dritten Welt korrespondiert jedoch kein prominenter Rang in der Städtehierarchie des ökonomischen und politischen Weltsystems. Nach keinem der zuletzt vorgelegten Kriterienkataloge zur Erfassung und Skalierung von 'Global Cities' - Hauptquartier von multinationalen Konzernen, internationales Finanzzentrum, Standort überregionaler bzw. internationaler Dienstleistungsfirmen, Sitz internationaler Behörden, Kommandozentrale einer Kontinental- oder Weltmacht - zählt die mexikanische Metropole zur Gruppe der Weltstädte, wie unterschiedlich diese im einzelnen definiert und gereiht sein mögen (Friedmann/Wolff 1982, Friedman 1986, Feagin/Smith 1987, Shachar 1990). Zwar wird ein Drittel der in der metropolitanen Zone konzentrierten Industrie von transnationalem Kapital kontrolliert. Die entsprechenden Konzerne produzierten aber bislang, anders als die

´maquiladoras´ an der Nordgrenze der Republik, ausschließlich für den lokalen oder nationalen Markt und spielten bestenfalls eine marginale Rolle im Rahmen der internationalen Arbeitsteilung. Ein einziger multinationaler Konzern hatte in den achtziger Jahren seinen Firmensitz im Stadtgebiet von Mexiko. Ausländische Tochterfirmen waren zwar zahlreicher vertreten, ihre Forschungsstätten, Kommando- und Kontrollzentralen liegen aber in den Industriemetropolen des Nordens. Die Immobilienbranche wird vorerst noch von nationalem Kapital dominiert und im Bank- und Versicherungsbereich konnte Auslandskapital bis vor wenigen Jahren nur in relativ engen Grenzen investiert werden. Mexikanische Institute spielten demgegenüber im Ausland überhaupt keine nennenswerte Rolle. All dies wird sich im Zuge der Öffnungspolitik der Regierung Salinas sicherlich erheblich ändern, ein Aufstieg der Stadt Mexiko aus semiperipherer Abhängigkeit zu Weltstadtrang scheint vorerst jedoch ausgeschlossen (Garza/ Schteingart 1984:601f, Schteingart 1988:272f, Ward 1990:21). Dies auch deshalb, weil der politische Einfluß Mexikos und seiner Hauptstadt infolge der veränderten weltpolitischen Lage eher sinken als zunehmen dürfte. Ohne waghalsige Prognosen riskieren zu wollen, läßt sich immerhin vermuten, daß sich die ökonomische und politische Position der mexikanischen Metropole im Weltsystem in nächster Zukunft nicht radikal verschieben wird. Möglich erscheint die Übernahme überregionaler Wirtschaftsfunktionen im karibischen Raum, was in etwa der Rolle Sao Paulos für große Teile Südamerikas entsprechen könnte. Nicht auszuschließen ist auch ein weiter zunehmender internationaler Kultureinfluß. Im übrigen dürfte jedoch das Urteil von Gustavo Garza und Martha Schteingart, das diese vor fast einem Jahrzehnt gefällt haben, noch einige Zeit Gültigkeit behalten:

„Vielleicht könnte man behaupten, daß die wichtigsten Städte der unterentwickelten Länder (wie im Fall von Mexiko) mehr Empfänger als Schöpfer von Kapital, industriellen Produkten und von Kultur sind. Auf diese Weise wird ihre abhängig-untergeordnete Eingliederung in die Weltwirtschaft ihre Umwandlung in Weltstädte erschweren und sie darauf beschränken, die Rolle einer peripheren Metropole zu spielen. Als solche bildet die mexikanische Hauptstadt das wichtigste Zentrum der Raumstruktur des Nationalstaates. Sie nimmt einen hervorragenden Platz innerhalb des Industrialisierungsprozesses des Landes ein und man kann behaupten, daß sie auch eine wichtige Funktion auf regionaler Ebene erfüllt (vor allem bezüglich Zentralamerikas). Solche Funktionen schreiben sich ihrerseits in einen allgemeineren Rahmen der internationalen Wirtschaftsbeziehungen ein. Diese Verknüpfung hat aber keine direkten und leicht einzuschätzenden Ergebnisse.“ (Garza/Schteingart 1984:602)

Tertiärisierung und informeller Sektor

Die unbestrittene nationale Dominanz in wirtschaftlicher, politischer und kultureller Hinsicht bedeutet im Fall der Megalopolis Mexiko also nicht, daß es sich um eine Weltstadt handelt. Dies ist umso bemerkenswerter, als sich seit den achtziger Jahren wesentliche Unterschiede zwischen den Metropolen des Zentrums und der Peripherie zusehends verwischen. Während beispielsweise in Bangkok, Caracas, Sao Paulo und Singapore ein internationalisierter, vorrangig global orientierter Bereich entstand, etablierten sich im Gegenzug in New York, London und Paris ausgedehnte, hauptsächlich von ausländischen Zuwanderern bewohnte Viertel, zu deren Merkmalen ethnische Separierung, Vorherrschen des informellen Sektors sowie ´exotisches´ Straßenbild zählen. Zentrum und Peripherie sind in den entsprechenden ´Global Cities´ räumlich eng benachbart, wobei selbstverständlich zu beachten ist, daß zwischen den Weltstädten des Nordens und Südens weiterhin gravierende Unterschiede bestehen (Korff 1991:363).

Obwohl die Stadt Mexiko, zumindest bis zur Umorientierung der staatlichen Wirtschaftspolitik durch die Regierung Salinas, nichts von jenen Internationalisierungs- und Globalisierungsprozessen erkennen läßt, die im Falle anderer Metropolen der Semiperipherie sowohl die Funktion im Weltsystem als auch das Erscheinungsbild erheblich veränderten und den Aufstieg zu Weltstädten zweiter oder dritter Ordnung bewirkt haben, weist die Entwicklung ihrer Wirtschafts- und Gesellschaftsstrukturen dennoch eine Reihe von Merkmalen auf, die beispielsweise auch für die sozioökonomische Transformation New Yorks als typisch gelten (Vgl. Abu-Lughod 1990).

In New York als der noch immer wichtigsten ´Global City´ des kapitalistischen Weltsystems vollzogen sich seit den siebziger Jahren umfassende Wachstums- und Konzentrationsprozesse der Branchen mit globalen Finanz-, Management-, Kontroll- und Dienstleistungsfunktionen parallel zu rascher Deindustrialisierung und Ausweitung des informellen Sektors. Die Konzentration von Managementfunktionen und des dafür erforderlichen, hochspezialisierten und hochbezahlten Personals, hat im Verein mit neuen Konsum- und Kulturmustern eine enorme Nachfrage nach unterschiedlichsten Dienstleistungen ausgelöst. Die Ansprüche der Manager, Technokraten und Wissensproduzenten auf gehobenen Lebensstil erfordern Spezialitätenrestaurants, Boutiquen und Fitness-Studios ebenso wie Handwerker, Putzfrauen und gegebenenfalls Kindermädchen. All diese Dienstleistungen sind arbeitsintensiv und lassen sich nur im gewünschten Umfang anbieten, wenn die Gehälter der Angestellten bzw. die persönlichen Lohnforderungen niedrig sind. Dadurch werden Immigranten als billige Arbeitskräfte interessant und die Weltstadt, die ihr Industrieproletariat abstößt, wird attraktiv für Zuwanderer aus Übersee (Korff 1991:363, vgl. allgemein Sassen-Koob 1990, dies. 1991).

Die Stadt Mexiko erlebte weder in der Phase rasanten Industriewachstums noch in den Jahren seit Beginn der Schulden- und Wirtschaftskrise eine auch nur in Ansätzen vergleichbare Internationalisierung. Dennoch lassen sich für den Bereich des 'Distrito Federal' recht ähnlich erscheinende Prozesse von Tertiärisierung und Ausweitung des informellen Sektors erkennen. Diese hängen aber nur indirekt mit globalen Veränderungen zusammen und sind daher weniger ein Ausdruck der im Weltmaßstab zweifellos zunehmenden strukturellen Konvergenzen zwischen einigen Megastädten des Zentrums und der Peripherie, als ein Ergebnis der Kombination nationaler Konzentrations- und Zentralisierungsprozesse mit Krisenbewältigungsstrategien.

Während zentrale Stadtviertel von New York, Tokio oder London immer mehr Hauptquartiere global operierender Finanz-, Versicherungs-, Dienstleistungs- und Immobiliengesellschaften, multinationaler Konzerne und internationaler Behörden anziehen, wodurch sie allmählich zu Teilen einer tendenziell grenzüberschreitenden Weltgesellschaft werden, konzentrieren sich im Zentrum der mexikanischen Metropole die Kommando- und Kontrollzentralen der nationalen Wirtschaft, Kultur und Politik. Spätestens seit dem Jahr 1970 läßt sich für die inneren Bezirke des 'Distrito Federal' ein umfassender Verdrängungsprozeß beobachten, in dessen Verlauf immer mehr alte Wohn-, Gewerbe- und Industriequartiere einer Nutzung durch Behörden, Banken, Firmensitze, Einkaufszentren und Hotelkomplexen Platz machen. Falls die vorläufigen Zensusergebnisse des Jahres nur einigermaßen zutreffen, ist die Tertiärisierung großer Teile des 'Distrito Federal' nicht nur mit der erwarteten Abwanderung flächenintensiver Industriebranchen in die nördlichen und nordöstlichen, im 'Estado de México' gelegenen Peripheriekommunen verbunden, sondern führt auch zu massiven Bevölkerungsverlusten. Die statistisch ausgewiesene Reduktion der Einwohnerzahlen des 'Distrito Federal' bzw. der vier Delegazionen des Zentrums - im Gesamtbereich der Hauptstadt soll die Bevölkerung zwischen 1980 und 1990 von 10 auf 8,25 Millionen, in den vier Innenbezirken gar von 2,95 auf 1,94 Millionen abgenommen haben - mag sich zum Teil als Resultat politisch erwünschter Manipulation der Statistik oder planerischen Wunschdenkens erklären. Um ein reines Phantasieprodukt wird es sich dabei aber wohl kaum handeln, da die Tertiärisierung immer größerer Kernzonen der Metropole, die Vernichtung von Wohnvierteln durch kommerzielle bzw. staatlich-öffentliche Nutzung sowie die Abdrängung von Teilen der Mittelschichten und der Lohnarbeiterschaft aus innerstädtischen Quartieren an die metropolitane Peripherie, durchaus in der Logik des bislang vertretenen Wachstumsmodells liegt. Die krisenbedingte Reduktion und Verlagerung der Industrieproduktion und der damit verbundene

Verlust an Arbeitsplätzen dürfte die Restrukturierung der metropolitanen Wirtschaft, Flächennutzung und Sozialtopographie in den späten achtziger Jahren zusätzlich beschleunigt haben (Villegas 1988:165f, Delgado 1991:88ff, Garza/Damian 1991:24).

In New York hatte der Niedergang traditioneller Industrien zwar große Segmente der angestammten Lohnarbeiterschaft aus der Stadt verdrängt, die neuen Wachstumsbranchen des internationalen Finanz-, Management- und Dienstleistungsbereiches konnten aber gleichzeitig neue Arbeitsmöglichkeiten schaffen und die Polarisierung zwischen privilegierten Bevölkerungssegmenten und einkommensschwachen, oft informell beschäftigten Unterschichten vorantreiben. In der Stadt Mexiko dagegen waren die Tertiärisierungsvorgänge und das parallele Anwachsen des informellen Sektors nicht vorrangig ein ambivalenter Anpassungsprozeß an die Modifikationen der internationalen Arbeitsteilung und den Aufstieg neuer Kommunikationstechnologien, sondern die logische Konsequenz des hauptstadtzentrierten, in eine schwere Krise geratenen Modernisierungsmodells. Ein kurzer Blick auf die Entwicklung des informellen Sektors stützt diese Interpretation.

Die metropolitane Zone von Mexiko hat sich im Zuge des raschen Stadt- und Bevölkerungswachstums zu einem der größten urbanen Arbeitsmärkte der Welt entwickelt. Schon Mitte der achtziger Jahre wurden von der Beschäftigungsstatistik rund 7 Millionen ökonomisch aktive Personen ausgewiesen. Diese Zahl, in der zwar die sogenannten informellen Tätigkeiten, nicht jedoch Hausfrauen- und auf Gelderwerb zielende Kinderarbeit enthalten sind, hat seither noch erheblich zugenommen. Im Jahre 1986 entfielen etwa 27% auf Industrie- und Baugewerbe, gut 19% auf Groß- und Detailhandel, fast 43% auf die breite Palette alltäglicher und gehobener Dienstleistungen - der Gesundheits-, Erziehungs- und Finanzbereich machen zusammen nahezu 18% aus - sowie 9% auf den öffentlichen Dienst. Mögen diese Prozentangaben in der Praxis auch nur Näherungswert besitzen, so verweisen sie zum einen doch auf die im Gefolge des krisenbedingten Rückgangs industrieller Arbeitsplätze beschleunigte Tertiärisierung. Zum anderen signalisieren sie auch eine parallel verlaufende massive Ausweitung informeller Tätigkeiten, da sich diese traditionell im Dienstleistungsbereich konzentrieren. Dieser Befund wird noch dadurch erhärtet, daß der Anteil informell Beschäftigter selbst in der gewerblich-industriellen Produktion eine steigende Tendenz aufweist (Garza/Schteingart 1984:593, Pacheco 1988:199ff, Ward 1990:224).

Präzise Angaben zur Entwicklung des informellen Sektors stoßen schon infolge ungelöster Definitions- und Abgrenzungsprobleme auf große Schwierigkeiten. Eine Studie, die alle jene Wirtschaftsaktivitäten als 'informell' bezeichnet, die - gewöhnlich auf geringer Stufenleiter - keine oder nur geringe Kapitalinvestitionen erfordern, niedrige Produktivität aufweisen, nicht ins Netz gewerkschaftlich-kollektivvertraglicher Regelungen eingebunden sind und in der Regel sehr geringe, oft unter das Niveau des staatlichen Mindestlohnes sinkende Einkünfte einbringen, schätzt den Anteil informell Beschäftigter für das Jahr 1981 auf etwa 34%, für 1987 dagegen auf fast 40% (Judisman 1988). Diese Zunahme würde recht gut zum Wirtschaftsverlauf passen. Nach einer kurzen Wachstumsphase, die zu Beginn der achtziger Jahre eine spürbare Ausweitung formeller Arbeitsmöglichkeiten bewirkt hatte - 1981 soll es in einigen Branchen sogar einen Mangel an wenig qualifizierten Arbeitskräften gegeben haben -, führten Schuldenkrise und allgemeine Rezession der folgenden Dekade zu einer Trendwende, die sich in steigenden Arbeitslosenzahlen, zunehmender Unterbeschäftigung, sinkenden Reallöhnen und einem erheblichen Anschwellen des informellen Sektors niederschlug. Noch stärker als zuvor sind damit die ´informellen´ Beschäftigungszweige zur wirtschaftlichen Grundlage des Überlebens großer Teile der städtischen Unterschichten geworden. Informelle Beschäftigung bedeutet zwar nicht notwendigerweise materielle Schlechterstellung, Rechtlosigkeit und Marginalisierung. Noch viel weniger handelt es sich um einen nationalökonomisch irrelevanten Tatbestand, werden auf diese Weise doch schon Dienste und Waren in solchem Umfang hergestellt, daß sie bei Berücksichtigung in der volkswirtschaftlichen Gesamtrechnung wahrscheinlich mindestens ein Viertel des Bruttoinlandsprodukts ausmachen würden. Die Gesamtwirtschaft Mexikos, und somit vor allem die Oberschicht, profitieren nicht unerheblich von der großen Phantasie und Flexibilität, die den informellen Sektor prägen. Ein Anteil von 40% informell Beschäftigter bei einer Gesamtbevölkerung zwischen 15 und 18 Millionen, von der weit über die Hälfte außerhalb des Haushalts ökonomisch aktiv ist, muß aber dessenungeachtet, oder gerade auch deswegen, als ein Indikator für die Größenordnung der sozialen Probleme und des alltäglichen Elends gelten, die in der vielleicht größten Megastadt des Globus herrschen (Schteingart 1988:270f, Ward 1990:21f, Evers 1990:27).

Perspektiven

Ob die Bevölkerung nun tatsächlich auf die prognostizierten 25 oder gar 30 Millionen anwächst oder sich darunter, irgendwo zwischen 18 und 22 Millionen einpendelt: Mexiko ist unter den Megastädten eine Stadt der Superlative, sowohl hinsichtlich Wachstumsgeschwindigkeit, Bevölkerungszahl, verbauter Fläche und Verkehrsaufkommen als auch hinsichtlich der enormen Konzentration politischen, wirtschaftlichen und kulturellen Einflusses im nationalen Rahmen. Leider gilt dies auch für die Größe der anstehenden sozialen und ökologischen Probleme, von denen nicht oder lediglich am Rande die Rede war.

Wenn angesehene europäische Zeitungen fast nur mehr unter Überschriften wie „Katastrophe als Normalzustand“ oder „Menschenopfer für den Moloch Stadt“ über die Megalopolis Mexiko berichten, so signalisiert dies neben berechtigter Sorge wahrscheinlich auch eurozentrische Arroganz über die an einem weiteren Beispiel klar zum Ausdruck kommende Unfähigkeit der Länder des außereuropäischen Südens, mit ihren ökonomischen, soziopolitischen und ökologischen Problemen fertig zu werden. Mexikanische Stadtforscher und Stadtplaner neigen verständlicherweise weniger zu denunziatorischen Katastrophenbeschwörungen. Ihre Prognosen für die nähere Zukunft fallen mehrheitlich aber ebenfalls sehr pessimistisch aus und verdichten sich immer häufiger zu ausgesprochenen Krisenszenarios.

Als typisch darf diesbezüglich wohl das Resümee in einem der Aufsätze von Martha Schteingart gelten, in dem die Autorin zwar das bis zur Jahrtausendwende zu erwartende Flächen- und Bevölkerungswachstum möglicherweise überschätzt, hinsichtlich der ungeheuren Infrastruktur-, Ökologie- und Finanzprobleme, mit denen Regierung und Stadtverwaltung in den kommenden Jahren konfrontiert sein werden, aber sicherlich recht behält:

„Mexico City´s projected industrial growth has been calculated to be 440 percent over the next 20 years. Contradictory past and current government programs for industrial decentralization have had negligible results and have at times been self-defeating. Emergence of this vast megalopolis will further accentuate the country´s great spatial disparities in economic development, as well as the already overwhelming urban problems of the capital itself, requiring the federal government to devote an ever-larger proportion of its revenues to its maintenance. For example, if the anticipated growth occurs, in the year 2000 the Federal District will require about 40-45 percent of the federal public investment - it now absorbs 33 percent.“ (Schteingart 1988:289)

Inwieweit diese skeptische Bewertung der Zukunftsaussichten durch den radikalen wirtschaftspolitischen Schwenk der Regierung Salinas relativiert wird, bleibt abzuwarten. Die völlige Öffnung fast aller Zweige der Ökonomie für Auslandskapital, ausländische Firmen und Waren, die Eingliederung in den riesigen nordamerikanischen Binnenmarkt und eine weitreichende, auch sozialpolitische Deregulierung, sollen die mexikanische Wirtschaft internationalisieren und konkurrenzfähiger machen. Für die Stadt Mexiko, deren anstehenden Problemen man überdies mit einem neuerlichen Dezentralisierungsprogramm zu Leibe rücken will, wird mittels der weitreichenden sozioökonomischen Transformation Globalisierung und Weltstadtstatus angepeilt.

Wieviel von diesen Plänen letztlich realisiert werden kann, läßt sich noch nicht absehen. Für den überaus unwahrscheinlichen Fall, daß das Reformprogramm von Salinas ein voller Erfolg werden sollte, wäre der ´Aufstieg´ der

Megastadt Mexiko in die kleine Gruppe der in Ländern der Semiperipherie liegenden Global Cities denkbar. Eine Reduzierung der enormen sozialen und ökologischen Schwierigkeiten wäre damit aber nicht automatisch verbunden. Wahrscheinlich hat Schteingart auch darin recht, daß sie sich von technokratischen Entwicklungsplänen wenig verspricht und den dringend notwendigen Perspektivenwechsel metropolitaner Kommunalpolitik von einem umfassenden Demokratisierungsprozeß abhängig macht. Eine breite Anerkennung und Mobilisierung unabhängiger Nachbarschafts- und Bürgerbewegungen könnte zwar die ökonomischen, soziopolitischen und ökologischen Trends nicht außer Kraft setzen. Ein erster richtiger Schritt auf dem Wege, eine nahezu außer Kontrolle geratene Stadtentwicklung allmählich wieder etwas in den Griff zu bekommen, wäre aber immerhin getan.

Literatur

Abu-Lughod, Janet:1990
New York and Cairo. A View from Street Level. In: International Social Science Journal 42/3: 307-318
Aguilera, Alejandro: 1986
Erfahrungen aus der Städteplanung in Mexico-City und im Bundesstaat Tabasco. Zur Diskussion über die Verwirklichung von Plänen und Programmen. In: Die Metropolen in Lateinamerika - Hoffnung und Bedrohung für den Menschen, Hg. Karl Kohut, Regensburg: Friedrich Pustet: 355-370
Bataillon, Claude/Panabière, Louis: 1988
Mexiko aujourd'hui. La plus grande ville du monde. Paris: Publisud
Cárdenas, Enrique: 1987
La industrialización mexicana durante la Gran Depresión. Mexiko: El Colegio de México
Delgado, Javier: 1988
El patron de ocupación territorial de la Ciudad de México al año 2000. In: Estructura territorial de la ciudad de México, Hg. Oscar Terrazas/Eduardo Preciat, Mexiko: Plaza y Valdés Editores: 101-141
Delgado, Javier: 1990
De los añillos a la segregación. La ciudad de México 1950-1987. In: Estudios Demográficos y Urbanos 5/2: 237-274
Delgado, Javier: 1991
Centro y periferia en la estructura socioespacial de la Ciudad de México. In: Espacio y vivienda en la Ciudad de México, Hg. Martha Schteingart, Mexiko : El Colegio de México: 85-105
Evers, Tilman: 1990
Katastrophe als Normalzustand: Nun frißt die Stadt ihre Schöpfer. Der Überlebenskampf in den lateinamerikanischen Metropolen kennt als einzige Gewißheit die Ungewißheit. In: Frankfurter Rundschau 229/230 (2./3. Oktober): 27

Feagin, John R./Smith, Michael Peter: 1987
Cities and the New International Division of Labor, An Overview. In: The Capitalist City. Global Restructuring and Community Politics, Hg. Michael Peter Smith/Joe R. Feagin, Oxford/Cambridge, Mass.: Basil Blackwell: 3-34
Friedmann, John: 1986
The World City Hypothesis. In: Development and Change 17/1: 69-83
Friedmann, John/ Wolff, Goetz: 1982
World City Formation. An Agenda for Research and Action. In: International Journal for Urban and Regional Research 6/3:309-344
Garza, Gustavo: 1985
El proceso de industrialización en la ciudad de México 1821-1970. Mexiko: El Colegio de México
Garza, Gustavo: 1990
El carácter metropolitano de la urbanización en México 1900-1988. In: Estudios Demográficos y Urbanos 5/1: 37-59
Garza, Gustavo/Damián, Araceli: 1991
Ciudad de México. Etapas de crecimiento, infraestructura y equipamiento. In: Espacio y vivienda en la Ciudad de México, Hg. Martha Schteingart, Mexiko: El Colegio de México: 21-49
Garza, Gustavo/Schteingart, Martha: 1984
Ciudad de México. Dinámica industrial y estructuración del espacio en una metrópoli semiperiférica. In: Demografía y Economía 18/4: 581-604
Judisman, Clara: 1988
Empleo y mercados de trabajo en el area metropolitana de la ciudad de México 1975-88. In: Medio ambiente y calidad de vida, Hg. S. Puente/Jorge Legoretta, Mexiko: Plaza y Valdés Editores: 225-250
Kandell, Jonathan: 1988
La Capital. The Biography of Mexico City. New York/Toronto: Random House
Korff, Rüdiger: 1991
Die Weltstadt zwischen globaler Gesellschaft und Lokalitäten. In: Zeitschrift für Soziologie 20/5: 357-368
Legorreta, Jorge: 1991
Expansión urbana, mercado del suelo y estructura de poder en la ciudad de México. In: Revista Mexicana de ciencias politicas y sociales 145: 45-76
Meffert, Karin: 1990
Mexiko. Stadt der Massen - Stadt der Bürger. In: Vom Elend der Metropolen, Lateinamerika. Analysen und Berichte 14. Hamburg: Junius: 56-83
Pacheco Gómez / Mariá Edith: 1988
Fuerza de trabajo en la Zona Metropolitana de la Ciudad de México. In: Estructura territorial de la ciudad de México, Hg. Oscar Terrazas/Eduardo Preciat, Mexiko: Plaza y Valdés Editores: 189-217
Partida, V.: 1987
El proceso de migración de la ciudad de México. In: El atlas de la Ciudad de México, Hg. Gustavo Garza, Mexiko: El Colegio de México: 134-140

Programa General: 1987
Programa general de desarollo urbano del Distrito Federal 1987-1988. Mexiko: Departamento del Distrito Federal
Riding, Alan: 1985
Mexico. Inside the Volcano. London: L.B. Tauris
Sánchez de Carmona, Luis: 1986
Stadtentwicklung in Mexico-City. Ökologische Probleme und ihre sozialen Folgen: Tendenzen, Perspektiven und Empfehlungen. In: Die Metropolen in Lateinamerika - Hoffnung und Bedrohung für den Menschen, Hg. Karl Kohut, Regensburg: Friedrich Pustet: 371-394
Sassen-Koob, Saskia: 1990
Growth and Informalization at the Core. A Preliminary Report on New York City. In: The Capitalist City. Global Restructuring and Community Politics, Hg. Michael Peter Smith/ Joe R. Feagin, Oxford/Cambridge, Mass.: Basil Blackwell: 138-154
Sassen-Koob, Saskia: 1991
The Global City. New York/London/Tokyo/Princeton, N.J.: Princeton University Press
Schteingart, Martha: 1986
Social Conflicts and Environmental Deterioration. In: Development 1986/4: 56-60
Schteingart, Martha: 1988
Mexico City. In: The Metropolis Era 2. Mega-Cities, Hg. Mattei Dogan/John D. Kasarda, Newbury Park/London/New Delhi: Sage Publications: 268-293
Shachar, Arie: 1990
The Global Economy and World Cities. In: The World Economy and the Spatial Organization of Power, Hg. Arie Shachar/Sture Öberg, Aldershot/Brookfield: Avebury: 149-160
Terrazas Revilla, Oscar: 1988
De la ciudad central a la ciudad interior. In: Estructura territorial de la ciudad de México, Hg. Oscar Terrazas/Eduardo Precíat, Mexiko: Plaza y Valdés Editores: 79-99
Villegas Tovar, Joel: 1988
Zona Metropolitana de la Ciudad de México. Localización y estructura de la actividad industrial 1975-1985. In: Estructura territorial de la Ciudad de México, Hg. Oscar Terrazas/ Eduardo Preciat, Mexiko: Plaza y Valdés Editores: 161-188
Ward, Peter: 1990
Mexico City. The Production and Reproduction of an Urban Environment. London: Bellhaven Press
Zepeda, Pedro José: 1991
Evolución del contexto macroeconómico de la Zona Metropolitana de la Ciudad de México. In: Revista Mexicana de ciencias politicas y sociales 145: 77-88

Autoren

Dirk BRONGER, Professor am Geographischen Institut der Universität Bochum

Wolfgang CLIMA, Lektor an der Österreichischen Orient-Gesellschaft, Wien

Peter FELDBAUER, Dozent am Institut für Wirtschafts- und Sozialgeschichte der Universität Wien

Gerhard HATZ, Univ. Ass. am Institut für Geographie der Universität Wien

Karl HUSA, Dozent am Institut für Geographie der Universität Wien

Rüdiger KORFF, Dozent am Institut für Soziologie der Universität Bielefeld

Patricia MAR VELASCO, Professorin für Wirtschafts- und Sozialgeschichte, UNAM, México D.F.

Erich PILZ, Dozent am Institut für Sinologie der Universität Wien

Dieter RÜNZLER, Lektor am Institut für Wirtschafts- und Sozialgeschichte der Universität Wien

Irene STACHER, Lektorin am Institut für Afrikanistik der Universität Wien

Helmut WOHLSCHLÄGL, Professor am Institut für Geographie der Universität Wien

BEITRÄGE ZUR HISTORISCHEN SOZIALKUNDE

Österreichische Vierteljahreszeitschrift für Lehrerfortbildung mit Beiträgen zur Fachdidaktik (speziell für den Schulunterricht).
Preis: Einzelheft ö.S. 50.-, Ausland DM 8.-; (zuzüglich Versandkosten)
Jahresabonnement ö.S. 170.-, (Studenten ö.S. 140.-)
Ausland DM 30.-, inkl. Versand

Jg. 1991
Nr. 1 Mexiko
Nr. 2 Multikultureller Alltag in Wien
Nr. 3 Die Lebenden und die Toten
Nr. 4 Ende des Sozialismus - Chancen der Demokratie?
Jg. 1992
Nr. 1 Drogen und Gesellschaft
Nr. 2 Kolumbus und die europäische Expansion
Nr. 3 König Fußball
Nr. 4 Migration II - Modernisierung-Internationalisierung in der Neuzeit
Jg. 1993
Nr. 1 Mensch und Tier
Nr. 2 Mission und Conquista
Nr. 3 Jugendkultur
Nr. 4 Ausländerfeindlichkeit und Fremdenhaß

Die Jahrgänge 1989- 1990 zum Preis von S 40.-, (DM 6.-), pro Heft, zuzügl. Versandkosten
Jg. 1989
Nr. 1 EDV im Geschichtsunterricht?
Nr. 2 Magie der Industrie
Nr. 3 Migration I - Mittelalter und Frühneuzeit
Nr. 4 Religion in Lebensgeschichten
Jg. 1990
Nr. 1 Weltwirtschaftskrise in der 3. Welt I
Nr. 2 Weltwirtschaftskrise in der 3. Welt II
Nr. 3 Konflikte in der Arbeitswelt
Nr. 4 Umwelt hat Geschichte

Bestellungen: Verein für Geschichte und Sozialkunde c/o Institut für Wirtschafts- und Sozialgeschichte der Universität Wien, Dr. Karl Lueger Ring 1, A - 1010 Wien; Tel.: 40103/2348 (8-12 Uhr)